I0129377

HISTOIRE

DE

SAINT MARTIN

ÉVÊQUE DE TOURS

Par l'abbé Achille DUPUY, curé d'Assay-Grazay,

ANCIEN PROFESSEUR AU PETIT SÉMINAIRE DE TOURS.

TROISIÈME ÉDITION

REVUE ET CORRIGÉE

OUVRAGE APPROUVÉ PAR Mgr GUIBERT, ARCHEVÊQUE DE TOURS

Et dédié à toutes les paroisses qui ont saint Martin pour patron.

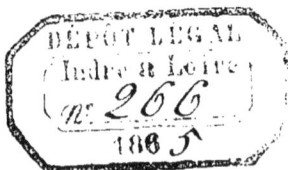

DÉPÔT LÉGAL
Indre et Loire
n° 266
1865

TOURS

IMPRIMERIE LADEVÈZE

1865

PROPRIÉTÉ DE L'AUTEUR

———

DROITS DE REPRODUCTION ET DE TRADUCTION RÉSERVÉS.

———

APPROBATIONS.

***

Extraits d'une lettre de S. E. Mgr le cardinal archevêque de Bordeaux.

Bordeaux, le 25 novembre 1853.

MONSIEUR LE CURÉ,

Ayant habité cinq ans votre beau pays en qualité de supérieur d'une société de Missionnaires placée sous le patronage de saint Martin, je n'ai pu qu'applaudir à la pensée qui vous a inspiré le travail consciencieux dont vous avez bien voulu m'envoyer un exemplaire... C'est le devoir du clergé de ne pas laisser dans l'oubli cette gloire incomparable de votre pays. C'est là, Monsieur le Curé, le but que vous vous êtes proposé, en réunissant avec intelligence tous les documents que la tradition nous a conservés sur saint Martin. Vous ne vous êtes pas contenté des ouvrages de saint Paulin de Bordeaux; vous avez encore puisé dans les liturgies des églises où sont particulièrement honorés les disciples de ce grand serviteur de Dieu ; vous avez fondu tous ces récits avec l'histoire de Sulpice Sévère. A l'aide de pareils documents, vous en faites connaître l'âme, le cœur, les habitudes et rendez toutes ses vertus, ses nombreux miracles pour ainsi dire vivants à nos yeux... L'histoire d'un personnage aussi considérable ne se termine pas à sa mort. Aussi la moitié de votre œuvre est-elle consacrée au culte de saint Martin... Vous n'avez rien négligé de ce qui pouvait rehausser la grandeur de votre saint pontife.

Lettre de Mgr Guibert, archevéque de Tours.

Tours, le 20 septembre 1857.

Monsieur le Curé,

Votre ouvrage intitulé *Histoire de saint Martin, évêque de Tours*, (2ᵉ édition), me paraît digne d'être approuvé et recommandé. La lecture en sera utile aux âmes pieuses, qui apprendront à mieux connaître les vertus et les travaux apostoliques de saint Martin. Aucune histoire ne présente des traits aussi sublimes de charité chrétienne et un modèle plus parfait de renoncement à soi-même pour suivre Jésus-Christ. Le récit des nombreux miracles par lesquels Dieu s'est plu à manifester la sainteté de notre glorieux évêque durant sa vie et la puissance de son intercession après sa mort est bien propre à exciter la confiance des fidèles et à ranimer leur dévotion envers le patron des Gaules.

Je vous autorise donc, Monsieur le Curé, à faire imprimer votre livre, bien persuadé qu'il contribuera à l'édification des âmes..

Recevez, Monsieur le Curé, l'assurance de mon affectueux attachement. ✝ J. Hipp. Arch. de Tours.

Extrait d'un compte-rendu fait par M. l'abbé Bourassé, chanoine de Tours, dans le Journal d'Indre-et-Loire du 3 août 1858.

L'auteur a puisé aux meilleures sources et son récit, toujours plein d'intérêt, est nourri de réflexions inspirées par une piété solide et découlant naturellement des faits historiques. M. l'abbé Dupuy a exécuté une œuvre importante et qui manquait à l'hagiographie. Son livre est le meilleur, sans contredit, qui existe sur ce sujet : la lecture en sera attrayante et utile. On ne saurait trop vivement la recommander.

INTRODUCTION

LES PRÉDÉCESSEURS DE SAINT MARTIN.

SAINT GATIEN.

I. — Sous l'empereur Claude, saint Pierre envoya dans les Gaules, accompagnés d'autres missionnaires, les sept évêques suivants : Trophime d'Arles, Paul de Narbonne, Saturnin de Toulouse, Martial de Limoges, Austremoine de Clermont, GATIEN DE TOURS, et Valère de Trèves. Telle est l'ancienne tradition du pays et d'ailleurs. L'auteur de l'*Histoire universelle de l'Église catholique* n'hésite pas à dire qu'elle est la véritable et se trouve appuyée sur de bonnes preuves. Elle n'est point désavouée par notre liturgie.

« Le bienheureux Gatien, apôtre des Turônes, élu prédicateur de l'évangile et ordonné pontife par les apôtres mêmes du Christ, fut envoyé de Rome à Tours, qui était une métropole des Gaules. » Ainsi s'exprime notre ancien bréviaire (1).

II. — La ville de Tours, libre sous le gouvernement des Romains, mais asservie à leurs fausses

_____

(1) Brev. Amelot, *in festo S. Gatiani*, 18 déc.

divinités et honorant encore les dieux particuliers
du pays, était engagée dans toutes les erreurs de
l'idolatrie. Gatien, en arrivant dans la contrée, y
trouva donc une population entièrement païenne
qui se livrait sans remords à la pratique des superstitions les plus abominables et des crimes les plus
honteux, jointe aux habitudes féroces d'une sauvage
barbarie (1). Partout une religion insensée y avait
multiplié les images des faux dieux, que les regards
affligés de notre apôtre rencontraient sans cesse, à
la ville, à la campagne, dans les maisons, sur les
chemins, sur les places publiques, dans les carre-
fours, aux portes, sur le sommet des collines, au
bord des fontaines, dans les jardins et jusque dans
les retraites les plus cachées des forêts. De quelque
côté qu'il se dirigeât, il ne voyait que divinités : les
dieux étaient devenus, pour ainsi dire, plus com-
muns que les hommes!

III. — Gatien prêche aux Turônes les mystères de
la foi chrétienne :

— Il n'y a, leur dit-il, qu'un seul Dieu, créateur du
ciel et de la terre. Le Christ, son fils, incarné du Saint-
Esprit et né d'une vierge, a été crucifié pour les hommes.

Les principaux de la nation tournent son enseignement en risée : d'autres l'écoutent favorablement

(1) Maan *Eccl. Turon. præf.* n. x.

et bientôt deviennent ses disciples; mais la populace grossière s'ameute contre lui.

— C'est un espion, disent-ils, venu pour examiner la province; c'est un violateur public de nos lois religieuses.

On le saisit, on l'entraîne, pour le faire mourir ou du moins le chasser du pays, après l'avoir chargé de coups. Ceux qui ont cru secrètement à sa prédication s'opposent au dessein de leurs compatriotes.

— Cet étranger, leur disent-ils, est un homme de bonnes mœurs, il rend service à la ville par les guérisons qu'il opère sur toute sorte de maladies.

Touché de ces observations, le peuple laissa, pour le moment, le saint évêque en repos.

En effet, à la puissance de la parole divine s'associait chez Gatien la vertu des miracles (1)! Si la nouveauté de sa doctrine éloignait ses auditeurs, l'autorité des prodiges les frappait d'étonnement et peu à peu amenait les esprits rebelles à la connaissance de la vérité. Considérant aussi la prudence de l'apôtre, son courage, sa patience et le pouvoir souverain qu'il exerçait sur les démons, beaucoup de ces idolâtres prêtèrent facilement l'oreille à ses leçons. Ils se mettaient à la suite de ce bon père, et instruit par lui de la voie de leur salut, ils lavaient leurs âmes dans les eaux sacrées du baptême.

(1) Maan, p. 3, c. i, n. 2. Martyrol. Rom., 18 déc.

IV.— Obligé parfois de se cacher, pour se soustraire aux insultes des hommes puissants du pays, qui ne le rencontraient pas sans l'accabler de mauvais trai-tements, Gatien célébrait secrètement, dans les cryptes et les cavernes, avec un petit nombre de convertis, les mystères solennels du dimanche (1) ! Suivant un écrit du xiii° siècle, l'oratoire ordinaire du saint évêque était un lieu où fut depuis bâtie la célèbre abbaye de Marmoutier (2). Cet asile, où il se retirait après ses prédications, était d'un abord diffi-cile à cause des ronces et des épines qui en obstruaient l'unique chemin. Gatien y creusa, dans le roc, de ses propres mains, une grotte dont il fit un sanctuaire, sous l'invocation de la Mère de Dieu, et y passait la meilleure partie de ses veilles en méditations. Dès lors aussi plusieurs de ses disciples, fuyant la société des infidèles, de peur de se mêler aux souillures de leurs rites profanes, vinrent en ce lieu et s'y creu-sèrent eux-mêmes des retraites. A l'heure de la prière, ils se réunissaient dans le sanctuaire dédié à la glorieuse Vierge et n'en sortaient qu'après avoir assisté au saint sacrifice. Alors ils retournaient cha-cun dans sa grotte, où ils macéraient l'orgueil de la chair et vaquaient à la lecture jointe aux pieuses

(1) Grég. Tur. Hist. Fr., l. 10, c. 31.
(2) De commend. Tur. prov., *Recueil des chron. de Tour.* p. 303.

méditations. Ce saint usage se maintint, en ce même lieu, jusqu'à l'arrivée du bienheureux Martin, dont les pieux solitaires s'empressèrent d'adopter la règle. Au XVIIe siècle, on regardait le prieuré de la Bienheureuse Marie-des-sept-Dormants, qui était renfermé dans l'enclos du monastère et presque contigu à la grande église de Marmoutier, comme étant le sanctuaire dédié par saint Gatien à la mère de Dieu (1).

V. — Cependant la multitude des fidèles croissait de jour en jour. On détruisait les idoles qu'on adorait naguères. C'est pourquoi notre apôtre forma, dans un faubourg de la ville, une petite assemblée et y retint un cimetière pour la sépulture des chrétiens, où il célébrait, le dimanche, les mystères solennels. De là disséminant la parole sainte par les bourgades, il gagna au Christ un peuple innombrable. Appuyé du secours divin et entouré d'une foule de croyants, il créa, sur le territoire de la Touraine, de nouvelles églises, qu'il amena jusqu'au nombre de huit. La septième fut, dit-on, nommée *Septimia* ou Sepmes et la huitième *Oximœ* ou Huisme, qui subsistent encore aujourd'hui. Après y avoir ordonné des ecclésiastiques, il continuait à se livrer diligemment à la prédication et à la prière; il fortifiait, par ses saintes exhortations et ses exemples, les cœurs des fils qu'il

(1) Chron. priorat. Maj. mon., *Recueil cité*, p. 396.

avait engendrés au Christ. Exerçant, dans toute leur étendue, les fonctions d'apôtre, il embrassait tous les peuples dans sa sollicitude ; au moyen des ouvriers qu'il envoya chez les nations voisines, il propagea, tout autour de lui, l'évangile du Christ. Malgré tant de soins et d'occupations, il continuait de s'adonner aux veilles et d'exténuer son corps par les jeûnes : déjà martyr par la volonté, il le devenait encore par ses œuvres et se préparait la gloire promise aux martyrs. Il passa cinquante années dans un tel combat, ne cessant, nouveau Moïse, de conduire à travers le désert de cette vie et de nourrir de l'aliment céleste le peuple qui lui avait été confié et qu'il avait arraché à l'Egypte de l'infidélité. Enfin après tant de travaux, recommandant à Dieu son troupeau, il vit avec joie venir le moment de célébrer son année jubilaire, de se reposer, plein de jours, dans le Christ et d'échanger la vie présente pour la palme de l'immortalité.

VI. — Il avait bâti, dans le faubourg de la ville, un hôpital à l'usage des pauvres (1). Là, un jour, accablé de fatigue et de vieillesse, il prenait quelque repos, étendu sur sa couche. Soudain un leger sommeil se répand dans ses membres et Notre Seigneur lui apparaît :

— Ne crains rien, mon bien-aimé, lui dit le Christ :

_____

(1) Maan. prof., II, 12.

tout à l'heure, tu vas être couronné dans la gloire avec tes cohéritiers et les habitants du Paradis; car la patrie céleste te réclame et l'agréable société des saints attend ton arrivée.

Après l'avoir éveillé, le divin Maître lui administra lui-même la sainte communion en viatique. La maladie suivit de près cette visite précieuse et fit de tels progrès que Gatien rendit son âme bienheureuse le septième jour, le XV des calendes de janvier, dans cet hôpital qui porte aujourd'hui le nom du Saint-Esprit et avoisine l'église de La Riche. C'était, si l'on en croit une légende, vers l'an 116. Il fut enseveli hors de la ville, dans le cimetière commun des pauvres, où il avait lui-même établi la sépulture des chrétiens et où se trouvait l'église de Sainte-Marie-la-Pauvrette, qui plus tard, dit-on, à cause du trésor qu'elle possédait, fut appelée par les fidèles Notre-Dame-la-Riche.

VII. — Après la mort de saint Gatien, l'église de Tours resta trente-sept ans sans évêque. L'opposition des païens fut la cause qui priva si longtemps cette illustre cité de la bénédiction sacerdotale (1). En effet, les chrétiens étaient encore obligés de célébrer l'office divin dans les retraites les plus cachées. Car tous les fidèles que les païens parvenaient à

(1) Grég. Tur. Hist. l. 1, c. xliii.

découvrir, ils les accablaient de coups ou faisaient
tomber leur tête sous le glaive. Au reste, comme
dans beaucoup d'autres églises, le catalogue de nos
évêques présente ici une lacune de deux cents ans.
Jusqu'à saint Martin, nous ne connaissons d'autre
successeur de saint Gatien que saint Lidoire, dont
nous parlerons bientôt. Que cependant saint Martin
ait eu un plus grand nombre de prédécesseurs, c'est
ce qui résulte d'un passage de Sulpice Sévère, son
disciple et son biographe (1). Parlant de l'autel du
faux martyr, détruit par saint Martin, Sulpice dit que
ce monument avait était érigé par les évêques précédents. Or comment accuser saint Gatien et saint Lidoire d'avoir favorisé la superstition par leur imprudence, en élevant un autel sur la tombe d'un scélérat?

VIII. — Environ trois siècles après la mort de
saint Gatien, saint Martin connut par révélation l'endroit précis où gisait ce corps vénérable et prit
l'habitude de le visiter dévotement (2). Toutes les fois
qu'il revenait de voyage, il y allait rendre ses actions
de grâces et offrir à Dieu ses supplications par l'entremise de notre premier apôtre. « Or un jour, dit la
la légende de notre ancienne liturgie, comme il
demandait, selon l'usage, la bénédiction à son pa-

(1) Brev. Amelot, in festo Translat. S. Gat., 2 mai.
(2) Sulp. Sev., vita b. Mart., c. 8.

tron, une voix, sortie du tombeau miraculeux, lui donna, sous le nom de bénédiction, l'ordre de transférer le corps saint à la grande église.» L'historien du vi^e siècle, qui le premier nous a transmis ce fait, ne lui donne pas l'interprétation apportée ici par le légendaire (1). C'est pourquoi, dans notre *Histoire de saint Martin*, nous avons cru pouvoir le placer après la translation du corps de saint Gatien. Selon nous aussi, ce ne fut pas à la cathédrale, mais à la basilique de saint Lidoire, remplacée aujourd'hui par Notre-Dame-la-Riche, que saint Martin confia ce précieux dépôt, dont la présence, jointe à l'exemple de l'illustre pontife, augmenta, de jour en jour, la dévotion du peuple de Touraine pour son apôtre.

IX. — Au vi^e siècle, saint Grégoire de Tours, en plusieurs endroits de ses ouvrages, parle de saint Gatien avec une vénération particulière. D'après les récits arrivés jusqu'à lui, il le place en tête des évêques de Tours, donne un court aperçu de sa vie apostolique et raconte la visite que fit saint Martin à son tombeau. D'après l'histoire du martyre de saint Saturnin, il met la mission des sept évêques, au nombre desquels était saint Gatien, la première année de l'empire de Decius, c'est-à-dire en 251 (2).

(1) Greg. Tur., Hist. Fr., l. I, c. xxviii.
(2) Gr. Tur., Glor. conf., c. iv.

Cette date est en contradiction avec les traditions particulières des églises fondées par ces saints pontifes, comme avec les témoignages des écrivains du IIᵉ, du IIIᵉ et du IVᵉ siècle, tels que saint Irénée, Tertullien et Eusèbe, qui représentent la foi répandue dès le commencement, chez les Celtes et parmi les diverses nations des Gaules, de la même manière que dans les autres parties du monde, où elle était florissante longtemps avant le règne de Decius.

Les martyrologes de Bède, d'Usuard et d'Ado font mention de saint Gatien, le 18 décembre, jour auquel l'église de Tours solennise la fête de son *Passage*, comme elle célèbre, le 2 mai, celle de sa *Translation*, et, le 19 octobre, celle de sa *Révélation* à saint Martin.

X. — Au temps des invasions normandes, lorsque les Barbares promenaient dans les Gaules le meurtre, l'incendie et le pillage, les reliques de saint Gatien furent, par précaution, enlevées de leur tombeau, et portées d'abord à Maillé ou *Malliacum*, en Poitou, d'où on les transféra dans la Gaule Belgique, jusqu'à Béthune, au monastère de Saint-Prix : de là elles furent conduites à Arras et déposées au couvent de Saint-Vaast : elles y restèrent jusqu'à la paix qui suivit la conversion des Normands, époque où elles furent rendues à leur propre église. On laissa cependant, comme présent d'hospitalité, une partie de ces saints gages à la ville d'Arras, ainsi qu'aux autres lieux où ils s'arrêtèrent dans le voyage et dont quelques-uns, en souvenir de cette faveur, prirent le nom de notre apôtre, qu'ils gardent encore aujourd'hui (1).

Juhel de Mateflon, archevêque de Tours, en 1227, régla que la fête de la Translation de saint Gatien serait célébrée solennellement tous les ans le 2 mai, et qu'on y distribuerait des corbeilles pleines de viandes et de fruits, par égales portions, aux confrères qui la célébreraient (2). Il y avait donc déjà une Confrérie de saint Gatien. Le même archevêque voulut qu'on chantât le *Credo*, à la messe de cette fête, comme à toutes celles de saint Gatien.

XI. — Vers le milieu du XIII⁰ siècle, le corps de notre apôtre fut transporté à la métropole et déposé dans la nouvelle cathédrale qu'on y bâtissait alors. Sa châsse en argent doré, ornée de pierres précieuses, fut d'abord placée derrière le grand autel, ensuite à côté du même autel, au milieu des corps des saints Lidoire, Bénigne, Béat, Candide et Arnoul.

En 1354, fut établie, à la cathédrale, la *Confrérie de saint Gatien*, avec messe quotidienne. Le concours du peuple, empressé de se rendre à cette messe, l'invitation mutuelle que les fidèles s'adressaient fréquemment, comme une sorte de mot d'ordre,

(1) Brev. Tur., 2 mai.
(2) Maan, p. 135, vII.

pour s'encourager à y assister, mais surtout la présence du corps de notre premier évèque, firent donner à l'église métropolitaine, le nom de Saint-Gatien qu'elle porte aujourd'nui, à la place de celui de Saint-Maurice qu'elle portait autrefois (1).

Habitués à recourir, dans tous leurs besoins, à Gatien, comme à l'ange tutélaire que le Seigneur leur avait accordé, les Tourangeaux trouvèrent toujours en lui un très-puissant protecteur auprès de Dieu. « Or la divine clémence a, entre autres grâces, honoré le bienheureux de ce privilége spécial, que quiconque aura perdu quelque chose de la maison, et le recommandera, en toute confiance de cœur, au saint pontife, aura certainement la joie de le recouvrer. » Cette affirmation de notre ancienne liturgie est appuyée sur des faits.

XII. — En 1368, sous le règne de Charles V, des brigands sortis d'Angleterre, de Gascogne et d'autres pays, se jetèrent sur la Touraine, où ils prirent le château de Goulery avec la ville de Faye. Là, un tourangeau fut par eux enfermé dans une fosse, où il demeura onze semaines, privé de toute assistance. Cependant la vigile de la fête de saint Gatien arriva. Le pauvre prisonnier, qui avait coutume, lorsqu'il était en liberté, de visiter son église, particulièrement ce jour-là, tourna les yeux de son âme vers Dieu, et

(1) Brev. Turon., 2 mai.

pria le bienheureux Gatien, restaurateur des choses perdues, de le délivrer de son angoisse présente. Alors il reçut tant de force que, franchissant le mur avec facilité, il repoussa une cuve qui couvrait la fosse, puis passant sans obstacle par les rues de la ville, parvint jusqu'à Tours, où il rendit ses actions de grâces au saint.

Dans le même temps, les mêmes brigands, qui avaient été excommuniés par le pape Urbain V, prirent le fils d'un pauvre homme de Bourgueil, avec sa bête et six pièces de drap qu'il allait vendre au marché. Informé de ce malheur, le père qui n'avait pour richesse que cette bête et ce drap, recommanda le tout à saint Gatien. Alors il eut la joie de revoir son fils délivré de la main des ennemis, avec sa bête et ses pièces de drap.

Une chose semblable arriva dans un autre endroit. Les Anglais entrèrent dans la maison d'un laboureur, pour prendre de force ses bœufs et ses autres animaux. Le paysan, qui se tenait caché, mit son bien sous la protection du glorieux pontife. Chose merveilleuse! Après qu'il eut fait sa prière, les voleurs ne purent emmener les bêtes et furent contraints de les abandonner. Étant sortis de la maison, ces brigands veulent atteindre à la course le frère du laboureur : le fugitif se voue au bienheureux, puis passe sans crainte à travers les troupes ennemies et échappe à tout danger. Reconnaissants d'un tel bienfait, ces deux frères vinrent visiter l'église de Tours, où, louant la bonté de Dieu, ils lui rendirent leurs actions de grâce.

XIII. — Sous Charles VI, les Anglais viennent assiéger la ville de Tours : les habitants, dans leur détresse, adressent des supplications à saint Gatien, leur auxiliaire : ils lui offrent une quantité de cire suffisante pour faire un cierge capable d'entourer les murs de la ville. A peine eurent-ils accompli ce vœu que, par un miracle du ciel, la paix est conclue avec les ennemis et le siège levé.

Déjà, lors de la captivité du roi Jean, la reine-mère, ayant offert ses vœux à Dieu, dans l'église de Tours, avait ensuite reconnu devoir à saint Gatien la liberté du roi.

« Encouragés par ces exemples, ajoute le légendaire, recourons, nous aussi, dévotement, à ce glorieux Confesseur, notre Patron, afin que sa protection nous aide à recouvrer la grâce de Dieu et à mériter la vie éternelle. »

En 1431, l'archevêque de Tours, Philippe de Coëtquis, disposa que les fêtes par lesquelles on honore la mémoire de la Révélation de saint Gatien seraient désormais célébrées du rit de cinq chandeliers, c'est-à-dire le plus élevé après celui des fêtes les plus solennelles (1). Ainsi, la dévotion à notre apôtre allait toujours croissant, et nos pontifes travaillaient sans relâche à l'augmenter.

Sur un petit terrain, vis-à-vis de l'église de La Riche, il existe une chapelle qui a toujours porté et porte encore le nom de Caveau de Saint-Gatien. Elle a environ trois mètres et demi d'abaissement au-dessous du sol. La tradition de la paroisse la fait remonter à une bien haute antiquité. Toutefois, sur une pierre de la muraille intérieure, qui regarde l'ouest, est gravé le millésime 1517, en chiffres du temps. Selon les uns, c'était une crypte où saint Gatien célébrait les divins mystères ; selon les autres, en plus grand nombre, c'était le tombeau même du saint.

XIV. — En 1562, les Calvinistes s'emparèrent de la cathédrale et du corps de saint Gatien, qui y était précieusement conservé. Ils brûlèrent cette relique vénérable dans des fourneaux où ils firent fondre, en même temps, les objets d'or et d'argent qu'ils trouvèrent en différentes églises de la ville. L'historien des évêques de Tours donne tous les détails de cette odieuse profanation. Cependant, on garde, en l'église de Notre-Dame-la-Riche, quelques morceaux des ossements de notre apôtre, que les habitants de cette paroisse sauvèrent en les cachant, d'abord dans un

(1) Maan, p. 171, XXIII.

bateau, et ensuite dans une vigne. Ils y étaient jadis honorés par la foule du peuple que le grand nombre des miracles y attirait.

Une dévotion mal entendue avait brodé des récits fabuleux sur la vie de saint Gatien. Un auteur du XVIᵉ siècle, archevêque d'Aix, en Provence, les publia et nous y voyons notre apôtre, d'abord chef des bergers de Bethléem, puis l'un des serviteurs de la dernière cène, ensuite prédicateur de l'Évangile en Grèce, et enfin persécuté en Touraine par les druides, dont il convertit le prince. Ces données n'ont aucun fondement et sont rejetées de tous les écrivains sérieux. Elles prouvent cependant jusqu'à quel point le nom de saint Gatien avait frappé l'imagination populaire.

L'historien Maan affirme que, de son temps, en 1667, une vie fort ancienne, très-vraie et très-authentique de saint Gatien, dont autrefois lecture se faisait à l'office, se conservait encore dans les archives de la cathédrale (1). C'est sans doute celle dont parle un ouvrage de 1678, s'occupant de nos anciennes légendes : « Nous mettons, dit l'auteur, dans le premier rang d'antiquité celle de saint Gatien de Tours, sur laquelle il semble que toutes les autres se soient formées (2). » Nous tirons cette phrase d'un

(1) Eccl. Tur. præf., n. 4.
(2) Des Miss. apostol., p. 12.

livre intitulé : *Défense de l'ancienne tradition* des églises de France sur la mission des premiers prédicateurs évangéliques dans les Gaules, du temps des apostres ou de leurs disciples immédiats. — En 1685, notre archevêque, Michel Amelot, éditait le bréviaire de Tours, où il rend hommage à cette tradition, et où nous avons trouvé la plus grande partie des faits relatifs à la vie, à la mort ou au culte de saint Gatien, faits qu'une liturgie plus moderne a retranchés de ses légendes.

XV. — D'après une requête des habitants de la paroisse de Notre-Dame-la-Riche, du 13 mai 1760, déposée aux archives de la préfecture, on demandait le maintien du cimetière d'alors, pour deux raisons : la première, parce qu'une ancienne tradition apprend à toute la Touraine que saint Gatien a célébré les saints mystères dans une cave qui est proche du gros pilier de La Riche ; la seconde, parce que le même saint a été inhumé dans le cimetière même qu'on veut détruire. — C'est peut-être à cette occasion que fut élevée la pyramide qui surmonte encore aujourd'hui le Caveau de Saint-Gatien, et qui, à l'une de ses faces, porte cette inscription, gravée sur marbre :

ICY

ONT ÉTÉ LES RELIQVES

ET LE TOMBEAV

DV GLORIEVX SAINT GATIEN

APOSTRE DE TOVRAINE.

Vingt-trois ans après la pieuse requête des habitants de La Riche, le conseil général d'Indre-et-Loire, voulant, disait-il, faire triompher la cause de la Philosophie, de la Raison et de la Liberté, ordonnait l'enlèvement, dans les églises, de tout ce qui pouvait avoir quelque valeur (1). Or, dans l'église de La Riche était le tombeau de saint Gatien, dont les magnifiques ornements, évalués à plus de 200,000 livres, eussent fait grand plaisir aux Révolutionnaires. Des malfaiteurs devancèrent les ouvriers chargés de le démolir et s'emparèrent, pendant la nuit, des principaux objets de décoration, entre autres, d'une douzaine de statuettes en argent ou en or massif.

En 1827, à la demande de notre archevêque, Augustin-Louis de Montblanc, une portion des reliques de saint Gatien fut envoyée de l'église de Saint-Vaast, et transférée avec honneur dans l'église métropolitaine de Tours, où elles sont exposées publiquement à la vénération des fidèles (2).

SAINT LIDOIRE.

I. — Lidoire est le second de nos évêques dont on ait conservé la mémoire. Il fut ordonné la première année de l'empire de Constant, c'est-à-dire en 337 :

(1) M de Busserolle, *Souvenirs de la Révolution*, p. 273.
(2) Officia propria Eccl. Tur., 2 mai.

il était l'un des citoyens de Tours, et homme fort religieux. Ce fut lui qui bâtit la première église dans la ville de Tours, lorsque déjà il y avait beaucoup de chrétiens ; de la maison d'un sénateur il fit une basilique, la première qui eût été chez nous consacrée au vrai Dieu. De son temps, saint Martin commença de prêcher dans les Gaules. Lidoire siégea trente-trois ans et mourut en paix, plein de mérites et de sainteté. Il fut enseveli dans la susdite basilique, à laquelle plus tard on donna son nom (1). Voilà tout ce que nous savons de saint Lidoire, qui ne paraît pas avoir été honoré ailleurs que dans son diocèse.

II. — Comme nous l'avons dit, saint Martin transféra et ensevelit le corps de saint Gatien près du tombeau de saint Lidoire, dans la basilique décorée du nom de son fondateur.

Au vᵉ siècle, saint Perpet, le sixième de nos pontifes connus, place la fête de saint Lidoire parmi celles qui avaient une vigile ou veillé nocturne. Cette vigile se célébrait dans sa basilique (2).

Dans une lettre adressée en 871, par le pape Adrien II au roi Charles le Chauve, nous lisons (3) : « Plusieurs monastères ont été détruits, comme, à Tours, le monastère de Saint-Médard, où gisent les

(1) Greg., Tur. Hist. Fr., l. 10. c. 31. n. 2.
(2) Greg. T., loc. cit., n. 6.
(3) Adriani epist. xxxix, Patrol. Migne, tom. cxxii, p. 1317.

premiers des évêques de Tours, Lidoire et Gatien. »
Ce monastère, élevé dans le cimetière de Notre-Dame-
la-Pauvre, où saint Gatien avait été enterré d'abord,
renfermait donc, dans son enceinte, la basilique de
saint Lidoire.

III. — Cependant la dévotion des Tourangeaux,
envers leur pontife et concitoyen, croissant de plus en
plus, ses saintes reliques, renfermées dans une châsse
d'argent doré et ornée de pierres précieuses, furent
transférées à la cathédrale, en 1374, avec une pompe
solennelle et le concours de tout le clergé et de tout
le peuple de la ville (1). On plaça ces reliques avec
celles des saints martyrs Benigne et Béat, au côté du
grand autel.

L'archevêque Simon de Renoul régla qu'une fête
de saint Lidoire serait à l'avenir célébrée le jour
de sa Translation, qui est le 4 de février. — Jean de
Bernard, qui fut archevêque de Tours en 1442, cédant
aux vœux de ses diocésains, décida que la fête de
saint Lidoire compterait désormais parmi les principales, et serait célébrée d'un rit particulier, dans
l'église métropolitaine.

IV. — Sous l'épiscopat de ce même pontife, le 13
septembre, jour auquel on célèbre encore aujourd'hui
à Tours, du rit double-majeur, la fête de saint Lidoire,

(1) Brev. Tur., in Translat. s. Lidorii, Maan. — p. 152, n. ix.

et qui peut avoir été celui de sa mort ou celui de son ordination, une femme, dans l'île de Saint-Julien, située sur la Loire, en face de Tours, avait commandé à l'un de ses fils d'arroser des toiles étendues sur le sable, afin de les blanchir (1). L'enfant résiste :

— C'est un jour de fête, dit-il : aujourd'hui, à Tours, on ne fait aucun travail.

La mère menace de le battre, s'il n'obéit, et ainsi forcé par la crainte, l'enfant commence à exécuter l'ordre qu'il a reçu. Il répandait donc de l'eau sur les toiles, avec une espèce de pelle creuse, à peu près semblable à celle qu'on emploie pour vider le fond de cale des bateaux. Tout à coup, ô jugement de Dieu, le manche de l'instrument s'attache à sa main. Il s'étonne, il crie, il prie Dieu de l'épargner : pour la troisième fois, il s'est mis en prière, alors l'instrument tombe de sa main, non sans laisser au doigt du milieu une grave écorchure d'où le sang s'échappe.

La mère, qui d'abord avait voulu cacher le fait, rendant grâce à Dieu et au bienheureux Lidoire, se dirigea vers son tombeau, avec sa sœur et l'enfant. Arrivée à l'église de Tours, elle avoua ingénuement et avec larmes son péché à l'archevêque. Celui-ci ayant examiné la main droite de l'enfant, y reconnut

_____

(1) Brev. T. In festo. s. Lidoire.

l'écorchure et la concavité du doigt du milieu : à la gloire de Dieu et du bienheureux Lidoire, il proclama le miracle, au son des cloches et au chant des hymnes entonnées par le clergé : ensuite, en mémoire de ce fait, arrivé en 1446, il ordonna de suspendre l'instrument de bois, à la châsse où reposait le corps de saint Lidoire. Ce trait peut avoir donné aux laveuses de Tours occasion de prendre saint Lidoire pour patron.

V. — Vers 1488, Martin Briçonnet, curé de Notre-Dame-la-Riche et écolâtre de Saint-Martin, fonda, sur une métairie dite La Cossonnière, et située à Azay-le Rideau, une rente annuelle de douze livres pour l'acquit de deux messes par chaque semaine, dans une chapelle bâtie, au temps du même Martin Briçonnet, sous le vocable de saint Lidoire, et située sur le territoire de l'église paroissiale de la bienheureuse Marie, au faubourg de la ville de Tours. Cette chapelle qui, selon toute apparence, s'élevait dans la rue dite actuellement saint Lidoire, subsista environ 70 ans, c'est-à-dire jusqu'en 1562.

On a trouvé récemment, dans les archives de Notre-Dame-la-Riche, une charte de 1573, du temps de Simon de Maillé, archevêque de Tours, écrite en latin, avec les caractères peu lisibles de l'époque. Le titre de cette pièce est l'érection et la fondation d'un autel de saint Lidoire dans l'église de Notre-Dame-la-

Riche, nouvellement reconstruite, à la suite des guerres de religion. A cet autel, on devait acquitter les deux messes par semaine dont il vient d'être parlé. Car il était, dit la pièce, destiné à remplacer la chapelle détruite et renversée de fond en comble peu auparavant.

VI. — Le terrain de cette chapelle était resté entièrement nu, et, quelque temps après, on y bâtit la maison qu'on voit maintenant au n° 1er de la rue Saint-Lidoire. D'après le rapport des anciens habitants, il y avait, avant 1789, une procession dans la paroisse, le 13 septembre, fête de saint Lidoire. Cette procession se dirigeait par le faubourg, traversait une partie de la place Victoire, et entrait dans la petite rue Saint-Lidoire, qui est contiguë à cette place. On chantait des litanies, et, lorsqu'on était arrivé devant la maison susdite, on s'arrêtait et l'on répétait trois fois : *Sancte Lidori, intercede pro nobis.* Cette cérémonie fut encore renouvelée une fois depuis la Révolution, ce qui prouve bien qu'il y avait un ancien souvenir religieux attaché à cette maison. Il y avait aussi, dans ce temps-là, des cierges allumés au-dessus de la porte d'entrée. Les anciens, qui ont confirmé ces faits, étaient alors élèves de l'école qui existait dans le prieuré de Saint-Médard, vis-à-vis de l'église, et faisaient eux-mêmes partie de la procession dans la ligne d'accompagnement.

S'il faut en croire les traditions locales, conservées par les anciens habitants de La Riche, le nom de la rue Saint-Lidoire lui viendrait de ce qu'il y prit naissance; selon d'autres, c'était là qu'était son palais épiscopal.

Au-dessus de la porte de la maison mentionnée plus haut, est placée l'image de saint Lidoire, sur un tableau un peu ancien. Le jour de sa fête, les blanchisseuses de la paroisse, qui l'ont pour patron, ornent ce tableau de fleurs et de rubans, et, comme jadis, y font brûler des cierges. Car les buandières de La Riche, qui prétendent que sa mère appartenait à leur profession, célèbrent solennellement, tous les ans, depuis un temps immémorial, la fête de saint Lidoire. Du reste, l'église de Notre-Dame-la-Riche, si longtemps dépositaire des reliques de saint Gatien et de saint Lidoire, leur a toujours rendu des honneurs particuliers.

Nous leur devions nous-mêmes un tribut de filiale reconnaissance; car ils ont préparé le champ où allait travailler saint Martin. Maintenant abordons l'histoire de celui dont le sévère Tillemont parle en ces termes : « On peut dire que l'Occident n'a donné à l'Église aucun confesseur aussi célèbre et aussi révéré que saint Martin. L'Orient lui peut comparer saint Nicolas en ce point; mais il y a une différence entière entre la certitude que nous avons des actions de l'un et de l'autre. »

HISTOIRE

SAINT MARTIN

ÉVÊQUE DE TOURS.

———⚬◉⚬———

PREMIÈRE PARTIE

VIE DE SAINT MARTIN.

Première période : 316-372

DEPUIS SA NAISSANCE JUSQU'A SON ÉPISCOPAT.

CHAPITRE Ier

ENFANCE DE SAINT MARTIN.

1. Sabarie aujourd'hui Szent-Marton. — 2. Famille de S. Martin. — 3. S. Martin à Pavie. — 4. Il est fait catéchumène. — 5. Il aspire à l'état monastique. — 6. Il est enrôlé par son père.

1. — Dans cette partie de la Hongrie moderne qui est située à l'ouest du Danube, sur le territoire du comitat de Raab ou Gyor, à la base occidentale d'une colline nommée le *Mont-Sacré-de-Pannonie*, s'élève un bourg où l'on compte environ seize cents habitants. Les agréments naturels de ce lieu ont quelque chose d'enchanteur. Les collines environnantes offrent, surtout au printemps, l'image d'un paradis terrestre. Le coup d'œil devient plus ravissant encore si l'on gravit le sommet du monticule

qui domine le bourg. On jouit alors d'une perspective délicieuse qui, d'un côté, s'étend jusqu'aux frontières d'Autriche, éloignées de plus de dix milles, et, de l'autre, embrasse douze comitats de Hongrie et plus de deux cents fermes, villages ou villes. Non loin, au milieu de la vallée, coule une source vive, qui, se mêlant à d'autres cours d'eau, forme un ruisseau appelé anciennement *Pannosa*, et depuis Pansa. Cette eau, d'un goût ferrugineux, est très-salubre comme boisson. Cette petite source d'eau fraîche s'appelait jadis *la fontaine de Sabarie*. Ce bourg, qui porte aujourd'hui le nom de Szent-Marton ou Saint-Martin, portait autrefois celui de *Sabaria* (1). La Hongrie elle-même était désignée sous celui de Pannonie. A ses avantages physiques, le coin de terre que nous venons de décrire en joint un autre incomparablement plus précieux. Il a été le berceau d'un des plus grands saints dont l'Église honore aujourd'hui la mémoire (2).

2. — C'était au commencement du IVᵉ siècle, l'an 316 de l'ère chrétienne, onzième de l'empire de Constantin (3) et premier de la mort de Dioclétien, sous le consulat de Gallicanus et de Bassus (4). Cette année, à Sabarie, place forte de Pannonie, naquit un enfant auquel on donna le nom de Martin. Le paganisme, abandonné alors des hautes classes de la société romaine et chassé des grandes villes, s'était réfugié chez le bas peuple des campagnes : presque tous les personnages distingués étaient chrétiens. Les parents de Martin faisaient exception à cette règle. Bien que leur condition dans le monde les élevât au-dessus du vulgaire, ils étaient idolâtres. Aussi dirons-nous avec le

(1) Archiv. monast. S. Mart. Sabar.
(2) Sulp. Sev., Vita B. M., n. 1.
(3) Gervaise, vie de S. M., p. 2. — Maan, Eccles. Tur., p. 6, n. 2.
(4) Greg. Tur., Hist. Fr. liv. I. c. xxxiv.

poète chrétien (1) : « Quelle qu'ait été la noblesse des ancêtres de Martin, il fut plus noble qu'eux ; car il eut pour père le Christ, et, saintement dégénéré, méprisa les rites sacriléges auxquels était asservi son père selon la chair. »

Ce mépris pour le culte superstitieux de sa famille, il le manifesta dès le premier éveil de sa raison. La tradition du pays nous apprend que Martin, encore tout enfant, se fit sur le Mont-Sacré un oratoire où il allait souvent prier le Dieu des chrétiens (2).

3. — Le jeune saint n'habita pas longtemps les rives du Danube. Son père suivait la carrière des armes. D'abord simple soldat, il était devenu tribun de légion, grade qui ne se conférait qu'après cinq ou même dix ans de service, et qui répondait, dans les troupes romaines, à celui de colonel dans les nôtres. Peut-être l'ambition de cet homme lui fit-elle désirer de rapprocher son fils du centre des affaires publiques. Peut-être, servant lui-même dans l'armée d'Italie, voulut-il avoir auprès de lui cet enfant, pour lui inspirer le goût de sa profession. Ce qui est certain, c'est qu'avant l'âge de dix ans, Martin se trouvait avec ses parents, transportés sur les rivages du Tessin, à *Ticinum*, cité des Insubres, aujourd'hui Pavie, dans le Milanais. Cette ville, dans une situation délicieuse, était dès lors considérable. On y voyait sans doute encore un temple de Cybèle, sur les ruines duquel fut depuis construite la cathédrale. Aujourd'hui, la plus ancienne église de Pavie est dédiée à saint Martin.

C'est dans cette ville que Martin fut élevé et qu'il donna les premières marques sensibles de sa sublime vocation. Presque dès ses plus tendres années, la sainte âme de l'il-

(1) Paulin, v. S. Mart., l. 1, v. 13-15.
(2) Carthultius, v. S. Stephan Hung. regis. Acta SS. 2 sept.

lustre enfant avait soupiré après le moment où elle pourrait se consacrer au service de Dieu. Or, il s'en fallait
bien que ses parents, toujours attachés à l'idolâtrie, favo-
risassent ces heureuses dispositions. Ils ne cherchaient,
au contraire, qu'à les détruire. Paroles, exemples, mauvais traitements peut-être étaient employés par eux pour
combattre l'œuvre admirable du Ciel dans le cœur de leur
fils. Son père surtout paraît avoir mis plus de rigueur
dans cette persécution. Elle ne fit qu'accroître la ferveur
du jeune saint.

4. — Aucune cérémonie, aucun engagement solennel
ne l'avait encore attaché à l'Église. Il n'était pas même
catéchumène. Soit pour répondre par un noble défi aux
obstacles semés sous ses pas, soit pour se fortifier lui-
même contre les attaques livrées chaque jour à sa foi,
soit enfin par une inspiration pieuse indépendante des
circonstances, il résolut, âgé seulement de dix ans, de
solliciter, sans plus de retard, son admission parmi les
jeunes nourrissons de l'Évangile. Ayant découvert ou
soupçonnant son dessein, ses parents essayèrent d'en
empêcher l'exécution; mais le saint leur échappa et s'enfuit à l'église, où il demanda d'être fait catéchumène.
Cette faveur lui fut accordée, et le prêtre, lui ayant imposé les mains, marqua son front du signe de la croix.

Les catéchumènes recevaient des instructions spéciales.
Un prêtre, comme le fut à Jérusalem saint Cyrille, qui
vivait dans ce siècle, était chargé d'enseigner cette portion
du troupeau, à qui l'on expliquait le symbole. On leur
permettait même d'assister à une partie du saint sacrifice,
appelée pour cela, *messe des catéchumènes*. Les parents de
Martin eussent tenté sans doute de le priver de ces avantages; mais leur fils appartenait maintenant à l'Église, et
l'Église était libre et puissante. Son autorité dut opposer
une barrière à leur mauvais vouloir et procurer à cet en-

fant de bénédiction, par l'organe du clergé de Pavie, l'éducation chrétienne dont il sut si admirablement profiter.

5. — Deux années s'écoulèrent sans événements mémorables, mais non sans un progrès merveilleux de cette âme prédestinée dans les voies de la perfection. Au bout de ce laps de temps, et à une époque de la vie où les autres ont à peine le pressentiment de ce qu'ils veulent être, Martin se trouva fixé sur son avenir, fait moins admirable encore que l'objet de sa détermination. Ses désirs, tournés tout entiers vers le service de Dieu, en atteignirent de prime abord la forme la plus parfaite.

C'étaient alors les beaux jours de la vie érémitique. C'était le temps où fleurissaient les Antoine, les Pacôme, les Hilarion. Le jeune Martin connut-il ces grands exemples et lui inspirèrent-ils une noble émulation? ou bien ne suivit-il qu'une inspiration purement intérieure? Nous l'ignorons. Ce qu'il y a de certain, c'est que cette passion de la solitude qui arrachait au monde tant d'âmes généreuses s'empara aussi de la sienne. Enfant de douze ans, Martin s'enflamma d'amour pour le désert; la faiblesse de son âge l'empêcha d'y courir; mais, dès ce moment, sa vocation était décidée. Ce n'était point un caprice d'enfant, comme la suite le prouva. Sa pensée, occupée sans cesse des monastères et de l'Église, rêva, dès ces tendres années, ce qu'il accomplit plus tard avec tant de zèle.

Cet unique objet de ses méditations ne pouvait manquer de se trahir au dehors. Sa parole, sa conduite, son air, son silence, tout annonçait en lui le futur solitaire. Parfois quelques mots d'éloges pour la vie monastique lui échappaient sans doute. Peut-être cherchait-il à en réaliser quelque ombre dans la maison paternelle. Certainement la retraite, le recueillement et l'oraison faisaient déjà ses délices. C'était, on doit en convenir, plus

qu'il n'en fallait pour rendre furieux l'aveugle tribun.
Cet homme, brave guerrier, mais âme peu élevée et caractère opiniâtre, ne put supporter de voir méprisées, dans
sa famille, deux choses dont il était engoué, sa profession et son culte.

6. — Des édits impériaux ordonnaient d'enrôler, pour
le service militaire, les fils des vétérans. Le père de
Martin voulut profiter de cette loi pour arracher le sien à
ses projets d'avenir et le dénonça lui-même aux officiers
de l'empereur. Martin n'était âgé que de quinze ans ; or,
l'âge exigé pour tout nouveau soldat était de dix-sept ans.
Son père eut néanmoins assez d'autorité pour le faire
admettre. Le jeune homme avait aussi apparemment une
complexion robuste qui pouvait tromper sur son âge.

Martin, enlevé et chargé de chaînes, se vit forcé de se
lier par les serments militaires. Il jura, par le salut de
l'empereur, de faire tout ce qui serait ordonné pour le
service de l'empire et de se conduire, en toute rencontre,
comme un vaillant soldat. Après quoi, le tribun lui cei-
gnit le baudrier, puis le fit couvrir, par dessus la cui-
rasse, d'un manteau de laine blanche, de forme ovale,
nommé chlamyde, qui s'attachait sur l'épaule droite ou
sur l'estomac, avec un bouton, et descendait aux genoux.

Le père de notre saint avait servi dans la cavalerie. Les
fils de ceux des vétérans qui avaient fait partie de ce corps
avaient droit d'y entrer aussi. S'ils amenaient un serviteur avec un cheval, ils recevaient double paye, et cette
milice était déjà une dignité. Martin fut, à ces conditions,
reçu dans l'armée des Gaules, parmi les jeunes recrues de
cavalerie.

CHAPITRE II.

SAINT MARTIN SOLDAT.

1. — Conduite du nouveau soldat. — 2. Il partage son manteau avec
un pauvre. — 3. Sentiments divers excités par cette action. —
4. Elle est louée par le Christ. — 5. Baptême de S. Martin.

1. — Examinons la conduite du nouveau soldat :

Fils d'un tribun de légion, il eût pu avoir plusieurs
valets à son service, comme c'était l'usage parmi ceux de
sa condition : il se contente d'un seul, encore ce valet ne
l'est-il que de nom. Par un changement de rôle peu commun, c'est ici le maître qui sert habituellement le serviteur. Le saint va même jusqu'à lui ôter ses chaussures
pour les nettoyer de ses propres mains : ils prennent ensemble leurs repas, où Martin sert le plus souvent.

Au milieu des soldats, le jeune Martin sait se conserver
pur des vices qui déshonorent trop souvent les gens de
cette profession. Grande est sa bonté : sa charité à l'égard
de ses compagnons d'armes tient du prodige; sa patience
et son humilité paraissent surhumaines. Inutile de parler
de sa frugalité : elle est telle que déjà on ne le regarde
pas comme un soldat, mais comme un moine. Cette conduite lui gagne tous ses égaux, pénétrés pour lui de vénération et d'amour. Avant d'avoir été régénéré dans le
Christ, il se montre, par ses bonnes œuvres, un digne
candidat du baptême. Assister ceux qui se trouvent dans
la peine, porter secours aux malheureux, nourrir les indigents, vêtir ceux qui sont nus, telles sont ses occupations les plus chères. De sa solde militaire, il se réserve
seulement de quoi vivre au jour le jour. Dès ce temps,
fidèle à la voix de l'Évangile, il ne prend aucun souci du
lendemain.

Martin porta les armes d'abord sous le prince Constance, ensuite sous le césar Jules Constant (1). Nous savons, en effet, par l'histoire générale, que Constance, avant d'être empereur, commanda dans les Gaules, du vivant du Grand Constantin, son père : Constant, son frère, qu'on appelait aussi Jules, peut lui avoir succédé et avoir, durant quelque temps, exercé le même commandement. Le nom de Jules doit remplacer ici celui de Julien qui se trouve par erreur dans le texte du biographe : Julien dit l'Apostat ne fut césar que vingt ans plus tard.

Suivant un historien grec du ve siècle (2), Martin, après avoir fait ses premières armes avec beaucoup d'éclat, se vit lui-même appelé à commander les escadrons.

2. — Trois années environ se sont écoulées depuis le jour où il s'est vu contraint à se ranger sous les aigles romaines. Les mouvements du corps de troupes dont il fait partie l'ont conduit dans la Gaule Belgique, sur les bords de la *Samara*, aujourd'hui la Somme, à *Ambianum*. Cette ville, appelée maintenant Amiens, était une des plus considérables de l'empire et la résidence ordinaire du gouverneur des Gaules. Elle est assez bien située, au milieu d'une vallée fertile, mais dénuée d'arbres. Elle était traversée par une chaussée, construite sous Auguste, par Agrippa, favori de ce prince, pour aller de Lyon à Boulogne.

Dans cette ville, où hiverne son détachement, Martin poursuit l'exercice de sa charité (3). Là saison ne fournit que trop de matière à ses aumônes. On se trouve au cœur d'un hiver tellement rigoureux que plusieurs personnes sont mortes de froid. Aussi arrive-t-il parfois au pieux

---

(1) Voir Lenain de Tillemont, Mém., etc., t. 10°, p. 309 et suiv.
(2) Sozomène, l. 3., c. 14.
(3) Sulp., v. n. 3.

soldat, qui ne sait rien refuser à la souffrance, de ne plus garder autre chose que ses armes et son habit militaire.

Un jour, Martin se présente à celle des portes de la cité qui s'ouvrait sur cette voie romaine dont nous avons parlé ; il y trouve un pauvre à demi-nu. Ce malheureux, d'une voix tremblante et saccadée, implorait la pitié des passants ; mais en vain : tous fermaient l'oreille à sa prière.

En homme plein de Dieu, notre cavalier comprend que le soulagement de cette misère lui a été réservé. Mais que faire ? Il ne possède, en ce moment, d'autre bien que la chlamyde qui le couvre : il a tout dernièrement employé le reste à secourir une infortune semblable à celle-ci. Il s'arrête, un instant, délibérant sur le parti qu'il doit prendre. Son manteau lui est nécessaire pour se garantir du froid, de la pluie et du vent, qui sévissent avec tant de rigueur dans cette saison. Toutefois, aux yeux de sa charité, il y a là du superflu pour un seul homme. Il détache sa chlamyde, tire son épée, coupe le vêtement en deux parties égales, en donne une au mendiant et remet sur ses épaules celle qui lui reste.

3. — L'action charitable du jeune guerrier a été rapide et secrète autant qu'il l'a pu. Mais le lieu qui en a été le théâtre, entrée principale d'une ville populeuse, ne permet pas le mystère. Aussi à peine Martin s'est-il revêtu de son habit écourté, que des rires éclatent autour de lui et qu'il entend des railleries excitées par la difformité de son costume. Toutefois, il est consolant de le dire, parmi les témoins de l'événement, les rieurs ne sont pas le plus grand nombre. Il y a là beaucoup d'autres personnes qui, douées d'un jugement plus sain, laissent voir des sentiments meilleurs. Ces hommes, qui ont passé devant le pauvre sans le secourir, comprennent la leçon qui leur est donnée : ils gémissent profondément de n'avoir rien fait de semblable, quand ils auraient pu couvrir un pauvre sans se dépouiller eux-mêmes.

Vraisemblablement le morceau de la précieuse chlamyde donné au mendiant ne resta pas longtemps en sa possession. Des personnes pieuses le remplacèrent par un vêtement plus complet, le recueillirent et le conservèrent comme une relique. Toujours est-il que nous en retrouverons plus tard des parties renfermées dans de riches reliquaires. L'endroit précis où le fait s'était accompli devint également célèbre, du vivant même de Martin, et, dans la suite, comme nous le verrons, on y contruisit une maison de prières. Le Ciel lui-même daigna joindre son approbation à celle des hommes.

4. — La nuit qui suivit son action charitable, Martin était couché dans une hôtellerie d'Amiens : il dormait ; soudain apparaît devant lui le Christ, environné d'une multitude d'anges et couvert d'une moitié de manteau militaire. Une voix se fait entendre :

— Regarde attentivement ton Seigneur, lui dit-elle, et reconnais le vêtement que tu as donné au pauvre.

Ensuite Jésus s'adressant aux anges qui l'entourent :

— Martin, dit-il, encore simple catéchumène, m'a revêtu de cet habit.

« Le Seigneur, ajoute ici l'historien, s'était donc vraiment souvenu de ses propres paroles. Il avait dit autrefois : — Quand vous aurez fait ces choses à quelqu'un de ces pauvres petits, c'est à moi-même que vous l'avez fait. — Voilà pourquoi il a reconnu avoir été vêtu dans la personne d'un mendiant ; voilà pourquoi, voulant confirmer le témoignage rendu à une si belle œuvre, il a daigné se montrer sous le vêtement qu'un pauvre avait reçu. »

Honoré du suffrage du souverain juge, assuré de l'amitié du Christ, le jeune Martin n'a trouvé là aucun sujet d'orgueil ni de vaine gloire. Dans tout cet événement il ne voit qu'une seule chose, la bonté de Dieu, et il songe à y correspondre immédiatement.

5. — De son temps, beaucoup de fidèles, craignant d'exposer la grâce du sacrement, remettaient leur baptème à l'âge mûr.

Martin n'est encore qu'un adolescent, il n'est âgé que de dix-huit ans : il pourrait donc retarder encore l'époque de sa régénération baptismale, sans encourir le reproche de tiédeur : un autre attendrait au moins, pour se présenter aux fonts sacrés, d'être sorti de l'état militaire; mais, depuis la nuit radieuse où il a vu le Christ, où il l'a entendu le désigner par son nom en l'appelant toutefois simple catéchumène, il brûle de lui appartenir tout entier : il court donc, ou plutôt, il vole au baptème.

Selon l'usage suivi alors à l'égard de ceux qui voulaient recevoir ce sacrement, il dut d'avance donner son nom et se faire inscrire parmi les *compétents* ou postulants. Il dut être aussi éprouvé par l'abstinence du vin et de la chair, par la fréquente imposition des mains, par les confessions, les veilles, les cilices, les prostrations, les prières. Le temps consacré à cette préparation était ordinairement le carème; car le sacrement ne s'administrait qu'aux jours de Pâques et de la Pentecôte. Sous des empereurs chrétiens, Martin n'aura pas eu de peine à obtenir la permission de s'absenter quelques semaines de l'armée, pour un motif si respectable.

L'heureux moment, après lequel il soupire, est enfin arrivé. Le pieux catéchumène est plongé trois fois dans l'eau du baptistère, suivant le rite usité en ce temps où l'on donnait encore le baptème par immersion. Au sortir des fonts sacrés, il est revêtu d'habits blancs qu'il doit porter huit jours. Immédiatement après son baptème, le néophyte reçoit la Confirmation et l'Eucharistie. Ces trois sacrements étaient expliqués dans des discours adressés ce jour-là aux nouveaux chrétiens. Donner ces explications plus tôt eût été trahir le secret des mystères qu'on gardait encore scrupuleusement.

CHAPITRE III.

IL OBTIENT SON CONGÉ.

1. S. Martin et son tribun. — 2. Il demande à quitter le service militaire. — 3. Sa victoire pacifique. — 4. Sa liaison avec S. Maximin.

1. — Sous les empereurs païens, l'état militaire avait presque toujours paru aux chrétiens incompatible avec les devoirs de leur religion. Cette opinion subsistait encore, au IVe siècle, chez un grand nombre de fidèles. L'Église elle-même condamnait ceux qui, ayant quitté les armes pour faire pénitence publique, les reprenaient ensuite; elle excluait aussi de la cléricature celui qui, après son baptême, aurait embrassé cette profession ou l'aurait seulement continuée.

Martin, aussitôt après son baptême, a pris sa résolution : il veut sur-le-champ quitter l'état militaire et suivre l'attrait qui l'appelle à un autre genre de vie. Avant d'accomplir son projet, il croit devoir s'en ouvrir à son tribun avec lequel il vit dans une intimité familière. Cet homme le supplie de demeurer encore quelque temps avec lui. — Moi-même, lui dit-il, la durée de mon tribunat écoulée, je renoncerai aussi à la vie séculière.

Martin cède à des prières appuyées d'une telle promesse, et cette seule attente d'une âme à sauver le retient encore près de deux ans sous les drapeaux.

Toutefois, son historien a soin de nous l'apprendre, bien que restant encore à l'armée, Martin, depuis son baptême, n'est plus soldat que de nom (1). Soit par le pri-

_____
(1) Sulp., Vita B. M., c. 3.

vilége de sa naissance, soit par le droit de son grade, soit par la permission de ses chefs ou l'ascendant de sa vertu, il ne prend plus aucune part à ce qui constitue la vie militaire. Il échappe donc à la loi de l'Église contre ceux qui continuent ce genre de vie après leur baptême : l'entrée dans le clergé ne pourra lui être interdite. Un événement, appartenant à l'histoire générale, va l'obliger à se prononcer avant le temps fixé par son ami.

2. — Nous sommes en l'année 336. Pour repousser les Germains qui ont envahi les terres de l'empire, le césar Jules a rassemblé ses troupes, dont Martin fait partie, près de la cité des Vangions, appelée aujourd'hui Worms, ville actuellement du grand-duché de Hesse-Darmstadt et située dans une position agréable, sur la rive gauche du Rhin, si renommé pour les vues pittoresques de ses bords et la fertilité du territoire qu'il arrose.

On est à la veille de la bataille, et, suivant l'usage en pareil cas, le césar s'est mis à distribuer de l'argent à ses soldats. Que va faire Martin, résolu, depuis son baptême, de ne plus s'exposer à la nécessité de verser le sang humain ? Décidé à quitter prochainement les drapeaux, acceptera-t-il sa part des largesses par lesquelles le prince cherche à encourager ses troupes, au commencement d'une campagne qui peut être de longue durée ? Non, il croirait commettre une injustice.

Selon la coutume, chaque détachement est amené successivement devant le césar, et chacun de ceux qui le composent est appelé à son tour. Le corps où se trouve notre héros se présente : le nom de Martin est prononcé. Il sort de son rang, s'avance au pied du tribunal où Jules est assis, et, refusant l'argent qu'on lui offre :

—Jusqu'ici, lui dit-il, j'ai servi sous tes ordres; souffre que maintenant je serve sous les ordres de Dieu. Que celui qui a dessein de combattre reçoive tes libéralités. Pour moi, je suis soldat du Christ : il ne m'est plus permis de combattre.

— Ce n'est pas la religion, lui répond Jules frémissant de colère, c'est la crainte de la bataille de demain qui te porte à te retirer, en ce moment, du service.

— Quoi! c'est à la lâcheté, repart le saint, ce n'est pas à la foi qu'on attribue ma démarche! Eh bien! demain, je me placerai sans armes devant le front de l'armée, et, au nom du Seigneur Jésus, n'ayant d'autre défense que le signe de la croix, sans bouclier ni casque, je percerai avec assurance les escadrons ennemis.

Martin est pris au mot et jeté en prison, pour être, le lendemain, exposé sans armes aux coups des Barbares.

3. — Que se passa-t-il, durant cette nuit, entre Dieu et son serviteur? Nul mortel ne l'a su; mais le lendemain, au point du jour, une députation venait au camp demander la paix, au nom des Barbares, qui se remettaient, corps et biens, à la discrétion des Romains.

« Comment, dit le biographe (1), ne pas voir là une victoire remportée par notre bienheureux, à qui le Ciel voulut éviter d'être envoyé sans armes au combat? Certainement notre miséricordieux Seigneur aurait bien pu défendre son soldat, au milieu des épées et des traits de l'ennemi; mais il n'a pas voulu que les regards du saint fussent affligés par le spectacle de tant de morts: il a mieux aimé détruire le motif du combat. Aussi bien, empêcher des hommes de périr, soumettre les ennemis sans effusion de sang, n'est-ce pas la victoire la plus convenable que le Christ pouvait accorder à son soldat?»

Ce succès inattendu changea le cœur de Jules, qui peut-être reconnut le devoir aux prières de notre saint. Martin fut mis en liberté et reçut son congé. Les lois romaines exigeaient, à la vérité, de tout soldat, un service de vingt-quatre années consécutives. Mais on était sous

_____

(1) Sulp., Vita, c. 4.

l'empire du grand Constantin : la religion triomphante
s'était assise avec lui sur le trône; les lois de l'Église
étaient partout respectées et son esprit adoucissait déjà la
dureté des lois païennes. D'ailleurs on pouvait bien faire
une exception en faveur de Martin, qui avait été enrôlé,
malgré lui, avant l'âge requis par ces mêmes lois et qui,
fils d'un tribun, paraît avoir acquis lui-même un grade
par ses hauts faits.

Quoi qu'il en soit, au lieu d'affaiblir la piété de notre
saint, l'état militaire n'a servi qu'à l'accroître, en lui four-
nissant l'occasion de pratiquer ces vertus de charité,
d'humilité et de patience dont il y donna de si héroïques
exemples. Supposons qu'il n'ait point été engagé dans
cette profession, et aussitôt nous retranchons les pages
les plus édifiantes peut-être, j'oserai dire, au moins, les
plus populaires et les plus poétiques de sa vie.

4. — Il est facile d'imaginer la joie de Martin quand il
se vit, pour la première fois, en pleine possession de cette
liberté qu'il avait désirée uniquement pour la consacrer à
Dieu. Mais il n'est pas aussi aisé de décider vers quelle
retraite il porta d'abord ses pas. A défaut de renseignements plus certains, nous suivrons, pour le retrouver, les
indications de plusieurs écrivains légendaires.

Du camp de Worms, Martin, âgé d'environ vingt ans,
paraît s'être dirigé vers la ville de Trèves, qui n'en est
pas très-éloignée. Le siége épiscopal de cette ville est
occupé par un saint du nom de Maximin, avec lequel le
nôtre a contracté une étroite liaison; ils se voient souvent
et s'entretiennent ensemble des choses de Dieu (1). Ainsi
l'attestent différents auteurs.

Saint Maximin forme le projet d'un pèlerinage à Rome
et choisit Martin pour compagnon de voyage. Absorbés

---

(1) Acta SS., 29 mai., Vita S. Max. — Surius, ibid. — Bosquet, Fran-
cisc.— Vita Sti. Mansueti, Hist. Eccl. Gal., part. 2, p. 35. — Acta SS.,
3 sept.

dans la pensée des choses divines et dans une conversation pieuse, ils ne sentent point, comme les autres voyageurs, la fatigue du chemin. Quand ils passent près d'un bourg et que les vivres leur manquent, c'est Martin qui s'y rend pour en achéter, laissant à Maximin le soin de veiller sur leur bagage et sur l'animal qui le porte. Arrivés à Rome, ils font leur prière dans l'église du Prince des Apôtres et honorent les reliques des autres saints, puis reprennent le chemin de Trèves.

Avant de quitter son hôte, Martin lui recommande Lubentius, son fils spirituel, qu'il a converti ou relevé des fonts sacrés et le prie d'instruire ce jeune homme. Saint Maximin se rendit à son désir, instruisit Lubentius dans les saintes lettres, et plus tard, l'ayant ordonné prêtre, le plaça en un bourg appelé Cubrunum.

Cette légende fut écrite, au IXᵉ siècle, par un auteur que recommandent et son érudition et sa piété (1). Il y a deux siècles, les religieux du monastère de Saint-Maximin conservaient encore, parmi leurs reliques, les bâtons de voyage des deux pèlerins.

Saint Maximin, qui mourut en 348, avait pour frère saint Maixent, évêque de Poitiers. Cette parenté put bien n'être pas sans influence sur la détermination qui conduisit saint Martin dans cette ville.

---

(2) B. S. Lupus Ferrar. ab., Vit. S. Max., c, 6. — Patrol, Migne, t. 119 p. 673.

CHAPITRE IV.

IL SE RETIRE AUPRÈS DE SAINT HILAIRE.

1. Conversion d'Hilaire. — 2. Éducation et mission différentes de S. Hilaire et de S. Martin.— 3. S. Martin disciple de S. Hilaire.— 4. Martin refuse le diaconat. — 5. Il est ordonné exorciste.

1. — Au confluent de la Boivre et du Clain, sur une colline ceinte de rochers, s'élève la vieille cité de *Limonum*, place importante déjà du temps de Ptolémée. Cette ville, appelée aujourd'hui Poitiers, ancienne capitale du Poitou, appartenait, avant la domination romaine, aux Pictaves, qui lui ont laissé leur nom. L'on y voit encore quelques vestiges d'un amphithéâtre et d'un aqueduc romain.

Là vivait, au ivᵉ siècle, un homme dont la foi et la science dans les choses de Dieu étaient déjà éprouvées et reconnues. Né à Poitiers même, d'une des plus illustres familles des Gaules, Hilaire avait, dans sa jeunesse, étudié avec succès les sciences profanes et particulièrement l'art de l'éloquence. Nous apprenons de lui-même qu'il fut élevé dans les superstitions du paganisme et que Dieu le conduisit par degrés à la connaissance de la vérité.

« Mon âme, dit-il, se portait avec ardeur à connaître ce Dieu, auteur de tout bien, car je voyais clairement l'absurdité de tout ce que les paiens enseignent au sujet de la Divinité. Plus j'y réfléchissais, plus je me persuadais qu'il ne pouvait y avoir qu'un seul Dieu, éternel, tout-puissant, immuable. J'étais plein de ces pensées, lorsque les livres de Moïse et des prophètes me tombèrent entre les mains. Je fus charmé de ces paroles : *Je suis celui qui suis.* Les écrits des évangélistes et des apôtres me découvrirent au-delà de ce que j'avais osé espérer. »

2

2. — Remarquons ici cette différence d'éducation première entre Hilaire et Martin, les deux flambeaux de la
Gaule au IVᵉ siècle. Hilaire, qui doit être un docteur de
l'Église, combattre les hérétiques par ses écrits, et défendre par le raisonnement les dogmes sacrés, Hilaire est
arrivé graduellement aux lumières de la foi : il a conquis
laborieusement, par la réflexion et l'étude, la vérité qui
ne s'est dévoilée à lui que dans son âge mûr. Martin, au
contraire, qui sera un homme d'action, qui ne publiera
point d'écrits, mais prêchera l'Évangile au pauvre peuple,
et n'aura pour principaux arguments que ses vertus et ses
miracles, Martin dès ses premières années, a respiré
sous le joug du Seigneur : c'est dans son enfance même
que la grâce divine a éclairé son esprit et rempli son cœur
du sentiment chrétien. Ainsi Dieu avait préparé diver-
sement à leur mission différente ces deux grands hommes
qui devaient, pour ainsi dire, se compléter l'un par l'autre.

3. — Informé par son frère saint Maixent de la précieuse conquête que l'Église vient de faire, de l'admirable
conversion qui a édifié la ville de Poitiers, de ce zèle et de
cette doctrine qui font déjà briller d'un vif éclat le nom
d'Hilaire, saint Maximin de Trèves aura pu en entretenir
son jeune et pieux ami. Sur ces récits, Martin aura conçu
le désir de voir cet homme illustre, qui, déjà peut-être,
compte un certain nombre de disciples, réunis autour de
lui, et il sera parti, muni des lettres de Maximin pour
l'évêque de Poitiers et pour Hilaire. Au moins il n'est pas
invraisemblable, comme d'autres l'ont remarqué (1), que
notre saint se soit rendu auprès d'Hilaire, avant l'élévation de celui-ci sur le siége épiscopal de Poitiers, laquelle
eut lieu vers l'an 353, dix-sept ans après que Martin eut
quitté l'état militaire, suivant l'opinion que nous avons
adoptée.

(1) Tillemont, Mémoires, tom. 10ᵉ p. 309.

Après la mort de saint Maixent, le peuple choisit donc Hilaire pour évêque et le contraignit, malgré sa résistance, à se soumettre à l'ordination. Son éminente vertu et sa haute capacité ne tardèrent pas à fixer sur lui les regards de l'Église. Il ne se considéra plus, après son sacre, que comme l'homme de Dieu. Il prêcha les saintes ordonnances de sa loi avec un zèle infatigable : les pécheurs, touchés de ses discours, entraient dans de vifs sentiments de componction et renonçaient à leurs désordres. Cependant, il ne négligeait par son propre salut : il avait ses heures marquées pour la prière, et c'était dans ce saint exercice qu'il ranimait sans cesse sa ferveur et obtenait les bénédictions abondantes que Dieu répandait sur ses travaux. Voilà, nous pouvons le croire, le modèle que Martin se proposa surtout d'imiter et qu'il eut principalement en vue dans le cours de sa vie apostolique.

La plume d'Hilaire fut aussi consacrée à la gloire de la religion, et il en sortit d'abord un *Commentaire sur l'Évangile de saint Matthieu.* Nous avons encore cet ouvrage où l'élégance et la solidité se trouvent réunies. Martin dut certainement le lire et y puiser quelque chose de ce goût pour l'Écriture sainte, de cette pureté de langage et de cette éloquence persuasive qu'on admira plus tard en lui.

4. — Avec le zèle qui l'anime, il est naturel qu'Hilaire souhaite ardemment s'adjoindre des coopérateurs pénétrés du même esprit. Il n'a pas tardé d'apprécier le trésor que Dieu lui a envoyé dans la personne de Martin. Celui-ci est déjà son disciple, mais il est resté libre : aucun engagement ne le lie à son maître. L'évêque peut craindre, à chaque instant, qu'il ne lui échappe et que l'église de Poitiers ne perdre un apôtre, dans lequel il aime à voir déjà son successeur. En conséquence, il prend la résolution

_____

(1) Sulp. Sev. Vita B. M., n. 5.

de se l'attacher plus étroitement. Il n'a qu'un moyen d'enchaîner, au profit de son troupeau, la volonté de Martin,
c'est de le vouer au ministère sacré, en lui conférant les
saints ordres dans son église.

Parmi ces ordres, il en est un qu'Hilaire choisit de préférence, comme devant établir son disciple dans un poste
digne de son mérite et lui fournir un témoignage de la
haute confiance de son maître : c'est aux honneurs du
diaconat qu'il a résolu d'élever Martin.

Cette fonction avait alors, dans l'Église, une grande
importance. Au diacre, en effet, appartenait l'administration des offrandes des fidèles et de tout le temporel ecclésiastique : c'était par ses mains que les pauvres recevaient
les aumônes et les clercs leurs pensions. Ces prérogatives
lui attiraient beaucoup de considération et lui donnaient
une espèce d'autorité sur les prêtres mêmes.

Dans un de ses entretiens avec son disciple, Hilaire lui
déclare son intention ; mais Martin, effrayé d'un si grand
honneur, accueille par un refus formel la proposition du
saint évêque.

Ce premier échec ne rebute point Hilaire qui peut-être
s'y attendait : il espère que des instances réitérées triom-
pheront de cette pieuse résistance. Mainte et mainte fois
depuis, il revient à la charge.

— Non ! s'écrie toujours Martin avec plus de force, non !
je n'en suis pas digne.

5. — Homme d'un génie perspicace et profond, Hilaire
comprend qu'il lui faut changer de tactique et que le moyen
de contraindre son disciple à céder, c'est de lui proposer
une fonction présentant pour lui quelque chose d'humi-
liant et même d'injurieux. Il lui enjoint donc de se préparer à recevoir l'ordre d'exorciste. C'est le second des
ordres mineurs et il n'était alors exercé que par les plus
jeunes d'entre les clercs. Or Martin était, à cette époque,
âgé d'environ 37 ans.

L'expédient réussit, comme Hilaire l'avait espéré. Ce n'est pas que son disciple accepte avec joie cette modeste charge : il la trouve encore beaucoup au-dessus de ses mérites, et, s'il n'écoutait que le mouvement de son cœur, il s'écrierait de nouveau : « J'en suis indigne, » mais il craint cette fois, en refusant, de paraître mépriser cette fonction comme trop basse. Voilà pourquoi il se résigne à cette ordination.

Son maître, dont la pénétration avait prévu son embarras, se réjouit de le voir donner dans le piége innocent qu'il lui a tendu et se hâte d'achever cette précieuse conquête. Martin, ordonné exorciste par Hilaire, resterait pour toujours attaché à l'église de Poitiers, si Dieu n'en avait disposé autrement.

Cette ordination elle-même n'est, pour ainsi dire, qu'une prophétie, annonçant le rôle auquel est appelé notre saint. La guerre contre les démons, auteurs de l'idolâtrie ou bourreaux des hommes, telle sera, pour Martin, l'occupation de toute sa vie. La grâce reçue par lui, dans cette ordination, a été si puissante, qu'aucun ministre de Jésus-Christ n'aura depuis exercé sur l'ennemi infernal un empire aussi absolu ni remporté autant de victoires.

Pour le moment, Martin occupa, dans la communauté des clercs de saint Hilaire, une simple cellule, dont on montre encore aujourd'hui l'emplacement probable.

CHAPITRE V.

VOYAGE DE SAINT MARTIN DANS SON PAYS.

1 — Il reçoit une ordre du ciel et part pour Sabarie. — 2. Il tombe
entre les mains des voleurs. — 3. Il convertit l'un d'entre eux. —
4. Le diable lui déclare la guerre.— 5. Il convertit sa mère.

1. — Peu de jours se sont écoulés depuis que Martin a
été investi, au nom de l'Église, du pouvoir de commander
aux esprits de ténèbres : il semble que la Providence ait
attendu ce moment pour lui ouvrir la carrière des travaux
apostoliques.

Une nuit, retiré dans sa cellule, il s'est livré au sommeil. Il reçoit alors un avis du ciel :

— Va, lui est-il dit, visiter ta patrie et tes parents, pour
exercer à leur égard ton zèle religieux.

En sa qualité de membre du clergé de Poitiers, il ne
croit pas pouvoir s'éloigner sans la permission de son
évêque : il lui découvre donc l'ordre qui lui a été donné.
Malgré la peine qu'il éprouve à l'idée de cette séparation,
Hilaire n'ose faire autre chose que d'unir sa volonté à celle
du Souverain Maître. Il consent au départ de Martin ;
mais, au moment des adieux, ses larmes coulent en abondance et, avec des prières réitérées :

— Au moins, lui dit-il, promets-moi de revenir.

— Oui, répond son disciple, je reviendrai.

Soit que l'ordre divin ait été accompagné d'une annonce
funeste, soit par l'effet d'un simple pressentiment ou
d'une prévision naturelle; sur le point d'entreprendre son
voyage, Martin lui-même est en proie à la tristesse.
S'adressant aux clercs de Poitiers qui lui témoignent leurs
regrets :

— Priez pour moi, mes frères, leur dit-il, car je vais être en butte à bien des adversités. »

L'événement viendra bientôt justifier ses craintes.

2. — De Poitiers à Sabarie la distance est énorme. Au IV⁴ siècle, il est, humainement parlant, difficile de la parcourir tout entière sans accident. Qu'on en juge par un seul fait : les vieux soldats du tyran Magnence, traités en rebelles depuis sept ans, s'étaient formés en bandes de voleurs et ne cessèrent leurs brigandages qu'au moment où Julien, élu empereur, les amnistia et les incorpora dans ses troupes.

Toutefois, Martin a parcouru presque toute la Gaule et est arrivé, sans encombre, au pied des Alpes Cottiennes, qui s'étendent depuis le mont Cenis jusqu'au mont Viso. Il a commencé à gravir ces montagnes célèbres qui séparent la Gaule de l'Italie et dont les sommets, couverts de neiges éternelles, se cachent dans les nuages. Un chemin les traversait alors, celui qu'avait frayé le roi Cottius, dès avant le règne d'Auguste, et qui, devenu impraticable, avait été, en 279, réparé par l'empereur Probus.

Seul, sur ces hauteurs désertes, au-dessus desquelles l'aigle décrit son vol majestueux et qu'habitent uniquement les chamois, les ours et les loups, ou des hommes rejetés de la société, Martin perd bientôt la trace de tout chemin frayé, s'égare dans les détours de la montagne et, tout à coup, pour comble de disgrâce, tombe au milieu d'une troupe de voleurs. Ils étaient peut-être de ceux dont nous avons parlé. Déjà l'un d'eux brandit sa hache sur la tête du saint. C'en était fait de lui, si un autre moins cruel n'eût arrêté le bras de son compagnon. Cependant les brigands lui lient les mains derrière le dos et le confient à l'un d'entre eux, chargé de le garder et de le dépouiller, tandis qu'eux-mêmes vont au loin piller la campagne. Cet homme le mène dans un endroit écarté.

3. — Là surpris de la contenance du saint, qui est demeuré impassible, dans une conjoncture si critique, il cède à l'envie de l'interroger.

— Qui es-tu? lui demande-t-il.

— Je suis chrétien, lui répond, à la manière des martyrs, le disciple d'Hilaire.

— As-tu peur? reprend le bandit.

— Jamais je n'ai été plus tranquille. Ne sais-je pas que la tendresse du Seigneur se montre surtout dans les épreuves de ses enfants? Si je ressens quelque chose tout à l'heure, c'est de la pitié, à la vue d'un homme que l'exercice de ses brigandages rend indigne de la miséricorde du Christ.

Là-dessus, il entame une discussion évangélique et commence à prêcher à ce malheureux la parole de Dieu. Bref, le voleur, qui l'a écouté d'abord avec plaisir, ensuite avec attendrissement, croit aux mystères qu'il lui annonce, remet Martin dans sa route et, avant de le quitter :

— Je t'en supplie, lui dit-il, daigne prier le Seigneur pour moi.

On vit, dans la suite, cet homme embrasser la vie religieuse, et c'est de lui qu'on apprit toute l'aventure.

4. — Quittant ces lieux terribles, où il a offert à Dieu les prémices de son apostolat, notre héros a descendu le revers de la montagne, il a franchi une partie de la riante vallée qu'arrose le *Padus*. Vraisemblablement il s'est arrêté à *Ticinum*, la ville Insubrienne qui a nourri son enfance. De là, il aura gagné Milan, cette cité célèbre où bientôt nous le reverrons. Enfin nous le retrouvons à une certaine distance de cette capitale qu'il a déjà dépassée. Il chemine à travers les champs en fleurs et les plaines verdoyantes de ce délicieux pays (1). Soudain un homme vient s'offrir à sa rencontre.

(1) Sulp., c. 6.

— Où vas-tu ? lui demande cet étranger.

— Je vais où le Seigneur m'appelle.

— Eh ! bien, sache-le, quelque part que tu ailles, quoi que tu entreprennes, tu trouveras désormais le diable dans ton chemin.

— Le Seigneur est mon appui, je ne craindrai rien de la part de l'homme.

A peine Martin a-t-il formulé cette réponse, empruntée au psalmiste, que l'ennemi infernal, caché sous cette forme humaine, disparaît à ses yeux. Il n'avait pu lui nuire par ses ministres les voleurs, et il était venu lui-même l'attaquer, cherchant à le détourner, par la crainte, de l'accomplissement de son devoir. Telle fut la déclaration de guerre de Satan contre Martin.

5. — Le saint approche du terme de son voyage qu'il paraît avoir toujours fait à pied et sans compagnon. Il a touché les frontières de la Pannonie. Déjà il peut apercevoir de loin la cime du Mont-Sacré, autour duquel se groupent, comme un cortége, les collines inférieures. Il arrive à Sabarie, sa ville natale, où il n'a pas reparu depuis près de trente années. Il revoit la fontaine dite de Sabarie, et le ruisseau de Pannosa ; peut-être aussi ses yeux découvrent-ils, sur le penchant de la montagne, la grotte mystérieuse, témoin de ses premiers hommages au Dieu des chrétiens. Mais ce qu'il cherche, c'est la maison paternelle : il la trouve et y entre.

Son père et sa mère étaient sans doute loin de l'attendre et plus de vingt ans se sont écoulés depuis qu'ils n'ont vu leur fils, car ils paraissent être revenus dans leur pays peu de temps après son enrôlement militaire. Martin eut donc besoin de se faire reconnaître.

Comme son cœur en avait formé le projet et conçu l'espérance, il eut le bonheur de retirer sa mère des superstitions païennes. Mais son père ne voulut point écouter les paroles de salut qu'un fils lui apportait de si loin. Insensible à ses exhortations comme à ses larmes, il demeura obstiné dans l'erreur et, par un juste jugement de Dieu, mourut, quelque temps après, dans son infidélité. La douleur qu'en ressentit Martin fut tempérée par d'autres conversions opérées parmi ses compatriotes : il en gagna plusieurs par l'exemple de sa foi ardente et de ses admirables vertus.

Après le paganisme, un autre ennemi appelle notre héros au combat, dans ses propres foyers. C'est l'hérésie.

CHAPITRE VI.

SAINT MARTIN PERSÉCUTÉ PAR LES ARIENS.

1. — Origine de l'arianisme. — 2. S. Martin est chassé de son pays par les ariens. — 3. Il apprend l'exil de S. Hilaire.— Il fonde un monastère à Milan. — 5. Il est chassé de cette ville par Auxence.

1. — L'Orient eut, dans ce siècle, sur l'Occident, une double influence, l'une heureuse, l'autre funeste : d'une main, il lui donna un fruit délicieux, et, de l'autre, un poison mortel; car, en même temps qu'il le dotait du monachisme, il lui envoyait l'arianisme. L'auteur de cette hérésie était Arius, prêtre d'Alexandrie.

Après la mort de saint Achillas, on avait élu, pour le remplacer sur le siége de cette ville, Alexandre, homme d'une vie irréprochable. Mais Arius avait compté lui-même être évêque; il ne put supporter qu'un autre lui eût été préféré. Les mœurs d'Alexandre n'offrant aucune prise, il chercha à calomnier sa doctrine. Conformément à l'enseignement de l'Évangile et des Apôtres, Alexandre prêchait le Fils de Dieu égal et consubstantiel à son Père. Arius se mit à soutenir que le Fils de Dieu est créature et non pas Dieu; néanmoins il voulait qu'on l'adorât; c'était l'idolâtrie ramenée sous un autre nom, c'était le renversement total du christianisme. Trois cent dix-huit évêques, formant, à Nicée, un concile universel, présidé, en la personne de ses légats, par le Vicaire de Jésus-Christ, condamnèrent la doctrine d'Arius : elle n'en eut pas moins un succès effroyable.

A Constantin qui avait exilé, puis malheureusement rappelé l'hérésiarque, avait succédé son fils Constance, qui mit la puissance impériale au service de l'hérésie. Dès lors, les ariens furent les maîtres : rien n'égala leur audace et leur violence. C'était surtout par là qu'ils se distinguaient. Sans parler de saint Athanase qu'ils cherchèrent plusieurs fois à faire périr, on vit, à Alexandrie, les vierges maltraitées, les moines foulés aux pieds et battus à mort, les sanctuaires profanés, les églises pillées et livrées aux flammes, par les ordres de l'évêque arien. Quand les évêques de cette secte trouvaient quelqu'un qui détestait leur hérésie, ils le faisaient fouetter, emprisonner ou bannir. Un grand nombre s'enfuyait dans les déserts plutôt que de tomber entre leurs mains. Voilà ce que nous apprend l'histoire générale.

2. — A l'époque où saint Martin revient dans son pays, l'hérésie arienne pullule dans le monde entier, mais nulle part elle n'a pris autant de force que dans l'Illyrie, dont la Pannonie est une province (1). Singidon et Murse, villes de Pannonie, avaient en effet pour évêques Ursace et Valens, deux des premiers disciples d'Arius, qui s'étaient fait remarquer parmi les plus fameux sectaires du conciliabule de Tyr, où fut condamné saint Athanase.

L'ardeur de son zèle ne permit pas à notre saint de renfermer sa douleur en lui-même, ni de gémir dans le secret sur l'égarement de ses compatriotes. Il s'adresse

(1) Sulp. *ut suprà*.

aux prêtres et aux évêques mêmes qui ont engagé le peuple dans cette erreur : il leur reproche partout, avec une hardiesse incroyable, leur infidélité. Il est presque seul à combattre contre un si grand nombre d'ennemis ; mais son amour pour Jésus-Christ lui fait regarder avec mépris les dangers auxquels il s'expose, à toute heure, pour la défense de sa divinité. Il obtient bientôt sa récompense. Accablé de mauvais traitements, livré à diverses tortures, publiquement battu de verges, il est enfin condamné à sortir de sa ville natale.

3. — Martin s'éloigne de son pays, où nous n'aurons plus à retourner avec lui. Il reprend, en sens inverse, le chemin qu'il a suivi pour s'y rendre, et se dirige d'abord vers l'Italie. Son dessein est de regagner la Gaule et de rejoindre, selon sa promesse, son maître, à Poitiers. Mais une nouvelle des plus graves vient tout à coup le surprendre dans sa route : la violence des ariens a contraint aussi saint Hilaire à s'exiler, et l'absence de cette grande lumière a jeté les églises des Gaules dans la confusion.

La condamnation du docteur gaulois avait eu lieu l'année même où son disciple l'avait quitté. Attention merveilleuse de la Providence, qui semblait avoir ménagé ce voyage pour l'empêcher de voir les outrages faits à son maître! Ces deux grands hommes devaient donc souffrir, chacun dans son pays natal, la même injure, pour la même cause. Il fallait que l'un n'eût rien à envier à l'autre et qu'en s'embrassant, un jour, chacun d'eux embrassât un martyr. Martin eût quitté Poitiers quelques jours plus tard et la nouvelle du bannissement de son maître l'eût surpris lui-même dans cette ville. Peut-être eût-il essayé de suivre l'illustre docteur en Phrygie, où celui-ci était envoyé après saint Paulin de Trèves, successeur de saint Maximin, et avec Rhodane, évêque de Toulouse. Mais, vraisemblablement, la chose n'eût pas été possible, et Hilaire, qui ne cessa, même absent, de gouverner son église par ses prêtres, n'eût pas permis qu'elle fût privée, dans une telle nécessité, d'un secours si précieux. Combien l'histoire préfère à cette captivité, où notre saint n'aurait plus eu, en quelque sorte, qu'à gémir, cette excursion héroïque et imprévue qu'il fait dans son pays!

4. — Cependant quel parti va-t-il prendre, placé entre sa patrie naturelle qui le repousse et sa patrie adoptive qui ne lui offre ni repos ni sécurité? Hilaire absent, Martin ne rencontrerait, dans les Gaules, rien qu'il ne puisse obtenir partout ailleurs, et puisqu'il est arrivé en Italie, non loin des lieux où il a été élevé, il y restera, au moins pour attendre les événements. Bientôt nous le trouvons établi à Milan ou *Mediolanum*, ville magnifique, capitale de l'Insubrie, située dans une vaste plaine, sur les bords de l'Olona.

Là, réalisant, pour la première fois, le rêve de son enfance, notre héros s'est fait un monastère. Des disciples qu'il y forma, deux seulement nous sont connus, d'après les légendes. L'un, originaire de Milan même, et d'une famille illustre, sortait presque du berceau : il se nommait Maurilius et nous le reverrons. A Milan, Martin l'instruisit dans les saintes lettres (1).

L'autre s'appelait Gaudentius. Il était aussi d'une très-noble famille. Jeune encore, et avant de connaître Martin, il savait déjà s'imposer à lui-même le frein de l'oraison et de l'abstinence. Dès ce temps-là, il avait commencé à s'illustrer par des miracles. « Ensuite, ajoute sa légende (2), il est certain que Gaudentius s'adjoignit, comme secrétaire, au bienheureux Martin, dans la métropole de Milan, à cause de la glorieuse doctrine de ce grand

---

(1) Surius, 13 sept., Brév. s. Mart., ibid.
(2) Surius, 22 janv., Mart. rom., ibid.

homme. » La même pièce l'appelle le plus habile des secré-
taires. On pense que notre saint l'employait à transcrire
des livres. Gaudentius le quitta pour devenir le compagnon d'exil d'Eusèbe de Verceil et monta, dans la suite,
sur le siége épiscopal de Novare.

5. — Si Martin, dans la cellule qu'il s'est faite à Milan,
avait espéré attendre en paix des événements meilleurs,
c'est qu'il avait compté sans l'arien Auxence, évêque de
cette ville, et sans cet ennemi qui naguères, dans ces
lieux mêmes, lui a promis une guerre implacable.

Un concile tenu à Milan s'était terminé par l'exil des
évêques catholiques. A la place de saint Denys, évêque
de Milan, on mit en 355, Auxence qui avait été ordonné
prêtre par Grégoire, faux évêque d'Alexandrie, et était
plutôt un habile homme d'affaires qu'un chrétien. Il fut
introduit dans son église à main armée.

Martin possède, au plus haut degré, toutes les qualités
requises pour exciter contre lui la haine du faux pasteur.
C'est un clerc plein de ferveur et de zèle, c'est un martyr
de la divinité du Verbe, c'est un disciple d'Hilaire, et, qui
pis est, c'est un moine.

, Auxence, hors de lui, commence aussitôt contre notre
saint une persécution si emportée qu'elle va jusqu'aux
injures et jusqu'aux coups. Après lui avoir prodigué les
outrages, l'évêque arien ne se croit pas encore en sûreté :
il le chasse ignominieusement de la ville. — Aujourd'hui,
à Milan, dans l'église de St-Eustache, il y a une petite
chapelle dédiée à saint Martin; dans les environs, deux
villes portent le nom de San-Martino.

Le voilà donc, pour la seconde fois, obligé de fuir devant
la fureur des ariens et exilé dans son exil même, cet
homme qu'un jour les habitants d'une autre ville enlève-
ront, malgré lui, pour l'établir au milieu d'eux et l'insti-
tuer leur pasteur. Impuissant à lutter contre des ennemis
de mauvaise foi, qui n'ont d'autres arguments que la

fourberie et la violence, il comprend qu'il ne doit plus s'exposer inutilement à leur colère et qu'il faut céder au temps. Il prend donc le parti de s'éloigner des villes et d'abandonner même les lieux habités.

CHAPITRE VII.

SON SÉJOUR DANS L'ILE GALLINAIRE ET SON RETOUR A POITIERS.

1. — S. Martin se retire dans l'île Gallinaire. — 2. La prière le délivre d'une mort imminente. — 3. Il apprend le retour d'Hilaire. — 4. Hilaire à Constantinople. — 5. Joie de son église à son retour.

1. — Dans sa disgrâce, la Providence lui a ménagé une consolation bien précieuse, en lui donnant un compagnon digne de lui. C'est un prêtre, homme aussi de grandes vertus, martyr de la même cause et fuyant les mêmes périls. Après avoir délibéré ensemble, ils se déterminent à s'aller cacher dans l'île Gallinaire (1).

Cette île tirait son nom du mot latin *gallina*, qui signifie *poule*, a cause d'un grand nombre de poules sauvages qu'on y avait trouvées. Elle se nomme aujourd'hui *Isoletta d'Albenga* et est située dans l'ancien golfe Ligustique, à présent la rivière de Gênes, sur la côte occidentale, vis-à-vis d'Albenga.

Les deux proscrits se dirigent vers la mer, espérant la trouver plus hospitalière que le continent. Après avoir franchi le *Padus* et traversé les plaines fertiles de la Ligurie, ils arrivent aux lieux où finissent les Alpes mari-

(1) Sulp. *ut supra*.

times et où commencent les Apennins. Ils gravissent ces montagnes et descendent au bord de la mer, à l'endroit où est assise la ville d'*Albium Ingaunum*. Là, ils s'embarquent tous deux et font le trajet qui sépare l'île de la terre ferme. Qu'on se représente un rocher battu des flots, exposé à toutes les ardeurs du soleil, sans ombre, sans habitants. Voilà l'île Gallinaire, où Martin aborde avec son compagnon.

Un incident étrange vint, si nous en croyons certain légendaire (1), marquer leur entrée dans ce lugubre séjour. Béelzebud, prince des démons, en avait jadis chassé les habitants et y régnait depuis avec ses soldats. A peine l'homme de Dieu, Martin, y eut-il mis le pied, que le malin esprit, ne pouvant supporter sa présence, déserta la place avec des hurlements épouvantables. Plus tard, s'étant retiré dans un autre endroit avec ses satellites, il en fut encore expulsé par Amator, évêque d'Auxerre.

— Ne pouvons-nous donc séjourner nulle part? dit-il alors. Martin nous a déjà renvoyé une fois de nos demeures; maintenant voici Amator qui nous force à quitter un lieu où nous venions d'arriver.

2. — Dans son île déserte, dont la tristesse n'a que des charmes pour lui, Martin va faire son apprentissage des plus rudes privations de la vie monastique. S'oubliant lui-même pour être tout à Dieu, il passe souvent des jours entiers sans prendre de nourriture; puis les aliments dont il se sert, pour interrompre ses jeûnes, en doublent encore la rigueur; car, lorsqu'ils se sentent le plus pressés de la faim, lui et son compagnon se mettent à chercher quelques racines et quelques herbes sauvages.

Parmi les végétaux qu'ils rencontrent, il en est un de l'aspect le plus agréable, surtout en hiver, époque de sa

(1) Acta SS., 1er mai, **Vita S. Amatoris.**

floraison, où ses hampes sont ornées d'une ou deux fleurs, dont l'éclat lui a valu le nom de *Rose de Noël*. Arrachée de terre, cette plante offre, sous une peau noirâtre, une racine charnue et blanche à l'intérieur. On la trouve surtout dans les montagnes subalpines, et les savants l'appellent *ellébore noir*. Martin, qui ignore les terribles propriétés de cette plante, dangereuse même à cueillir, tant elle a d'âcreté, n'hésite pas à la ramasser avec d'autres herbes.

A peine en a-t-il mangé qu'il en éprouve les funestes effets. Dans ce corps exténué par le jeûne, le poison fait, tout d'un coup, des progrès effrayants. Déjà même les symptômes d'une mort prochaine se montrent sur son visage : c'en est fait de lui, si une main plus puissante que celle de l'homme ne le délivre de ce péril extrême. Mais Martin se tourne avec confiance vers le Seigneur. Du fond du cœur, sans prononcer une parole, il réclame le secours divin. En un instant, tout son mal a disparu. Il était bien juste, après tout, que Dieu prît un soin particulier de celui qui, ayant renoncé à toutes les choses de la terre, n'avait placé son espérance qu'en lui seul.

3. — Il y a de l'apparence qu'avant de mettre les flots de l'Océan entre lui et les hommes, Martin a pris ses mesures pour être informé promptement des événements qui concerneraient l'évêque de Poitiers, et aura chargé quelqu'un de venir lui en donner avis. Un assez court espace de temps le sépare de l'accident qui a failli lui coûter la vie, et la plus heureuse nouvelle a soudainement retenti dans son île.

— L'empereur, touché de repentir, vient d'accorder à Hilaire la permission de retourner à son église.

Martin repasse avec allégresse ce détroit qu'il traversait, peu auparavant, en fugitif. Son désir empressé de revoir son cher maître ne lui permet pas de l'attendre dans cette partie de l'Italie qui est sur le chemin du saint exilé. Espérant le rencontrer à Rome, il part sur-le-champ pour

3

la Ville Éternelle. Hilaire n'y est déjà plus. Martin vole
sur ses traces et arrive presque en même temps que lui à
Poitiers (1). Le saint évêque fait à son fidèle disciple
l'accueil le plus affectueux. Sans doute, dans les bras l'un
de l'autre, ils versent d'abondantes larmes comme au jour
de leur séparation; mais, cette fois, ce sont des larmes de
bonheur.

L'espace de temps compris entre le départ de Martin
pour Sabarie et son retour à Poitiers avait été de cinq
années. Nous ne savons s'il fut accompagné ou rejoint,
dans cette dernière ville, par le prêtre avec qui il avait
vécu dans l'île Gallinaire et dont le nom est resté inconnu.
Hilaire, par affection pour son disciple, voulut, dit-on,
visiter cette île (2). Il la trouva pleine de serpents qui
s'enfuirent à son approche. On y bâtit depuis une église
en son honneur.

4. — Notre saint n'avait guère eu le temps, jusque-là,
de se faire raconter les circonstances qui avaient amené
un événement aussi inattendu que l'était le retour d'Hilaire.
Sa louable curiosité dut trouver auprès d'Hilaire lui-même
et des prêtres de Poitiers les renseignements les plus com-
plets sur cette grande lutte, qui n'est elle-même qu'un
épisode parmi les agitations de ce siècle essentiellement
théologique. Cet événement a eu une action trop importante sur la vie de notre héros pour que nous n'en donnions
pas ici un rapide aperçu.

L'empereur Constance avait indiqué deux conciles, l'un
à Rimini pour les occidentaux, l'autre à Séleucie, en
Isaurie, pour les orientaux. Il n'y avait point d'ordre
particulier de conduire Hilaire à celui de Séleucie; mais
le Ciel voulut que le gouverneur de la contrée l'obligeât
d'y aller et lui fournit la voiture. L'illustre docteur y

(1) Sulp., *loc. cit.*, c. 7.
(2) Fort. Pict., v. s. Hil., l 1, n. 10.

reçut un accueil très-favorable et eut la satisfaction d'y
voir les ariens condamnés, comme ils l'avaient été au
grand concile de Nicée. Après la tenue de leurs séances,
les Pères de Séleucie envoyèrent à Constantinople plusieurs députés pour informer l'empereur de ce qui s'était
passé. Saint Hilaire les suivit et présenta lui-même au
prince un mémoire pour la défense de la foi comme pour
sa propre justification ; mais voyant que Constance ne
pouvait plus être détrompé, il ne crut plus devoir garder
de ménagement, et composa un écrit tout exprès pour
dévoiler les impiétés du tyran. « Loup ravisseur, lui disait-
il, nous voyons ta peau de brebis : tu reçois les évêques
avec le baiser par lequel Jésus-Christ a été trahi ; tu
baisses la tête pour recevoir leur bénédiction, mais c'est
pour fouler aux pieds leur foi ; tu les fais manger avec toi,
pour les rendre semblables à Judas, qui se leva de table
pour aller vendre son maître. Tu leur remets la capitation
que Jésus-Christ paya pour éviter le scandale. Voilà la
peau de brebis qui te couvre : voyons les actions du loup. »
Ici le docteur gaulois traçait le tableau des cruautés de
Constance envers les catholiques.

5. — Cependant la présence d'un homme avec qui ils
n'osaient entrer en dispute, malgré ses provocations, tour-
mentait les ariens de Constantinople. Pour se délivrer d'un
adversaire si incommode, ils représentèrent à l'empereur
l'évêque de Poitiers comme le perturbateur de l'Orient et
l'auteur de toutes les divisions. Inquiété lui-même par
Hilaire qui ne cessait de lui demander justice de ses accusateurs, le prince consentit à son retour en Occident. Le
bruit s'en répandit avec la rapidité ordinaire de toutes les
nouvelles vraiment importantes. On peut mieux comprendre qu'exprimer les sentiments de la Gaule, en recevant saint Hilaire, et la tendresse avec laquelle, selon
l'expression de saint Jérôme, elle embrassa ce héros qui
revenait du combat. Mais la joie commune est particulière

à son troupeau; chacun croit avoir retrouvé son père et même sa patrie; car, durant l'absence du pasteur chéri, la patrie même a semblé à tous un lieu d'exil. L'arrivée de Martin n'avait pas été, pour Hilaire, la moindre de ses consolations dans ce grand triomphe. « Heureuse Gaule, dit un auteur, à qui le retour d'Hilaire rend deux grands pontifes à la fois! » Nous verrons, un jour, si la liberté apostolique du maître aura dégénéré dans le disciple, et si Hilaire, parmi les évêques ariens qui formaient la cour de Constance, est de beaucoup supérieur à Martin, au milieu d'autres prélats indignes, à la cour d'un autre tyran.

Du fond de la Phrygie, le saint évêque avait envoyé à ses confrères un traité en douze livres *sur la Trinité*. On sentit dans cet ouvrage, achevé dans l'exil même, cette force irrésistible, cette rapidité entraînante qui a fait appeler l'auteur *le Rhône de l'éloquence latine*. Martin, qui lisait beaucoup, dut faire ses délices de cet écrit et y trouver une science plus profonde du dogme catholique, tout en perfectionnant par cette lecture ses talents naturels pour la prédication.

CHAPITRE VIII.

SAINT MARTIN FONDE LE PREMIER MONASTÈRE DES GAULES.

1. S. Martin à Ligugé. — 2. Visites que lui rend S. Hilaire. — 3. Première prédication de S. Martin dans les Gaules. — 4. Résurrection du catéchumène. — 5. Mort de S. Hilaire. — 6. L'esclave de Lupicin. — 7. Dix années à Ligugé.

1. — Le voyageur qui, sortant de Poitiers, se dirige vers le sud, en remontant le cours de la petite rivière dont les eaux baignent les murs de la ville, peut admirer,

sur la route, le plus délicieux paysage des environs, agréable variété de vallons et de coteaux, que suivent, dans tous leurs détours, deux aqueducs construits par les Romains. A la distance de deux lieues et demie, il rencontre, dans la vallée du Clain, une petite bourgade qui porte le nom de Ligugé. Les écrivains du moyen âge lui donne le nom de *Locociacum* (1). Au IVe siècle, ce lieu n'a pas encore de nom, et ne présente que l'aspect d'un affreux désert, à quarante stades de la cité.

C'est dans cette solitude que nous retrouvons Martin, peu après son retour à Poitiers. Il est occupé à s'y faire un asile, afin d'y établir sa demeure. Bientôt de nombreuses cellules s'élèvent autour de la sienne et notre saint se voit à la tête d'une troupe de disciples assez considérable pour former une communauté régulière, qu'il gouverne sous l'autorité de saint Hilaire. Ainsi est fondé le premier monastère qui ait encore paru dans les Gaules (2). La Providence a voulu que la vie monastique y fût introduite sous la sanction de l'autorité épiscopale et celle de deux noms glorieux. Il ne fallait peut-être pas moins pour y faire accepter l'austérité, encore inconnue chez nous, d'une telle institution.

2. — Hilaire, en effet, n'abandonne point à elle-même cette œuvre naissante. Ayant pu, dans son exil d'Orient, admirer l'édifiant tableau de cette vie du désert, qui rend les hommes semblables aux anges, il fait part à Martin de ce qu'il en a vu et appris; il l'éclaire de ses avis et encourage par ses exhortations toute la communauté. Sans doute, aussi, il lui arrive de séjourner un certain temps à Ligugé, pour s'y reposer de ses fatigues pastorales, dans la méditation et le silence.

(1) Grég. Tur., Mir. s. M., l. 4., c. 30.

(2) Sulp., *loc. cit.;* Sozom., I 3, c. 14.

Un jour, l'évêque de Poitiers est venu rendre visite à nos solitaires. Martin le reconduit jusqu'à la ville, et. l'heure étant venue de célébrer le saint sacrifice, Hilaire demande si l'on a tout ce qui est nécessaire. On avait en effet apporté du monastère tout l'appareil usité, sauf le livre liturgique. Hilaire se retournant alors vers le saint, le regarde sévèrement, pour le blâmer de sa négligence. L'humble moine, ému de ce reproche, cherche aussitôt quelqu'un pour lui apporter promptement ce livre ; mais un ange, apparaissant aux portes de l'église, lui remet le livre des prières et disparaît aussitôt. L'évêque témoin du miracle, en rendit grâces à Dieu et traita désormais Martin, non en disciple, mais en confrère (1).

Ce fait est du nombre de ceux que la tradition seule avait conservés : la relation qui nous l'a transmis est du xii° siècle et l'auteur l'avait recueilli sur les lieux mêmes. Nous le trouvons, en outre, indiqué dans une prose antique en l'honneur de notre saint. Parmi d'autres traditions populaires, on cite celle d'un village situé entre Poitiers et Ligugé, où l'on montre, sur une pierre, l'empreinte des genoux de la mule de saint Hilaire, laquelle, un jour, se serait agenouillée devant saint Martin, qui venait à la rencontre de son maître. C'est un nouveau témoignage des visites que le saint évêque rendait aux moines de Ligugé.

3. — Le zèle de Martin lui-même ne se borne pas à sa communauté. Vénéré déjà comme un saint, il est souvent appelé par ceux qui souffrent et qui réclament ses prières. Souvent aussi il court prêcher l'Évangile dans les campagnes environnantes, encore livrées à l'idolâtrie. « Alors, dit un historien du vi° siècle, parlant de l'épiscopat de

(1) Mém. de la Soc. arch. de Touraine, t. 4, p. 67, note de M. Salmon ; Missale eccl. s. M., 1529.

saint Hilaire, après son retour d'exil (1), alors notre lumière se lève, et la Gaule est éclairée des premiers rayons
de ce flambeau, c'est-à-dire qu'à cette époque commença
de prêcher dans les Gaules ce bienheureux Martin, qui
prouva aux peuples, par de nombreux miracles, que le
Christ, fils de Dieu, est vrai Dieu, et qui détruisit l'incré-
dulité des gentils. » Dans un autre endroit, esquissant la
biographie de saint Lidoire, qui, à l'heure même où nous
sommes, occupe le siége de Tours (2) : « De son temps,
dit-il, saint Martin commença de prêcher dans les Gaules.»
Cette donnée est pleinement confirmée, aujourd'hui même,
par un grand nombre de traditions qu'on peut recueillir
dans des localités assez éloignées de Poitiers. Beaucoup de
paroisses de ce diocèse, de celles surtout qui ont saint
Martin pour patron, prétendent avoir reçu de lui l'Évangile.

4. — Le monastère de Martin est ouvert, non-seulement à ceux qui veulent faire profession de l'état monastique, mais encore aux catéchumènes qui ont besoin
d'instruction et désirent se préparer avec plus de recueillement à recevoir le baptême. A cette époque, un catéchumène, jaloux de se former à l'école d'un si saint
homme, se réunit à ses disciples. Malheureusement, au
bout de quelques jours, il est saisi par la fièvre et presque
aussitôt réduit à l'extrémité. Martin, éloigné, pour le
moment, de sa communauté, n'y revient qu'après trois
jours d'absence; mais alors il ne trouve plus qu'un cadavre : la mort même a été si subite, que l'infortuné est
sorti de ce monde sans avoir pu recevoir le baptême. Autour de son corps, placé au milieu d'une chambre, la
troupe des frères est assemblée, s'occupant, avec toutes
les marques de la plus profonde tristesse, à lui rendre les
derniers devoirs.

(1) Grég. Tur., hist. l. 1, c. 36.
(2) Hist. Fr., l. 10, 31, n. 2.

Ce fatal accident a été annoncé à Martin dès son arrivée ou peut-être l'a-t-on mandé tout exprès. Il accourt fondant en larmes et poussant des cris de douleur ; mais bientôt son âme est toute remplie de l'Esprit-Saint :

— Sortez tous, dit-il aux assistants.

Resté seul dans la cellule funèbre, il en ferme soigneusement la porte, puis, nouvel Élisée, s'étend sur le cadavre. Toute son espérance est tournée vers le Seigneur, dont il implore avec foi la miséricorde : il le supplie d'avoir pitié d'une âme dont le sort lui cause les plus vives alarmes.

Il prie ainsi depuis plusieurs instants : soudain, par un mouvement de l'Esprit divin, il sent qu'un miracle s'opère : il se relève un peu, les yeux fixés sur le visage du défunt, il attend, intrépide, l'effet de sa prière et de la miséricorde du Seigneur. L'espace de deux heures s'est à peine écoulé : il voit le mort agiter peu à peu tous ses membres, puis ouvrir et fermer tour à tour ses yeux rendus sensibles à la lumière. A cette vue, le saint ne peut contenir le sentiment de sa reconnaissance :

— Rendons grâces au Seigneur ! s'écrie-t-il d'une voix qui remplit toute la cellule. Aussitôt les moines, restés à la porte, se précipitent à l'intérieur. Spectacle merveilleux ! celui qu'ils avaient laissé mort, ils le contemplent vivant ! Le ressuscité reçut la baptême sur-le-champ et peut-être de la main même de Martin, qui, après la vie corporelle, lui procure ainsi la vie spirituelle.

Ce catéchumène fut, parmi nous, le premier objet ou plutôt la première preuve publique de la puissance de Martin. Il vécut encore plusieurs années et racontait souvent ce qui lui était arrivé dans l'autre monde :

— Au sortir de mon corps, disait-il, j'ai été conduit au tribunal du souverain Juge. Là j'ai entendu prononcer contre moi une sentence terrible après laquelle je me suis vu jeté dans des lieux obscurs, au milieu d'une multitude sans nom. Alors deux anges ont représenté au Juge que c'était moi pour qui Martin priait. Aussitôt ces mêmes anges ont reçu l'ordre de me ramener sur la terre : j'ai été ainsi rendu à Martin et rétabli dans ma première existence.

5. — A partir de cet événement, le nom du bienheureux commença à briller d'un plus vif éclat. Tout le monde déjà disait de lui :

— C'est un saint.

Maintenant on ajoute :

— C'est un homme puissant en œuvres et vraiment apostolique.

Un fait nous montre quelle popularité ce miracle acquit à son auteur (1). Une femme, dont le fils est aussi mort sans baptême, va se jeter aux pieds de l'évêque de Poitiers et, lui présentant le corps de son enfant :

— Martin, qui n'est qu'un commençant, lui dit-elle, a ressuscité un catéchumène. Toi, pontife du Seigneur, rends-moi mon fils, ou du moins rends-le au baptême.

Le vénérable vieillard ne fut pas inférieur à son disciple, et la prière de cette femme fut exaucée.

Il y six ans que Martin a fondé son monastère, et son maître voit approcher le terme de sa laborieuse carrière, après avoir attaché à son nom une double gloire, l'arianisme vaincu dans les Gaules et saint Martin préparé à sa mission. Le docteur de Poitiers a formé d'autres disciples que notre saint a dû connaître, avec lesquels même il a pu vivre dans l'intimité. Tels sont saint Juste qu'Hilaire envoya prêcher en Périgord; le saint prêtre Léonie, compagnon fidèle de ses travaux; saint Lupicin qui, baptisé par lui, mourut couvert encore du vêtement blanc des néophytes et devint célèbre par les miracles de son tom-

_____

(1) Fort. Pict., v. s. Hil., l. 1, n. 12.

beau. Mais le plus illustre des disciples d'Hilaire, c'est sans contredit saint Martin lui-même, et l'on ne peut dire lequel des deux a fait le plus d'honneur à l'autre.

Hilaire mourut tranquillement à Poitiers, célèbre par sa sainteté, sa doctrine et ses miracles, le 13 janvier 367. Il paraît probable que les Poitevins eurent la pensée de lui donner Martin pour successeur et que leur désir trouva un obstacle insurmontable dans l'humilité du saint qu'ils ne purent jamais arracher à sa solitude.

6. — Quatre ans environ après son premier miracle, Martin passait, un jour, sur les terres d'un homme considérable, selon le monde, nommé Lupicin. Tout-à-coup des cris et des gémissements frappent son oreille, comme ceux d'une foule de personnes en proie à la plus vive douleur. Inquiet, il se présente :

— Quel est le sujet de ces pleurs, demande-t-il?

— Un valet de la maison s'est pendu et vient d'être trouvé sans vie.

A cette réponse, il entre aussitôt dans la chambre où gît le cadavre et en fait sortir tout le monde. Le corps du pauvre suicidé offre l'aspect le plus horrible. Des yeux sortant de leurs orbites, une bouche contractée donnent à son visage immobile un air furieux et menaçant. Ce hideux spectacle ne cause aucune frayeur à Martin. Comme il l'a déjà fait pour le catéchumène, il s'étend sur ces restes inanimés, et, dans cette posture, adresse, quelque temps, sa prière à Dieu. Peu à peu la figure du défunt s'anime et se colore; ses yeux perdent leur expression farouche, et fixent sur Martin des regards languissants. Enfin il se remue et fait lentement un effort pour se lever. Le bienheureux lui tend la main : le ressuscité la saisit, se met debout sur ses pieds, et, à la vue de la foule, s'avance avec son libérateur jusqu'au vestibule de la maison.

7. — Le nom de Lupicin, qui, suivant quelques auteurs, fut consul en 367, dut contribuer à rendre plus célèbre encore le miracle opéré dans sa maison. Une tradition locale veut que le saint ait ressuscité un mort, au lieu même occupé depuis par l'abbaye de Saint-Martin de Tournay, qui aurait été bâtie en mémoire de cet événement. Si cette prétention est fondée, elle ne peut s'entendre que de celui dont nous venons de parler; mais nous ne savons quel motif put alors conduire le saint en ce lointain pays. Il s'en faut bien, du reste, que nous connaissions toutes les merveilles qui ont rempli la première période de son existence : n'ayant d'autre ambition que de plaire à Dieu, il cachait soigneusement, autant qu'il le pouvait, celles de ses actions qui étaient capables de fixer l'attention des hommes et de lui attirer leur estime. Tout ce que nous savons, de son propre aveu, c'est que jamais depuis il ne jouit d'une grâce de guérison aussi puissante. Les dix années qu'il vécut simple moine, à Ligugé, furent donc les plus fécondes de sa vie en faits miraculeux. Si nous sommes destinés à en voir désormais un plus grand nombre, c'est que, placé sur un théâtre plus élevé, il pourra moins facilement les dérober à nos regards.

Deuxième période : 372-380

SON ÉPISCOPAT JUSQU'A L'AFFAIRE DES PRISCILLIANISTES.

CHAPITRE IX.

SAINT MARTIN ÉLU ÉVÊQUE DE TOURS.

1. La cité des Turones. — 2. Mort de son évêque Lidoire. — 3. Ses habitants demandent Martin pour évêque. — 4. Stratagème de Ruricius. — 5. Élection de Martin. — 6. Confusion de ses adversaires.

1. — Nous allons quitter le monastère de Martin pour nous rendre à la capitale des Turones, ville florissante entre toutes les cités gauloises, qui voit ses riches campagnes s'étendre au loin et un peuple nombreux animer son enceinte. Renfermée dans un espace assez étroit par sa muraille romaine, elle est néanmoins très-bien défendue. Trois rivières la ceignent de leurs eaux. La Cisse, vers le nord, baigne le pied du coteau ; le Cher coule au midi parallèlement à la Cisse : entre les deux, la Loire, limite de l'Aquitaine, entoure la ville, en divisant son cours, et remplit ordinairement presque toute la vallée.

Si nous pénétrons dans l'intérieur de ses murs, nous y rencontrons plusieurs monuments remarquables, qui attestent le degré de civilisation auquel cette ville est parvenue. C'est d'abord un *prétoire* ou palais du gouvernement, destiné à recevoir le comte de la province, quand il vient visiter la contrée. C'est ensuite une *basilique*, ornée de colonnes et de portiques, servant également pour rendre la justice et pour assembler les négociants. A peu de distance, nous trouvons l'*amphithéâtre* ou les Arènes. Des *bains publics*, une *académie* ou école et un *temple* païen aux vastes proportions achèvent le tableau monumental de la cité.

Nommé *Cæsarodunum* par les Romains, Tours a déjà repris, au iv° siècle, le nom plus national de *cité des Turones*. Limitrophe des Pictaves, chez qui habite saint Martin, ce peuple a autrefois glorieusement figuré dans les guerres de la Gaule contre César.

2. — Mais que signifie le mouvement extraordinaire qui se manifeste parmi les habitants de la ville? D'où vient qu'ils se parlent, en ce moment, les uns aux autres, avec les signes de la plus vive douleur? En prêtant l'oreille, nous entendons prononcer ces paroles : « Notre évêque et compatriote vient de mourir. » Joignons-nous aux Turones, livrés à leurs légitimes regrets et aux soins qu'exigent les funérailles de leur saint Pontife, devenu leur protecteur dans le ciel; puis occupons-nous avec eux du choix de son successeur.

Pour cette élection, à laquelle chacun peut prendre part, il est d'usage que les clercs et les laïcs se réunissent dans la principale église de la ville. Là, les noms des candidats sont proposés à la foule, qui les rejette ou les accepte par acclamation. L'assemblée est d'habitude présidée par un ou plusieurs évêques voisins, qui s'y sont rendus pour conférer au nouveau pontife l'ordination épiscopale. Ces prélats ont aussi le droit d'exprimer leur avis, et leur opposition peut quelquefois avoir assez de puissance pour faire échouer une candidature. Souvent les électeurs, divisés en plusieurs factions, ne peuvent parvenir à s'entendre, et l'élection traîne en longueur : parfois la multitude abrége toutes ces lenteurs, agit en souveraine et impose sa volonté, par une de ces déterminations soudaines qui sont dans sa nature.

3. — La mort de saint Lidoire a eu lieu presque dans le même temps où Martin ressuscitait le serviteur de Lupi-.

cin (1). La nouvelle de ce fait merveilleux, si propre à frapper l'imagination populaire, a dù arriver à Tours dans ces circonstances, et désigner aux suffrages de tous son auteur, déjà connu par d'autres miracles.et par ses rares vertus. Bientôt son nom vole de bouche en bouche.

— C'est Martin que nous demandons pour évêque, dit-on aux prélats réunis, pour cet objet, dans l'église.

Ceux-ci tentent vainement d'écarter ce nom et d'en mettre d'autres en avant. Le peuple insiste, tient bon pour son candidat et refuse ses suffrages à tout autre (2). L'épreuve a lieu à plusieurs reprises, toujours avec le même résultat, et comme, en définitive, rien ne se peut faire ici sans le consentement du peuple, qui est le principal intéressé dans l'affaire, les opposants jugent à propos de céder, comptant peut-être sur d'autres obstacles pour arrêter cette élection.

En effet, comment tirer l'élu de son monastère ? Telle est la question qui fait presque pénétrer le découragement dans les cœurs. On n'ignore pas sa résistance à la volonté d'Hilaire lui-même, lorsqu'il s'agit de l'élever au diaconat, et plus récemment, peut-être, à celle des Poitevins, qui songeaient à le placer sur le siége épiscopal de leur ville.

Les habitants de Tours semblent avoir adressé à notre saint des messages réitérés, accompagnés des plus instantes prières, pour l'engager à se rendre à leurs vœux; mais son humilité a rendu ces démarches infructueuses.

4. — Ruricius, citoyen de la ville, plus hardi que les autres, se charge de l'entreprise et se fait fort de l'amener à bonne fin. Il prend la route de Poitiers, à la tête d'une nombreuse députation et d'une grande foule de peuple. Arrivé à quelque distance du monastère, il ordonne à son escorte de s'arrêter et de se tenir en embuscade; puis lui-

(1) Sulp., V. s. M., c. 9.
(2) Maan., Eccl. Tur., p. 10; c. 12.

même continue seul à marcher et pénètre jusqu'à l'habitation de Martin. Là, il se prosterne à ses genoux :

— Ma femme, lui dit-il, est dangereusement malade. L'infortunée, près de rendre le dernier soupir, demande à voir le saint homme : en accédant promptement à son désir, il peut lui sauver la vie : restant sourd à sa prière, il sera cause de sa mort (1).

Cette fable, débitée sans doute avec tous les dehors de la plus sincère douleur, tels que gestes, larmes et sanglots, obtient un succès complet. Martin se décide à sortir de sa cellule; mais à peine s'en est-il éloigné, qu'il tombe au milieu des troupes apostées sur son passage, et devient leur prisonnier. Il essaie vainement de résister à cette violence pleine de tendresse : il lui faut suivre ces aimables ravisseurs, qui reprennent en toute hâte le chemin de Tours. Durant le voyage, la nuit survient, on s'arrête pour laisser prendre au saint quelque repos, mais on a soin d'établir une garde fidèle, pour veiller sur lui, sans interruption. Ce peuple gardait alors celui qui devait être bientôt son gardien.

Enfin l'escorte de Martin, toute fière du succès de son expédition, arrive, avec sa précieuse conquête, en vue de la capitale des Turones, où elle est attendue avec impatience et où son approche est aussitôt signalée. Les portes de la ville ne sont pas assez grandes pour donner passage à la multitude qui se précipite à la rencontre de l'illustre solitaire. Tous veulent voir l'homme apostolique destiné à devenir leur pasteur. Cet examen avide ne fait que confirmer le peuple dans sa vénération pour son élu.

5. — Cependant, il faut bien le dire, son extérieur est peu avantageux : sa taille est médiocre, son visage amaigri porte l'empreinte d'environ cinquante années passées

_____

(1) Paulin, l. 2, v. 30 et seq. Fort., l. 1.

dans les fatigues, les jeûnes, les veilles et les plus dures austérités. Sa physionomie ne respire que l'humilité et la pénitence. Ses vêtements pauvres et négligés gardent la marque des oraisons qu'il a faites, prosterné contre le sol : mais surtout ses cheveux rasés, selon l'usage des moines d'Orient, peuvent choquer les regards dans un pays où les moines sont encore, pour ainsi dire, inconnus.

Jamais peut-être la ville de Tours n'avait vu une telle foule s'agiter dans ses murs. Ce ne sont pas seulement ses propres citoyens qui se sont réunis pour donner leurs suffrages : ceux mêmes des villes voisines y sont aussi accourus, et, chose admirable ! il n'y a, dans tout ce peuple, qu'une même volonté : il ne forme qu'un seul vœu, il n'exprime qu'un avis :

— Martin est le plus digne de l'épiscopat ; l'Église ne peut manquer d'être heureuse sous un tel pasteur.

Le saint est conduit, avec ces acclamations, en présence des évêques qui se sont de nouveau réunis dans le temple. Seuls alors, un petit nombre d'hommes, et parmi eux, quelques-uns des prélats, ont l'impiété de s'opposer à cette élection si manifestement providentielle. N'ayant aucune objection sérieuse à y faire, ils essaient de la combattre par le ridicule.

— Mais voyez donc, disent-ils, quel personnage !

— Voyez donc cette figure vulgaire, ajoute celui-ci.

— Ce vêtement malpropre, reprend celui-là.

— Cette chevelure difforme, poursuit un troisième.

— Y pense-t-on, répètent-ils tous ensemble, de vouloir élever un pareil homme à l'épiscopat ?

Le peuple entend ces propos malins ; mais, doué d'un jugement plus sain, il raille, à son tour, la folie de ce petit groupe d'envieux :

— Vous pensez l'accuser, leur répond-il, et vous faites au contraire son éloge.

Les opposants, sous peine de se trouver en état de schisme, se voient donc obligés de se soumettre au vœu unanime, inspiré par la volonté du Seigneur. Un incident mémorable vient achever leur défaite.

6. — A la suite de l'élection, les saints mystères sont célébrés, suivant la coutume; car c'est pendant cet office solennel que doit avoir lieu le sacre du nouveau pontife. Le moment arrive de faire la lecture ordinaire de l'Écriture sainte; mais le lecteur chargé, ce jour-là, de cette fontion ne peut s'ouvrir un passage à travers la foule compacte qui environne les autels, et atteindre l'endroit de l'église d'où se faisaient les lectures publiques. On attend, mais en vain : le clerc ne parait pas et déjà les ministres se troublent, quand un des assistants, qui sans doute était proche de la tribune, prend le psautier, l'ouvre au hasard, s'arrête au premier passage qu'il rencontre et lit : *Tu as, Seigneur, tiré une louange parfaite de la bouche des enfants et de ceux qui sont encore à la mamelle, à cause de tes ennemis, pour détruire l'ennemi et le défenseur.*

C'était le 3e verset du psaume 8e, où le mot *defensorem* remplaçait, dans l'ancienne version, celui d'*ultorem*, qu'on y lit maintenant. Or, Défenseur, évêque d'Angers, était justement celui des prélats qui s'était fait le plus remarquer par son opposition à Martin.

A peine ces paroles sont-elles prononcées que le peuple pousse un grand cri. Défenseur et ses adhérents sont couverts de confusion.

— C'est la volonté de Dieu, dit-on de toutes parts, qui a ménagé la lecture de ce passage, où Défenseur devait entendre le jugement que méritait sa conduite. Oui, en Martin, la louange parfaite du Seigneur est sortie de la bouche des petits enfants, et, pour l'ennemi, il a été du même coup désigné et détruit.

Ainsi, le 4 juillet de l'an 372, huitième du règne de Valentinien, empereur d'Occident, saint Martin fut sacré et placé sur la chaire épiscopale de Tours. C'était le premier moine élevé à cette dignité, dans l'Église des Gaules.

CHAPITRE X.

IL ÉTABLIT SON MONASTÈRE PRÈS DE SA VILLE ÉPISCOPALE.

1. S. Martin reste toujours moine. — 2. Son premier logement à Tours. — 3. Il se choisit une nouvelle retraite. — 4. Règles suivies dans son monastère. — 5. Sa communauté devient célèbre.

1. — Il n'est pas rare de voir les vertus, qui s'étaient nourries et fortifiées dans l'obscurité, se démentir dans l'éclat d'une élévation soudaine, et il est passé en proverbe que les honneurs changent les mœurs. En sera-t-il de même chez Martin? Sa vertu, qui a résisté à tant d'autres épreuves, triomphera-t-elle de celle des honneurs? Que deviendra surtout son tendre amour pour la vie monastique? Interrogeons, à ce sujet, son premier biographe (1).

« Exposer ce que fut Martin dans l'épiscopat et combien il s'y montra grand, c'est, nous répond-il, une œuvre au-dessus de nos forces; car il continue très-fidèlement d'être ce qu'il a été autrefois : même humilité dans son cœur, même pauvreté dans ses vêtements : plein d'autorité et de grâce, il remplit la haute fonction de l'évêque, sans néanmoins abandonner l'esprit et la vertu du moine. »

(1) Sulp., V. b. M., c. 10.

2. — Nous le trouvons d'abord logé dans une cellule, en planches de chêne (1), appuyée à la muraille extérieure de l'église. « L'évêque, dit un concile de ce siècle (2), doit avoir son petit logis près de l'église : ses meubles doivent être de vil prix, sa table pauvre : il doit soutenir sa dignité par sa foi et sa bonne vie. » C'est ce que pratique notre évêque. Mais le séjour de la ville ne tarde pas à devenir importun à cet homme accoutumé, depuis long-temps, aux avantages de la solitude et du recueillement. En effet, à chaque instant, la porte du petit logis épiscopal s'ouvre devant quelque nouveau visiteur. L'un vient réclamer les prières de Martin, ou même sa présence, en faveur d'un malade ; l'autre lui apporte, dans une fiole, un peu d'huile à bénir ; un autre dépose à ses pieds des vivres ou des vêtements, pour l'usage de l'évêque et de ses clercs ; d'autres lui exposent leurs doutes ou lui racontent leurs peines ; d'autres enfin se mêlent à tous ceux-là uniquement pour contempler les traits du célèbre thaumaturge, entendre le son de sa voix, écouter sa parole toujours éloquente, pure et lumineuse. Assisté de son archidiacre, qui demeure probablement avec lui, Martin se prête d'abord, avec sa douceur inaltérable, aux désirs de ce peuple, qui semble vouloir faire acte de propriété à son égard. Au bout de quelque temps, las de se voir sans cesse troublé dans ses prières et dans cet exercice de l'oraison intérieure qui lui est si cher, il se décide à se dérober à ces distractions.

3. — La rive droite de la Loire, dans le voisinage de Tours, est bordée par un coteau fertile et couvert de vignobles, mais dont les flancs escarpés, sur plusieurs points, laissent voir une roche jaunâtre, percée d'un grand nombre de caves dont quelques-unes servent d'habitation

(1) Maan, Eccl. Tur., s. Mart., c. 15, p. 11.
(2) 4° de Cart., en 398, can. 14 et 15.

à de pauvres gens. Du temps de saint Martin, ces lieux ombragés par d'épaisses forêts, offraient l'image d'une solitude profonde. A deux milles, ou environ un quart de lieue de la cité, en remontant le fleuve, on y trouvait particulièrement un endroit si secret et si retiré qu'il ne semblait avoir, sous ce rapport, rien à envier aux déserts même de la Thébaïde : d'un côté, la colline, taillée à pic et se retirant un peu sur elle-même, entourait ce coin de terre de ses rochers élevés, comme d'un mur naturel : une légère sinuosité de la Loire, faiblement détournée de son cours, par un avancement du rivage, renfermait le reste de cet étroit vallon, où l'on n'arrivait que par un seul petit sentier, resserré entre le pied du coteau et le fleuve dont il longeait les bords.

Là, dit-on, saint Gatien avait jadis rassemblé, sous la voûte d'une crypte, les premiers chrétiens de la contrée, autour d'un autel taillé dans le roc, vénérable monument qui se voyait encore au dernier siècle (1). Cette tradition, qui n'est contredite par personne, se trouve indirectement confirmée par l'histoire; car nous savons que notre premier apôtre tenait, par crainte des persécuteurs, ses assemblées dans des endroits secrets, des antres et des souterrains (2).

Ce lieu ne demeure pas longtemps inconnu à notre saint. Attiré soit par la dévotion, soit par le désir de se choisir une retraite, il traverse la Loire et aborde au pied du coteau. Il va sans doute s'agenouiller devant l'autel rustique où son glorieux prédécesseur a célébré les saints mystères; puis, quand il se relève, sa résolution est prise, le lieu de son repos sur la terre est trouvé. Cette habitation, par son isolement et, en même temps, son voisinage de la ville, lui permettra de satisfaire et

(1) De commend. Tur. prov., Recueil des chron. de Touraine., p. 303.
(2) Grég. Tur., hist. Fr., l. 10, c. 31.

aux obligations du moine et aux devoirs de l'évêque : elle
n'est point assez éloignée pour priver le peuple des instructions de son pasteur et elle l'est assez pour soustraire
celui-ci aux importunités des oisifs. Il s'y établit donc, et,
comme à Ligugé, s'y voit bientôt entouré de disciples.
Au bout de quelques années, le monastère de Martin est
florissant.

4. — Lui-même, il y habite une cabane de bois ; plusieurs des disciples qui se sont joints à lui sont logés de
la même façon : la plupart cependant se sont creusé des
demeures dans le roc de la montagne qui les domine. Le
nombre des frères s'élève à quatre-vingts et ils n'ont
d'autre règle que l'exemple de leur maître. Ici personne
ne possède rien en propre, tout est mis en commun :
acheter ou vendre, comme le pratiquent ailleurs la plupart des moines, sont choses absolument interdites. Un
seul art est cultivé par les frères, celui de l'écriture,
indispensable pour la multiplication des livres; encore n'y
applique-t-on que les jeunes : les autres vaquent à l'oraison. On ne sort guère de sa cellule que pour se réunir
au lieu de la prière : tous les frères prennent ensemble
leur nourriture après l'heure du jeûne, c'est-à-dire vers
la chute du jour : nul d'entre eux ne se permet l'usage
du vin, si ce n'est en cas de maladie. Quant au vêtement,
la plupart de ces moines portent de ces tuniques de poil de
chameau que le commerce des Gaules avec l'Égypte leur
procure assez facilement. Ceux qui n'usent pas de ces
tuniques en ont au moins de quelque étoffe grossière, car
un vêtement tant soit peu délicat serait un crime à leurs
yeux.

Tel est le tableau que l'historien nous trace de la vie
au monastère de Martin. En leur défendant le trafic, le
saint a voulu garantir ses disciples contre la soif de l'or
que le plus léger gain peut allumer. Remarquons aussi,
avec nos auteurs, la louable différence qu'il établit entre

chaque âge, à qui il assigne l'exercice qui lui convient
le mieux ; car, en donnant à la jeunesse le moyen d'enchaîner son imagination et d'acquérir d'utiles connaissances, il fournit à l'âge mûr, plus capable de réflexion,
celui de se purifier et de s'éclairer davantage à la lumière
du Christ. Au reste, le métier de copiste n'était pas dédai-
gné des plus illustres personnages de ce temps, saint
Jérôme, le pape Damase, saint Hilaire de Poitiers lui-
même, qui s'y était livré dans ses heures de loisir. « Ce
travail, dit notre auteur (1), a l'avantage d'occuper à la
fois l'esprit qui goûte le sens des paroles, les yeux qui les
lisent, et la main qui en reproduit l'ordre sur le papier. »
Le modique souper des frères ne durait que quelques
instants et séparait à peine la fin d'une journée si pénible
à la nature d'une nuit laborieuse, qu'ils allaient passer
presque tout entière dans les veilles saintes. Appliqué sur
la chair nue, leur habit hérissé leur faisait sentir mille
aiguillons qui les aidaient à vaincre le sommeil et à triompher de la sensualité.

5. — Cette manière de vivre est certes bien admirable,
mais elle le paraît encore davantage, quand on sait qu'un
grand nombre de ceux qui l'ont embrassée sont des personnages issus de familles nobles, mal préparés, en
conséquence, par leur éducation, à tant d'humilité et de
patience. Les rudes vêtements de moines remplaçaient sur
eux les étoffes de soie, leurs jeûnes succédaient à la bonne
chère, et ils avaient habité des palais, dormi dans des lits
somptueux, possédé de grands biens, exercé de hauts emplois, avant de venir se loger dans ces grottes et ces
cabanes.

Dans la suite, on en vit plusieurs devenir évêques, car
quelle ville, quelle église n'eût désiré avoir des pasteurs
sortis du monastère de Martin ? Édifiés et ravis du spec-

_____
(1) Paulin, l. 2, v. 116.

tacle merveilleux de leurs mœurs, les peuples voisins demandaient, à l'envi, ses disciples pour les guider dans les voies du salut. Ainsi la communauté de notre évêque devint comme une source abondante, d'où la doctrine sainte se répandit en ruisseaux bienfaisants, qui allaient abreuver les âmes altérées de justice et de vérité.

CHAPITRE XI.

IL PARAIT A LA COUR DE VALENTINIEN.

1. Caractère de Valentinien. — 2. Il refuse de recevoir S. Martin. — 3. Le Saint a recours à Dieu. — 4. Un miracle oblige l'Empereur à honorer l'évêque de Tours. — 5. Fin de ce prince.

1. — Comme nous l'avons dit, lorsque Martin fut élevé sur le siége de Tours, l'empire d'Occident était gouverné depuis huit ans par Valentinien Ier. Voici un trait où se peint le caractère de ce prince. Capitaine de la première compagnie des gardes, sous Julien l'Apostat, il accompagnait l'empereur jusque dans les temples païens, attentif toutefois à ne prendre aucune part aux actes de religion, car il était sérieusement chrétien. Un jour, Julien arrivait, en grande cérémonie et en dansant, au temple de la Fortune : les ministres de la déesse, rangés en haie, de côté et d'autre, dans le vestibule, firent les aspersions ordinaires sur le prince et son cortége. Une goutte d'eau lustrale tomba sur le manteau de Valentinien. Aussitôt il donna un coup de poing au ministre qui lui en avait jeté et l'avait, dit-il, souillé d'une eau impure, puis il arracha l'endroit de son manteau que cette eau avait touché.

C'était un homme doué d'un esprit vif et d'une éloquence naturelle, secondée par une taille majestueuse et une voix qui prenait sans effort l'accent du commandement.

Malheureusement le pouvoir souverain pervertit, en l'exagérant, cette nature énergique. La vivacité de Valentinien, devenu empereur, dégénéra en habitude de colère et la fermeté de son caractère en cruauté. A l'époque où notre histoire le rencontre, sa rigueur va croissant tous les jours, et ceux qui jusqu'alors ont, par leurs remontrances, travaillé à modérer ses emportements n'osent plus ouvrir la bouche. Son courroux ne respecte pas même le sacerdoce. Un prêtre chrétien, chez qui un proscrit se tenait caché, n'ayant pas voulu le découvrir, eut la tête tranchée, à Sirmium. Au naturel dur et altier du prince s'est encore jointe une influence étrangère. C'est celle de Justine, veuve du tyran Magnence, que Valentinien a épousée, il y a environ cinq ans, en répudiant Sévéra, mère de Gratien. Justine, femme d'une rare beauté, d'un esprit artificieux, est entièrement livrée au parti de l'hérésie d'Arius et animée d'une haine ardente contre tous les évêques catholiques.

2.— Le nôtre venait à peine d'être sacré qu'il fut obligé de se rendre à la cour (1). L'humeur du prince donne lieu de croire qu'il allait lui demander la vie de quelque condamné. Suivant la tradition (2), la cour résidait, en ce moment, dans la cité même des Turones, au palais impérial qui s'élevait vers le midi, où plus tard fut construit le rempart qui subsiste encore aujourd'hui. Cet édifice remontait, dit-on, au règne de l'empereur Valérien et avait renfermé un temple de dieux pénates, changé depuis en une église dédiée à la sainte Vierge.

(1) Sulp., Dial. 2- n. 6.
(2) De Revers. b. Mart., c. 2.

Valentinien est informé que Martin se propose de venir lui adresser telle demande. N'en voulant rien accorder, il défend à ses officiers de laisser entrer l'évêque de Tours au palais. En effet, Justine avait inspiré à ce prince une aversion très-forte pour le saint homme et l'empêchait de l'honorer comme il le devait.

Arrivé devant les portes de la demeure impériale, Martin s'en voit refuser l'entrée par les gardes qui y veillent sans cesse, les armes à la main. Il se retire attristé, mais non découragé : il peut croire que cette défense a un motif accidentel et passager. Bientôt il tente, une seconde fois, de pénétrer jusqu'au prince : repoussé de nouveau, il ne doute plus du parti pris de ne point lui accorder audience. Cependant la cause dont il s'est chargé ne souffre point de retard : l'opiniâtreté même qu'on met à ne pas vouloir l'entendre montre combien elle est pressante.

3. — Pour vaincre cette résistance qui se dérobe, Martin a recours à des armes, qui, dans l'obscurité de sa vie privée, lui sont devenues habituelles, lorsqu'il a voulu obtenir du Ciel quelque faveur extraordinaire. Retiré dans sa cellule, il s'enveloppe d'un cilice, se couvre de cendres, se prive de boire et de manger, ne cesse de prier jour et nuit. Le septième jour un ange lui apparaît.

— Rends-toi sans crainte au palais, lui dit le messager céleste : les portes, si bien fermées qu'elles soient, s'ouvriront d'elles-mêmes : si farouche que soit l'empereur, il s'adoucira.

La présence d'un ange qui lui parle et lui promet son secours remplit le saint de confiance : il se lève et se dirige vers le palais. Les portes sont ouvertes : il entre, personne ne l'arrête; il avance encore : soldats, valets ni courtisans, nul ne songe à l'en empêcher : enfin il pénètre jusqu'à l'appartement du prince : le voilà en présence de Valentinien et au pied du trône impérial.

4.— L'empereur, qui, de loin, l'a vu venir, est d'abord
demeuré saisi d'étonnement et de stupeur, puis, frémissant de colère contre ceux qui l'ont laissé entrer, il a
lancé, à droite et à gauche, des regards foudroyants à
ses officiers attérés. Pour se dédommager, à sa manière,
du contre-temps, il affecte de mépriser le saint homme. Il
devrait, selon l'usage établi par ses prédécesseurs, descendre de son trône, donner un baiser à l'évêque et s'in-
cliner pour recevoir sa bénédiction. Loin de là, il ne
daigne pas même se lever pour lui faire honneur. Mais,
tout à coup, le trône impérial est environné de feu et la
flamme ondoie à l'entour du riche coussin sur lequel le
prince est assis. Valentinien est obligé de quitter son
siége au plus vite et de se lever ainsi, malgré lui, devant
Martin. Alors ce n'est plus le même homme; il se jette
au cou de notre évêque et embrasse, à plusieurs reprises,
celui à qui, un moment auparavant, il était prêt à faire
injure :

— Oui, dit-il, j'ai ressenti l'effet d'une vertu divine,
qui m'a contraint à rendre hommage au pontife de
Tours.

Il n'attend pas que Martin lui adresse ses requêtes : tout
ce que le saint homme désire est déjà connu et lui est
accordé avant qu'il ait eu le temps de parler. Retenu par
les instances de l'empereur, l'évêque consentit à passer
auprès de lui plusieurs jours, pendant lesquels le prince
l'admit fréquemment à sa table et à ses entretiens. Enfin,
le voyant prêt à retourner à son monastère, l'empereur
lui offrit beaucoup de présents. Le bienheureux, fidèle à
sa chère pauvreté, refusa tout, selon la règle qu'il s'était
imposée.

Ces faits publiés par des frères, dignes de toute confiance, qui en avaient été témoins oculaires, acquirent
une grande célébrité.

« Ainsi, disent nos auteurs (1), Martin, repoussé par l'empereur, s'est éloigné du palais tumultueux de ce prince terrestre, pour aller frapper au seuil du Monarque éternel, pour pénétrer dans cette cour qui donne aux rois eux-mêmes leur autorité, et sait imposer un frein aux têtes les plus rebelles. Tandis qu'il affligeait son faible corps, son âme tout entière a repris une vigueur nouvelle qui la préparait à coopérer au secours divin, et le Christ, touché de la douleur de son disciple, lui a fait porter de tendres et consolantes paroles. Si la prière lui a ouvert le palais du ciel, comment n'eût-il pas vu s'ouvrir devant lui une demeure terrestre? Quels cœurs, ô saint homme, ne céderont pas à tes remontrances? Quelle rudesse ne s'adoucira pas devant toi? Quand les empereurs eux-mêmes s'opposent à tes désirs, la clémence du Seigneur Jésus te prépare les voies et fléchit leur rigueur. Martin a refusé les présents de l'empereur, parce que l'âme enrichie de Dieu même ne veut point des trésors de la terre : elle renonce aux cadeaux du monde et se réserve pour les récompenses éternelles du Christ. Martin possède d'autant plus qu'il est moins avide de posséder; car celui-là seul a tous les biens qui ne souhaite en avoir aucun. »

5. — Valentinien ne persévéra pas dans les bonnes dispositions où nous venons de le voir : sa fougue naturelle et son orgueil reprirent le dessus et causèrent sa perte. Le 17 novembre 375, deux ans après la visite de saint Martin, comme il répondait aux ambassadeurs d'un peuple qui l'avait offensé, il s'abandonna tellement à la colère qu'un vaisseau se rompit dans sa poitrine et qu'il expira, dans de violentes convulsions, à l'âge de cinquante-cinq ans : fin déplorable pour un prince qui avait eu le courage de s'exposer au martyre !

---

(1) Paulin, 1. 4, v. 292-344. Fortunat, 1. 3, v. 209-246.

CHAPITRE XII.

SAINT MARTIN A L'ÉGLISE.

1. L'office public , les pauvres et l'archidiacre. — 2. La sacristie et le trône épiscopal. — 3. Le saint évêque donne sa tunique à un pauvre. — 4. Mauvaise humeur de l'archidiacre. — 5. Le globe lumineux.

1. — Le dimanche et les autres jours de solennité chrétienne, Martin, suivant le devoir de sa charge, quitte sa retraite, de grand matin, et se rend, escorté de ses moines, à l'église de sa ville épiscopale, afin d'y célébrer l'office public et d'y instruire son peuple. Il est croyable que tous ses disciples ne l'y suivent pas à la fois, mais qu'une partie reste au monastère où le saint sacrifice est offert par l'un des prêtres qui se trouvent parmi eux. Les plus jeunes ne sont pas exclus de la faveur d'accompagner leur maître (1) : il semble même que le saint les choisisse de préférence, pour les former aux cérémonies du culte divin.

A l'église, deux sortes d'infortunés sont venus l'attendre ou y ont été amenés pour recevoir le soulagement de leurs maux ; ce sont les énergumènes et les indigents. Nous nous occuperons, une autre fois, des premiers. Envers les seconds, la manière d'agir de Martin est telle que nous la connaissons déjà. La miséricorde, qui est née et a crû avec lui, ne l'a point abandonné dans l'épiscopat. Sans se rien réserver, au-delà du besoin le plus strict, il répand avec joie, en aumônes, toutes les oblations que les fidèles lui apportent : souvent même il se retranche les choses les plus nécessaires pour secourir les misérables.

(1) Sulp., Dial. 2, n. 1.

Il convient seulement de le remarquer; maintenant il n'exerce plus sa charité par lui-même. Nous l'avons déjà dit (1) : le diacre a l'administration des offrandes et de tout le temporel ecclésiastique; c'est par ses mains que les pauvres reçoivent les aumônes, comme les clercs leurs pensions. Conformément à l'usage déjà ancien, Martin a institué un archidiacre gardien du trésor ecclésiastique et distributeur de ses pieuses libéralités. C'est à lui qu'il adresse les malheureux qui réclament son assistance, et qu'il donne ses ordres pour faire droit à leurs demandes.

2. — Avant la célébration des saints mystères, il a coutume de se retirer dans une sacristie, appelée alors *secretarium*. C'est en effet une cellule secrète où il aime à se soustraire au tumulte et au bruit de la foule. « Il y entre moine, dit un auteur, pour en sortir ministre de Dieu (1). » Tandis qu'il s'y prépare, dans un profond recueillement, aux fonctions sacrées, il laisse néanmoins une honnête liberté à ses prêtres, qui sont dans une autre sacristie, appelée paratoire, diaconie ou salle d'audience. Là, ils reçoivent les visites, les plaintes, les demandes et peut-être aussi les confessions des fidèles. C'est là encore que, suivant les ordres de l'évêque, ils ont soin de régler toutes les affaires du diocèse. Quand tout le peuple est réuni et que l'heure est venue, l'archidiacre entre dans la cellule, où nul n'a osé pénétrer jusque-là, et avertit Martin, qui aussitôt se dirige vers l'autel.

Dans la sacristie, Martin s'asseoit quelquefois, non sur un siége ordinaire, mais sur une simple petite sellette à trois pieds, à l'usage des esclaves. Dans l'église, jamais personne ne l'a vu s'asseoir.

(1) Chap. IV. n. 4.
(2) Paulin, l. 4, v. 42.

L'usage d'un trône, dans l'église, pour l'évêque n'était pas, il semble, généralement admis dans les Gaules. Ailleurs il était très-commun. Dans ses adieux à son église, saint Grégoire de Nazianze n'oublie pas la chaire épiscopale. Quand saint Chrysostôme revint d'exil, on voulut l'obliger à monter aussitôt sur le trône épiscopal pour souhaiter de là, suivant la coutume, la paix au peuple. A Sirmium, saint Ambroise était dans l'église et sur le tribunal, lorsqu'une vierge arienne essaya de le renverser. Ce tribunal, nous dit l'historien, était un lieu élevé où était le siége de l'évêque, avec ceux des prêtres à ses côtés. « L'évêque, dit le concile déjà cité (1), aura un siége plus élevé dans l'église, mais, à la maison, il reconnaîtra les prêtres pour ses collègues. » Ces témoignages font mieux ressortir encore l'humilité de Martin, qui, loin de vouloir trôner dans l'église, comme sa dignité le lui permet, s'y tient toujours debout, à genoux ou prosterné.

3. — Cependant le cours de l'année a ramené les sombres mois d'hiver; mais les rigueurs de la saison ne ralentissent pas le zèle de notre saint et ne l'empêchent pas de traverser la Loire, pour venir distribuer à son peuple la double nourriture du corps de Jésus-Christ et de la parole de Dieu. Un jour, soit de dimanche, soit de fête, comme Noël ou l'Épiphanie, il s'est dirigé, suivant sa coutume, vers son église cathédrale. A la porte du temple, un pauvre demi-nu se présente à lui et le prie avec instance de lui faire donner un vêtement : ses lèvres engourdies peuvent à peine articuler une parole; sa voix, étouffée par les larmes, s'exprime surtout par des gémissements et des cris plaintifs. Tout son corps tremble pénétré par un froid glacial. Profondément ému à la vue d'une telle

(1) 4ᵉ conc. Carth., can. 35.

misère, le saint appelle son archidiacre et, lui montrant le pauvre homme :

— Il faut, dit-il, donner sur-le-champ un habit à ce malheureux.

Regardant comme fait ce qu'il a commandé, il entre ensuite, à son ordinaire, dans cette sacristie où il reste seul jusqu'au moment de l'office. Il y est depuis quelque temps en oraison, lorsqu'il voit entrer le pauvre aussi mal vêtu qu'auparavant.

— L'archidiacre m'a oublié, dit celui-ci en pleurant; on ne m'a point donné de vêtement et je ne puis plus résister au froid que j'endure.

La chose n'est que trop vraie; le clerc, par indifférence ou préoccupation, ne s'est pas pressé d'accomplir l'ordre de l'évêque et l'a mis en oubli; mais le pauvre, qui a observé la retraite du bienheureux, s'y est glissé furtivement, à l'insu de tous et, sans doute, par une porte extérieure.

Cette fois, le pontife ne veut pas courir la chance de donner encore un ordre inutile. Près de commencer l'office de la solennité, il est, en ce moment, couvert de l'amphibale, espèce de manteau très-ample, qu'on prend pour paraître en public et qui enveloppe tout le corps. Il se place dans un coin où il ne peut être vu du pauvre, rabat sur sa tête le chaperon de l'amphibale, laisse tomber ses bras, se penche en avant, et, sous les plis du manteau, retire secrètement sa tunique, puis en revêt le malheureux et le congédie.

4. — Peu d'instants après, entre l'archidiacre, selon sa coutume.

— Le peuple attend dans l'église, dit-il au saint, il est temps de partir pour célébrer l'office solennel.

Au lieu de le suivre, comme il le fait ordinairement :

— Il y a un pauvre qu'il faut habiller auparavant, lui répond l'évêque; je ne puis paraître à l'église qu'on n'ait donné un vêtement au pauvre.

Le diacre n'y comprend rien, car le saint étant, à l'extérieur, couvert de l'amphibale, sa nudité intérieure échappait complétement aux regards. Quelque temps il considère Martin avec des yeux où se peignent la surprise, et l'embarras. Tout à coup, il se rappelle le mendiant, pense que c'est de lui qu'il s'agit et fait quelques pas dehors pour le chercher : il rentre presque aussitôt :

— Le pauvre n'est plus là, dit-il, et personne ne se présente pour demander du secours.

— Qu'on m'apporte le vêtement qui a été préparé, dit l'évêque, et je trouverai bien le pauvre à vêtir.

Ces paroles ne souffrent pas de réplique. Forcé d'obéir, le clerc sort, la bile déjà émue, et s'en va aux boutiques voisines : il y trouve un habit d'étoffe de Bigorre, très-court et très-grossier, l'achète pour cinq pièces d'argent, ou à peine la huitième partie d'un sou d'or, l'enlève en toute hâte et revient en colère l'étendre aux pieds de Martin.

— Voilà l'habit, dit-il d'un ton aigre, mais de pauvre il n'y en a point ici.

Sans s'émouvoir, le saint lui commande de se tenir quelques instants à la porte. Il voulait sans doute n'être point vu, en couvrant sa nudité; mais surtout il cherchait tous les moyens de cacher ce qu'il avait fait. « Peine inutile, ajoute le biographe, car quand est-ce que les saints ont pu cacher de pareilles choses? On va aux enquêtes, et qu'ils le veuillent ou non, tout finit par se découvrir. » Vêtu de la grossière tunique, mais toujours caché sous l'amphibale qui, à l'église, remplace ce que nous appelons aujourd'hui la chape ou la chasuble, Martin s'avance vers l'autel, pour offrir le saint sacrifice.

5. — Le pontife a commencé la cérémonie : déjà, selon l'usage, il bénit la victime sacrée : à ce moment, plusieurs des assistants voient rayonner autour de sa tête un globe de feu, qui, en s'élevant dans les airs, trace un long sillon de flammes. Bien que ce jour soit l'un des plus solennels de l'année et qu'il y ait dans l'église une grande foule de peuple, ce prodige n'a pas été aperçu de tout le monde : une seule d'entre les vierges consacrées à Dieu, un des prêtres qui assistent l'évêque, et trois de ses moines en ont été témoins. On peut croire que ces cinq personnes d'ordre et de sexe différents, à qui la divine bonté a daigné le découvrir, surpassaient en vertu tout le reste de l'assemblée.

Ce n'est pas tout : les manches de la tunique achetée par le diacre sont si courtes que le saint, en élevant l'hostie, a mis à nu ses bras amaigris : aussitôt des anges viennent les couvrir d'autres manches toutes brillantes de pierres précieuses. — Cette dernière particularité, omise par l'historien, nous a été transmise par un auteur du VIᵉ siècle (1) et se trouve reproduite sur un des vitraux de la cathédrale de Tours.

CHAPITRE XIII.

SA VISITE A EVANTIUS.

1. Gallus et son oncle Evantius. — 2. Guérison merveilleuse de l'oncle. — 3. L'esclave mordu par un serpent. — 4. Les écoles gauloises.

1. — Parmi les moines qui habitent le monastère de l'évêque, il en est un, nommé Gallus : c'est un des pre-

(1) Fort. Pict., miscel., l. 10, c. 6, *circa finem.* Fleurs des saints, 11 nov.

miers disciples qui se soient rangés sous la conduite du
saint, depuis son épiscopat, et il est entré dans cette école
spirituelle, justement au sortir des écoles séculières. Ce
jeune homme, d'une famille distinguée et d'un esprit
cultivé, n'a pas été témoin du miracle arrivé à la cour de
Valentinien : le fait a eu lieu avant qu'il se fût attaché à
Martin ; mais il est un des trois moines qui ont vu le
globe lumineux sur la tête de leur Maître. Ce qui rend
cette faveur plus glorieuse pour lui, c'est qu'arrivé
depuis peu de jours au monastère, il suivait peut-être
pour la première fois le bienheureux à l'église. Tout
porte à croire que c'est lui qui, à force de recherches,
a découvert et raconté plus tard à l'historien l'acte de
charité que son évêque avait tant à cœur de tenir secret.
C'est un des compagnons les plus fidèles de notre
saint et l'un de ceux qui lui sont le plus tendrement
dévoués.

Gallus est gaulois d'origine, aussi bien que de nom,
c'est-à-dire qu'il est de cette partie de la Gaule appelée la
Celtique. Peut-être même est-il né dans le propre diocèse
de Martin. Il a un oncle, nommé Evantius, qui demeure
à peu de distance du monastère (1). Evantius est un
homme riche habitant la campagne, où il possède, au
milieu de riants jardins, une de ces charmantes *villas*, à
la mode romaine, si communes sur le territoire de la
Gaule. Retenu dans le monde par ses emplois et mêlé aux
affaires du siècle, il n'en est pas moins un excellent chrétien. Il a su, malgré les agitations inséparables de la vie
séculière, conserver une foi sans tache, une âme honnête
et pure des vices de la terre.

2. — Quelques mois se sont écoulés depuis le prodige
du globe de feu. Evantius est tombé grièvement malade ;
son état empirant de jour en jour, il est bientôt réduit à

_____

(1) Sulp., Dial. 2, l. 8.

l'extrémité. Alors la pensée de Martin s'empare de son esprit : il veut le voir, ne fût-ce que pour être consolé et encouragé dans ses derniers moments. Qu'on se représente le pauvre moribond : consumé par une fièvre violente qui lui dévore les entrailles, la poitrine brisée par les secousses d'une respiration pénible et haletante, il pousse des soupirs et des sanglots convulsifs : il essaie de parler, mais sa langue desséchée ne rend que des sons confus. Enfin, après mille efforts pour rassembler quelques mots entrecoupés :

— Qu'on aille au plus tôt, dit-il, chercher l'évêque Martin.

La commission d'Evantius est portée à Martin dans son monastère. Sans perdre un instant, le saint prend avec lui le neveu du malade et se met en route. Soudain sur son lit de douleur, le malade éprouve la vertu du pieux médecin qui s'avance en toute hâte. Martin n'a pas encore fait la moitié du chemin qu'Evantius, qui a déjà recouvré la santé, va lui-même à la rencontre de son libérateur. Tous les deux se félicitent d'une guérison où l'âme a profité aussi bien que le corps, car la foi s'est accrue dans l'une, en même temps que la santé est rentrée dans l'autre. Evantius attribue son merveilleux rétablissement à la puissance de Martin qui, à son tour, en renvoie le mérite à la foi d'Evantius.

« Admirable prodige (1), s'écrie un auteur, c'est la santé rendue au malade qui a fait connaître l'approche du médecin! Comme le soleil projette au loin ses rayons, Martin étend son pouvoir aux lieux où il n'est pas. »

Evantius, tout à l'heure agonisant, maintenant alerte et dispos, voulut conduire Martin à sa demeure, où le saint consentit à prendre un peu de repos et à passer le reste de la journée. Le lendemain, il veut s'en retourner;

(1) Fort., l. 3. v. 80-90.

mais son hôte lui fait de si vives instances qu'il ne peut
lui refuser de rester encore un jour dans sa maison. Il
passe donc, selon son habitude, en pareil cas, la plus
grande partie de cette journée en pieux entretiens, qui
vont être interrompus par un nouveau prodige.

3. — On se trouvait en été. Un des esclaves de la maison, occupé sans doute aux travaux champêtres, est tout
à coup mordu par un serpent : le cas est mortel et déjà la
vie paraît avoir cédé à la violence du poison. Averti de
cet accident, Evantius court à l'endroit où gît son serviteur : il le trouve sans mouvement, pâle et les yeux
presque éteints. Persuadé qu'il n'y a plus rien d'impossible pour le saint homme, il charge le blessé sur ses
épaules et vient le déposer aux pieds de l'évêque. Il ne
profère pas une parole, mais son air semble dire : « Celui
qui, absent, a mis la maladie en fuite par sa seule approche, présent, saura bien chasser le poison du corps
d'un malheureux qu'il peut toucher. » Pourtant le venin
s'est répandu dans tous les membres et a rempli toutes les
veines. Le corps entier est enflé et le ventre est gonflé
comme une outre.

Martin étend la main, promène son doigt sur tous les
membres et l'arrête à la blessure par où le reptile a jeté
son venin. O merveille! le poison rappelé de toutes les
parties du corps, accourt au doigt du saint évêque et s'é-
chappe, avec du sang, par l'étroite ouverture de la plaie,
comme, des mamelles des chèvres et des brebis, pressées
par la main des bergers, on voit jaillir un lait abondant.
L'esclave se relève, il est guéri et retourne à ses travaux
habituels. A cette vue, Gallus et les autres assistants se
regardent les uns les autres tout stupéfaits, et, cédant à
l'évidence :

— Non, se disent-ils entre eux, il n'y a personne sous
le ciel qui puisse rivaliser avec Martin.

« Daigne, dit un pieux auteur, celui qui retira le poison du corps d'un homme, éloigner aussi tout venin de notre cœur. »

Après ces deux journées, dont la brièveté fut remplie par des œuvres si grandes, et qui devront laisser des souvenirs si touchants dans cette maison, Martin la quitte, et regagne son monastère, dont il ne tardera pas à sortir de nouveau pour une œuvre encore plus importante.

4. — C'est, avons-nous dit, au sortir des écoles que Gallus est entré au monastère. Cela ne veut pas dire qu'il fût alors un enfant : car ce ne sont ni des enfants, ni même des adolescents qui entourent les chaires des professeurs gaulois, mais des jeunes gens dans la force de l'âge. Ces écoles, au iv° siècle, sont nombreuses et florissantes, ces professeurs sont les grands littérateurs de l'époque, des hommes à la fois érudits et éloquents.

On se tromperait en effet grandement, si l'on croyait que la mission de Martin va s'exercer dans un pays entièrement livré à l'ignorance et à la barbarie : quatre cents ans de domination romaine ont changé l'aspect de notre patrie. Sous le rapport de la prospérité matérielle, du luxe et des arts de la civilisation, elle est l'égale de l'Italie : elle la surpasse sous celui de la culture des lettres et des arts de l'esprit. Le iv° siècle lui-même est un grand siècle dans l'histoire de notre littérature, et les lettres profanes, près de s'éclipser devant les sciences ecclésiastiques, y brillèrent d'un éclat qu'elles n'avaient point encore jeté.

Nul doute que ceux d'entre nos moines qui sont de familles nobles ou opulentes n'aient tous, comme Gallus, fréquenté les écoles gauloises; or, ils sont nombreux, nous le savons. Certainement, c'est une gloire pour Martin d'avoir eu de pareils disciples et d'avoir, par l'ascendant de son mérite, vaincu, dans de jeunes esprits, les préjugés du rang et l'orgueil des connaissances humaines. Chose admirable! au milieu d'une civilisation raffinée, un

étranger, venu des rives du Danube, n'ayant fait d'autre
étude que celle des livres saints, a su déjà exciter la vénération de tous, princes ou peuples, ignorants ou savants. Son nom, de son vivant même, surpassera en
prestige celui de tant d'illustres professeurs, et jamais,
dans ses entretiens avec ses disciples, la plupart nourrissons de la littérature profane, enfants de la docte Aquitaine, jamais il ne choquera, par l'imperfection de son
langage, leurs oreilles délicates. Loin de là, ils ne pourront se lasser d'admirer, dans ses discours, une pureté
d'élocution toujours en rapport avec la sublimité de sa
doctrine. Aux yeux de qui connaît le dédain habituel de
l'homme de littérature à l'égard de l'homme illétré, il y a
là, pour Martin, un triomphe où brillent à la fois, dans
tout leur éclat, et la puissance de sa vertu et la supériorité de son génie.

CHAPITRE XIV.

IL COMMENCE A PARCOURIR SON DIOCÈSE.

1. Martin solitaire et apôtre. — 2. Le tombeau du prétendu
martyr. — 3. C'était celui d'un voleur. — 4. Les funérailles
arrêtées. — 5. Le signe de la croix.

1. — Martin procède avec ordre et avec calme à l'accomplissement de sa mission, suivant en cela l'inspiration
du Ciel, qui dispose toutes choses avec douceur et avec
force. Ainsi, malgré son zèle, ce n'est pas par des
courses apostoliques qu'il a commencé la carrière laborieuse de son épiscopat, mais par la fuite du monde et
par la retraite. Quand il a eu fondé son monastère et assuré la régularité des saints offices dans son église principale, alors il quitte la vie de solitaire, pour mener celle
d'apôtre. Encore renfermera-t-il sa prédication dans les

limites de son diocèse. S'il travaille quelquefois dans
d'autres pays à la conversion des gentils, ce ne sera que
par occasion et en passant. Le diocèse de Tours, qui a
déjà absorbé la vie des prédécesseurs de Martin, sans
s'être entièrement converti à la foi, suffit encore pour
occuper la sienne. Et d'abord c'est contre une erreur superstitieuse, née parmi les fidèles eux-mêmes, que va
s'exercer sa vigilance pastorale (1).

2. — Non loin des murs de la ville et tout près du monastère est un endroit que l'opinion populaire honore
comme une sépulture de martyrs et regarde comme sacré.
En effet, on y voit un autel élevé, dit-on, par les évêques
précédents. Martin en est informé, mais il ne croit pas
devoir ajouter foi témérairement et sans examen à de
vagues récits. La possession d'un tombeau de martyrs,
dans le voisinage de sa résidence, serait trop précieuse à
sa piétépour qu'il ne s'assure pas de l'entière vérité sur
un tel sujet. Il s'adresse aux plus âgés de ses prêtres et
de ses clercs :

— Quel est le nom de ce martyr? leur demande-t-il,
sous quel juge, à quelle époque a-t-il souffert?

A ces questions, pourtant bien simples et bien natu-
relles, les anciens se troublent, et leurs souvenirs mal
appuyés n'y peuvent répondre par aucune donnée certaine:
les témoignages qu'ils rendent sont loin de s'accorder
entre eux. Martin consulte aussi les registres de son
église, et, de ce côté encore, ses recherches sont totale-
ment infructueuses. Réfléchissant sur ce manque absolu
de renseignements positifs, il sent son premier scrupule
se fortifier étrangement. Mais que faire? Il ne veut ni
condamner cette dévotion, à cause du doute où il est
encore, ni prêter l'appui de son autorité à la croyance
vulgaire, de peur d'encourager une superstition.

(1) Sulp., Vita b. M., c. 11.

Il prend le parti de s'abstenir quelque temps de visiter cet endroit. Durant cet intervalle, il demandera au Ciel les lumières dont il a besoin pour sortir d'une conjoncture aussi difficile. Il ne tarde pas à se sentir exaucé.

3. — Un jour, accompagné d'un petit nombre de ses moines, qu'il destine à être les témoins de ce qui va se passer, il se rend au lieu en question, où il espère que Dieu lui révèlera, par quelque signe, le secret de cette sépulture. Là, debout sur le tombeau même, devant lequel il craindrait de s'agenouiller, il adresse sa prière au Ciel, avec sa ferveur ordinaire :

— Seigneur, dit-il, je t'en conjure, fais-moi connaître qu'elle est la personne enterrée ici, et de quel mérite elle est à tes yeux.

Alors, s'étant tourné vers la gauche, il voit, tout près, une ombre hideuse et à l'air farouche. Il lui commande :

— Dis-moi ton nom et qui tu es.

Le fantôme obéit : d'une voix claire et intelligible, il prononce son nom.

— J'ai été, dit-il ensuite, un voleur, autrefois mis à mort pour mes crimes; aujourd'hui je suis honoré par l'erreur du peuple : je n'ai rien de commun avec les martyrs qui sont dans la gloire, tandis que moi je suis dans les tourments.

Cela dit, il disparaît. Chose étrange! pendant que le spectre a parlé, les assistants ont entendu sa voix, mais ils n'ont vu personne. Martin rapporte ce qu'il a vu, fait enlever l'autel et ainsi délivre son peuple de cette superstition.

La tradition de Marmoutier, conservée jusqu'au dernier siècle, tenait que cet autel s'élevait où se voit encore aujourd'hui la chapelle de Saint-Barthélemy. Après l'avoir renversé, le saint en aurait érigé un autre en l'honneur de cet apôtre, pour remplacer une superstition par un

culte légitime. Cette chapelle, convertie en habitation particulière, est à moins d'une demi-lieue de Marmoutier et
sur le coteau au pied duquel est assis le couvent. On a, de
ce point de vue, une perspective délicieuse sur la ville, la
vallée de la Loire et les coteaux du Cher à l'horizon. A cent
pas de là, passait l'ancienne voie romaine.

4.— Bientôt notre évêque étend le cercle de ses courses
apostoliques et commence à visiter les campagnes plus
éloignées. Un jour, tandis qu'il chemine à travers une
plaine solitaire, il aperçoit venir devant lui, à la distance
d'environ cinq cents pas, une troupe de gens qui fixent
son attention. Il s'arrête un moment et reconnaît que ce
sont des paysans qui portent un objet sur lequel, sans
pouvoir le bien distinguer, il voit flotter des linges blancs
agités par l'air. Il se persuade aussitôt qu'il a devant les
yeux une procession profane; car c'est un usage des
païens gaulois de promener, en cérémonie, autour de
leurs champs, des idoles couvertes d'étoffes blanches. Il
élève la main contre eux et forme le signe de la croix :

— Je vous le commande, dit-il, arrêtez-vous et mettez
bas votre fardeau.

A l'instant, les malheureux deviennent immobiles
comme des rochers. Ensuite ils font tous leurs efforts pour
se mouvoir, mais ils ne peuvent avancer d'un pas et ne
réussissent qu'à tourner sur eux-mêmes d'une façon risible, tant qu'enfin, n'en pouvant plus, ils déposent leur
charge à terre. Étonnés, ils se regardent les uns les autres
en silence, ne sachant à qui s'en prendre d'une pareille
mésaventure et cherchant à pénétrer un mystère si incompréhensible.

Peu à peu cependant, le saint s'est approché : quand il est
assez près pour reconnaître de quoi il s'agit, il découvre
qu'il s'est trompé. Ce n'est point une idole que portaient
ces paysans, mais un cadavre, recouvert d'un linceul,
qu'ils conduisent au tombeau. Bien qu'il soit accompagné

ici de tout l'appareil d'une pompe superstitieuse, ce triste devoir trouve Martin plus indulgent. Il lève, une seconde fois, la main, trace, sur cette troupe, un nouveau signe de croix, et lui donne la permission de s'en aller. Ces gens en profitent et achèvent sans difficulté ces funérailles. C'est ainsi que Martin, quand il l'a voulu, les a forcés de s'arrêter, et, quand il lui a plu, leur a permis de continuer leur route. Le miracle obéit même à un simple soupçon de ce pontife chéri de Dieu.

5. — C'est la première fois que nous voyons le signe de la croix mis en usage par Martin, qui, dans sa jeunesse militaire, s'y est confié comme au plus sûr moyen de défense contre les coups de l'ennemi. Nous le verrons s'en servir encore dans les occasions les plus décisives et opérer, par son moyen, des prodiges éclatants. Ce signe divin lui est devenu familier, il le trace et en prononce la formule sur la tête de ses disciples pour les bénir, comme il l'oppose aux dangers qui le menacent et aux adversaires invisibles qui l'attaquent.

« L'instrument de la mort du Christ, dit Lactance, la croix est la preuve de sa puissance : elle met en fuite les démons : cela est si vrai que les empereurs nous ont persécutés à cause de cela. »

« Au seul nom du crucifié, disait saint Antoine à des philosophes, nous mettons en fuite les démons que vous craignez comme des dieux : où l'on fait le signe de la croix, la magie perd toute sa force et le venin son pouvoir de nuire. » Nous ajouterons : Par qui donc étaient poussés les hérétiques modernes, qui ont aboli chez eux ce signe révéré, si ce n'est par celui dont il est la terreur?

CHAPITRE XV.

LE SAINT DÉTOURNE LA CHUTE D'UN ARBRE ET ARRÊTE UN INCENDIE.

1. — Malgré les lumières nouvelles dont le monde a été inondé, le paganisme gaulois, mélange de l'ancien culte druidique et du polythéisme romain, est toujours aussi extravagant et aussi stupide qu'il le fut jamais (1). La superstition en effet ne se borne pas au culte des idoles ou des images des hommes et des démons qu'elle a mis au rang de ses dieux; elle s'étend à celui des animaux, des reptiles, des plantes et de certains arbres qui leur sont consacrés.

Martin se trouve dans un bourg où, à l'aide des moines, compagnons de ses travaux, il vient de démolir un temple fort ancien, dont il a mis en pièces les idoles de bois. Un pin très-gros et très-touffu s'élève auprès: le saint a entrepris de l'abattre aussi, parce qu'il est, pour les habitants, un objet de vénération sacrilége.

2. — Il était sur le point d'y faire porter la cognée, quand le chef des prêtres de cette bourgade, avec toute la foule des idolâtres du lieu, se présente pour l'en empêcher. Par un effet de la volonté du Seigneur, ils ont vu sans rien dire la démolition de leur temple; maintenant laissés à eux-mêmes, ils ne peuvent souffrir qu'on touche à un arbre. Le saint emploie pour les éclairer toutes les raisons que son zèle lui suggère.

_____

(1) Sulp., V. b. M., n. 13.

— Il n'y a rien de divin dans un tronc d'arbre, leur dit-il, une tige que la terre a produite ne peut mériter un culte religieux. Attachez-vous plutôt à ce vrai Dieu que je sers moi-même : quant à ce pin, il faut le couper, parce qu'il est consacré au démon.

A ces derniers mots, la troupe des gentils se récrie de nouveau et proteste qu'elle ne le permettra pas. Alors l'un d'eux, plus hardi que les autres, sort de la foule, et fait faire silence :

— Si tu as, dit-il à Martin, quelque confiance en ce Dieu que tu honores, nous allons nous-mêmes couper cet arbre, pourvu que tu consentes à le recevoir, au moment de sa chute; si ton Seigneur, comme tu l'appelles, est avec toi, tu n'en éprouveras aucun mal.

— Eh bien! soit, dit Martin, avec une confiance intrépide, j'accepte la proposition : je ferai ce que vous demandez.

Toute la foule des gentils applaudit elle-même à cette condition :

— Périsse notre arbre, se disent-ils, si en tombant il doit écraser l'ennemi de nos dieux!

Le pin est penché de telle sorte qu'on ne peut avoir de doute sur le côté où il tombera une fois coupé : c'est cet endroit même que les paysans choisissent pour y conduire le saint : c'est juste à la place, où certainement doit porter tout le poids de cette masse énorme, qu'ils arrêtent Martin et qu'ils l'attachent pour l'empêcher de fuir. L'évêque a seulement les mains libres et c'est assez pour sa défense.

Aussitôt, avec la joie la plus vive, une partie de la troupe se met à couper l'arbre par le pied. Le reste de la foule étonnée, haletante, ayant peine à croire même à l'étrange spectacle qui lui est donné, s'est placé, pour en jouir en sûreté, à une assez grande distance. Les compagnons de l'évêque, qui se tiennent aussi éloignés de ce théâtre dangereux, forment un groupe séparé dont la tristesse contraste avec la satisfaction cruelle empreinte sur le visage des autres assistants.

3. — Le pin, sous les coups redoublés qui le frappent, commence à chanceler, peu à peu il s'incline et annonce, par de légers craquements, que sa chute est de plus en plus prochaine. Les moines pâlissent épouvantés : l'imminence du péril leur ôte tout espoir : leur foi même est comme détruite, ils n'attendent plus que la mort de Martin. Martin, toujours confiant dans le Seigneur, se tient prêt, sans montrer d'émotion. Enfin un bruit se fait entendre, c'est le fracas du pin qui brise ses derniers liens : il tombe; il se précipite sur Martin. Le saint élève la main et lui oppose le signe de la croix. Aussitôt, comme si un tourbillon de vent l'eût repoussé en arrière, le pin se renverse du côté opposé, où des paysans, qui se croyaient en lieu sûr, manquent d'être écrasés sous ses branches. Après s'être échappés en désordre, ils se retournent : la place qu'ils viennent de quitter est labourée par les débris de l'arbre, tandis que l'évêque est resté à la sienne, immobile et sans blessure.

A cette vue, un seul cri, sorti de toutes les poitrines, s'élève vers le Ciel; les gentils sont dans la stupeur, les moines pleurent de joie.

— Gloire au Christ! disent tous ensemble et les uns et les autres.

Il fut bien évident que le jour du salut était venu pour cette contrée. De cette immense multitude de gentils, à peine en est-il un qui résiste à la grâce :

— Que l'évêque nous impose les mains, disent-ils, nous croyons au Seigneur Jésus, nous renonçons à nos erreurs impies.

Avant Martin, le nom du Christ n'avait été reçu dans ce pays que d'un très-petit nombre d'habitants; grâce aux miracles et à l'exemple du saint, on n'y vit bientôt plus un seul endroit qui ne fût plein ou d'églises très-fréquentées ou de monastères. Car, lorsqu'il a détruit un temple, il construit aussitôt sur ces ruines, soit une église, soit un monastère.

« Ta clémente victoire, dit un auteur à Martin (1), sait changer en frères de farouches ennemis. » Il parle des habitants de la campagne où l'idolâtrie s'est retranchée. Aussi commence-t-on à donner aux idolâtres le nom de *pagani* ou paysans et nous avons vu qu'il a suffi à Martin de reconnaître au loin une troupe de paysans pour soupçonner une cérémonie idolâtrique.

4. — Nous venons de voir aussi l'origine des premiers monastères des Gaules. La fondation de nos anciens monastères est donc de la même époque que celle de la plupart de nos églises : elle a eu lieu par la même main et sous l'autorité des mêmes prodiges. L'église et le monastère, tel a été, nous nous en souvenons, le sujet perpétuel des pensées de Martin encore enfant. Il méditait alors ce que nous le voyons accomplir aujourd'hui.

« Les monastères, fondés au moment où les Barbares allaient arriver, furent, dit un auteur moderne (2), le salut des lettres. De l'institution des monastères data l'extension universelle de la littérature chrétienne. Jusquelà, elle n'avait fait que s'établir avec les écoles, sans chercher toutefois à entrer en lutte avec elles. Bientôt elle devait régner presque seule sur la société. » Voilà donc Martin, qui n'a mis le pied dans aucune des écoles savantes de son temps, destiné à laisser parmi nous des refuges assurés à la littérature. L'influence littéraire de cet homme illétré est un de ces faits qui prouvent la vérité du mot de saint Paul : « La piété est utile à tout. » Mais suivons notre héros.

---

(1) Paulin, l. 2, v. 327-320.
(2) Théod. Burette, *Cahiers de littérat.*

5. — Le succès aiguillonne le zèle de Martin. A peine a-t-il triomphé de l'idolâtrie dans un lieu qu'il court la vaincre dans un autre. Parmi les temples d'idoles, disséminés, en assez grand nombre encore, dans les campagnes, c'est aux plus anciens et aux plus fameux qu'il a résolu de s'attaquer ; car c'est là que la superstition règne avec le plus d'empire, et que les coups portés ont le plus de retentissement.

Peu de temps après avoir fait démolir celui dont nous venons de parler, il en trouve un autre, aussi très-ancien et très-célèbre (1); il réussit à y mettre le feu. L'incendie se répand dans tout l'édifice, les flammes montent avec violence, et s'élèvent au-dessus du toit. Mais alors, poussées par le vent, elles se portent en tourbillons sur une maison particulière qui joint le temple et qui va être enveloppée dans l'embrasement. Martin s'en aperçoit, court, monte sur le toit de la maison menacée, lequel, selon l'usage du temps, est en plate-forme ; là il se présente à la rencontre des flammes. Chose merveilleuse ! On voit, au même instant, le feu se retourner contre l'impulsion du vent, et ces deux éléments, luttant l'un contre l'autre, se livrer dans l'air une sorte de bataille. Le résultat de ce duel d'un nouveau genre fut le salut de la maison en péril. La puissance de Martin contraignit le feu à n'exercer son œuvre que là où il le lui avait ordonné.

---

(1) Sulp., *loc. cit.*, n. 14.

CHAPITRE XVI.

IL CONTINUE A VISITER SON DIOCÈSE.

1. Nécessité de détruire les monuments de l'idolâtrie. — 2. Les deux soldats de l'armée céleste. — 3. S. Martin employait-il des gens armés? — 4. En quelle langue prêchait-il? — 5. Missionnaires du même temps.

1. — Si saint Martin eût cru pouvoir renverser l'idolâtrie, sans abattre les temples voués aux idoles, il eût certainement conservé ces édifices. Mais le peuple, surtout celui des campagnes, est tout entier dans les sens extérieurs. Ce qui se voit, ce qui se touche est, le plus souvent, la règle de ses idées et de ses croyances. Tant que les païens voient leurs temples debout, ils ne peuvent s'imaginer que leurs dieux aient perdu toute puissance. Au contraire, une idole jetée à bas, un temple réduit en poudre, c'est une doctrine renversée, une croyance anéantie.

Ainsi le comprenaient généralement alors les prédicateurs de la vérité. Par exemple, en Orient, Théophile, évêque d'Alexandrie, détruisait les temples païens et les retraites du vice. A la place, il faisait bâtir, comme saint Martin, des églises et des monastères. Les autres évêques de l'Egypte déployaient le même zèle. Avec les idoles tombait l'idolatrie. Marcel, évêque d'Apamée en Syrie, était persuadé aussi que, sans la destruction des temples païens, il ne serait pas facile de convertir les idolâtres, et il subit le martyre pour cette cause. Martin, pour le même motif, va s'exposer à de nouveaux périls (1).

_____

(1) Sulp., *ut supra*.

2. — Dans son diocèse, s'élève un bourg appelé *Leprosus* ou Lépreux, qu'on croit être aujourd'hui le Louroux, situé près de Manthelan, sur les bords d'une petite rivière et d'un étang considérable. Il apprend que là se trouve un temple fort fréquenté et devenu extrêmement riche par les dons d'une piété superstitieuse. Il s'y rend, résolu d'abattre l'asile de l'idolâtrie. Mais à peine a-t-on deviné son intention, qu'il se voit en face d'une multitude furieuse de gentils accourus pour s'y opposer. C'est en vain qu'il s'efforce d'apaiser leur colère et d'éclairer leurs esprits. Des menaces, les paysans passent aux effets : l'évêque est repoussé avec outrages. Il va se cacher dans un endroit solitaire des environs. Là, durant trois jours, sous le cilice et la cendre, il ne cesse de jeûner et de prier.

— Daigne, dit-il, la puissance divine s'employer à détruire ce temple, puisque la main de l'homme n'a pu y réussir.

Tout à coup deux anges se présentent devant lui, en costume de guerriers, le bouclier au bras et la lance à la main, comme des soldats de la milice céleste.

— Nous sommes, lui disent-ils, envoyés du Seigneur tout exprès pour dissiper cette multitude de paysans, prêter main forte à Martin et empêcher que personne ne s'oppose à la destruction du temple. Retourne donc sur tes pas et achève, avec ton zèle ordinaire, l'œuvre que tu as commencée.

Martin quitte aussitôt sa retraite et rentre dans le bourg avec assurance. A cette nouvelle, les paysans se rassemblent encore en foule autour de leur temple. Alors, sous les yeux de cette multitude, qui le laisse faire, le saint détruit, de fond en comble, l'édifice profane et réduit en poussière les autels avec les idoles : tous les dieux du pays succombent sans défense sous les coups d'un seul homme.

6

Jamais on ne vit mieux combien un temple détruit peut changer les dispositions d'une populace fanatique. A la vue de ces ruines, amoncelées par un homme qui paraît la faiblesse même et qu'ils ont repoussé trois jours auparavant, les paysans comprennent qu'une influence divine a pu seule les retenir dans la stupeur et l'effroi qui les ont empêchés de résister au saint évêque. Presque tous font hautement profession de croire au Seigneur Jésus et lui rendent gloire.

— Il n'y a, s'écrient-ils, que le Dieu de Martin qui mérite d'être adoré : il faut abandonner les idoles puisqu'elles n'ont pu se défendre elles-mêmes.

Ils se disposent donc à recevoir le baptême, qui leur sera conféré quand les clercs, laissés chez eux par Martin, les auront suffisamment instruits.

3. — Je ne sais de quels moyens disposaient les évêques orientaux, quand ils renversaient les temples des faux dieux. Seulement, si l'on voulait expliquer, d'une manière entièrement naturelle, les succès du nôtre en ce genre, je crois qu'on se trouverait dans un véritable embarras. Rejetez toute assistance surhumaine, et dites comment un pauvre évêque, suivi de quelques moines faibles et timides, a pu réduire à l'impuissance la rage fanatique de populations si grossières.

Un historien moderne a voulu, il est vrai, expliquer ces triomphes d'une autre manière (1). « C'est, dit-il, animé du zèle le plus intolérant et à la tête de gens armés que saint Martin parcourait les campagnes et détruisait les anciens temples du pays. » Je ne dis rien de l'intolérance reprochée à notre apôtre. Martin parle, discute, annonce la doctrine du salut et détruit les repaires d'un culte abominable ; mais quand est-ce qu'il a exercé la moindre contrainte envers les personnes? C'est lui-même qui se

(1) Simonde de Sismondi, *Hist. des Français*, t. I, p. 101.

livre, qui s'expose et se sacrifie. Pour ces hommes armés, où sont-ils ? A moins qu'on regarde comme tels ces deux soldats des divines phalanges, qui n'agissent sur les adversaires de Martin qu'en les frappant d'immobilité. Où étaient ces hommes armés, quand il consentait à recevoir sur sa tête la chute d'un arbre ? Où étaient ces hommes armés, lorsque dernièrement encore il était chassé avec injure par une troupe de paysans ? Où sont ils enfin dans la circonstance où nous allons le voir (1) ?

4. — Dans un endroit qui nous est inconnu, il est occupé à renverser les idoles. Soudain un homme s'approche de lui pour lui donner un coup de couteau. Au moment même où il va frapper, l'arme fuit de ses mains et disparaît.

Dans chaque bourgade où il arrive, pour y abolir l'idolâtrie, Martin n'est pas toujours réduit à exécuter lui-même l'œuvre de destruction. Quand les païens refusent obstinément de laisser abattre leurs temples, il se met à leur annoncer la parole sainte. Peu à peu, leur colère se calme, la lumière de la vérité pénètre jusqu'à leur esprit, enfin, complètement changés, ils se tournent souvent eux-mêmes contre l'édifice et le renversent de leurs propres mains. Martin fait alors la guerre avec les troupes de son ennemi et gagne la victoire avec l'aide de ses adversaires.

Mais en quelle langue prêchait-il à ce peuple ?

L'enfance de notre saint s'est passée en pleine Italie, son adolescence dans les armées romaines. Il doit donc parler le latin comme langue maternelle. Or, sous la domination des Romains, leur langue est devenue familière aux peuples celtiques ; c'est donc vraisemblablement le latin que Martin emploie toujours dans ses prédications.

(2) Sulp., V. b. M., c. 15.

Cette unité de langage, qui règne dans tout l'empire, facilite beaucoup les progrès de l'Évangile.

5. — L'état général des affaires, tant religieuses que politiques, favorise aussi, à cette époque et dans cette partie du monde, les entreprises du zèle. Tandis que l'Église d'Orient gémit sous la tyrannie de Valens, frère de Valentinien, celle d'Occident, où les troubles causés par l'hérésie arienne, ont cessé, goûte les plus doux fruits de la paix et de la liberté. D'autres missionnaires en profitent, pour porter le flambeau de la foi dans quelques parties des Gaules où le paganisme règne encore. Tels sont saint Marcellin qui vint d'Afrique, avec ses deux compagnons Vincent et Domnin, et fonda l'église de Digne; puis saint Exupère qui établit une chrétienté florissante à Bayeux, dont il est le premier évêque. Toutefois, c'est le témoignage unanime des historiens, parmi les hommes apostoliques qui travaillent, en ce temps, à l'extirpation de l'idolâtrie dans les Gaules, aucun ne le fait avec autant de succès que saint Martin.

CHAPITRE XVII.

SA RENCONTRE AVEC DES SOLDATS.

1. S. Martin en voyage. — 2. Les mules effrayées. — 3. Les soldats furieux. — 4. Leur punition. — 5. Le saint leur pardonne. — 6. Le lièvre poursuivi.

1. — Les visites du saint, si utiles à son peuple, sont pour lui-même fort pénibles. Il les fait ordinairement à pied : dans ses plus longues excursions, lorsque son corps, déjà exténué de jeûnes, est accablé de la fatigue du chemin ou du poids de la chaleur, il se sert d'un âne que l'on conduit après lui. Afin d'être moins distrait de sa

continuelle application à Dieu, il précède habituellement,
de quelques pas, ses disciples, qui l'accompagnent toujours en très-grand nombre. Dans ces voyages, il porte,
par-dessus sa tunique, un manteau d'étoffe grossière, à
long poil, de couleur noire, qui l'enveloppe tout entier.
C'est toujours, je crois, ce même vêtement, appelé amphibale, dont nous l'avons déjà vu couvert à l'église : la couleur de ce manteau est celle qu'ont adoptée les moines
d'Orient, appelés, à cause de cela, par les Perses, du nom
de Pleureurs.

2. — Martin s'est mis de nouveau en campagne, pour
visiter les différents points de son diocèse, avec ses disciples (1). Ceux-ci, on ne sait par quel motif, se sont arrêtés
et lui ont laissé prendre les devants, à une distance plus
considérable que de coutume. Martin chemine tout seul,
sur la route, sans aucune marque extérieure qui fasse
reconnaître sa dignité. Cette route est une de ces levées
que les Romains ont déjà établies en assez grand nombre
dans les Gaules, et qu'ils entretiennent fort soigneusement
comme tous les chemins publics. Elle ne sert pas toutefois
à renfermer le lit d'une rivière ; c'est un pont long et
étroit, construit dans des prairies ou des terrains maré-
cageux, pour y assurer un passage. Ce pourrait être celui
qu'on appela depuis le pont Saint-Avertin, entre Tours et
le bourg de ce nom, ou les ponts de Loches, près de cette
ville.

Ces routes, où les Romains ont eu principalement en
vue la commodité de leur administration, livrent souvent
passage aux employés, aux soldats et aux voitures de leurs
comtes ou gouverneurs de province. Précisément voici
venir devant le saint une de ces voitures couvertes
appelées *rhedæ* : c'est un chariot du fisc, tout rempli
d'hommes de guerre et tiré avec vitesse par une longue

(1) Sulp., Dial. 2, n. 4.

file de mules. Ceux qui le montent laissent déjà comprendre, par leurs cris tumultueux, qu'ils ont toute la
violence des gens de leur état. En un clin d'œil, ils se
trouvent auprès du saint évêque. Dès qu'elles l'aperçoivent, avec son long manteau noir, les bêtes de l'attelage, qui sont de ce côté, s'épouvantent et se rejettent du
côté opposé : par suite de ce mouvement, elles s'em-
barrassent les pieds dans leurs traits, et se mêlent
en désordre. Tandis qu'on s'occupe à les dégager et à
les remettre en ligne, ce qui ne se fait pas sans
peine, la voiture éprouve un retard dans sa marche
précipitée.

3. — Irrités de ce qu'ils regardent comme une injure,
les soldats sautent à l'instant du chariot : ils ont trouvé
ce qu'ils désiraient, l'occasion d'exercer leur furie. Tous
ensemble, ils se jettent sur Martin et commencent à le
charger de coups de fouet et de bâton. Le saint n'aurait
qu'un mot à dire pour arrêter leurs bras; il lui suffirait
de se nommer et ses bourreaux tomberaient à genoux
devant lui. Il reste muet et résigné, comme son divin
Maître, au milieu de ses souffrances. L'incroyable patience avec laquelle il tend le dos aux coups redouble le
transport des misérables qui le frappent. Ils prennent
son silence pour une ironie et se persuadent qu'il
méprise leurs violences parce qu'il y est insensible. Ils ne
cessent donc point de le battre jusqu'à ce qu'ils le croient
mort.

Cette scène, malgré son atrocité, n'a pas été de longue
durée : il n'était pas difficile d'ôter à ce corps, affaibli par
les austérités, le peu de force qui lui restait. Les disciples
du saint, qui, de loin, ont tout vu, se sont hâtés d'accourir; ils rejoignent leur maître, au moment où, horriblement ensanglanté, couvert de plaies et de meurtrissures,
il vient de tomber à terre sans connaissance. Ils ne s'arrêtent pas à faire connaître à cette soldatesque celui sur

qui elle a osé porter les mains : le temps presse; il faut emmener l'évêque au bourg le plus voisin, pour essayer de le rappeler au sentiment. Ils le relèvent sur leurs bras, le placent sur son âne, où ils sont obligés de le soutenir, et s'éloignent au plus vite, maudissant le lieu, théâtre de ce forfait.

4. — Cependant les soldats, après avoir assouvi leur fureur, sont retournés à leur chariot, où ils remontent grondant encore ; ils commandent au cocher de faire repartir les mules avec plus de vitesse, afin de regagner le temps perdu. Celui-ci donne le signal accoutumé, mais les mules demeurent en place, immobiles comme si elles étaient d'airain. Leurs maîtres élèvent la voix, les fouets résonnent à droite et à gauche : rien ne remue. Tous les voyageurs frappent ensemble ; les lanières gauloises s'usent à châtier les pauvres mules. On descend de nouveau du chariot, on court à une forêt voisine, on la dépouille de ses rameaux et l'on revient battre les malheureuses bêtes avec des branches énormes. Ces mains cruelles se lassent en vain : les mules n'avancent pas et semblent avoir été changées en statues.

Que faire? Il faut bien céder à l'impossible : la fureur ne peut toujours durer, surtout quand elle n'aboutit à rien. Tout brutaux qu'ils sont, ces soldats conçoivent une opinion qu'ils ne peuvent se dissimuler les uns aux autres.

— C'est un effet de la puissance divine qui nous retient, se disent-ils.

Ils rentrent donc enfin en eux-mêmes : quel est cet homme qu'ils viennent de battre ? Ils le demandent aux passants qu'ils voient venir du côté par où il a été emmené. Ceux-ci, qui l'ont rencontré et reconnu, leur répondent :

— C'est Martin, que vous avez frappé avec tant de barbarie.

5. — A ce nom, leurs yeux achèvent de s'ouvrir : ils ne cherchent plus à s'expliquer le prodige : c'est la punition visible de l'outrage fait à ce saint homme. Tous ensemble courent après lui et le rejoignent. Pénétrés de l'audace de leur attentat, remplis d'une juste confusion, ils versent d'abondantes larmes. La tête et le visage couverts de poussière, ils se jettent aux pieds de Martin.

— Pardon! lui disent-ils, laisse-nous continuer notre voyage. Les remords seuls nous ont assez punis : nous avons assez compris que la terre eût pu nous engloutir tout vivants, si tu l'avais ordonné. Nous aurions mérité de perdre l'usage de nos sens et de devenir immobiles comme les bêtes de notre attelage ; mais nous t'en prions, nous t'en conjurons, daigne nous pardonner ce crime et nous permettre de partir.

Avant l'arrivée de ces hommes, le bienheureux avait su, par révélation, que leur chariot était arrêté et l'avait appris à ces disciples. Mais sa bonté ne tint pas contre leur repentir.

— Allez, leur dit-il, je vous pardonne; remettez-vous en route, vos bêtes sont déliées.

Ils retournent sur-le-champ à leur chariot, trouvent leurs mules rendues au mouvement, et continuent heureusement leur voyage.

6. — Une autre fois, parcourant encore son diocèse, avec ses disciples, il fait rencontre d'une troupe de chasseurs, dont les chiens sont lancés à la poursuite d'un lièvre (1). La pauvre bête a déjà perdu beaucoup de terrain, dans une vaste plaine découverte, qui ne lui offre aucun refuge. Un moment encore, elle va être prise; ses nombreux détours ne font plus que retarder l'instant fatal. Son danger touche de pitié l'âme du bienheureux.

_____

(1) Sulp., Dial. 3, n. 9.

— Arrêtez-vous, dit-il aux chiens prêts à la saisir; laissez-la s'en aller.

A sa voix, la meute s'arrête aussitôt et reste comme clouée au sol. Le lièvre en profite et échappe sain et sauf à ses ennemis.

Sa tournée pastorale terminée, notre évêque revient à sa résidence habituelle où l'attendent de nouveaux triomphes.

CHAPITRE XVIII.

SAINT MARTIN ET LE COMTE DE TOURS.

1. Le comte Avitianus. — 2. Son entrée à Tours. — 3. L'évêque prosterné devant la porte du prétoire. — 4. Il obtient la grâce des prisonniers. — 5. Fuite et aveu d'Avitianus.

1. — Avitianus est peut-être celui qui est désigné, dans l'histoire, comme ayant été vicaire d'Afrique en 363. Le titre de comte qu'il porte maintenant a été récemment substitué à celui de président, si souvent répété dans les actes des martyrs. Ce qui explique la terreur qu'il inspire, c'est que le pouvoir du comte est presque absolu, car il a droit de vie et de mort (1). On lui rend, dans toute l'étendue de son département, les mêmes honneurs, à peu près, qu'aux consuls et proconsuls. Les jours de cérémonie, douze licteurs, avec haches et faisceaux, marchent devant lui. Les assises, où il rend la justice, se nomment *conventus* : il en indique lui-même l'époque et le lieu, qui est presque toujours la principale ville de son gouvernement. Là, il prononce sur toutes les affaires civiles et

(1) Chalmel, *Hist. de Touraine.*

criminelles; quel qu'en soit le nombre. Ses jugements sont sans appel, à l'exception de certains cas où l'on peut en appeler au préfet du prétoire; magistrat souverain de toute la Gaule, dont la résidence est à Lyon. Cet éloignement contribue à rendre le comte encore plus redoutable. Les principaux du pays sont obligés de se trouver à ses assises, afin d'y recevoir ses ordres pour l'exécution de ses arrêts ou le maintien de la tranquillité publique.

2. — Avitianus est regardé comme le premier comte de Tours, où il est venu vers 376, année qui répond à la sixième de l'épiscopat de Martin et à la soixantième de son âge. C'est un homme d'une extrême barbarie et distingué, entre tous ses collègues, par sa férocité sanguinaire (1). Mais le voici lui-même qui, après une absence, fait de nouveau son entrée dans la cité des Turones, avec tout l'appareil de son autorité.

Sur ses traits menaçants, on lit la rage dont son cœur est rempli. C'est bien là cet homme pour qui l'agonie de ses victimes, les cris de la souffrance, la pâleur des accusés, les prisons dévorantes, les supplices de ceux qui avouent, les tourments de ceux qui nient sont autant de jeux et de plaisirs. A sa suite, marche, avec des visages où se peint le désespoir, une longue file de prisonniers, enchaînés deux à deux. A peine arrivé à sa demeure :

— Qu'on prépare, dit-il à ses officiers, tous les instruments de torture employés pour le supplice des condamnés à mort; car c'est demain qu'aura lieu l'exécution.

3. — Cette lugubre nouvelle a répandu la consternation dans la ville. Martin en est informé : aussitôt, seul, un peu avant minuit, il se dirige vers le prétoire habité par cette bête farouche. Il y arrive; mais, dans le silence de cette nuit obscure, il trouve tous les gens endormis et

(1) Sulp., Dial. 3, n. 5.

toutes les portes fermées. Après y avoir longtemps frappé inutilement, il se souvient que la prière lui a autrefois ouvert le palais de Valentinien ; et, à l'endroit même, en face de cette maison de sang, il se prosterne sur la voie publique, le visage contre terre. Cependant Avitianus, couché dans son lit, dort d'un sommeil profond. Un ange l'éveille rudement :

— Le serviteur de Dieu est prosterné devant ta porte, lui dit-il, et toi tu reposes !

Le comte, hors de lui, saute à bas de son lit, appelle ses esclaves, et, tout tremblant :

— Martin est à la porte, s'écrie-t-il, qu'on aille sur-le-champ lui ouvrir les entrées du palais, je ne puis souffrir que le serviteur de Dieu endure un pareil affront.

Paresseux et menteurs, comme le sont généralement les personnes de leur condition, les serviteurs d'Avitianus vont à peine au-delà des premières entrées, rient entre eux de leur maître qui a rêvé, puis reviennent et, avec une entière assurance :

— Il n'y a personne à la porte, lui disent-ils.

En effet, quand on est incapable de passer la nuit sans dormir, et qu'on juge les autres par soi-même, comment s'imaginer que, dans l'horreur d'une nuit si sombre, un évêque puisse être couché, en plein air, devant un seuil étranger ? Le comte n'a pas de peine à se laisser persuader, il se recouche et se rendort profondément. Une nouvelle secousse, plus violente encore que la première, l'éveille une seconde fois en sursaut.

— Assurément, s'écrie-t-il alors, Martin est à la porte du prétoire, et c'est ce qui m'ôte tout repos d'âme et de corps.

Comme les esclaves tardent trop, il ouvre lui-même les portes de ses appartements et s'avance jusqu'au seuil

extérieur de la maison. Là, comme on le lui a dit, il trouve
Martin. Le misérable comte, épouvanté d'un prodige si
manifeste :

— Pourquoi, seigneur, dit-il, avoir agi de la sorte
envers moi? Tu n'as pas besoin de parler, je sais ce que
tu désires, je vois ce que tu demandes. Retire-toi au plus
vite, de peur que, pour venger ton affront, la colère du
Ciel ne me dévore. Ce que j'ai déjà souffert doit suffire pour
mon châtiment. Car, crois-le bien, ce n'a pas été un coup
léger qui m'a contraint à venir ici en personne.

4. — Ces paroles, dans la bouche d'un pareil homme,
assurent Martin qu'il a obtenu le but de sa visite. Tranquille sur le sort des prisonniers, il s'éloigne en toute
hâte, comme le comte le désire, et retourne à son monastère. Aussitôt Avitianus appelle ses officiers de justice :

— Qu'on ouvre toutes les prisons, leur dit-il, qu'on
relâche tous les prisonniers.

A l'instant son ordre est exécuté; les tristes verroux
grincent sur les portes épaisses : du cou, des mains et des
pieds des condamnés tombent les fers qui les tenaient
enchaînés. Tous les cachots, tous les lieux de torture
rendent les malheureux qui y étaient entassés et y attendaient une mort prochaine. Ici, avec un auteur (1), je
me figure une scène émouvante : Ces infortunés bon-
dissent de joie; ils ont peine à croire à un bonheur si
grand et si soudain. Dès que le jour est venu, ils s'empressent d'aller rendre grâce au saint évêque, se roulent
à ses genoux et enlacent ses pieds de leurs bras. Martin
les engage à reporter plutôt à Dieu les témoignages de
leur reconnaissance. Car le seul auteur de leur salut,
c'est le Christ qui toujours pardonne aux coupables, s'ils
témoignent, par un retour sincère, un vrai repentir de
leurs crimes; mais qui réserve un châtiment au pécheur,

(1) Paulin, 1. 5, v. 386-397.

s'il s'obstine dans le péché. Ainsi, par ses conseils comme par ses actes, Martin arrache ces prisonniers à la mort : en détachant leurs liens corporels, il les délie aussi de leurs fautes.

5.— La ville apprend, presque en même temps, qu'Avitianus est lui-même parti, comme un fugitif, de ces murs, où il était entré, la veille, avec tant d'insolence. Les habitants célèbrent cet événement par des transports d'allégresse.

Au reste, le comte ne fait pas un secret de son aventure et ne cache pas le motif qui l'a déterminé à une fuite si étrange. Il raconte lui-même à ses amis ce qui s'est passé entre saint Martin et lui, dans cette occasion. Evagrius, homme d'une grande probité et ancien tribun, l'a entendu de sa propre bouche. C'est lui qui, sous la foi du serment, et en invoquant la divine Majesté, en a fait le rapport au prêtre Refrigerius, de qui l'historien assure l'avoir appris.

Daigne Martin montrer, à notre égard, auprès du souverain Juge, cette miséricorde avec laquelle il a délivré des malheureux condamnés à mort; car si Dieu le fit exaucer alors, comment ne l'exaucera-t-il pas maintenant?

CHAPITRE XIX.

NOUVEAUX RAPPORTS ENTRE L'ÉVÊQUE ET LE COMTE.

1. Le jeune Maurilius. — 2. Les sept cousins de S. Martin. — 3. Le pays ravagé par la grêle. — 4. Le démon d'Avitianus. — 5. La fiole d'huile. — 6. Le monde ancien et le monde nouveau.

1. — Vers le même temps, Martin revoit ce jeune Maurilius que, vingt ans auparavant, à Milan, il nour-

rissait, tout petit encore, du lait de sa doctrine (1). Après
le départ de son maître, Maurilius, formé de si bonne
main, avait continué à faire de grands progrès dans la
vertu. Auxence étant mort, en 374, saint Ambroise, gaulois de naissance, avait été ordonné évêque de Milan et
avait élevé Maurilius aux fonctions de lecteur, dans son
église. Ayant perdu son père, gouverneur de la Gaule
Cisalpine, le disciple des deux saints quitta sa mère, abandonna ses richesses et partit pour se rendre auprès de
notre évêque. Arrivé à Tours, il se fixe au monastère, où
il demeure avec Martin et fait sa principale occupation
des divins offices.

2. — Mais voici une visite plus étonnante encore (2).
Un dimanche, suivant sa coutume, Martin est venu dans
sa cathédrale, célébrer, au milieu de son peuple, la messe
solennelle. Sept étrangers entrent dans l'église et lui
demandent sa bénédiction, selon l'usage des pèlerins. Le
sacrifice achevé, ils se présentent, une seconde fois, devant l'évêque, et Martin reconnaît en eux ses cousins
germains qu'il avait laissés en Pannonie; il les embrasse
l'un après l'autre, en pleurant sur chacun d'eux, puis les
conduit à son monastère, et là, les invite à prendre un
repas, en commun, avec les moines. Le lendemain, ils lui
racontent toute leur histoire :

— Nous avons appris, lui disent-ils en terminant, ta vie
sainte, tes miracles, ton élévation sur le siége de Tours,
et nous sommes venus jusqu'à toi pour nous mettre sous
ta direction. Mais nous voulons auparavant visiter les sanctuaires les plus célèbres du monde chrétien ; après quoi
nous reviendrons auprès de toi, pour ne plus te quitter.

Le saint évêque leur donne sa bénédiction, et les sept
cousins se mettent en route.

(1) Fort. Pict., V. s. Mauril., n. 1.
(2) Hist. Sept Dorm., n. 4 et 5.

3. — Les miracles et les vertus de Martin ont étendu sa réputation bien au-delà des limites de son diocèse. Il n'est donc point étonnant qu'il soit connu dans les pays voisins. Là, personne n'ignore son crédit auprès de Dieu ; là, tout le monde sait que rien ne résiste à sa prière, que, non-seulement les hommes et les démons, mais la nature même inanimée et jusqu'aux éléments semblent soumis à son empire. En voici une nouvelle preuve, qui se rattache à la même date que nos derniers récits, c'est-à-dire à l'année 377.

Parmi les peuples limitrophes des Turones, sont les Senones ou Senonais. Il y a, dans leur pays et apparemment sur la frontière des deux provinces, un bourg dont le territoire est complétement ravagé, chaque année, par la grêle. L'excès de leurs maux engage les habitants à s'adresser à Martin, pour implorer son assistance. Ils chargent de cette commission Auspicius, qui a été jadis préfet du prétoire, et dont les terres sont habituellement parmi les plus maltraitées du pays par l'ouragan. Martin accueille cet homme illustre et malheureux avec sa bonté ordinaire; il se rend, avec lui, au milieu de la population qui l'appelle et qui tremble dans la crainte de nouveaux désastres; il y fait sa prière et ainsi délivre entièrement tout ce pays du fléau qui, depuis si longtemps, y répandait la famine et le désespoir.

« S'il faut prouver ce que je dis, ajoute le narrateur, si mon auditeur trop faible exige des témoins, ce n'est pas un homme que je citerai ici, ce sont plusieurs milliers d'hommes, c'est tout le pays Senonais que j'appellerai en témoignage du miracle opéré en sa faveur. » Mais revenons au comte Avitianus.

4. — Depuis sa fuite, il est revenu à Tours, où l'ont rappelé les obligations de sa charge. Toutefois cette ville

(1) Sulp., Dial. 3, n. 7.

est désormais à couvert, sous la protection de son évêque, des vexations de son gouverneur (1). Cet homme qui, en tous lieux et dans chaque ville, laisse encore d'atroces monuments de sa cruauté, à Tours, et à Tours seulement, ne fait plus de mal à personne. Cette bête féroce, qui se repaît toujours de sang et de supplices, une fois en présence du bienheureux, ne montre plus que douceur et tranquillité. Tel est l'ascendant du pieux pontife sur les instincts farouches du comte, qu'il suffit à celui-ci d'approcher de la cité des Turones, pour se sentir tout autre et ne plus se reconnaître lui même.

Dans l'espérance de le gagner à Jésus-Christ ou pour lui demander la grâce de quelques prisonniers, notre saint lui fait, de temps en temps, visite. Un jour qu'il s'est rendu auprès de lui, il entre dans la salle d'audience, où ce magistrat prononce ses jugements, du haut d'un siége élevé. Or, à peine a-t-il porté les regards vers le comte qu'il voit, assis sur ses épaules, un démon d'une effrayante grandeur. De loin, il souffle aussitôt contre lui, comme, de nos jours, l'Église le fait encore, pour chasser l'esprit malin. Avitianus, qui s'en aperçoit, croit que cette action, regardée alors comme un signe de mépris, a été dirigée contre sa personne :

— Pourquoi, saint homme, dit-il, me traiter de la sorte?

— Ce n'est pas à toi que j'en veux, lui répond Martin, c'est à l'être abominable qui pèse sur ta tête.

Contraint de céder à une puissance supérieure, le diable se retire et abandonne son siége habituel. Or, il fut constaté qu'à partir de ce jour, Avitianus se montra plus humain, soit qu'il comprît avoir, jusque là, fait la volonté du mauvais conseiller assis sur ses épaules et qu'il rougit de son maître, soit que l'esprit immonde, une fois chassé de ce poste par Martin, ait dès lors perdu sa funeste influence sur le comte et n'ait plus tourmenté son esclave.

5. — Il n'est pas certain, cependant, que notre évêque ait gagné le comte au christianisme ; mais on ne doute pas que la femme de ce magistrat n'ait été chrétienne. Nous allons avoir un témoignage de la simplicité de sa foi.

C'est un usage très-ancien dans l'Église de faire bénir de l'huile par les serviteurs de Dieu. Fidèle à cette pieuse pratique, la femme d'Avitianus envoie à Martin de l'huile à bénir, pour servir dans toutes sortes de maladies. Cette huile est contenue dans une petite fiole de verre, de forme ronde, large du ventre et allongée du col, qui a été laissé vide. Le saint étend la main, trace le signe de la croix et prononce la formule sacrée. Sous cette bénédiction, le prêtre Harpagius, qui assiste l'évêque, voit l'huile croître, atteindre le sommet du goulot et enfin déborder de la fiole. On reporte le vase à la noble dame : l'huile conserve la même vertu et ne cesse, durant le trajet, de dégoutter entre les mains du valet, dont le vêtement en est bientôt tout couvert. Néanmoins sa maîtresse reçoit la fiole pleine jusqu'au bord et ne trouve plus de place pour y mettre le bouchon. C'est Harpagius lui-même qui a raconté le fait à l'historien, et celui-ci n'a pas cru devoir le passer sous silence, bien que ce soit peu de chose, au milieu de tant d'autres miracles.

Avitianus eut, dit-on, une fille du nom de Placida, qui hérita de la ville d'Amboise. On ne sait rien d'elle, sinon qu'elle eut aussi une fille unique, mariée à un seigneur nommé Billejus.

5. — Le caractère du comte de Tours, appelé par les modernes Avitien ou Anicien, a tout d'abord quelque chose qui étonne. L'on a peine à comprendre comment, au IVe siècle, sous les empereurs chrétiens et dans un pays aussi policé que la Gaule, il se rencontre un magistrat aussi cruel. On serait tenté de croire que le premier

historien a outré l'horreur de cette figure effrayante, pour faire mieux ressortir, par le contraste, celle de notre évêque. On dirait enfin moins une réalité qu'un souvenir classique des tyrans de l'antiquité païenne, des Mézence et des Phalaris. Malheureusement, après les exemples donnés par l'empereur Valentinien, il n'est que trop facile d'expliquer la cruauté des subalternes.

Le paganisme n'avait donc point encore disparu des mœurs de la société romaine (1) : comme un édifice tombant de vetusté, cette société ne pouvait plus être restaurée, mais devait être détruite de fond en comble. Le temps approche de cette exécution, dont les peuples barbares seront les instruments. Le monde ancien va faire place à un monde nouveau, sur lequel brilleront, comme autant de flambeaux inextinguibles, les Chrysostôme et les Epiphane, les Augustin et les Jérôme, les Ambroise et les Martin.

CHAPITRE XX.

SAINT MARTIN DANS SON MONASTÈRE.

1. Le soldat ermite. — 2. La femme doit se tenir à l'écart. — 3. S. Martin et ses disciples véritablement moines. — 4. Visions du ciel et de l'enfer. — 5. La corne sanglante.

1. — Le monastère de Martin offre un asile à tout homme dégoûté du siècle et désirant consacrer le reste de ses jours au service de Dieu. Les liens du mariage ne sont même pas un motif d'en être exclus, pourvu que les deux parties se séparent, d'un mutuel consentement, et se soumettent, l'une et l'autre, à l'observance de la vie monastique.

(1) Rohrbach, *Hist eccl.*

Parmi ceux qui l'habitent, en ce moment, il s'en trouve un dont la position est celle que nous venons d'indiquer (1). Ancien soldat, il a naguères déposé son baudrier dans l'église, en signe de renoncement à l'état militaire, puis il est venu faire profession de la vie monastique entre les mains du saint évêque. Reçu au nombre des moines, il s'est construit, à l'écart, une cellule, où son dessein est de vivre en ermite. Mais bientôt l'astucieux ennemi des hommes profite de son isolement, pour jeter le trouble dans cette âme encore charnelle et grossière. Par l'ordre de Martin, sa femme a été placée dans un monastère de filles et il a, lui-même, solennellement renoncé à tous ses droits sur elle : aujourd'hui, changeant d'avis, il se prend à désirer de l'avoir avec lui. Le brave ermite va donc trouver le bienheureux et lui ouvre son cœur. Martin repousse avec force une pareille demande.

— Une femme, dit-il, s'associer de nouveau à un homme qui est devenu moine et n'est plus son mari, la chose est par trop inconvenante.

— Mais, répond le soldat, mon intention n'a rien que d'innocent : je ne veux avoir dans ma femme qu'une compagnie. Et comment craindre que nous tombions l'un et l'autre dans le désordre ? Ne suis-je pas soldat du Christ et n'est-elle pas attachée à la même milice par les mêmes serments ? Quel motif y a-t-il donc d'empêcher deux religieux qui, grâce à leur foi, ne connaissent plus de sexe, de combattre côte à côte ?

— Dis-moi, as-tu jamais été à la guerre ? lui demande le saint. T'es-tu trouvé quelquefois dans une armée rangée en bataille ?

— Oui, répond le soldat : je me suis trouvé sur bien des champs de bataille, j'ai bien des fois été à la guerre.

(1) Sulp., Dial. 2, n. 12.

— Dis-moi donc, reprend Martin : dans cette armée qui attendait, sous les armes, le moment de l'action, ou qui, déjà aux prises avec les troupes ennemies, combattait corps à corps, l'épée à la main, as-tu vu quelque femme se tenir en ligne ou combattre?

Cette question inattendue frappe juste au cœur de cet homme vaillant et pénétré des règles de l'honneur militaire mieux que de celles de son nouvel état; car les Romains regardaient avec une espèce d'infamie les femmes qui suivaient l'armée et encore plus ceux qui les y menaient. La rougeur lui monte au visage, ses yeux sont dessillés.

— Merci, dit-il à l'évêque, de ne pas m'avoir abandonné à mon erreur et de m'avoir corrigé ainsi sans paroles dures ni reproches, mais au moyen d'une comparaison aussi juste que sensée et bien appropriée à la personne d'un soldat.

2. — Martin alors, se tournant vers la foule des moines qui l'environne :

— Que la femme, leur dit-il, n'aille point au camp des hommes, et que l'armée des soldats se tienne éloignée d'elle : que la femme vive à l'écart et demeure dans la maison; car on méprise une armée où l'on voit une troupe de femmes mêlée aux cohortes des hommes : le soldat doit être au champ de bataille, le soldat doit combattre dans la plaine : le devoir de la femme est de rester dans sa demeure comme dans une forteresse. Elle a sa gloire aussi, c'est de conserver sa pureté pendant l'absence de son mari; sa première vertu, sa victoire parfaite, c'est de n'être vue de personne.

Cette scène fit une telle impression sur l'esprit des moines et resta si bien gravée dans leur mémoire que Gallus, longtemps après, put répéter, mot pour mot, à l'historien le dialogue entre l'évêque et le soldat.

3. — Ce fait prouve, du reste, que saint Martin et ses disciples sont de véritables moines, liés par les vœux

encore en usage de nos jours. Autrement, que signifieraient ces serments qui ont ôté au soldat la qualité de mari, en lui donnant celle de moine ? Nous avons déjà vu, chez eux, le vœu de pauvreté qui ne leur permet plus de rien posséder en propre. Ici celui de chasteté est évident. Nous pouvons également voir celui d'obéissance dans la permission demandée par l'ermite et refusée par Martin.

4. — Dans ce monastère, dont les habitants, comme nous venons de le voir, ne sont pas tous parfaits, Martin est consolé par les plus douces faveurs du Ciel (1). Les anges s'y font voir à lui et il a même le bonheur de s'entretenir familièrement avec eux. Son esprit, libre des affections terrestres et comme dégagé d'avance du poids de la chair, n'a aucune peine à s'élever jusqu'à la contemplation des mystères divins.

L'antique ennemi des hommes est aussi visible pour lui. Soit que cet être reste dans sa substance native ou prenne un des mille déguisements sous lesquels les esprits malins savent se cacher, il est soumis, de la manière la plus complète, à la pénétration de ses regards. Outré de ne pouvoir le tromper ni le prendre à ses piéges, le diable s'en venge souvent en l'accablant d'injures. Ne pouvant lui nuire par ses ruses, il cherche au moins à l'irriter par ses outrages et à le décourager par des vexations de toute sorte.

5. — Une fois, Martin, renfermé seul dans sa cellule, entend tout à coup un cri terrible et voit entrer le démon revêtu d'une forme humaine et tenant une corne de bœuf ensanglantée. De l'air fier et joyeux d'un méchant qui sort de commettre un crime, il lui montre sa main rouge de sang :

— Où est ta puissance, Martin, lui dit-il, je viens de tuer, à l'heure même, un des tiens.

_____

(1) Sulp., Vita b. M., c. 21.

Le saint appelle aussitôt quelques-uns des frères et, après leur avoir découvert ce que le diable vient de lui apprendre :

— Courez, leur dit-il, visiter toutes les cellules et sachez à qui ce malheur est arrivé.

L'ordre est exécuté et bientôt les frères reviennent :

— Personne ne manque parmi les moines, disent-ils à Martin ; seulement un paysan, pris à gage par l'économe, pour charroyer du bois, s'est rendu à la forêt.

— Allez à sa rencontre, dit le saint homme.

Plusieurs religieux partent, et, à quelque distance, trouvent le malheureux étendu presque sans vie. Près de rendre les derniers soupirs, il rassemble ses forces pour apprendre aux frères la cause de sa mort :

— J'avais, dit-il, attelé les bœufs ; les courroies s'étant relâchées, j'ai voulu les resserrer ; alors un des bœufs, secouant la tête, m'a enfoncé sa corne dans le bas-ventre.

Un moment après il expire. « Par quel secret jugement du Seigneur le diable avait-il reçu le pouvoir d'exercer jusque là sa malice, c'est, dit l'historien, ce que cet homme seul a pu savoir. » Ce fait a montré un des merveilleux priviléges de Martin. Toutes les fois que de pareils événements arrivent ou doivent arriver, il les prévoit longtemps d'avance ou bien il en reçoit la nouvelle de cette manière ou d'une autre, et la communique aux frères. Nous en avons eu déjà un exemple dans l'annonce qu'il fit à ses disciples de ce qui était arrivé au chariot des soldats.

Nous pouvons surtout admirer, dans ce qui précède, sa tendre sollicitude pour son troupeau, son habileté dans la conduite des âmes et les ressources ingénieuses qu'il trouve dans sa charité.

CHAPITRE XXI.

SAINT MARTIN ET SES DEUX NOUVEAUX DISCIPLES, MAXIME ET FLORENT.

1. Maxime. — 2. Histoire de Florent. — 3. Il vient à Tours. — 4. Triple ordination. — 5. Le dragon de Murus. — 6. Autorité des légendes.

1. — Vers ce temps-là, Martin a reçu deux nouveaux disciples plus éclairés que celui dont nous avons parlé tout à l'heure. Le premier se nomme Maximus, qui veut dire très-grand, et il l'est en effet par ses vertus. Distingué par sa noblesse, natif de Poitiers, et frère, dit-on, des évêques Maixent et Maximin (1), il fut élevé à la cour (2). Son histoire, écrite en vers, était connue au VIe siècle, mais est aujourd'hui perdue (3) : ce livre assurait qu'il fut disciple du glorieux saint Martin, dans la sainteté et l'austérité de la vie. Ce fut à l'école de Martin qu'il apprit à mériter les biens célestes. Une hymne l'appelle « compagnon de Martin par la foi, apprenti rival de son maître, fils semblable à son père (4). » Il devait être d'un âge déjà mûr quand il vint au monastère de l'évêque. — Voici l'histoire du second.

2. — Aux jours de la persécution païenne, à Milan, deux frères, Florent et Florian, sont arrêtés et, sur leur refus de sacrifier aux dieux, condamnés à être précipités dans le fleuve (5). Ils arrivent en un lieu où les soldats qui les conduisent, fatigués de la route, s'asseoient et s'endorment. Alors un ange apparaît à Florent :

(1) Les vies des SS. du Poitou, par M. de Chergé, p. 30.
(2) Propr. S. Maximi Caïnonensis, édit. 1658, p. 70 et seq.
(3) Grég. Tur., Glor. conf., c. 22.
(4) Prop. Max., p. 66.
(5) Acta SS., 22 sept. Brev. S. Mart., 1748, 28 sept.

— Lève-toi, lui dit-il, et va dans les Gaules; car tu dois recevoir, un jour, l'ordination des mains de Martin, évêque de Tours.

Au même instant, ses liens se trouvent détachés, et il part, après avoir pris congé de son frère. L'ange qui le guidait dans son voyage se révèle aussi, dans une vision, à saint Martin et lui montrant en image la figure du pèlerin :

— Un tel homme, un tel étranger, lui dit-il, viendra te trouver : tu l'élèveras à la dignité sacerdotale.

3. — Florent parvient à la cité des Turones, entre dans le temple où siège Martin, prie, quelque temps, la face contre terre, se relève, puis se dirige vers le bienheureux et lui demande sa bénédiction. Martin le considère, reconnaît aussitôt l'homme dont l'ange lui a fait voir les traits et l'accueille avec joie. Ensuite, se souvenant de cette parole du Seigneur : *Ma maison sera appelée une maison de prière*, il le conduit à la sacristie pour l'entretenir. Là, il l'interroge :

— D'où es-tu? lui demande-t-il, quel est le motif de ton voyage et quelles sont tes intentions ?

Florent lui raconte tout ce qui lui est arrivé et lui dit ce qu'il se propose. Le bienheureux n'a pas de peine à se convaincre que c'est un homme plein de piété et qui vient à lui de la part de Dieu : il le prend donc en grande affection et le garde auprès de lui avec toutes sortes d'égards.

4. — Bientôt, arrive le jour où, selon l'usage, on célébrait l'anniversaire de sa consécration épiscopale; ce jour-là, Martin ordonne prêtre Florent et le place dans son monastère. Quelque temps après, le Seigneur montra au nouveau prêtre le lieu qui devait être sa demeure : c'était au bord de la Loire, à Saumur. Le saint évêque l'y envoya, pour qu'il servît Dieu dans la solitude. Florent y fonda l'abbaye qui, dans la suite, porta son nom.

L'ordination de Florent dut avoir lieu le 4 juillet, jour auquel nous célébrons encore celle de saint Martin. Ce fut peut-être le même jour que furent aussi ordonnés prêtres Maurilius et Maxime. Maurilius fut en effet contraint par le saint de recevoir les ordres ecclésiastiques et enfin le sacerdoce (1). Comme Florent, il voulut alors mener une vie plus solitaire; Martin essaya de le retenir, mais ce fut en vain. Instruit par les enseignements du saint évêque et fortifié par ses bénédictions , il lui fit ses adieux et tous deux s'embrassèrent, en versant beaucoup de larmes. Maurilius partit et se dirigea vers le territoire d'Angers.

Maxime, après avoir passé quelques temps sous la conduite de Martin, fut, de même, élevé au sacerdoce. Il quitta aussi le monastère de Tours, où son humilité ne pouvait souffrir les honneurs que lui attirait son mérite, et se rendit à celui de l'Isle-Barbe, près Lyon, fondé, depuis peu, sur le modèle de ceux de saint Martin et par un autre de ses disciples qui porte son nom.

5. — Florent, moins éloigné que ses deux confrères de la résidence de son maître, a pris l'habitude de le visiter, tous les ans, pour prier avec lui. Une fois, il est arrêté au bord de la Loire , près d'un village appelé Murus, par une foule d'habitants, venus à sa rencontre :

— O saint homme, lui disent-ils, il y a ici un grand serpent qui dévore les hommes et les animaux : implore la miséricorde du Seigneur, pour qu'il nous délivre de ce démon malfaisant.

— En ce moment, mes frères, leur répond Florent, je me rends auprès de notre pasteur, le seigneur Martin; je lui ferai part de votre demande et v rapporterai ce qu'aura décidé ce saint homme.

_____

(1) Fort. et Brev. S. M., *ut supra*.

Arrivé au monastère, il fait connaître à son maître la prière des habitants de Murus.

— Mon frère, lui dit Martin, prions Notre Seigneur Jésus-Christ de les délivrer, par sa grande clémence, d'une bête si terrible : ensuite, en retournant chez toi, va droit à la demeure de ce monstre, et là, au nom de Notre Seigneur Jésus-Christ, donne lui ordre de quitter ce lieu, avec défense de nuire désormais à aucun chrétien.

Florent obéit à cette instruction et la bête se plonge au fond de l'abîme pour ne plus reparaître. — Ce fait nous rappelle que beaucoup de saints et de chevaliers combattirent de semblables animaux. On connaît les dragons que vainquirent saint Romain de Rouen, saint Marcel de Paris, saint Dérien du Mans et saint Pol-de-Léon. Il n'est guère possible non plus de douter de celui de l'Ile de Rhodes, que Dieudonné de Gozon défit avec tant de gloire. Au reste, les travaux des géologues ont retrouvé les dragons et les animaux géants.

Jadis, à Tours, on faisait la fête de saint Florent, le 23 septembre. Sa vie manuscrite se voyait encore, dans les derniers temps, aux archives de l'église (1). Remarquons des points de ressemblance entre sa légende et celle des sept frères de Pannonie. Dans l'une et dans l'autre, nous trouvons l'usage des pèlerins de se présenter à l'église et d'y demander la bénédiction de l'évêque. Dans l'une et l'autre, nous voyons que Martin leur donne audience à la sacristie, après le saint sacrifice. Florent, Maxime et Maurilius, ces trois disciples de Martin, ont quitté son monastère, pour se retirer dans une autre solitude, après après avoir reçu l'honneur de la prêtrise. Ces traits et autres semblables que nous rencontrerons, prouvent que notre saint ne contrarie pas ou plutôt favorise les pieux

(1) Maan, Eccl. Tur., p. 18.

desseins de ses inférieurs, quand même il les voit par là soustraits à son autorité.

6. — Les faits que nous venons de relater, bien qu'ils ne nous aient point été transmis par l'historien primitif de notre évêque, ne sont point pour cela indignes de notre créance. Ils ne contredisent en rien ce que nous savons de lui avec certitude. Loin de là, ils s'accordent parfaitement et avec les autres événements de sa vie et avec son caractère connu. Appuyés sur les traditions des églises particulières, arrivées jusqu'à nous sous la sanction des siècles et de la liturgie, ces légendes confirment, à leur tour, par leurs témoignages divers, l'existence, les vertus, les travaux, l'influence et les miracles du grand saint. La vie d'un tel homme ne peut pas être embrassée tout entière par un seul écrivain : elle laisse toujours, çà et là, de glorieux débris qui échappent d'abord à la plume de l'histoire, mais que la mémoire populaire conserve jusqu'au moment où ils sont recueillis par des auteurs le plus souvent inconnus. Telle est l'origine des légendes d'autant plus nombreuses que le héros a été plus célèbre.

Celles de Maxime, de Maurilius et de Florent ajoutent, en particulier, de nouveaux titres à la gloire du *Père des moines* et attestent le mouvement monastique dont il est le centre, au IVe siècle, dans les Gaules. Nous avions vu (1) déjà cet institut propagé dans le diocèse du saint; maintenant, il s'étend aux environs et jusque dans le midi de la Gaule.

----

(1) C. XV. n. 3, 4.

CHAPITRE XXII.

SENTIMENTS DE SAINT MARTIN SUR LA MISÉRICORDE DIVINE ET L'AVÉNEMENT DE JÉSUS-CHRIST.

1. Les démons prennent la forme des faux dieux.— 2. Ils reprochent à Martin son indulgence. — 3. Le diable veut se faire passer pour le Christ. — 4. Deux sortes de tentations.

1. — Nous avons dit un mot (1) des mille artifices employés par le démon et des formes de toute espèce qu'il emprunte pour tromper le saint homme : ces formes sont ordinairement celles dont les païens se servent pour représenter leurs fausses divinités (2). Ainsi quelquefois il vient le visiter sous la figure qu'on donne à Jupiter, le maître des dieux, avec un air imposant et des foudres à la main; plus souvent sous celle de Mercure, messager de Jupiter et dieu des voleurs, tenant à la main un caducée, ayant des ailes à la tête et aux talons; très-souvent sous celle de Vénus, déesse de l'amour charnel, traînée sur un char par des pigeons ou montée sur un bouc, ou enfin sous celle de Minerve, déesse de la fausse sagesse, ornée du casque, du bouclier et de la lance. Sans jamais s'épouvanter, Martin se défend contre toutes ces ruses avec le signe de la croix et la prière.

2. — Ces attaques des mauvais esprits contre le saint ne sont pas un mystère pour ses disciples : elles leur sont souvent révélées par des bruits et des voix étranges qui s'échappent de sa cellule. Ainsi l'on entend souvent des injures et des reproches que lui prodigue, sur les tons les plus insolents, une troupe de démons acharnés. On écoute

(1) C. XX. n. 4.
(2) Sulp., V. b. M., n. 22.

si Martin répondra à tant d'invectives grossières ; mais le saint garde le silence et ne paraît pas s'en émouvoir : ne sait-il pas que tout cela n'est que faussetés et vaines paroles ? Une fois cependant il n'a pu souffrir l'audace et les perfides propos de son ennemi ; voici ce qu'un jour ont entendu plusieurs frères.

— Pourquoi, disait le démon avec aigreur, as-tu reçu dans ton monastère, après leur conversion, des hommes qui autrefois ont perdu la grâce de leur baptème par toutes sortes d'égarements ?

En même temps, il les nommait l'un après l'autre, et détaillait les fautes de chacun.

— Pourquoi ? répondit Martin d'un ton ferme : parce que les dettes anciennes sont effacées par les œuvres d'une vie meilleure, et que, grâce à la miséricorde du Seigneur, ceux qui cessent de pécher seront absous de leurs péchés.

— Non, non, répart le diable, il n'y a point de pardon à espérer pour les coupables ; une fois tombés, les hommes n'ont plus rien à attendre de la clémence du Seigneur.

— Que dis-tu, ô misérable ? s'écrie Martin : toi-même, si tu cessais de tenter les hommes, si, à cette heure encore où le jour du jugement est proche, tu te repentais de tes crimes, j'aurais, moi, oui, j'aurais assez de confiance dans le Seigneur Jésus-Christ pour te promettre sa miséricorde.

« Oh ! quelle sainte présomption en la bonté du Seigneur ! s'écrie à son tour le biographe. A défaut de l'autorité qui lui manque, elle exprime au moins son désir. »
— « O heureuse pitié ! dit le premier de nos poëtes (1), un homme, dans sa confiance en Dieu, ose promettre, de son chef, ce qu'il sait bien n'avoir pas été promis,

(1) Paulin, 1. 3, v. 252-257.

essayant ainsi de rappeler de sa voie criminelle l'auteur même du crime! » — « Le pasteur promettait au loup, dit le second (1), une place dans la bergerie; à combien plus forte raison, les récompenses du Christ ne seraient-elles pas offertes à l'homme, pour qui Dieu même s'est fait homme! »

Nous venons de voir que notre saint regarde la fin du monde comme prochaine. C'est une opinion qu'il partage avec beaucoup d'autres saints du même temps et qui fournit au tentateur l'idée d'un de ses artifices les plus dangereux (2).

3. — Un jour, Martin est en prière dans sa cellule : tout à coup, il la voit resplendir d'une lueur empourprée, puis bientôt apparaît devant lui, au milieu de cet éclat, le visage serein, l'air joyeux, un homme couvert d'un vêtement royal, le front ceint d'un diadème où brillent l'or et les pierreries, portant des chaussures brodées d'or, et enfin sous des dehors qui semblent annoncer le plus auguste personnage. Au premier aspect de cette vision, Martin en reste comme ébloui. Tandis qu'il est sous cette impression et que le visiteur attend l'effet de sa présence, ils gardent longtemps tous deux un silence profond. L'inconnu se décide le premier à le rompre.

— Martin, dit-il, reconnais celui que tu as devant les yeux : Je suis le Christ; près de descendre sur la terre, j'ai voulu auparavant me montrer à toi.

Malgré cette déclaration, Martin, qui soupçonne quelque fourberie de son ennemi, garde la même attitude et ne répond pas un seul mot.

— Martin, répète le personnage, comment peux-tu balancer à croire ce que tu vois? Je suis le Christ.

(1) Fort., l. 2, v. 202.
(2) Sulp., V. b. M. n. 24.

A ce moment l'Esprit d'en haut révèle au saint quel est ce personnage. Il ouvre alors la bouche.

— Le Seigneur Jésus, dit-il, n'a point annoncé qu'il dût venir couvert de la pourpre ni couronné d'un diadème. Pour moi, si je ne vois le Christ avec la figure et l'extérieur sous lesquels il a souffert, s'il ne porte les stigmates de la croix, je ne croirai point que ce soit lui.

A ces paroles, le fantôme s'évanouit dans l'air comme une fumée et laisse la cellule remplie d'une telle puanteur qu'il n'en fallait pas davantage pour reconnaître que le diable venait d'en sortir. — C'est Martin lui-même qui raconta plus tard ce fait à l'historien.

« Non, reprend un de nos auteurs (1), non, le Seigneur n'a point dit qu'il dût venir brillant de pourpre. Lorsque sa figure charnelle était enlevée dans les airs, un ange apparut aux Galiléens et leur déclara que le Très-Haut reviendrait de la même manière qu'il s'en allait, à cette heure. Ce vain éclat n'est donc point l'étendard de mon Roi, mais l'enseigne de l'usurpateur : le Sauveur doit revenir avec ses plaies ; car un vainqueur doit montrer les signes de sa victoire et les blessures ajoutent à la gloire du triomphe. »

4. — « Je sais, dit l'auteur qui a écrit, au xviiᵉ siècle, la vie de notre évêque (2), je sais que ces sortes d'apparitions ne sont pas du goût de tout le monde, et qu'elles passent pour fabuleuses dans l'esprit de bien des gens ; mais on n'en peut mettre en doute la vérité, sans donner atteinte à celle des histoires les plus certaines et les plus avérées des plus grands saints qui ont été dans l'Église et même à celle des Écritures qui, en beaucoup d'endroits, en rapportent de semblables.

« Les Pères de la vie spirituelle remarquent que ces

(1) Fort., l. 2, v. 317-344.
(2) Gervaise, *Vie de s. Martin*, p. 98.

sortes de tentations extérieures, auxquelles les saints sont
exposés de la part du démon, sont moins dangereuses et
bien moins à craindre que les tentations spirituelles et
purement intérieures. Celles-ci sont les tentations des
commençants et des chrétiens imparfaits, au lieu que
celles-là sont propres aux plus grands saints et à ceux qui
sont consommés dans la vertu. Comme toutes les facultés
de ces âmes élevées, leur mémoire, leur volonté, leur
entendement, sont si étroitement unies à Dieu, que le
démon n'y trouve presque jamais d'entrée, il est souvent
réduit à les attaquer extérieurement. C'est ainsi qu'il
tenta Ève, dans l'état d'innocence. Ayant osé aussi tenter
Jésus-Christ, l'innocence même, il ne put le faire qu'extérieurement. » — Pour comparer ces tentations intérieures
des commençants avec les tentations extérieures des parfaits, dont parle l'auteur, il suffit de rapprocher celle du
soldat ermite (1) de celles que vient d'éprouver son
maître.

CHAPITRE XXIII.

SAINT MARTIN EXORCISANT LES DÉMONIAQUES.

1. Sainteté de Clarus. — 2. Orgueil d'Anatolius. — 3. Il menace
Clarus.— 4. La robe diabolique.— 5. L'imposture est découverte.
— 6. Les démoniaques à l'approche de Martin. — 7. Comment il
les exorcise.

1. — « Puisque nous parlons du diable et de ses artifices, dit le biographe (2), il ne me semble pas hors de
propos de raconter ici certaine histoire, bien qu'elle sorte

(1) C. XX, n. 1.
(2) Sulp., V. b. M., c. 22-23.

un peu de notre sujet. D'abord elle contient quelque portion de la gloire de Martin et puis un fait si étonnant doit être transmis à la postérité, comme un avertissement, pour le cas où un semblable viendrait encore à se produire. »

Clarus est le nom d'un jeune homme de très-haute noblesse, qui, ayant tout abandonné, pour se rendre auprès de Martin, est arrivé, en peu de temps, sous sa conduite, au plus haut degré de la foi et des autres vertus. Bientôt il a été jugé digne, par son évêque, d'être élevé au sacerdoce, et le saint l'a même chargé de la direction des jeunes gens qui viennent se retirer dans son monastère. Clarus a donc établi sa demeure à quelque distance du monastère; un grand nombre de frères habitent ce lieu avec lui et vivent sous son obéissance; leur occupation principale, outre celle de chanter ensemble, à certaines heures, les psaumes et les hymnes sacrées, est de transcrire les saints livres et les ouvrages des Pères de l'Église.

2. — Parmi eux, vit un jeune homme, appelé Anatolius, qui est venu, lui aussi, trouver Clarus pour professer, disait-il, la vie monastique. A le voir, on l'aurait pris pour l'humilité et l'innocence mêmes. Il mena, quelque temps, la vie commune avec les autres, sans que rien dans sa manière d'agir, le fît d'abord remarquer; puis, tout à coup, il se mit à tenir des propos extravagants.

— Les anges, disait-il, viennent souvent me rendre visite et converser avec moi.

D'abord personne ne le crut; mais bientôt, à l'aide de certains prestiges, il réussit à gagner la confiance du plus grand nombre. Enhardi par le succès, il ne croit plus devoir se contraindre.

— Les anges, dit-il, ne cessent d'aller et de venir entre Dieu et moi : regardez-moi comme l'un de ses prophètes.

3. — Ces paroles, jetées au milieu de la pieuse com-

8

mumauté, n'excitent, chez la plupart de ceux qui les
entendent, ni indignation ni mépris : le personnage n'en
est plus à faire accepter son rôle ; il a ses adeptes, qui
l'écoutent avec respect et admiration. Toutefois, il n'a
rien pu gagner sur l'esprit de Clarus.

— Tu ne veux pas croire aux paroles d'un saint, lui dit
l'imposteur; eh bien ! le courroux du Seigneur ne tardera pas longtemps à t'en punir par des maux terribles.

Ces menaces n'effraient pas plus le courage du saint
prêtre que les artifices n'ont su tromper sa défiance. Alors
Anatolius veut porter un coup décisif.

— Cette nuit, dit-il, le Seigneur me donnera un habit
blanc, venu du ciel, je m'en revêtirai et paraîtrai ainsi
au milieu de vous. Ce vêtement donné par Dieu vous sera
une preuve que je suis la vertu de Dieu.

4. — Après une telle déclaration, grande est l'attente
de tout le monde. Vers minuit, il se fait comme un bruit
de pieds nombreux battant le sol; la terre en tremble, le
monastère tout entier en est ébranlé; la cellule où se tient
le jeune homme étincelle de mille feux : on y entend le
froissement de pas précipités, mêlé au murmure confus
d'une multitude de voix. Peu après, toutes ces lumières
s'éteignent, tout ce fracas s'apaise, le silence et l'obscurité s'étendent de nouveau sur ces lieux. Le fourbe sort,
se dirige vers une cellule voisine et appelle :

— Sabatius ! Sabatius!

C'est le nom d'un des frères, chez lequel sans doute il
a trouvé le plus de docilité. Anatolius lui montre la tunique
dont il est revêtu et dont l'éclat se distingue même à
travers les ténèbres. Stupéfait à cette vue, le moine rassemble par ses cris tous les frères, parmi lesquels Clarus
lui-même accourt. On apporte de la lumière et l'habit est
attentivement examiné par tout le monde : on le trouve
extrêmement moelleux, d'une blancheur admirable,
mariée à une pourpre éblouissante; mais de quelle matière,

de quelle étoffe est-il ? c'est ce que personne ne peut deviner. Cependant on a beau le soumettre plus soigneusement encore à la double épreuve des yeux et des doigts, on n'y peut voir autre chose qu'un habit.

— Prions, mes frères, dit alors Clarus, pour que Dieu nous découvre ce mystère.

5. — Ce pieux et salutaire conseil est écouté ; on laisse le séducteur et sa robe diabolique, on passe le reste de la nuit dans le chant des hymnes et des psaumes. L'aurore commence à luire, le jour brille et l'illusion n'a pas encore été reconnue. Alors Clarus prend l'imposteur par la main et se dispose à l'entraîner vers la cellule de son maître, car il sait bien que les prestiges du démon ne sauraient tromper le saint évêque et que, devant ses regards, il n'est maléfice qui puisse tenir. Anatolius comprend le péril qui le menace, il résiste et refuse de marcher. D'autres moines se joignent à Clarus pour l'y contraindre : il essaie de leur échapper.

— On m'a défendu de paraître devait Martin, s'écrie le misérable.

Convaincus de sa fourberie par son trouble même, les frères le forcent, malgré lui, d'avancer ; mais tout à à coup la merveilleuse robe s'évanouit et disparaît entre leurs mains. « Peut-on s'empêcher, ajoute le biographe, de voir encore ici un miracle de Martin ? car le diable l'a redouté au point de n'oser ni dissimuler ni faire durer plus longtemps cette tromperie fantastique qui allait être exposée à ses regards. » — « O Martin, dit un pieux auteur (1), cette robe fallacieuse, que tu enlèves au cruel tyran, c'est encore un trophée que tu peux suspendre à la croix. »

6. — Quittons, un instant, le monastère de l'évêque, franchissons la distance de deux milles et dirigeons-nous

(1) Paulin, l. 3, v. 357-58.

vers l'église bâtie, à Tours, par saint Lidoire. Nous y
trouvons rassemblés des troupes de démoniaques et soudain nous entendons, par toute l'enceinte sacrée, retentir
des hurlements effroyables (1). Ce sont ceux des énergumènes, tremblant, comme autant de criminels, à l'approche du juge qui va prononcer leur sentence. C'est le signe
que Martin vient de sortir de chez lui, pour se rendre à
l'église; cette marque est tellement sûre que les clercs, qui
ignorent sa prochaine arrivée, en sont instruits par les
gémissements des démons. A mesure qu'il avance, on les
entend rugir et se plaindre, on les voit s'agiter avec plus
de fureur. Enfin, au moment où il touche le seuil sacré,
nous voyons un possédé, enlevé en l'air, les mains tendues, demeurer ainsi, quelque temps, suspendu entre le
ciel et la terre. Gallus est l'un des témoins de ce fait
étrange.

Souvent les clercs, chargés d'exorciser les démoniaques,
se comportent, dans cette fonction, d'une manière peu
sage et peu charitable. Ils maltraitent les possédés, ils
les réprimandent avec des termes aigres et piquants : leur
moindre défaut est de laisser échapper un tourbillon de
paroles et d'employer de grands discours pour commander aux démons. Martin ne met aucun de ces moyens en
usage : il ne porte jamais la main sur les possédés et ne
les gourmande jamais : la prière et la mortification sont
là, comme toujours, ses principales ressources.

7. — Quand on a fait approcher les énergumènes, il
commande à toutes les autres personnes de se retirer;
puis, les portes fermées, il se place au milieu de l'église,
la face contre terre. Alors on voit ces misérables, tourmentés chacun d'une façon différente. Quelques-uns, les
pieds en l'air, semblent tomber des nuages, la tête la
première, sans que néanmoins leurs vêtements retombent

(1) Sulp., Dial. 3, n. 6.

sur leur visage. Dans une autre partie du temple, on en voit qui, torturés sans que personne les interroge, s'accusent eux-mêmes tout haut de leurs crimes ; sans qu'on le leur demande, ils déclarent aussi leurs noms.

— Je suis Jupiter, dit celui-ci.

— Et moi Mercure, dit celui-là.

Enfin, tous les anges rebelles sont à la torture avec leur chef. Ce spectacle, qui se renouvelle toutes les fois que notre évêque exorcise, met sur les lèvres ou dans l'esprit de ses disciples cette réflexion :

— En Martin s'accomplit déjà cette parole de l'Écriture : « Les saints jugeront les anges mêmes. »

Troisième période : 380-386

LES PRISCILLIANISTES, LES ITHACIENS ET L'EMPEREUR MAXIME.

CHAPITRE XXIV.

SAINT MARTIN ET LE CONCILE DE SARAGOSSE.

1. Déjoué dans ses desseins, le démon cherche à s'en dédommager. — 2. Les Gnostiques en Espagne. — 3. Priscillien. — 4. Doctrine des Priscillianistes. — 5. Ils sont condamnés à Saragosse.

1.— Le dessein du tentateur sur le malheureux Anatole me paraît évident. C'est un rival qu'il élevait, dans le domaine de Martin, pour l'opposer à Martin lui-même. Il voulait, par les fausses vertus, les fausses révélations et les faux prodiges de cet imposteur, combattre l'effet des vertus, des révélations et des miracles véritables du saint évêque. S'il ne pouvait réussir à faire passer les siens pour

vrais, au moins espérait-il, par là-même, rendre douteux
ceux de son adversaire.

Mais quelle différence entre un saint et un hypocrite,
entre la vraie et la fausse piété ! D'un côté, l'humilité; de
l'autre, l'orgueil : tout est là. Martin cherche constam-
ment à cacher ce qui peut l'honorer aux yeux des hommes,
ses vertus, ses révélations, ses miracles : Anatole n'agit
et ne parle que dans la vue de s'attirer des louanges et
des applaudissements. Quelle différence encore entre les
vrais et les faux miracles ! Tandis que les premiers brillent
surtout par un caractère de grandeur et d'utilité, les
seconds n'offrent rien que de frivole et ne servent qu'à
satisfaire une vanité criminelle.

L'aventure d'Anatole eut lieu presque dans les mêmes
jours que l'apparition où le malin esprit voulut se faire
passer pour le Sauveur. Celui qui laissait un de ses sup-
pôts prendre les titres de prophète et de vertu de Dieu,
ne croyait pas pouvoir en choisir un moindre que celui
de Christ. Se faire adorer de Martin, telle avait été alors
le but de son ambition. N'avait-il pas tenté autrefois l'entreprise auprès du Sauveur lui-même et n'est-ce pas là sa
perpétuelle et incurable vanité? Depuis le moment où il
a voulu s'égaler au Très-Haut, il n'a pas cessé, il ne
cessera jamais de lui disputer les cœurs et les hommages
des mortels.

Il lui avait surtout paru singulièrement piquant de faire
ployer devant lui les genoux de cet apôtre qui renverse
ses temples, abat ses idoles et détruit partout son culte.
Quelle gloire et quel profit pour lui, s'il fût parvenu à
tromper la foi de cet homme religieux, à lui surprendre
des prières, des vœux et des marques de respect! Alors
se découvrant pour ce qu'il était, il l'eût appelé apostat
et sacrilège; il eût essayé, sous pretexte de cette erreur
involontaire, de le traiter comme un des siens et de lui
persuader même qu'il avait formellement renié son Dieu.

Déjà telle avait été son intention, lorsqu'il se montrait à lui, sous les figures des fausses divinités : il espérait, en l'épouvantant, lui inspirer du respect pour un culte dont les divinités se faisaient voir à lui avec l'appareil sous lequel on les adorait. Ces fermes vieillies et décréditées ont mal servi ses desseins : il ne renonce pas à les employer encore, mais il va soulever, dans une autre partie du monde, un orage qui, en le dédommageant des pertes dont Martin l'afflige dans les Gaules, suscitera au saint évêque de terribles embarras.

2. — Des temps graves et critiques sont arrivés : un fléau étrange a souillé la pureté des églises et répandu le trouble partout (1). On vient, pour la première fois, de découvrir, au sein des Espagnes, l'infâme hérésie des Gnostiques, superstition funeste, cachée auparavant dans les ombres et le mystère. C'est une peste née en Orient, chez les Egyptiens, mais dont il n'est pas facile d'exposer les commencements et les progrès. Le premier qui l'introduisit en Espagne est un égyptien du nom de Marc, originaire de Memphis. Il eut pour disciples une femme noble appelée Agapé et le rhéteur Helpidius : c'est par ceux-ci que fut instruit Priscillien.

3. — Priscillien est un homme distingué par sa naissance, puissant par ses richesses, ardent, inquiet, éloquent, ayant acquis, par d'immenses lectures, une grande érudition, habile à la dispute et à la controverse ; heureux enfin si ses goûts dépravés n'eussent gâté son excellent génie. Dès que cet homme se fut livré à cette secte pernicieuse, nobles et roturiers, dominés par l'ascendant de son éloquence, vinrent en grand nombre se joindre à lui : car son air et sa mise respiraient l'humilité et son extérieur seul remplissait d'estime et de respect pour sa personne.

_____

(1) Sulp. Sev., *Hist. sac.*, l. 2, n. 60.

Les disciples de Priscillien prirent le nom de Priscillianistes.

4. — Le fond de leur doctrine est celle des Manichéens,
mêlée des erreurs des Gnostiques et de plusieurs autres
hérétiques. Ils disent que les âmes sont de même substance
que Dieu et qu'elles descendent volontairement sur la
terre, pour combattre contre le mauvais principe, auteur
du monde, qui les sème en des corps de chair. Ils ne
confessent la Trinité que de paroles; car ils disent, avec
Sabellius, que le Père, le Fils et le Saint-Esprit sont les
mêmes, sans aucune distinction réelle de personnes. Ils
s'assemblent de nuit et commettent beaucoup d'impuretés,
qu'ils couvrent d'un secret profond.

Insensiblement cette plaie fatale a gagné presque
toutes les parties de l'Espagne : quelques évêques même
ont été pervertis : de ce nombre on cite Instance et Sal-
vien. Hygin, évêque de Cordoue, leur voisin, l'ayant
appris, en a instruit Idace, évêque d'Émerita, qui n'a su
garder aucune retenue. Le zèle immodéré avec lequel il a
poursuivi Instance et ses compagnons exaspéra les coupables, au lieu de les faire rentrer dans le devoir.

5. — Ainsi, après de nombreux et mémorables débats,
un synode se rassemble en 380, à Cæsaraugusta, ou Saragosse. Les évêques d'Aquitaine y ont été invités. La
présidence de l'assemblée a été déférée par ses collègues
à Phébadius, évêque d'Agen, comme au plus ancien.

« Sont en outre présents, dit un choniqueur espagnol
du IVe siècle (1), l'évêque de Bordeaux, l'évêque de Toulouse, l'évêque d'Héléna; sont aussi présents, Idace,
métropolitain de Braga, Audentius, métropolitain de
Tolède, avec plusieurs autres, et aussi, des Gaules, saint
Martin, évêque de Tours. »

(1) F. L. Dexter., ad. an. 380.

Les hérétiques furent cités au concile, mais, n'osant pas se confier au jugement des évêques, aucun d'eux ne comparut; ce qui n'empêcha pas leur sentence d'être prononcée. Ithace, évêque de Sossuba, qu'il ne faut pas confondre avec son collègue Idace, fut chargé de publier le décret des évêques. Après ces décisions, les évêques établirent huit canons de discipline, dans la vue de réformer les abus introduits par l'hérésie. Le sixième nous montre la vie monastique établie en Espagne, et c'est la première fois qu'il en est mention dans l'histoire de ce pays.

Chose étrange! ce n'est pas des hérétiques eux-mêmes que Martin doit avoir, un jour, à souffrir, mais bien de quelques-uns de ces prélats qui viennent de les condamner et qui, tombant dans un autre excès, mériteront, à leur tour, d'être frappés par le jugement de l'Église. Le zèle aveugle et passionné des évêques Idace et Ithace, affligera plus vivement notre saint et lui deviendra plus odieux que les infamies de Priscillien. Aussi s'entendra-t-il accuser de partager les erreurs de ce sectaire, dont on l'appellera, perfidement, l'avocat et le vengeur.

CHAPITRE XXV.

SAINT MARTIN A VIENNE ET EN AUVERGNE.

1. La capitale des Allobroges. — 2. Guérison de Paulin. — 3. Son baptême. — 4. Victrice de Rouen. — 5. La vierge Vitaline. — 6. Les sénateurs d'Arverna. — 7. Prière pour les morts. — 8. Un monastère près de Tulle.

1. — La présence de saint Martin dans le midi de la Gaule, à cette époque, peut encore être regardée comme une preuve indirecte de son assistance au concile de Saragosse. Selon nous, il en revient, lorsque nous le ren-

controns à Vienne, où l'a sans doute conduit la grande
voie romaine qui, aboutissant à Narbonne, remonte jusqu'à Avignon et de là jusqu'à Lyon.

Arrosée par les eaux limpides et impétueuses de la Gère
et resserrée entre la rive gauche du Rhône et des collines
qui se présentent en amphithéâtre, Vienne, capitale des
Allobroges, est l'une des villes les plus opulentes de la
Gaule. Les empereurs romains y ont un palais. On y cul-
tive les lettres, et le poëte Martial s'est félicité jadis du
succès que ses vers y obtenaient.

2.— Martin, qui s'arrête quelque temps dans cette ville,
y reçoit la visite d'un jeune homme âgé d'environ vingt-
six ans, nommé Pontius-Meropius-Paulinus, né à Bordeaux et comptant, dans sa famille, une longue suite de
sénateurs illustres. Paulinus est atteint d'un mal très-
grave, pour lequel il a déjà essayé vainement toutes les
ressources de la médecine. C'est une taie qui s'est formée
à l'un de ses yeux et qui couvre, en ce moment, la pru-
nelle comme d'un voile épais (1). Il vient implorer le secours de Martin, dont la réputation ne lui est point
inconnue. Le saint, qui, par humilité, veut ôter à sa
guérison l'apparence d'un miracle, prend une espèce de
pinceau ou d'éponge, employée ordinairement pour nettoyer les yeux malades : il en touche légèrement l'œil du
jeune magistrat : c'en est assez pour le rendre sain comme
auparavant et en chasser toute douleur.

« Daigne, dit un écrivain (2), ce pieux protecteur renouveler envers nous le miracle, en dissipant, par sa
douce et sainte lumière, les ténèbres de notre cœur. »

3. —Cette guérison fut apparemment l'origine de l'amitié que Paulinus lia depuis avec notre saint, et il se pourrait bien faire que, dans leurs entretiens à Vienne, l'é-

(1) Sulp., V. B. M.. c. 19.
(2) Paul-Petric, l. 2, v. 672-93.

vêque de Tours l'eût déterminé à ne pas différer plus
longtemps son baptême. « Qui doute, dit un biographe
de saint Paulin, que, par ses illustres leçons de perfection
évangélique, saint Martin, qui eut le pouvoir de lui rendre
la lumière du corps, n'ait eu beaucoup de puissance pour
lui éclairer les yeux de l'âme? » En effet, c'est cette année
même que Paulin fut baptisé par saint Dauphin, évêque
de Bordeaux.

4. — A Vienne, Martin ne demeure pas seul : il est
accompagné d'un jeune évêque, celui de Rouen, nommé
Victricius, qui semble l'avoir suivi dans son voyage en
Espagne. « Tu daignes, je crois, te souvenir, écrivait plus
tard Paulin à Victrice (1), que j'ai vu autrefois ta sainteté
à Vienne, chez notre bienheureux père Martin, à qui le
Seigneur t'a égalé, malgré l'inégalité de l'âge. Depuis lors,
bien que j'aie eu peu de temps pour te connaître, j'ai toujours ressenti pour toi une grande affection. »

5. — De la capitale des Allobroges, nous allons suivre
notre saint au pays des Arvernes (2). — Arthonne est
encore aujourd'hui un bourg d'environ quinze cents habitants, situé sur la Morges, à six lieues de Clermont,
entre Riom et Aigueperse. Là, du temps de saint Martin,
repose le corps d'une religieuse nommée Vitaline, morte
peu auparavant en odeur de sainteté. Le bienheureux
étant à son tombeau, la vierge lui apparaît : notre évêque
la salue, en l'appelant par son nom, et celle-ci lui demande humblement sa bénédiction ; ensuite tous les deux
se mettent à prier ensemble. Leur prière achevée, le saint
homme se tournant vers elle :

— Dis-moi, très-sainte vierge, lui demande-t-il, as-tu
déjà obtenu la vision du Seigneur?

— Non, répond-elle; une chose qui, dans le siècle, me

(1) Paul-Nol., ep. 18.
(2) Grég. Tur., Glor. conf., c. 5.

semblait bien légère, m'en prive jusqu'à ce moment : c'est
de m'être lavé le visage, la sixième férie, jour auquel
nous savons que le Rédempteur du monde a souffert.

— Malheur à nous! dit en s'éloignant le bienheureux
à ses compagnons de voyage, malheur à nous qui vivons
en ce monde ! Car si cette vierge consacrée au Christ a
mérité châtiment pour s'être lavé le visage une sixième
férie, qu'en sera-t-il de nous que le siècle trompeur entraîne, tous les jours, au péché?

On conjecture qu'à cette époque, dans la Gaule, une loi
ou une coutume défendait de se laver le visage le ven-
dredi-saint : autrement on ne verrait pas quelle eût été
la faute de Vitaline.

6. — Après avoir opéré, dans Arthonne, plusieurs
guérisons miraculeuses, le saint quitte cette bourgade et
se dirige vers Arverna, capitale des Arvernes, appelée
aujourd'hui Clermont. Depuis César, qui voulut récompenser des services rendus pendant ses guerres contre
Pompée, cette ville compte, parmi ses citoyens, des sénateurs jouissant du privilége de noblesse romaine. Cette
haute distinction ne diminue en rien leur empressement à
honorer l'homme de Dieu.

Informés de son approche, les sénateurs arvernes se
hâtent de partir à sa rencontre, avec des chevaux et des
carrosses, avec des chars et des chariots. Martin, de son
côté, monté sur son âne et assis sur une housse des plus
pauvres, arrive au sommet de la montagne de Belen, d'où
l'on domine le bourg de Ricomagus, aujourd'hui la ville
de Riom. Cette montagne, à présent inconnue sous ce nom
dans le pays, était ainsi appelée du dieu Belen ou Apollon,
qui, avec Mars et Mercure, était le plus honoré chez les
paysans gaulois. De ce point élevé, le saint aperçoit une
troupe de gens qui viennent à lui, dans un pompeux
équipage.

— Que veulent ces personnes qui s'approchent de nous avec cet appareil? dit-il.

— Ce sont les sénateurs arvernes qui viennent au-devant de toi, lui répond un homme de la troupe arrivé avant les autres.

— Il ne m'appartient pas d'entrer dans leur ville avec cette ostentation.

Disant cela, le saint tourne bride et commence à rebrousser chemin : les sénateurs le suivent, le rejoignent et le conjurent de ne pas priver leur ville de l'honneur qu'il voulait lui faire.

— Nous avons appris la renommée de ta sainteté, lui disent-ils, et nous sommes venus vers toi, car il y a chez nous beaucoup de malades qui ont besoin de ta visite.

Leurs supplications demeurent inutiles, tant l'humilité du saint a été offensée! Tout ce qu'ils peuvent obtenir, c'est qu'il consente à imposer les mains aux malades qui ont pu venir jusque là et qui, à l'heure même, recouvrent la santé. Le lieu où il s'arrêta fut plus tard entouré d'un treillis, qui se voyait encore au vıᵉ siècle.

7. — Rentré dans le bourg d'Arthonne, il va, une seconde fois, visiter le tombeau de la vierge Vitaline.

— Réjouis-toi maintenant, Vitaline, ma sœur bienheureuse, car, dans trois jours, tu seras présentée à la Majesté suprême.

Cela dit, il quitte ces lieux. Trois jours après, la vierge apparaît à plusieurs personnes et leur accorde les grâces qu'elles lui avaient demandées auparavant. « Que penser, ajoute l'historien, sinon qu'elle avait obtenu de voir la Majesté suprême, par l'entremise du bienheureux Pontife? » Cette réflexion et le récit lui-même prouvent la croyance où l'Église était, dès lors, au sujet du purgatoire.

Tous ces faits, qui se rattachent à la présence de Martin en Auvergne, nous sont transmis par un célèbre historien du vi⁰ siècle, originaire de la contrée, et qui atteste les avoir maintes fois entendu raconter aux vieillards de son pays. Sainte Vitaline était honorée, le 25 mai, dans tout le diocèse de Clermont, et son office se trouve dans l'ancien bréviaire de ce diocèse. A Arthonne, on voyait autrefois un collège de chanoines institué sous l'invocation de saint Martin.

8. — Ce fut peut-être dans ce voyage que notre saint établit près de Tulle, sous le patronage de l'archange saint Michel, un monastère, dont les chroniques locales lui attribuent la fondation et qui prit, dans la suite, le nom de saint Martin.

CHAPITRE XXVI.

SAINT MARTIN ET LE CONCILE DE BORDEAUX.

1. Paulin consul. — 2. Victrice martyr. — 3. Les amis de S. Martin. — 4. Les Priscillianistes accusés devant Maxime. — 5. Concile de Bordeaux.— 6. S. Romain. — 7. La nouvelle Rebecca.

1. — Paulin, que notre évêque laisse à Vienne, et Victrice, qui continue avec lui le voyage, méritent que nous nous occupions d'eux plus particulièrement : ils sont parmi les amis les plus illustres de Martin et leurs noms reparaîtront dans cette histoire. Le père du premier, Pontius Paulinus, était préfet du prétoire des Gaules, c'est-à-dire l'un des quatre magistrats les plus éminents de l'empire : car il n'y a qu'un préfet du prétoire pour l'Orient, un autre pour l'Illyrie, le troisième pour l'Italie et le quatrième pour les Gaules. Ces dignitaires ont la principale autorité, dans leurs gouvernements, après l'empereur, et leur charge a beaucoup de rapports avec celle des vice-rois modernes. A cette haute naissance

Paulin joint un esprit élevé et pénétrant, un génie riche et fécond, une facilité merveilleuse à s'exprimer, dispositions qu'il a cultivces, dès son enfance, par une étude approfondie des différentes branches de la littérature. Il a eu pour maître d'éloquence et de poésie le fameux Ausone, le représentant le plus brillant de la littérature gauloise, à cette époque. Enfin, en 379, il a été honoré du consulat, même avant son professeur, qui le fut la même année.

2. — La carrière de Victrice se rapproche beaucoup plus de celle de notre évêque. Comme Martin, il a exercé, dans sa jeunesse, le métier de soldat. Poussé par un mouvement extraordinaire de l'amour divin, il alla, un jour, revêtu de ses armes se présenter à son tribun : il lui dit qu'il renonçait au serment militaire et quittait, avec joie, ces armes, destinées à répandre le sang, pour se revêtir intérieurement de la paix et de la justice chrétiennes. On était sous le règne de Julien l'Apostat. Victricius, brisé à coups de bâton, couché nu sur des fragments d'argile et des pierres aiguës, puis enfin condamné à mort, ne dut sa délivrance qu'à l'intervention du Ciel. Le geôlier avait si étroitement lié ses bras que les chaînes s'étaient enfoncées dans la chair. Le saint pria les soldats de le desserrer tant soit peu. Comme ils n'en voulurent rien faire, il implora l'assistance de Jésus-Christ, et les chaînes tombèrent de ses mains. Personne n'osa lier de nouveau un homme que Dieu avait rendu libre, et le général, sur le récit de ces merveilles, relâcha le saint martyr.

Devenu évêque, Victricius fait fleurir son église : la ville de Rouen qui, avant lui, était à peine connue dans les provinces voisines, est devenue si célèbre qu'on en parle, avec éloge, dans les pays les plus éloignés, et qu'elle compte entre les villes recommandables par les lieux de sainteté dans lesquels Dieu fait éclater sa puissance et sa miséri-

corde. Surtout on relève le mélodieux concert qui s'y
entend, dans les églises et les monastères où les psaumes
sont chantés tous les jours. Victrice lui-même égale ses
œuvres à ses paroles : la doctrine sainte est l'aliment de sa
vie et sa vie une doctrine pour les autres. C'est Paulin
qui nous rapporte tous ces détails, dans la lettre que nous
avons citée.

3. — Tels sont les amis de Martin : des évêques, comme
Victrice, distingués par des vertus héroïques, une rare
sainteté et le zèle le plus ardent, ou des hommes du monde
comme Paulin, remarquables par leur mérite, leurs talents, leur éducation, leurs dignités et tout ce que le
monde admire : les uns voient en lui un maître et un
modèle, les autres sont attirés auprès de lui par ses miracles, sa haute sagesse et sa douce éloquence.

Tels sont les fruits d'émulation produits par ses leçons
et ses exemples : ses collègues les plus pieux établissent,
dans leurs diocèses, des monastères, réglés et gouvernés
comme ceux de Tours : ainsi a fait saint Victrice ; les
séculiers qui l'approchent ne tardent pas à embrasser eux-
mêmes l'état monastique, auquel, à leur tour, ils gagnent
d'autres convertis : ainsi fera bientôt saint Paulin. C'est
de la sorte que s'explique, à la gloire de Martin, la rapide
extension de la vie monastique dans les Gaules, où la
Providence destine cette institution à faire briller, aux
yeux des Barbares qui vont venir, ces vertus surhumaines
dont l'effet sera de frapper d'étonnement et de subjuguer
ces esprits grossiers.

4. — L'hérésie des Priscillianistes, par laquelle l'ennemi
cherche à détruire ces heureux effets, va entrer dans une
phase nouvelle. Condamnés par le concile de Saragosse,
expulsés des terres de l'empire par un rescrit de Gratien,
les hérétiques ont eu recours à la corruption et obtenu, à
force d'argent, un rescrit annulant le premier et les réin-
tégrant dans leurs églises. Ithace même, leur fougueu

adversaire, a été réduit à s'enfuir à Trèves, pour échapper à leur poursuite. Mais déjà le bruit s'est répandu que l'usurpateur Maxime a pris la pourpre impériale et se dispose à faire irruption dans les Gaules. Ithace l'attend et, dès qu'il est entré victorieux à Trèves, il lui remet un mémoire contre Priscillien et ses complices. Maxime en est touché et fait expédier des lettres au préfet des Gaules et au vicaire des Espagnes, avec ordre de conduire, sans exception, tous les sectaires au synode indiqué, en même temps, à Bordeaux.

5. — Les évèques gaulois et espagnols se rendirent en grand nombre à ce concile. La présence de notre évêque dans cette assemblée est regardée comme un fait certain par deux écrivains du XVIIᵉ siècle, l'un, historien de l'église de Tours, l'autre, biographe de saint Martin (1). A notre avis, c'est au moins une conjecture probable.

Instance, qui, le premier, reçut ordre de parler, se disculpa si mal des crimes dont il était accusé qu'il fut reconnu coupable et déclaré indigne de l'épiscopat. Priscillien refusa de répondre devant le concile et en appela à l'empereur. Martin s'opposa sans doute au renvoi de Priscillien devant le prince et peut-être ne fut-il pas le seul; mais le nombre des prélats courtisans l'emporta sur celui des défenseurs de la liberté ecclésiastique. Ainsi, pour le malheur et des accusateurs et des accusés, à qui ce renvoi fut également funeste, tous ceux qui se trouvaient enveloppés dans cette affaire furent amenés devant le prince.

6. — Notre évêque, en retournant dans son diocèse, après le concile, put passer par Blavia, aujourd'hui Blaye, où vivait un saint prêtre appelé Romain, qu'on met au rang de ses disciples et qui, dit-on, mourut entre ses

_____

(1) Maan, p. 14, n. 22. Gervaise, p. 194.

bras : au moins ce fut Martin qui célébra ses funérailles (1).

7. — De Blavia, notre saint se dirige vers le pays de
Saintes. Près d'un village, situé sur ce territoire et
appelé Najiogialo, aujourd'hui Nieuil-lès-Saintes, où il se
rend, Martin rencontre un homme du pays qui porte de
l'eau dans une cruche.

— De grâce, mon très-cher, lui dit-il, arrête-toi un
moment et donne un peu d'eau à ma monture.

— Si tu crois que ta bête a besoin d'être abreuvée,
va-t-en au puits, tu pourras y puiser et la faire boire :
pour moi, je ne céderai pas ce que je me suis procuré avec
tant de peine.

En effet, le puits était dans une vallée, à environ mille
pas du village, dont les habitants étaient obligés de venir
là, chercher l'eau nécessaire à leurs besoins. Tandis qu'il
s'éloigne, paraît une femme portant aussi un vase plein
d'eau. Le bienheureux lui adresse la même demande.

— Je vais te donner à boire, dit-elle aussitôt, et puis
j'abreuverai ta monture. Ce ne me sera pas une grande
peine de puiser de l'eau une seconde fois. Au moins tu
seras satisfait, toi qui voyages et qui as besoin.

Et, déposant son urne, la nouvelle Rebecca fait ce que
le Saint lui a demandé, puis remplit de nouveau son vase
et reprend le chemin du village.

— Je veux te payer le service que tu m'as rendu, lui
dit le Saint, avant qu'elle s'éloigne.

Il met les genoux en terre et prie le Seigneur de faire
paraître une veine d'eau en cet endroit. Sa prière
achevée, la terre s'entr'ouvre et laisse voir une source
abondante.

Au VIe siècle, l'ouverture de cette source était fermée
par une pierre où l'on montrait l'empreinte du pied de

(1) Grég. Tur., Glor. conf, c. 46.

l'animal qui portait le saint pontife. Le fait fut raconté, à Saintes même, à l'historien, par plusieurs citoyens des plus recommandables, comme une tradition authentique du pays.

CHAPITRE XXVII.

PREMIER VOYAGE DE SAINT MARTIN A LA COUR DE TRÈVES.

1. Le saint se rend à Trèves. — 2. La Rome des Gaules. — 3. La jeune paralytique. — 4. L'esclave de Tétradius. — 5. S. Martin et la noblesse gallo-romaine.

1. — Si, à son retour de Bordeaux, Martin est rentré dans son diocèse, il ne s'y est arrêté que peu de temps ; car immédiatement après le concile, nous le voyons prendre le même chemin que Priscillien et ses accusateurs, c'est-à-dire celui de la ville de Trèves, résidence de l'empereur Maxime. Nous ne connaissons d'autre cause de ce voyage que son désir d'arrêter les poursuites contre les Priscillianistes. Par humanité, autant que pour l'honneur de l'épiscopat, il a résolu d'employer tout son pouvoir afin de les sauver. Le Ciel sera avec lui dans cette entreprise, et nulle part Dieu n'aura fait briller avec plus d'éclat que dans cette ville de Trèves, la vertu miraculeuse de son serviteur, comme s'il voulait appuyer ostensiblement sa mission de charité et donner plus d'autorité à sa parole.

2. — Devançons, de quelques instants, notre évêque et entrons dans la ville impériale. Cette cité célèbre, qui fait aujourd'hui partie de la Prusse Rhénane, est assise dans la belle vallée de la Moselle. A chaque pas on y rencontre des restes imposants de sa magnificence antique. Au IVᵉ siècle, elle est la capitale de la province de

Gaule. Enfin son importance lui a fait donner le titre pompeux de Rome des Gaules.

3. — Pénétrons dans l'une des maisons de cette cité populeuse : là nous attend un lugubre spectacle (1). Sur un lit de douleur, est étendue une jeune fille, qu'une paralysie y retient et qui, depuis longtemps déjà, n'a plus l'usage de ses membres : tout son corps est comme inanimé et à peine si une respiration légère la fait encore palpiter : ses yeux ouverts survivent seuls au reste de ses organes et semblent les deux gardiens de cette mort anticipée ou deux flambeaux allumés pour éclairer ses funérailles. Près d'elles se tiennent ses proches, plongés dans la tristesse, n'attendant plus que son trépas et mouillant sa couche de leurs larmes. Tout à coup, quelqu'un entre dans cette chambre funèbre et, au milieu du murmure produit par les pleurs :

— L'évêque de Tours, dit-il, Martin vient d'arriver dans cette ville.

A cette nouvelle, le père de la jeune malade s'élance hors de sa maison et, en dépit de son âge, court tout haletant pour trouver le saint. Martin est en effet arrivé à Trèves : le peuple s'est porté en foule à sa rencontre et les évêques présents dans la ville, se sont réunis à l'église principale, pour l'y recevoir. Suivant son habitude, notre saint s'est rendu au temple, dès son arrivée, d'abord pour prier, ensuite pour prendre son logement dans les bâtiments qui en dépendent. Il est en prière, dans le sanctuaire, au milieu d'une nombreuse assemblée d'autres évêques : une multitude frémissante remplit le reste de l'édifice.

Tout à coup, des cris plaintifs éclatent dans l'enceinte sacrée : la presse du peuple s'ouvre pour livrer passage à un vieillard aux traits bouleversés, aux cheveux blancs

_____

(1) Sulp. Sev., V. b. M., c. 16.

en désordre : il s'avance jusqu'à Martin et, à la vue de toute l'assistance, embrasse ses genoux en pleurant.

— Ma fille se meurt, dit-il, consumée par la plus triste maladie : chose plus cruelle que la mort même, c'est l'esprit seul qui maintenant vit en elle : sa chair est déjà morte : je t'en prie viens la voir et la bénir, car j'ai la confiance qu'elle te devra la santé.

— Une telle œuvre n'est pas en mon pouvoir, répond le Saint confus et interdit, ce vieillard se trompe dans son jugement ; je ne suis pas digne que le Seigneur se serve de moi pour montrer un signe de sa puissance.

Le père fondant en larmes, redouble d'instances :

— De grâce, je t'en supplie, dit-il encore, viens visiter ma fille mourante.

Les prélats joignent leurs prières aux siennes et décident enfin leur confrère, qui descend vers la maison de la jeune fille et y pénètre. Une immense multitude le suit et s'arrête à la porte, dans l'attente de ce que le serviteur de Dieu va faire. Il a recours d'abord aux armes qui lui sont familières en ces rencontres, il se prosterne, la face contre terre et se met à prier. Bientôt il a senti l'assistance de Dieu : il se relève, s'approche du lit de la malade et demande de l'huile. Après l'avoir bénite, il en verse quelques gouttes dans la bouche de la jeune fille qui, à l'heure même, recouvre la parole. Peu à peu, à mesure qu'il les touche, les membres paralysés reprennent la vie. Enfin la malade se relève et se tient sur ses pieds, en présence de tout le peuple.

4. — Dès que le bruit de cette guérison s'est répandu dans la ville, on voit affluer à la demeure de Martin des affligés de toute sorte. Les païens eux-mêmes ont recours à lui (1). Tétradius, homme distingué par sa noblesse et de famille proconsulaire, est l'un des plus illustres habi-

_____

(1) Sulp., V. b. M., c. 17.

tants de Trèves. Un de ses esclaves, possédé du démon, est en proie à d'horribles tortures.

— Daigne imposer les mains à ce malheureux, dit-on à Martin, de la part du proconsul.

— Qu'on me l'amène à l'église, répond le saint évêque.

Sur cette parole, les envoyés du noble personnage retournent à la maison, et l'on se met en devoir de faire sortir le possédé de la chambre où il est renfermé ; mais tous les moyens qu'on emploie pour cela sont inutiles : tant est redoutable la rage de ce forcéné qui mord cruellement quiconque ose l'approcher. Alors Tétradius, en personne, vient se jeter aux genoux de Martin.

— Je t'en prie, lui dit-il, descends toi-même à la maison.

— Je ne puis entrer dans la maison d'un profane et d'un idolâtre, reprend le saint.

— Eh bien ! dit Tétradius, si mon esclave est délivré du démon, je me ferai chrétien.

Martin qui n'attendait que cette promesse ne fait plus de résistance, il suit le proconsul à sa demeure, impose les mains à l'esclave, et ainsi chasse de son corps l'esprit immonde. Tétradius, admirant l'empire que le saint exerce sur les démons et convaincu de la faiblesse de ses idoles, n'hésite pas à croire au Seigneur Jésus. Il prie l'évêque de le faire sur-le-champ catéchumène, ce qui lui est accordé. Baptisé peu de temps après, il montra toujours, depuis, une singulière affection pour Martin, qu'il regarda, après Dieu, comme l'auteur de son salut.

« Ainsi, disent nos poètes (1), le serviteur et le maître sont tous deux purifiés de leurs souillures : le premier est arraché des liens de son ennemi, le second de ceux de son erreur : celui-ci fut délivré des peines de l'âme, celui-

(1) Paulin, l. 2, v. 564-65. Fort. l. 1 v. 444-46.

là des afflictions de la chair ; tous les deux rendent grâces à Dieu, l'un de la foi qu'il a reçue, l'autre de la raison qu'il a recouvrée. »

Au dire d'un auteur (1), Tétradius eut tant de reconnaissance de ce double bienfait, qu'il changea son palais en une église qui fut consacrée par saint Martin, en l'honneur de la Sainte-Croix, et rebâtie au xvıᵉ siècle.

5. — On s'est demandé peut-être quelle était l'influence de Martin sur cette noblesse romaine qui remplissait les Gaules et quelle était l'attitude réciproque de ces deux puissances, l'une spirituelle, l'autre temporelle. Cette question est résolue par la conversion de Tétradius qui abaisse, pour ainsi dire, aux pieds de notre évêque, les faisceaux proconsulaires. De ce côté donc, admiration, respect et amour ; de l'autre, liberté apostolique, dignité et indépendance complète. Cet esprit de fermeté chrétienne dont Martin est animé, nous avons pu déjà le remarquer dans sa réponse au césar Jules, dans ses rapports avec le comte de Tours et dans sa visite à l'empereur Valentinien.

CHAPITRE XXVIII.

IL EST ACCUSÉ D'HÉRÉSIE PAR ITHACE.

1. Les doigts de Martin. — 2. La fausse alerte. — 3. Impudence d'Ithace et autorité de Martin. — 4. Le lépreux de Paris. — 5. Les fils détachés du vêtement d'un saint. — 6. De la porte d'Amiens à la porte de Paris.

1. — Vers le même temps, dans la même ville, Martin rendait visite à un père de famille (2) : près d'en-

(1) Albert Mirée, Orig. bénéd., c. 8.
(2) Sulp., ut supra.

trer dans la maison, il s'arrête tout court, sur le seuil de
la porte.

— Je vois, dit-il, un horrible démon dans le vestibule.
Sors d'ici, je te le commande, ajoute-t-il en parlant au
malin esprit.

Il faut que Dieu ait permis à ce démon de venir sous
ce toit, en punition de quelque crime qui s'y est commis ;
car, au lieu d'obéir, il s'empare du cuisinier de la maison,
qui se trouvait dans les appartements intérieurs. A l'instant, ce malheureux commence à se jeter sur tous ceux
qu'il rencontre et les déchire à belles dents. Grand émoi
dans toute la maison : la famille est glacée d'épouvante ;
le peuple même du quartier prend la fuite : nul n'ose
approcher du démoniaque, pour essayer de le contenir,
Martin vole à la rencontre de ce furieux.

— Demeure à cette place, lui dit-il d'abord d'un ton
d'empire.

L'énergumène obéit, mais, poussant un grondement
lugubre, continue à grincer des dents, et à ouvrir la
bouche, comme pour menacer notre évêque. Martin
le voit, et, plongeant ses doigts dans cette bouche
béante.

— Si tu as quelque pouvoir, dit-il, dévore-les.

Un fer rouge introduit dans la bouche du possédé n'eût
pas produit un autre effet : loin de serrer les dents, il
écarte, le plus qu'il peut, les mâchoires, pour éviter les
doigts du bienheureux. Force est au démon de quitter le
corps dont il s'est emparé, les peines et les tourments que
lui fait endurer la présence des doigts du saint ne lui
permettant plus d'y rester. Mais il ne peut sortir par la
bouche dont ces doigts lui interdisent le passage : il
s'échappe donc, tout d'un coup, par un flux de ventre,
laissant après lui des traces repoussantes.

2. — Cependant, le bruit se répand tout à coup dans la
ville que les Barbares, c'est-à-dire les Germains du Nord,

sont en mouvement et vont faire irruption dans le
pays (1). En effet, la ville de Trèves, plus rapprochée
des bords du Rhin, qui sépare le territoire des Gaules
de celui de la Germanie, est, plus qu'aucune autre,
exposée à leurs attaques. En un clin d'œil, toute la cité
est remplie de trouble, de frayeur et de tumulte.
Chacun sait la nouvelle, chacun y croit, mais personne
n'en connaît la source. On court à l'église, pour implorer
la protection de Dieu et consulter notre évêque sur cette
rumeur étrange, qui est venue subitement interrompre
le calme le plus profond. Martin y soupçonne quelque
mystère.

— Amenez-moi un possédé, dit-il,

On lui en amène un qui se trouve dans la ville.

— Je t'ordonne de déclarer si cette nouvelle est véritable, lui dit le Saint.

— Non, elle est fausse, répond le malin esprit par
la bouche de cet homme. Nous sommes dix démons qui
avons fait courir ce bruit parmi le peuple, pour forcer,
au moins par la crainte, Martin à s'enfuir de la ville :
les Barbares ne songent nullement à une irruption.

Cette réponse a été faite au milieu de l'église et en présence de tout le peuple, qui l'accueille avec une joie
incroyable et remercie notre pontife de lui avoir rendu la
paix. — Ces miracles et le séjour du bienheureux pourraient bien avoir donné occasion à l'établissement de la
vie monastique dans la capitale des Gaules, et à la fondation de la célèbre abbaye de Saint-Maximin, dont l'antiquité est constante. Mais il est temps de nous occuper,
avec Martin, de l'affaire principale qui l'a conduit à
Trèves.

3. — Proche du pont magnifique qui traverse la Moselle,
est situé le palais de l'empereur : c'est là que Martin est

_____

(1) Sulp., V. b. M., c. 18.

souvent appelé. Depuis qu'il est dans cette ville, le
saint n'a pas cessé, à l'église ou au palais, de réprimander
Ithace :

— Désiste-toi de ton accusation, lui dit-il, renonce
à tes poursuites contre Priscillien et ses complices.

S'adressant aussi à Maxime sur le ton de la prière :

— De grâce, lui disait-il sans cesse, abstiens-toi de
répandre le sang de ces infortunés.

A l'un et à l'autre, il en donne les raisons.

— Il suffit et au-delà, dit-il, qu'ils aient été déclarés
hérétiques par sentence épiscopale et qu'on les ait chassés
de leurs églises : c'est une chose inouïe, monstrueuse
qu'une affaire ecclésiastique soit jugée par un juge séculier.

Quoi qu'il puisse dire, Ithace n'est pas homme à se
rebuter ni à laisser une entreprise commencée. Il y a
plus : fatigué de ses remontrances et impatient de voir
si longtemps, à la cour, un évêque dont la conduite est
la censure de la sienne, il a, un jour, l'impudence d'attaquer publiquement ce saint homme, en tout comparable
aux apôtres :

— Martin est un hérétique, dit-il, un disciple, un ami de
Priscillien.

Mais sa haine est impuissante contre la vertu reconnue
de Martin.

Dès les premiers moments de son arrivée à Trèves,
notre évêque a pu arrêter le cours de la procédure contre
les Priscillianistes et, malgré les menées de ses adversaires, jusqu'au dernier instant de son séjour dans la ville
impériale, l'instruction de cette affaire est demeurée suspendue. Sur le point de partir, il sollicite encore, pour
eux, une promesse de la bouche de Maxime. Subjugué
par l'autorité sans égale de cet homme apostolique :

(1) Sulp., *Hist. sac.*, l. 2, c. 50.

— Non, dit celui-ci, il ne sera pris aucune mesure sanglante contre les coupables.

4. — A son retour, le saint arrive devant Paris et, à la porte septentrionale de cette ville, rencontre un lépreux dont la vue est un objet d'horreur pour tout le monde (1). Qu'on se représente en effet un malheureux à demi-nu, d'une pâleur maladive relevée de tâches hideuses, couvert de pustules et d'ulcères : Martin l'aborde, et, aux yeux de la foule interdite, lui donne le baiser de paix et sa bénédiction. Aussitôt le lépreux est guéri : toute trace de son mal a disparu. Le lendemain, il venait à l'église, avec une peau fraîche et nette, rendre grâces à Dieu et au pieux pontife de sa santé recouvrée.

« Oh ! s'écrie un auteur (2), qu'il est vraiment précieux le don de ta paix et le remède qui s'écoule de ta bouche sacrée ! Car soit que tu touches les membres avec tes lèvres ou les cœurs avec tes paroles, tes baisers guérissent les malades et ta voix sauve les ignorants. Daigne Martin, par tes prières et le secours de ta bouche sainte, faire aussi disparaître les tâches de mon cœur ! »

Pour conserver la mémoire de ce fait, l'un des plus célèbres de la vie du saint, les Parisiens firent bâtir, à l'endroit qui en fut témoin, c'est-à-dire au bout d'un pont nommé aujourd'hui le Pont-au-Change, une chapelle qui, dans la suite, porta le nom de Saint-Martin.

5. — Après tant de cures surnaturelles, la confiance des peuples ne connaît plus de bornes et l'on va jusqu'à détacher, des bords de son vêtement et de son cilice, des fils qu'on garde comme des reliques sacrées : liés aux doigts ou passés au cou des malades, ces objets en rappellent un grand nombre à la santé (3). En un mot, telle

(1) Sulp., V. b. M., c. 19.
(2) Paulin, l. 2. v. 630.
(8) Sulp., *ut supra.*

est la grâce dont jouit Martin que presque jamais un malade n'a recours à lui sans obtenir sur-le-champ sa guérison.

.6. — Une certaine ressemblance existe entre les deux évènements qui eurent lieu, l'un à la porte de Paris et l'autre à la porte d'Amiens. Dans ces deux villes, Martin secourt deux infortunés délaissés des autres hommes : toutefois le secours qu'il accorde au premier, d'autres pouvaient également s'en acquitter, mais qui eût osé se charger de celui dont il a gratifié le second ? On peut même dire que la distance parcourue dans la voie des vertus par Martin se mesure entre ces deux actes de charité. Au pauvre d'Amiens, le catéchumène a donné la moitié de son manteau ; au lépreux de Paris, l'évêque s'est, pour ainsi dire, donné lui-même.

CHAPITRE XXIX

IL FAIT UN SECOND VOYAGE A LA COUR DE L'EMPEREUR MAXIME.

1. Prétexte de la calomnie. — 2. Histoire et portrait d'Ithace. — 3. Son crime est consommé. — 4. Tribuns envoyés en Espagne. — 5. La paix du Christ. — 6. Deux jours d'attente.

1. — Saint Martin accusé d'hérésie est un fait si étrange que nous croyons utile de chercher ici ce qui put donner à ses adversaires le prétexte d'une telle calomnie. Les Priscillianistes s'abstenaient de manger de la chair, disant en général que la chair n'est pas l'ouvrage de Dieu, mais des mauvais anges : ils séparaient les mariages, malgré la partie qui n'était pas de leur opinion ; ils se réunissaient surtout pendant le carême, dans des retraites cachées, dans les montagnes ou des maisons éloignées de la ville :

ils affectaient de marcher pieds nus et de prendre le nom
et l'extérieur de moines : enfin il paraît qu'ils donnaient
même le voile des vierges sacrées, mais à un âge que la
coutume n'autorisait pas. Martin, moine véritable, dans
ses mœurs comme dans son extérieur, fondateur de monastères, menant une vie pénitente, habitant d'ordinaire,
avec ses disciples, un lieu presque sauvage, ouvrant de
pieux asiles à l'un comme à l'autre sexe et même aux personnes mariées, à la condition d'une séparation nécessaire,
Martin, en dépit de ces ressemblances apparentes, est
aussi différent d'un priscillianiste que la sainteté diffère
de la dépravation, la vertu de l'hypocrisie et l'ange du
démon. Mais quel homme est Ithace, son accusateur ?

2. — Ithace, évêque de Sossuba ou Ossobona, aujour-
d'hui Estoy, nous est apparu, pour la première fois,
lorsqu'il fut chargé par le concile de Saragosse de notifier
à toute l'Église la décision des évêques : ensuite, uni à son
collègue Idace, il poursuit, à outrance, Priscillien, qui
vient d'être ordonné évêque par ceux de son parti : il réclame déjà, auprès des juges séculiers, l'exil des hérétiques. Forcé au repos, dans le triomphe momentané de
ceux-ci qui ont gagné par l'argent et Macedonius, maître
des offices, et Volventius, proconsul d'Espagne, il est, à
son tour, accusé par eux d'avoir troublé l'Église et n'évite
une arrestation qu'en s'enfuyant dans les Gaules, auprès
du préfet Grégoire. A Trèves, où il s'est réfugié, des officiers du palais viennent pour le saisir et le traîner en Espagne. Son adresse le dérobe aux premières recherches,
ensuite la protection de l'évêque Pritannius le met à l'abri
des poursuites et lui permet d'attendre en paix l'arrivée
du nouvel empereur. Enfin il présente à Maxime une
requête où sont exposés en détail tous les crimes qu'il
reproche à Priscillien et à ses adhérents. Après le concile
de Bordeaux, il est retourné à Trèves, où il a suivi, avec
Idace, en qualité d'accusateur, tous les sectaires renvoyés

au tribunal du prince. « Je ne blâmerais pas, dit l'historien (1), le zèle des évêques Idace et Ithace à combattre ces hérétiques, si l'ardeur de la lutte et le désir de triompher ne les eût emportés au delà des bornes légitimes. S'il faut dire mon sentiment dans cette affaire, les accusateurs ne m'y déplaisent pas moins que les accusés ; car, pour Ithace, je le dis sans crainte, il n'y a en lui ni gravité, ni sainteté, c'est un homme audacieux, grand parleur, impudent, ami du luxe et de la bonne chère : il pousse l'extravagance jusqu'à accuser toutes les personnes, même les plus saintes, qui s'adonnent à la lecture ou à la pratique du jeûne, d'être complices ou disciples de Priscillien. » Tel est le portrait de cet ennemi de Martin, tracé par une main contemporaine.

3. — Le saint, comme nous l'avons vu, avait obtenu de Maxime la promesse qu'aucune sentence de mort ne serait portée contre les Priscillianistes ; mais, après son départ, le prince perverti par les évêques de sa cour, changea de dispositions. Priscillien, jugé par le préfet Evodius, fut condamné par l'empereur lui-même à subir, avec ses complices, la peine capitale. La sentence fut exécutée, non plus, il est vrai, à la poursuite d'Ithace, qui s'était retiré des dernières procédures, pour en éviter l'odieux, mais à celle d'un nommé Patrice, avocat du fisc, que Maxime eut la précaution de mettre à sa place : c'était une ruse qui ne changeait rien à l'affaire : le crime était consommé : cet évêque n'en restait pas moins souillé du sang de ces malheureux et coupable d'homicide, aux yeux de l'Église, en dépit de la protection dont le couvrait l'empereur.

Ithace, qui aime bien moins à remplir ses obligations dans son diocèse, qu'à faire sa cour au souverain, ne paraît pas avoir quitté le palais depuis le concile de Bor-

(1) Sulp., *Hist. Sac.*, l. 2, c. 50.

deaux. Des autres prélats que nous y avons vus lors du premier voyage de Martin, plusieurs doivent s'y trouver encore; quelques autres y sont arrivés depuis; enfin, ceux de la province et des environs se sont assemblés à Trèves, pour choisir un successeur à Pritannius, décédé depuis peu. Tous ces évêques, à la réserve d'un seul, nommé Théogniste, ont eu la faiblesse de communiquer avec Ithace, dans des séances journalières, et de faire cause commune avec lui.

4. — Cependant Martin, sollicité par une certain nombre de proscrits, s'est décidé à retourner à la cour pour parler à Maxime en leur faveur (1). La nouvelle inattendue de son approche jette les évêques Ithaciens dans une consternation profonde : on les voit se parler entre eux, à voix basse, et donner tous les signes de la frayeur. Ils en ont bien quelque sujet. Hier même, de l'avis de ces prélats, l'empereur a pris une décision ainsi conçue : « Des tribuns, armés de la puissance souveraine, seront incessamment envoyés dans les Espagnes, pour rechercher les hérétiques, ôter la vie à tous ceux qu'on pourra découvrir et confisquer leurs biens. » Ce décret, déjà si cruel dans sa teneur, renferme encore plus de meurtres qu'il ne semble en annoncer : car comment et à quel signe distinguera-t-on les hérétiques ? D'après la méthode d'Ithace, les yeux seuls en seront juges; c'est à la pâleur du visage et à la rudesse du vêtement, non à la doctrine ni à la foi, qu'on reconnaîtra les Priscillianistes, et nul doute qu'un grand nombre de personnes pieuses ne soient alors enveloppées dans cette tempête.

5. — Les évêques de la cour ne peuvent se dissimuler qu'une mesure si atroce ne sera aucunement du goût de Martin; mais, des soucis de leur mauvaise conscience, le plus cuisant n'est pas le remords. Si, en arrivant, le saint

(1) Sulp., Dial. 3, n. 11 et 12.

allait se séparer de leur communion! Voilà ce qui les tourmente le plus; car ils savent qu'enhardis par une telle autorité, d'autres ne manqueront pas d'imiter son exemple; et alors c'en sera fait de leur position dans l'Église : appelés, dans un concile, à répondre de leurs actes, ils s'y verront, à leur tour, condamnés et déposés de l'épiscopat.

Sur-le-champ donc, ils tiennent conseil avec l'empereur et bientôt des officiers du palais abordent Martin, cheminant vers Trèves, avec quelques compagnons.

— Défense t'est faite, lui disent-ils, d'approcher de la ville, si tu ne déclares venir avec la paix des évêques qui y sont assemblés.

— J'y viens avec la paix du Christ, répond Martin.

Soit que cette réponse évasive les ait satisfaits, soit que, par respect, ils n'osent l'obliger à s'expliquer plus clairement, les officiers se retirent sans l'inquiéter davantage. Martin cependant veut attendre la nuit pour entrer dans la ville : dès son arrivée, il se rend à l'église, non à dessein d'y communiquer avec les évêques, mais seulement pour y prier.

6. — Le lendemain, il va au palais, pour saluer l'empereur et lui exposer ses demandes. Les principales, entre beaucoup d'autres, sont pour le comte Narsès et le président Leucadius, qui, tous deux, ont mérité la colère de l'usurpateur, par leur attachement au parti de Gratien. Mais comme il vient d'apprendre les ordres données pour la recherche des Priscillianistes, et l'envoi prochain, dans les Espagnes, de tribuns armés du droit des glaives, c'est là ce qu'il a le plus à cœur d'empêcher : sa pieuse sollicitude s'intéresse non seulement aux fidèles exposés à être maltraités à cette occasion, mais aux hérétiques eux-mêmes.

Le premier et le second jour, l'astucieux empereur tint l'évêque de Tours en suspens, sans lui rien accorder ni refuser. Voulait-il donner plus de prix à ses grâces ou bien était-il implacable dans son ressentiment? On l'ignore. Beaucoup de gens pensaient alors que l'avarice n'était point étrangère à sa répugnance à pardonner et qu'il avait convoité les biens des proscrits.

CHAPITRE XXX.

IL COMMUNIQUE AVEC ITHACE ET EST CONSOLÉ PAR UN ANGE.

1. Alarmes des Ithaciens. — 2. Maxime plaide leur cause. — 3. Ordination de Félix. — 4. Un ange console Martin. — 5. Grâce diminuée. — 6. La porte secrète. — 7. Le marchand égyptien.

1. — Cependant Martin, depuis son arrivée, a évité de communiquer avec les évêques ithaciens : il va seul prier à l'eglise, ne rend aucune visite aux prélats et s'éloigne, avec beaucoup de soin, des lieux où ils sont assemblés. Il n'en faut pas davantage pour jeter l'alarme dans la faction : tous ceux qui la composent courent ensemble trouver Maxime.

— On nous condamne sans nous entendre, s'écrient-ils ; notre position n'est plus tenable, si l'opiniâtreté de Théogniste, qui seul a bien osé publier contre nous une sentence d'excomunication, vient à s'armer de l'autorité de Martin : il n'eût pas fallu recevoir cet homme dans l'intérieur des murs : car les hérétiques n'ont plus seulement en lui un défenseur, mais un vengeur, et à quoi aura servi la mort de Priscillien, si Martin entreprend de le venger ?

Enfin, prosternés devant le prince, ils implorent, avec larmes et gémissements, la puissance souveraine et la sol-

10

licitent à user de sa force contre un seul homme : peu s'en
faut même qu'ils ne contraignent l'empereur d'envelopper
Martin dans le sort destiné aux hérétiques.

2. — Maxime s'est, pour ainsi dire, vendu aux prélats
de sa cour, mais il n'ignore pas quel est le mérite de celui
dont ils osent lui demander la mort : il sait que sa foi, sa
sainteté et sa puissance élèvent Martin au-dessus du reste
des hommes de son siècle : il se dispose donc à vaincre,
par une voie toute différente, la résistance du bienheureux.
Ayant congédié les autres évêques, il mande le nôtre au
palais, pour un entretien particulier, il l'accueille de l'air
le plus affectueux, lui parle de son ton le plus caressant :

— Les hérétiques, lui dit-il, ont été condamnés à bon
droit et selon le cours de la justice publique, plutôt que
d'après les poursuites des évêques. Quel motif pourrait-on
avoir de repousser la communion d'Ithace et de ses partisans ? Théogniste l'a fait, il est vrai ; mais c'est la haine,
bien plus qu'aucune raison légitime qui l'a porté à se
séparer de ses frères ; et c'est le seul qui ait, jusqu'à ce
moment, rompu la communion ; les autres n'ont rien
changé à leur conduite. Il y a peu de jours même, un
synode s'est tenu et a proclamé l'innocence d'Ithace.

Toutes ces raisons laissent notre évêque insensible :
il persiste dans son refus de communiquer avec Ithace.
Alors Maxime change de contenance et de visage ; enflammé de colère, il quitte brusquement le saint homme : un
instant après, les bourreaux sont envoyés vers ceux pour
qui Martin a intercédé.

3. — Il est déjà nuit, quand le saint apprend cette nouvelle, il court en toute hâte au palais :

— Qu'on fasse grâce aux proscrits, dit-il, et je promets
de communiquer avec Ithace, pourvu qu'on rappelle aussi
les tribuns.

Déjà en effet, ceux-ci sont partis pour dévaster ces
églises d'Espagne. A l'heure même, Maxime accorde tout

Le jour suivant, doit avoir lieu l'ordination de Félix, élu pour succéder à saint Pritannius. Félix, très-saint homme assurément, était digne d'être sacré dans de meilleures circonstances. Son historien (1), mettant la gloire de son héros à l'abri de celle de Martin, le represente comme uni d'amitié avec notre saint, comme ayant, dans cette lutte, résisté avec lui et succombé avec lui, comme s'étant aussi rendu avec lui au palais pour faire révoquer les ordres sanguinaires. — Pendant la cérémonie de cette ordination, estimant qu'il vaut mieux céder, pour le moment, que d'abandonner des malheureux sur la tête desquels le glaive est déjà levé, Martin entre en communion avec Ithace, c'est-à-dire participe avec lui à cet acte religieux. Les Ithaciens veulent encore qu'il confirme cette communion par sa signature; mais tous leurs efforts sont inutiles : ils ne peuvent réussir à la lui arracher. Dès le lendemain, il quitte précipitamment ces lieux et reprend le chemin de son diocèse.

4. — Outré d'avoir été, même une heure, mêlé à une communion coupable, il garde, durant le voyage, un morne silence et ne cesse de soupirer (2) : il arrive ainsi, à trois lieues environ de Trèves, près d'un bourg nommé Andethanna, aujourd'hui le village d'Echternach, sur la rivière de la Sura, à l'entrée du Luxembourg : dans cet endroit, où d'immenses forêts ménagent des retraites solitaires, il laisse ses compagnons prendre un peu les devants et s'assied à l'écart. Tandis qu'examinant en lui-même le motif de sa douleur et celui de son action, il se trouve entre deux pensées qui l'accusent et le défendent tour-à-tour, soudain un ange lui apparaît, sous une forme visible, et lui parle face à face :

— Tu as raison de t'affliger, Martin, lui dit-il, mais tu

(1) *Acta. Sanctor.,* 26 Mart.
(2) Sulp., V. b. M., n. 13.

ne pouvais sortir de là autrement. Répare ta vertu, rappelle ta constance, ou crains de mettre en péril, non plus ta gloire, mais ton salut.

C'en est assez pour relever le Saint de cet abattement qui aurait pu devenir plus dangereux que sa faute même. On se demande cependant en quoi Martin s'est rendu coupable, puisque, placé entre deux alternatives douloureuses, il ne pouvait en sortir autrement qu'il n'a fait. C'est que, sans doute, surpris par une nouvelle inopinée, il ne sut pas, dans le trouble où il était, prendre sa détermination avec la certitude d'une conscience suffisamment sûre d'elle-même. Heureux, en tous cas, ceux qui n'auraient à se reprocher que des fautes semblables!

5. — Depuis cette époque, Martin prit un soin extrême de ne communiquer en rien avec la faction d'Ithace. Toutefois, ayant à exorciser quelques énergumènes, il ne les guérissait plus avec la même promptitude ni la même grâce qu'auparavant. Il en avouait, avec larmes et en confidence, la cause à ses disciples les plus chers.

— Cette malheureuse communion, disait-il, à laquelle je me suis mêlé seulement un instant, non de cœur, mais par nécessité, a diminué mon pouvoir.

Il vécut encore seize années, durant lesquelles, pour éviter une pareille surprise, il ne se rendit plus à aucun concile et se tint éloigné de toutes les assemblées d'évêques. Du reste, ce miracle où un ange lui avait parlé face à face, il le cacha toujours au commun de ses disciples, à cause de la désignation des temps malheureux que ce fait porte avec lui; mais il ne put le tenir secret à Gallus et à ses plus intimes amis. Il eut lieu en l'année 382, selon l'historien des évêques de Tours (1).

6. — La puissance miraculeuse de Martin ne souffrir cependant qu'un échec temporaire : elle lui fut rendue,

(1) Maan, p. 16, n. 25.

peu après, avec usure. Ainsi un énergumène, amené à la porte secrète du monastère, fut délivré avant d'en avoir touché le seuil. Gallus a été l'un des témoins du fait.

7. — Un navire, parti probablement du port de Marseille, voguait sur la mer Tyrrhénienne, dans la direction de Rome. Tout à coup, des tourbillons de vents s'élèvent, le ciel se couvre, la mer grossit : le vaisseau est battu par des vagues furieuses; la vie des passagers est dans un péril extrême.

— Dieu de Martin, sauve-nous! s'écrie alors un marchand égyptien qui n'est même pas encore chrétien.

Aussitôt la tempête se calme et les flots s'apaisent : nos voyageurs poursuivent tranquillement leur course et arrivent, sans accident, au terme de leur traversée. C'est l'un d'eux qui, revenu en Gaule, a raconté l'événement à Gallus.

CHAPITRE XXXI.

EN SE RENDANT A ROME, IL TRAVERSE LE PAYS DES BITURIGES.

1. Retour des sept pèlerins. — 2. S. Martin à Rivière. — 3. Le moine submergé. — 4. Vertu d'un brin de paille.— 5. Le riche lépreux.— 6. L'hospitalité payée.

1. — Cependant, cinq ans après leur départ de Tours, les sept cousins du bienheureux reviennent de leur pèlerinage et se présentent à lui avec beaucoup de reliques, à savoir, du tombeau du Seigneur et de sa très-sainte croix, du tombeau et des vêtements de la sainte Vierge, mère de Dieu, des apôtres Pierre et Paul, de Jacques, frère du Seigneur et de plusieurs autres (1). Le saint évêque reçut,

(1) Hist. Sept Dorm., n. 5.

avec respect, ces dons précieux et les plaça honorablement dans l'abside de sa grande église.

S'abandonnant ensuite eux-mêmes, corps et âme, à Martin et à ses religieux, les pèlerins font vœu de ne plus sortir de cette sainte retraite. Martin les admet avec joie au nombre de ses disciples, les revêt de l'habit monastique et les confirme dans cet état par sa bénédiction. Il leur donne pour logement une grotte creusée dans le flanc de la montagne, où, selon leur désir, il les renferme, après leur avoir fait un oratoire dans le rocher même, à l'entrée de leur cellule, y avoir béni un autel et mis, de sa propre main, quelques-unes des reliques apportées par eux. Ensuite il ordonne deux d'entre eux, Clément et Prime, prêtres, deux autres, Létus et Théodore, diacres, et les trois derniers, Gaudens, Quiriace et Innocent, sous-diacres. — Suivant la tradition, l'oratoire dont il vient d'être parlé était celui qui, naguère encore se voyait auprès de la basilique de Marmoutier.

2. — Martin va lui-même aussi faire un pèlerinage et obtenir, à son tour, des reliques précieuses. — Un jour, il est parti de Candes, bourg de son diocèse qu'il visite souvent, et se rend, par dévotion, à une église de la bienheureuse Vierge Marie, située au bord de la Vienne et célèbre par les nombreux miracles de la mère de Dieu (1). Cette église nous semble être celle de Rivière, auprès de Chinon, où subsiste encore une basilique romane, dédiée à Notre-Dame, dans laquelle, suivant une autre tradition, Martin vint souvent prier pendant la nuit (2). Il y rencontre le saint abbé Maxime qui, revenu du monastère de l'Isle-Barbe, s'est fixé sur le territoire de Chinon, où il bâtit lui-même un monastère.

— J'ai résolu, lui dit l'évêque, de faire un pèlerinage

---

(1) Propr. S. Max. Cainoc., p. 80.
(2) Guibert de Gembl., Lettre à Phil., arch. de Col.

aux saints lieux de Rome, et je t'invite à m'y accompagner.

Martin ajoute encore de pieuses paroles pour y décider son disciple, mais inutilement.

— Mon monastère est à peine commencé, répond Maxime, et il me tarde de l'achever.

Ainsi l'évêque se dispose à partir seul et le solitaire retourne à ses travaux de construction.

3. — Maxime monte dans une barque pour passer la rivière qui le sépare de sa demeure ; mais soudain le vent souffle avec violence, les flots s'émeuvent, la barque est submergée et le pauvre moine disparaît sous les eaux. Informé de l'accident, Martin accourt :

— Maxime, s'écrie-t-il, je te le commande, sors du sein de ces flots.

Maxime qui, au milieu de la masse des eaux, a été préservé de tout mal par l'habit du bienheureux, dont il lui semblait être entouré de tous côtés, obéit à sa voix et se présente joyeux à son maître. Celui-ci, alors, lui fait de tendres reproches sur son refus de l'accompagner. Changé par cet avertissement du Ciel, l'abbé consent à tout. — Sur le mur extérieur de l'église de Rivière, on voit encore, au chevet, une sculpture très-ancienne où sont représentés deux vieillards qui s'embrassent. Je crois qu'on a voulu y figurer la rencontre de nos deux saints.

4. — Accompagné de Maxime et de plusieurs autres disciples, Martin ne tarde pas à atteindre la frontière de nos voisins les Bituriges (1). Comme le jour est sur son déclin, il se dirige vers un village peu éloigné, où il est reçu avec allégresse. Cette localité située sur les confins des deux peuples de la Touraine et du Berri, s'appelait alors Claudiomachus et paraît être aujourd'hui la petite ville de Châtillon-sur-Indre, qui est fort ancienne. Il y avait là une église célèbre par la religion des moines qui

_____
(1) Sulp., Dial. 2, n. 8.

la desservaient et non moins glorieuse par la multitude
de ses vierges sacrées. Obligé d'y passer la nuit, Martin
choisit son logement dans la sacristie, où il souffre qu'on
prépare pour lui, un lit composé de quelques poignées de
pailles étendues sur le pavé. Mais dès que l'aurore a commencé à paraître, il s'acquitte avec empressement de ses
devoirs de chaque jour et reprend aussitôt son chemin.
Après son départ, toutes les vierges se précipitent dans
la sacristie; elles y recherchent la trace de ses pas, les
endroits où il s'est arrêté, où il s'est assis et y collent
leurs lèvres avec une vénération profonde : puis elles se
jettent à l'envi sur la paille où il a reposé et se la partagent
comme un précieux butin. — Une d'elles, quelques jours
après, eut occasion de faire usage de la part qu'elle en
avait recueillie : trouvant un énergumène que tourmente
l'esprit d'erreur, elle la lui suspend au cou. A l'instant
même et plus vite que la parole, le démon prend la fuite
et la personne est délivrée.

5. — Continuant son chemin sur le territoire de
Bourges, Martin arrive près d'un autre village, auquel le
miracle dont il fut le théâtre fit donner, dans la suite, le
nom de *Leprosum,* et qui est sans doute celui qu'on appelle
aujourd'hui Levroux, dans le Berri, à peu de distance de
Châtillon (1). Il se détourne de sa route, pour aller y prier
dans une église de Saint-Sylvain; car jamais, il ne passe
devant une église sans y entrer dévotement. Sur le seuil
même il se rencontre avec le seigneur du lieu, homme
riche, mais atteint de la lèpre; il entre néanmoins sans
s'arrêter.

L'autre reconnaît que c'est Martin, ce thaumaturge
puissant, ce magnifique évêque de Tours, cet homme
glorieux dont la parole est un remède à toutes sortes de

(1) Philippe Labbe, Biblioth, des mss., t. 2, p. 446. Acta SS., Sept.,
t, 6, p. 405,

maladies, qui commande même à la mort, et, par un seul
baiser, a guéri un pauvre lépreux : la célébrité, la puissance d'un tel homme le remplit de confiance, et il ordonne
à ses serviteurs, qui se tiennent près de lui, d'aller préparer un festin digne d'un hôte si important. Cependant
il reste à la porte, avec la foule qui attend la sortie de
Martin.

Bientôt notre évêque, entouré de ses disciples, quitte le
lieu saint : le lépreux se jette à ses genoux.

— Daigne, je t'en supplie, lui dit-il, accepter chez moi
l'hospitalité : la ville est encore loin, et il ne serait pas
sans inconvénient pour toi de partir à cette heure : que
la laideur de mon mal ne t'empêche pas d'accepter mon
offre, car j'ai des maisons convenables pour te recevoir.

— Sans doute c'est la volonté du Seigneur que je loge
chez toi, mon frère, lui répond le Saint d'un air gai ; con-
forme-toi donc à l'usage et donne le baiser de paix à ton
hôte.

Ce malheureux désirait certes de tout son cœur,
toucher le Saint, mais un sentiment de honte inspiré
par la laideur de son mal l'empêchait d'avancer. Alors
le Saint que la lèpre ne souille pas et qui, au contraire,
guérit la lèpre, s'approche de lui avec empressement
et lui donne le baiser : si le lépreux ne fut pas guéri sur
le moment, peut-être faut-il l'attribuer à la faiblesse de
sa foi.

6. — Martin suit donc, avec ses disciples, l'hôte qui
les conduit au logement qu'il leur destine et où l'affectueuse largesse du maître de la maison n'a rien
épargné pour faire honneur à la pieuse troupe. Les
valets y déploient toute l'habileté de leur art, toute la
promptitude de leur obéissance, tout le zèle de leur dévouement.

Ce banquet vénérable est terminé, mais l'hôte de Martin
ne peut, au milieu de cette fête, oublier sa propre misère

qui l'empêche, malgré ses grands biens, de se posséder
lui-même : il s'approche donc du Saint, se prosterne de
nouveau à ses pieds, lui montre le hideux état de son corps
et le conjure de lui accorder le soulagement qu'il ne peut
attendre d'un autre.

— Je suis ton débiteur, lui dit Martin, je prierai à ton
intention : pour toi, aie confiance au Seigneur, purifie ta
conscience et demain, à la messe solennelle, à laquelle tu
assisteras, viens, au moment de la communion, recevoir,
de ma bouche, le baiser de paix, et participer aux mystères sacrés.

Une immense multitude s'était rassemblée devant la
demeure du saint évêque, qui, après les matines, sort et
paraît aux yeux de cette foule ravie. Il se rend ensuite à
l'église, pour y célébrer l'auguste sacrifice, pendant
lequel le lépreux reçoit dévotement la paix de sa bouche
et, de ses mains, les divins mystères. Alors c'est merveille de voir ce sacrifice unique, qui produit la santé de
l'âme, produire aussi le salut du corps : celui qui s'en est
approché lépreux et immonde, s'en retire sain et purifié.
A la vue d'un tel prodige, les assistants exaltent la gloire
du Christ dans Martin et la puissance de Martin dans le
Christ.

Cette légende nous est fournie par un auteur très-
grave, qui dit l'avoir tirée d'une ancienne vie manuscrite de saint Sylvain. Une tapisserie du xvie siècle,
qui existe encore dans la petite-ville de Montpezat, en
offre la représentation dans son, neuvième tableau,
au-dessus duquel se lit en quatre vers le récit abrégé du
fait.

CHAPITRE XXXII.

SAINT MARTIN CHEZ LES ÉDUENS ET AU MONASTÈRE D'AGAUNE.

1. La ville d'Autun et le temple de Saron. — 2. Le meurtrier renversé. — 3. Les martyrs thébéens. — 4. La rosée de sang. — 5. Retour de notre évêque. — 6. Il agrandit l'église de S. Lidoire.

1. — Au confluent de l'Arroux et de la Creusevaux, sur un plateau qui domine une plaine de plusieurs lieues d'étendue, entourée de montagnes qui en bornent la vue de tous cotés, s'élève l'ancienne Bibracte des Éduens, qui, sous le règne d'Auguste, prit le nom d'*Augustodunum*, dont les modernes on fait Autun. Au temps de Tibère, ses écoles avaient tant de réputation, qu'on y envoyait des jeunes gens de Rome même pour y faire leurs études. Capitale d'un peuple puissant, elle était devenue siége épiscopal dès le II⁰ siècle, où des disciples de saint Polycarpe y introduisirent le christianisme.

Du pays des Bituriges, notre saint continuant sa route, passe dans celui des Éduens et arrive près d'Augustodunum. A l'orient de la ville et non loin de ses murs, un temple antique et vénéré a survécu à la proscription des druides (1). Cet édifice profane avait été consacré, par la superstition, à Saron, petit-fils de Samothès, dont les Gaulois, d'après César, prétendaient tirer leur origine : il y avait eu aussi, au milieu des forêts sacrées qui couvraient ces lieux, un collége fameux, où, de toutes parts, la jeunesse venait étudier, sous les druides saronites, la philosophie et la religion.

(1) Ms. bénéd. de **S. Martin-lès-Autun.** aux arch. de l'évêché.

2. — Martin voit ce temple, qui est peut-être, dans ces contrées, le dernier refuge du paganisme. Saisi d'un saint transport et poussé par l'esprit de Dieu, il en abat l'autel et les idoles; mais tout à coup, une multitude furieuse de paysans idolâtres se précipite sur lui, pour défendre ou venger les objets de son culte (1).

Entendant leurs cris sauvages et le bruit de leur approche, Martin s'est retourné vers eux, leur montrant un visage tranquille et serein. A son aspect vénérable, la foule s'arrête, n'osant porter les mains sur un évêque dont la réputation et la sainteté sont connues de toute la Gaule. Peut-être Martin va-t-il leur adresser la parole, tâcher, par la prédication évangélique, de les désabuser de leurs superstitions et leur faire entendre ses vives exhortations qui, tant de fois ailleurs, ont adouci de semblables colères. Il n'en a pas le loisir : un homme, comme il s'en trouve presque toujours dans les multitudes, faisant gloire de montrer plus d'audace que les autres, sort des rangs de cette troupe et s'avance vers lui l'épée à la main. Notre apôtre rejette promptement son manteau en arrière et présente son cou nu au glaive. Sans hésiter un instant, le farouche éduen se dispose à lui trancher la tête, lève le bras, se dresse de tout son corps et tombe lui-même à la renverse sur le pavé : saisi d'une crainte surnaturelle et tremblant de subir un traitement plus rigoureux il implore de Martin un pardon qui lui est accordé avec joie.

On peut présumer que cet événement toucha aussi les autres infidèles et que le thaumaturge en profita pour les instruire et les amener à la foi.

Au lieu de détruire le temple, selon son habitude, il le consacra au culte du vrai Dieu, sous l'invocation des saints apôtres Pierre et Paul et érigea un autel qui se

(1) Sulp. V. b. M., c. 15.

voyait encore bien des siècles après : il était petit et fort
bas. L'église Saint-Pierre et Saint-Paul fut, depuis,
dédiée sous le nom de Saint-Martin : une inscription y
attestait le miracle que nous venons de raconter. Cette
église, qui se voit encore dans sa première construction, n'est pas éloignée de l'abbaye de Saint-Symphorien, où notre saint a bien pu laisser quelques-uns de ses
disciples.

3. — Enfin, poursuivant son voyage, qu'il abrège, avec
Maxime, par les doux entretiens de l'amitié, il en atteint
heureusement le but. Après avoir, selon son désir, honoré
les saints lieux de Rome, rappelé à Tours par sa tendresse
pour son troupeau, il quitte la ville et se remet en chemin.
Il arrive dans ces montagnes des Alpes qu'il a déjà traver-
sées plus d'une fois : il est en habit de pèlerin et n'a plus
avec lui qu'un très-petit nombre de compagnons, soit qu'il
en ait renvoyé plusieurs rejoindre leurs frères, soit qu'il
en ait laissé dans les monastères fondés par lui sur son
passage.

Cent ans auparavant, des milliers de martyrs ont répandu leur sang pour le Christ, dans ces montagnes : ce
sont saint Maurice et ses légionnaires. Théodore, évêque
d'Octodure, qui vivait encore en 378, est celui à qui les
martyrs thébéens avaient révélé l'endroit où reposaient
leurs reliques : c'est un site des plus pittoresques, que les
Alpes environnent des deux côtés, à une hauteur pro-
digieuse.

4. — Passant près de là, Martin éprouve le désir d'y
prier et se rend à la ville d'Agaune, dont l'église possède
les reliques de ces héros chrétiens (1). Son oraison terminée, il demande aux moines qui desservent l'église
quelque parcelle de ces reliques précieuses ; mais ceux-

(1) Epist. dec. et canonic., Castri-Novi ad Philip., arch. Col. Maan,
append., p. 213. Brev. Tur., D. Amelot, 12 mai.

ci, qui ne voient qu'un inconnu dans la personne cachée sous ce vêtement de pèlerin, ne font nul accueil à sa prière. Rebuté par les hommes, il s'adresse à Dieu, selon sa coutume, et obtient des habitants qu'ils lui montrent au moins le lieu autrefois rougi par le sang des soldats martyrs; il y fléchit les genoux, puis, le cœur, les yeux et les mains au ciel, il prie avec une dévotion extrême :

— Maître de la terre et de la mort, dit-il, pour qui rien ne se perd, pas même un cheveu de notre tête, et qui dois, un jour, rétablir en un clin d'œil, la substance de l'homme, daigne, je t'en supplie, faire sortir des entrailles de la terre, pour la gloire de ta Majesté et l'honneur des martyrs, quelques gouttes du sang de tes soldats, répandu et absorbé dans ce lieu, pour la défense de ton nom.

Il dit, tire d'un étui un petit couteau qu'il porte sur lui, saisit, d'une main, l'herbe verte par le sommet et de l'autre la coupe en forme de couronne. Alors, miracle inouï! de cette herbe ainsi coupée, il voit couler à grosses gouttes une abondante rosée de sang. Rempli de joie, il recueille, avec respect et action de grâces, tout ce que lui envoie d'un bien si précieux la munificence divine, le distribue dans de petits vases faits pour cet usage et appor. tés, dit-on, par un ange, puis, tressaillant d'allégresse, veut continuer son voyage avec ses compagnons. Mais il faut que Martin méprisé se montre Martin pontife élu de Dieu.

Il reprend donc son chemin, mais ne peut le continuer : une force secrète le retient, tandis qu'une inspiration intérieure lui fait comprendre la volonté de son suprême bienfaiteur. Il retourne aussitôt à Agaune, raconte aux moines ce qui lui est arrivé, leur reproche l'avarice qui les rendait pauvres dans leur opulence et leur déclare qui il est. Ces moines tout interdits reconnaissent leur faute et se mettent à sa disposition, avec tout ce qu'ils possèdent : l'évêque leur pardonne et, se croyant assez riche de ce que le Ciel lui a envoyé, leur dit adieu, après leur avoir laissé son couteau et une fiole du sang des martyrs : puis, avec la permission du Seigneur, il continue son chemin et ne tarde pas à revoir sa chère ville de Tours.

5. — L'antique cité des Turones bondit de joie et bat des mains à son arrivée : clercs et religieux le reçoivent en procession solennelle, comme le pasteur, le maître et la lumière de la patrie. Pour lui, s'occupant sans retard du dépôt sacré qu'il rapporte, il le partage de nouveau en plusieurs vases et le place en divers lieux; la principale église de la métropole et celle d'Angers, qui en relève, sont honorées de ces gages et consacrées aux martyrs thébéens : il garde une fiole de leur sang qu'il porta toujours sur lui.

Cette légende, écrite au xi° siècle, exprime la tradition des églises de Tours et d'Angers, où l'on montrait encore, au dernier siècle, les fioles en question ; celle que le saint avait laissée à Agaune s'est, jusqu'aujourd'hui, conservée à Saint-Maurice, dans le Valais.

6. — Saint Martin agrandit l'église bâtie par son prédécesseur saint Lidoire, en fit une nouvelle dédicace et la consacra à Dieu, sous l'invocation de saint Maurice et de ses compagnons, dont il y mit les reliques. Ce fait est constant et se trouve autorisé par une tradition très-ancienne, confirmée par le témoignage des historiens les plus recommandables. Quant à la manière dont il obtint ces reliques, nous ne voyons pas pourquoi le récit que nous avons reproduit a paru fabuleux à quelques critiques modernes : constatons seulement que le voyage de saint Martin à Rome est établi par deux pièces différentes, la lettre des chanoines de Tours et la légende de saint Maixme de Chinon.

CHAPITRE XXXIII.

SAINT MARTIN ET LES DEUX PRÉFETS.

1. Désintéressement nécessaire à l'apôtre. — 2. La maison de Lycontius. — 3. Le saint rachète les captifs. — 4. Usages et bonnes
œuvres de ce temps. — 5. La fille d'Arborius. — 6. Consécration
d'une vierge. — 7. Un monastère de filles.

1. — Martin est toujours tel que nous l'avons vu dans
sa jeunesse militaire : soldat d'une autre milice, il vit
encore au jour le jour, sans se rien réserver pour lui ni
les siens, sans prendre aucun souci du lendemain. C'est
toujours le même cœur entièrement détaché des biens
temporels, mais sensible à toutes les misères du prochain.
S'il voulait recevoir et conserver les dons de ceux que ses
prières ont délivré de leurs maux, il lui serait facile de
vivre dans l'abondance de toutes choses; mais, outre
l'esprit de pénitence et de charité dont il est animé, il ne
craint rien tant que de paraître rechercher, en quoi que
ce soit, un avantage terrestre : il sait que, dès lors, c'en
serait fait, aux yeux des peuples, de l'autorité de son
ministère et que, pour la conserver, il doit donner des
preuves éclatantes d'un désintéressement à toute épreuve.
Aussi y a-t-il des moments où l'indigence fait sentir ses
rigueurs au monastère, d'une manière très-pénible, même
pour des moines.

2. — Un jour, on apporte une lettre à Martin (1) :
cette missive, qui est, selon l'usage du temps, un morceau de papier roulé sur lui-même, vient d'un ex-vicaire
de l'empire ou ancien préfet de province, nommé Lycontius, chrétien plein de foi et l'un des amis du saint évêque.

(1) Sulp., Dial. 3, n. 18.

La maison de ce haut personnage, située apparemment, comme celle d'Évantius, au milieu de la campagne, et habitée par une nombreuse famille de serviteurs, a été, tout à coup, frappée d'une contagion terrible. C'est une calamité sans exemple : on ne voit partout, chez lui, que malades couchés çà et là. Sa lettre a pour but d'implorer le secours de Martin, seul capable de triompher, par ses mérites, de ce fléau étrange, qui a résisté à tous les remèdes et à toute la science des médecins.

— La chose ne sera pas facile à obtenir, répond le bienheureux, après la lecture du message.

En effet, l'Esprit d'en haut lui a fait comprendre que l'affliction qui est tombée sur cette demeure est un châtiment parti de la main de Dieu. Cependant il se retire dans sa cellule, et là, durant sept jours et sept nuits, comme il le fait dans les cas les plus graves, il ne cesse de jeûner et de prier, pour fléchir la colère du Seigneur et arracher au Ciel la grâce qu'on l'a chargé de demander. Lycontius, au bout de ce temps, éprouve les effets de la clémence divine et vole au monastère de l'évêque, lui porter la nouvelle et le remercier, à la fois, de la délivrance de sa maison. Cet homme, aux sentiments élevés et généreux, joint à ses actions de grâce l'offre de cent livres d'argent, somme alors très-considérable, que ses gens apportent après lui et qui va, dans quelques instants, être remise à Martin.

3. — Le saint, comme nous l'avons remarqué, a pour habitude de n'accepter aucun cadeau : il a refusé ceux-mêmes des empereurs. Cependant il désire laisser à son ami le fruit et le mérite de sa pieuse libéralité. Sans refuser sa riche offrande, il a trouvé le moyen de ne pas l'accepter non plus. Sur-le-champ et avant qu'elle ait touché le seuil du monastère, il la destine au rachat des captifs, c'est-à-dire des citoyens romains enlevés et faits prisonniers par les Barbares.

11

— Pourquoi, lui dirent les frères, n'en pas réserver une partie pour la dépense du monastère? Nous avons tous à peine de quoi nous nourrir et plusieurs d'entre nous manquent de vêtements.

— C'est à l'église de nous nourrir et de nous vêtir, répondit-il : prenons garde seulement de paraître rien rechercher pour notre usage.

4. — C'était en effet la règle ancienne que chaque église devait pourvoir aux besoins corporels de ses clercs. Dans les premiers siècles, on faisait des collectes régulières, chaque dimanche, sans compter d'autres quêtes, et saint Paul rappelle plus d'une fois l'obligation où nous sommes de faire part de nos biens temporels à ceux qui nous procurent les biens spirituels. Dans ce même IVe siècle, on voit que l'église d'Hippone, en Afrique, donnait des vêtements à l'évêque et aux clercs. « Si l'on souhaite que je porte les habits qu'on me donne, disait saint Augustin à son peuple, qu'on m'en donne qui ne me fassent pas rougir; car, je vous l'avoue, un habit de prix me fait rougir.

Les paroles de notre saint semblent indiquer que les fidèles de son diocèse regardaient sa subsistance et celle de ses moines comme assurées par les offrandes des particuliers et c'est de quoi Martin a eu à cœur de les désabuser.

Le rachat des captifs, pratiqué par notre évêque, était une des bonnes œuvres qui, alors, honoraient le plus l'Église. Pour en atténuer le mérite, les païens répondaient que l'Église a des revenus. « Que ne faisaient-ils, répliquait saint Ambroise, le même usage des leurs? Que les païens comptent aussi les captifs que leurs temples ont rachetés, les pauvres qu'ils ont nourris, les exilés qu'ils ont secourus. »

5. — Une cause semblable à la précédente va mettre

nôtre saint en relation avec un autre ancien préfet (1). Il
se nomme Arborius et a été préfet de Rome en 380 : on
trouve, dans le code Théodosien, deux lois qui lui sont
adressées en cette qualité. C'est aussi un chrétien d'une
foi sincère et d'une probité irréprochable. Sa fille est actuellement en proie aux ardeurs dévorantes d'une fièvre
quarte qui menace de l'emporter bientôt. Par hasard, une
lettre de Martin tombe entre les mains de ce père affligé,
qui, dans une inspiration de foi admirable, la place, au
commencement d'un accès, sur la poitrine de la malade.
A peine ce papier, sanctifié par l'écriture de l'illustre
pontife, a-t-il touché ce corps languissant, que la fièvre
l'abandonne aussitôt.

6. — Ce miracle fait tant d'impression sur l'esprit d'Arborius, qu'à l'heure même il offre sa fille à Dieu et la
voue à une virginité perpétuelle; il se rend auprès de
Martin et lui présente cette jeune fille, vivant témoignage
de sa puissance miraculeuse : c'est Martin qui, bien
qu'absent, l'a rappelée à la santé; dans la pensée de ce
père, ce n'est pas un autre que Martin qui doit la revêtir
de l'habit des vierges et la consacrer au Seigneur. Martin
l'a rendue à son père; celui-ci, par Martin, la rend au
Père qui est dans les cieux.

La consécration d'une vierge se faisait, dès lors, avec
un grand appareil, un jour de fête où tout le clergé et le
peuple étaient assemblés. En 352, le pape Libère avait
donné l'habit, c'est-à-dire le voile des vierges, à la fille
d'Ambroise, préfet des Gaules. Cette cérémonie avait eu
lieu à la messe de Noël, en présence d'un peuple innombrable. Nous avons encore la belle allocution qu'il fit à
cette solennité : il y parle à la vierge de la dignité de son
époux : c'est celui-là même qui venait de nourrir tout ce

_____

(1) Sulp., V. b. M., c. 19.

peuple avec son corps descendu du ciel : c'est lui qu'elle doit aimer, c'est lui qu'elle doit honorer par la sobriété, la modestie et le silence.

7. — Saint Martin a établi, nous l'avons vu, dès le commencement de son épiscopat, un monastère de filles, à quelque distance du sien. Suivant la tradition, ce monastère était dans un îlot de la Loire. Ce fut sans doute dans cette riante et sainte demeure que la fille de l'ancien préfet de Rome acheva, sous l'aile du Seigneur, le cours d'une vie qu'il lui avait conservée par un miracle. Quelques années après, on vit s'élever, aux environs de Tours, d'autre maisons semblables, situées à l'opposé de la première, c'est-à-dire à l'occident de la ville.

CHAPITRE XXXIV.

SAINT MARTIN IMITATEUR DE JÉSUS-CHRIST PAR SES MIRACLES.

1. Les noms illustres.— 2. Vision d'Arborius. — 3. L'hémorrhoïsse. — 4. Le serpent qui nage. — 5. L'économe du monastère. — 6. L'esturgeon. — 7. Le chien furieux.

1. — Un des moyens dont la Providence s'est servie pour donner aux miracles de Martin une plus grande célébrité, ça été de les rattacher à certains noms illustres dans le monde. Ainsi, sans parler des empereurs Valentinien et Maxime, ni du comte Avitien, le puissant Lupicinus, le riche Évantius, Tétradius, de famille proconsulaire, le noble Paulinus, l'ex-vicaire Lycontius et enfin Arborius, l'ancien préfet de Rome, sont des témoins qui ont certainement contribué à répandre et à certifier les œuvres produites chez eux par notre évêque :

en retour ces mêmes œuvres ont transmis leurs noms à la postérité populaire, qui, autrement, les eût sans doute ignorés.

2. — Pour Arborius, il semble que Dieu ait tenu à le récompenser, dès ce monde, de sa générosité et à lui marquer combien son sacrifice est agréable au Ciel (1). Un jour, pendant que Martin offre les saints mystères, auxquels assiste l'ancien préfet, celui-ci voit la main du pontife qui étincelle d'un éclat éblouissant et qui lui paraît comme revêtue des plus belles pierreries : il entend même, quand cette main s'agite, le bruissement de ces pierres précieuses, froissées l'une contre l'autre. — Arborius attestait lui-même cette vision, plusieurs années après l'événement.

La vision d'Arborius est, à nos yeux, le complément de celle où le chef du bienheureux parut tout rayonnant. Martin a donc eu, dès ce monde, sa transfiguration, comme il a eu son agonie, dans les forêts d'Andethanna.

3. — Le Sauveur a fait cette promesse : *En vérité, en vérité, je vous le dis, celui qui croit en moi fera les œuvres que je fais et encore de plus grandes.* Cette promesse s'est accomplie en Martin, d'une manière frappante (2).

Dans la foule qui l'environne souvent, lorsqu'il paraît en public, se trouve, un jour, une femme affligée d'une perte de sang. Animée de la même foi que l'hémorrhoïsse de l'Évangile, et pleine de confiance dans les mérites du saint évêque, elle s'approche de lui et touche son vêtement. A l'heure même, elle est entièrement guérie. Réfrigerius a été l'un des témoins du fait.

(1) Sulp., Dial 3, n. 10.
(2) Sulp., Dial, 3, n. 12 et 13.

4. — Martin s'est arrêté, avec ses disciples, sur le bord de la Loire, qui avoisine sa demeure. Tout à coup, fixant ses regards sur la surface du fleuve, il remarque un serpent qui le traverse à la nage et se dirige de leur côté.

— Au nom du Seigneur, lui dit-il, je t'ordonne de retourner en arrière.

A cet ordre, la maligne bête cesse aussitôt d'avancer, puis rebrousse chemin et, suivie des yeux par les moines, regagne la rive d'où elle est partie. Tandis que les assistants demeurent saisis d'admiration, Martin pousse un profond soupir :

— Les serpents m'écoutent, dit-il, et les hommes ne m'écoutent pas.

Qu'est-ce à dire, si ce n'est que, même parmi ses disciples et ses clercs, il s'en trouve d'indociles, de rebelles et même d'insolents, à l'égard de leur maître, pourtant si doux et si charitable? Cette plainte, la seule que nous connaissions de lui, montre que, s'il souffre patiemment ces résistances, il n'en est pas moins affligé, dans l'intérêt de ceux qui s'en rendent coupables.

5. — Le diacre Caton paraît être du nombre de ses meilleurs disciples et justifie le choix qui l'a investi de l'administration temporelle du monastère. Cet emploi, qui est celui d'économe ou de célerier de la communauté, l'oblige à pourvoir, de son mieux, à la subsistance et aux besoins de ses frères; à faire l'acquisition des aliments, des habits, du bois et des autres choses qui leur sont nécessaires, autant que les ressources communes le lui permettent. C'est lui qui avait fait prix avec le charretier, dont nous avons vu la fin malheureuse.

Il est probable que, pour ces dépenses, il reçoit de l'archidiacre de l'église de Tours une part des oblations recueillies dans les collectes régulières du dimanche et des jours de fête; mais cette part, vu l'humeur chagrine et parcimonieuse de l'archidiacre, qui s'est fait connaître à nous, pourrait bien n'être pas toujours équitable et nous serions en droit d'imputer à l'avarice de ce clerc, plutôt qu'à l'indifférence des fidèles, les privations excessives que les moines ont eu à souffrir.

Du reste, notre économe ne se contente pas de subvenir, à prix d'argent, à la nourriture de l'évêque et de ses moines : il y emploie aussi sa propre industrie. C'est un habile pêcheur, capable de rivaliser avec ceux qui exercent le métier dans les environs. Il n'a pour son usage qu'un filet fort étroit, mais qui, grâce à son adresse, lui a permis, plus d'une fois, à certains jours solennels, de remplacer, par quelques beaux poissons de la Loire , les maigres légumes qui font l'aliment habituel du maître et des disciples.

6. — Restons encore sur les bords du fleuve, où nous allons être témoins d'une scène intéressante.

Nous sommes dans les jours qui suivent la grande fête de Pâques, et qui sont, pour ainsi dire, les vacances du monastère. Tous les ans, à pareille époque, et peut-être à cette époque seulement, Martin a coutume de manger du poisson, en signe de réjouissance. Un peu avant l'heure du repas, c'est-à-dire, vers le soir, le diacre Caton, économe, est appelé.

— Avons-nous du poisson? lui demande le saint.

— Il m'a été impossible de rien prendre de la journée, répond le diacre , et les autres pêcheurs qui avaient l'habitude d'en vendre n'ont pas été plus heureux que moi.

— Va, lui dit Martin, jette de nouveau ton filet; cette fois, ta peine ne sera pas perdue.

Caton, à l'instant même, court reprendre son filet encore humide : de leur côté, les moines, dont les cellules sont contiguës au fleuve, s'avancent pour le voir pêcher : en un moment, toute la communauté, profitant de la liberté de ces jours fériés, se trouve réunie sur le rivage. Chacun est attentif à cette pêche faite par l'ordre de Martin et pour l'usage de Martin : chacun est assuré par avance de la réussite.

L'attente générale est bientôt satisfaite. A peine Caton a lancé son filet, qu'une secousse, imprimée aux signaux d'écorce flottant à la surface de l'eau, l'avertit d'une capture : il l'attire doucement sur le rivage. O bonheur ! c'est un esturgeon énorme, qui se débat dans les mailles de sa prison. Caton le saisit aussitôt des deux mains et court tout joyeux le porter au monastère, laissant les spectateurs émerveillés d'un si prompt succès. « Vrai disciple du Christ, dit l'historien, et imitateur des merveilles que le Sauveur a faites, pour servir d'exemple à ses saints, Martin montrait en soi l'opération du Christ, qui glorifiait son saint, en toute rencontre, et réunissait, en un seul homme, les dons de ses grâces diverses. »

7. — Mais c'est peu que Martin opère lui-même des miracles, les autres en font aussi beaucoup, en son nom. A l'occasion, ses disciples essaient par eux-mêmes, comme le marchand égyptien, la puissance du nom de leur maître et les effets ont déjà souvent récompensé leur foi.

Gallus, Saturnin et un troisième disciple ou un ami de notre saint cheminent ensemble, quand, tout-à-coup, ils sont assaillis par un chien furieux, qui se met à les poursuivre de ses aboiements. Importuné par ce bruit qui trouble leur pieux entretien, le troisième personnage se retourne :

— Au nom de Martin, dit-il, je t'ordonne de te taire.

Le chien s'arrête court, à l'instant, et cesse d'aboyer, comme si on venait de lui arracher la langue. — Ce disciple, si plein d'amour et d'estime pour son maître, se montre aussi son imitateur par sa modestie et son

humilité : car il a défendu à l'historien de le faire connaître; c'est pourquoi nous n'avons pu joindre son nom
à celui de ses deux compagnons. — Puissions - nous
avoir la même confiance dans les mérites de notre saint
protecteur, et, lorsque l'ennemi infernal fera entendre
contre nous ses terribles hurlements ou nous adressera
ses suggestions perfides, lui dire, avec la même hardiesse
et le même succès : « Au nom de Martin, je t'ordonne de
te taire ! »

CHAPITRE XXXV.

DERNIER VOYAGE DE SAINT MARTIN A TRÈVES.

1. Martin septuagénaire. — 2. L'oratoire de S. Mansuet. — 3. Les
évêques à la cour de Maxime. — 4. Martin devant le prince. —
5. Histoire de l'empereur Maxime. — 6. Il s'excuse devant Martin.

1. — Des faits que nous venons de rapporter et qui
nous ont introduits dans la vie intime et familière de
notre évêque nous passons, de nouveau, à des événements
qui appartiennent à sa vie publique et lui donnent une
place dans l'histoire générale de son temps. Nous sommes
arrivés à l'époque où la gloire terrestre de notre saint
doit atteindre son apogée ; c'est aussi la dernière fois que
nous le verrons paraître à la cour et s'occuper des affaires
du siècle.

Deux ou trois ans après la mort de Gratien, c'est-à-dire
vers l'an 386, Martin, dans la soixante-dixième année de
son âge, entreprend un troisième voyage à Trèves (1). Ce
qui l'y ramène ce sont encore les suites malheureuses de
la guerre civile ; il y a encore des prisonniers à délivrer

(1) Sulp., V. b. M., c. 20.

de leurs fers, des exilés à rappeler dans leur patrie, des biens confisqués à rendre aux bannis.

2. — En passant par l'antique cité de Toul, sur la rive droite de la Moselle, Martin, conduit par sa dévotion ordinaire, entre dans l'oratoire du bienheureux Mansuet (1) : on appelait ainsi une église bâtie jadis par ce saint évêque de Toul, dans le faubourg septentrional de la ville, et consacrée à saint Pierre, apôtre : le corps de saint Mansuet, mort depuis neuf ans, y reposait.

Tandis que Martin prie en ce lieu, l'âme d'une vierge sacrée, qui, peu auparavant, y a été ensevelie, répète tout à coup, à plusieurs reprises, du fond de son tombeau :

— Martin ! Martin !

Le bienheureux prête l'oreille à cette voix suppliante : elle continue :

— Très-saint pontife, si puissant au ciel et sur la terre, aie pitié d'une pauvre défunte ensevelie ici ; car mon corps est caché sous cette terre, mais mon âme est dans les tourments. Emploie à me secourir le patronage du très-saint évêque Mansuet et le tien : tu sauras, à ton retour, que mon âme est délivrée si tu n'entends plus ma voix.

Saint Martin se retire, tout préoccupé de la pensée de soulager cette âme en peine. Bientôt il arrive à Trèves et paraît à la cour.

3. — Avant d'exposer les faits suivants, l'historien, qui vient de raconter les miracles du saint, s'exprime ainsi, en manière de transition : « A des merveilles si grandes, je vais en mêler d'inférieures : que dis-je ? inférieures ! A l'époque de dépravation et de corruption universelle où nous sommes, n'est-ce pas, au contraire, un mérite capital, pour un pontife, de n'avoir pas perdu le sentiment de sa dignité, en flattant l'autorité souveraine ? »

(1) Acta SS., 3 sept., Vita s. Mansueti.

En effet, autour du prince qui a fait de Trèves sa capitale, Martin trouve rassemblés plusieurs évêques, venus
de différentes contrées, pour des motifs semblables à ceux
qui l'amènent lui-même au palais; mais quelle différence
entre leur attitude et celle du bienheureux pontife! Ces
prélats n'ont point su échapper au danger attaché pour
eux au rôle de suppliants : tous se font remarquer par la
honteuse adulation, par les basses flatteries dont ils entourent le monarque. Dégénérée, dans leur personne, de
sa fermeté première, la dignité sacerdotale se montre
asservie au patronage du pouvoir séculier : ce ne sont
plus ces sages déférences des anciens évêques, toujours
graves et majestueux, c'est la complaisance aveugle de
clients abjects, livrés aux caprices d'un protecteur inso-
lent.

4. — Seul, au milieu de tous ses collègues, Martin soutient l'honneur du ministère sacré ; en lui seul l'autorité
apostolique se conserve entière et sans souillure : il sait
demander sans s'avilir : il a, lui aussi, des suppliques à
présenter au souverain, mais, admis à son audience, il lui
parle, le front haut, le visage impassible, d'un air et d'un
ton qui semblent appartenir bien plus à un maître qu'à un
solliciteur; en un mot, il ne supplie pas, il commande. Ce
n'est pas à titre de grâce qu'il réclame de Maxime l'élar-
gissement des prisonniers, le rappel des exilés, la restitution des biens confisqués au profit du trésor; c'est à titre
de justice. Maxime n'a pas d'autre moyen d'expier ses
fautes, et d'éviter, en ce monde et en l'autre, les châti-
ments qu'elles méritent. Car quel crime ont commis tous
ces condamnés ? Pas d'autre que celui d'avoir été fidèles à
leur légitime empereur.

5. — Maxime eût été un homme digne de tous éloges,
s'il eût pu repousser un diadème illégitime, placé tumul-
tuairement sur sa tête par des soldats révoltés, ou se
dispenser des guerres civiles; mais comment refuser sans

péril une si haute dignité ou la conserver sans le secours
des armes? A ce vice originel de son pouvoir il faut joindre
cependant, chez ce soldat parvenu, un génie altier, un
caractère naturellement hautain, exalté encore par ses
récentes victoires dans les guerres civiles.

Suivant l'opinion la plus probable, Maxime était breton
de naissance : il occupait, depuis longtemps, un rang
distingué parmi les principaux officiers des troupes romaines, en Bretagne, où il avait su se faire aimer des
soldats, lorsque ceux-ci, peu satisfaits du gouvernement
de Gratien, fils et successeur de Valentinien, proclamèrent
auguste leur général. Sans perdre de temps, le nouvel
empereur avait débarqué par le Rhin et s'était avancé
dans les Gaules, à la rencontre de Gratien, qui vint lui
présenter la bataille près de Paris. Maxime ne l'ayant pas
acceptée, les armées restèrent en présence plusieurs jours,
au bout desquels Gratien se vit abandonné de la sienne
et obligé de s'enfuir, avec trois cents cavaliers, qui l'aban-
donnèrent encore. Arrivé à Lyon, le malheureux prince
fut trahi par un homme qu'il avait honoré d'emplois distingués : invité à un festin, traité avec honneur pendant
le repas, il fut assassiné au sortir de table : il était âgé de
vingt-cinq ans, et avait régné, depuis la mort de Valentinien, sept ans, neuf mois et huit jours. Il laissait un
frère beaucoup plus jeune que lui et connu dans l'histoire
sous le nom de Valentinien II, avec lequel il avait partagé
l'empire d'Occident et qui avait eu dans son partage
l'Italie, l'Illyrie et l'Afrique. Par cette mort, arrivée en
383, Maxime était demeuré, sans combat, maître des
Gaules, de l'Espagne et de la Bretagne. Meurtrier de Gratien, il était donc usurpateur, à l'égard de Valentinien le
jeune, qu'il dépouillait des états qui devaient lui revenir,
après la mort de son frère.

6. — Malgré cette situation, la liberté sacerdotale de
Martin, loin d'offenser Maxime, augmente, au contraire,

son estime pour le saint évêque ; mais nous savons combien il est difficile d'obtenir de lui la grâce de ceux dont
il a convoité les biens ; car c'est moins la vengeance que
la cupidité ou la nécessité de procurer des ressources à
son trésor appauvri qui le pousse à ces mesures rigou-
reuses. Sans s'expliquer d'abord sur les demandes de
Martin, il cherche à l'adoucir par des égards et des pré-
venances : il l'invite donc à venir manger avec lui, comme
beaucoup d'autres évêques qui s'en sont fait un honneur :
le saint s'y refuse : Maxime revient à la charge et renouvelle plusieurs fois ses instances.

— Non ! répond Martin, je ne puis aller m'asseoir à la
table d'un homme qui a privé deux empereurs, l'un du
trône, l'autre de la vie.

— Je n'ai accepté l'empire que malgré moi, dit Maxime ;
ce sont les soldats qui m'ont imposé l'obligation de régner : tout ce que j'ai fait, ç'a été de défendre par les
armes une position où m'ont porté les décrets du Ciel, et
Dieu s'est déclaré assez ouvertement en ma faveur, par
la victoire que des événements si incroyables ont mise
entre mes mains. Quant à mes ennemis, si quelqu'un
d'eux a succombé, ce n'est pas ailleurs qu'au champ de
bataille.

Vaincu enfin, soit par ces raisons, qui ne manquent pas
de vérité, soit par les prières de Maxime, Martin consent
à s'asseoir à la table de l'empereur.

CHAPITRE XXXVI.

SAINT MARTIN A LA TABLE DE L'EMPEREUR MAXIME.

1. Les invités. — 2. La table. — 3. Le saint évêque. — 4. La coupe du festin. — 5. La prophétie. — 6. Pieux entretien.

1. — On ne saurait exprimer la joie du prince, qui fait aussitôt préparer un repas magnifique, auquel il invite, comme à une fête, les membres de sa famille, ainsi que les plus hauts dignitaires et les plus illustres personnages de son empire : parmi eux, on distingue le préfet et consul Evôdius, le magistrat le plus intègre qui fut jamais ; c'est à lui que Maxime confia jadis l'instruction de la cause de Priscillien. Après lui, viennent les deux comtes ou conseillers de l'empereur, dépositaires de sa suprême puissance ; le frère de Maxime, appelé Marcellin, qui, fait prisonnier, lui a été renvoyé par le jeune Valentinien, depuis le traité de paix conclu entre eux par l'entremise de saint Ambroise ; enfin l'oncle paternel de l'empereur. A ce banquet, tous ces invités sont venus revêtus de la robe de cérémonie, qu'on nomme trabée, plus courte et d'une étoffe plus fine que la robe ordinaire appelée toge : pour Martin, il se présente couvert de son humble vêtement monastique et accompagné d'un de ses prêtres.

2. — On entre dans la salle, où se trouve dressée une vaste table en demi-cercle, qui, avec le lit de même forme, a pris le nom de sigma, à cause de sa ressemblance avec cette lettre grecque, qu'on écrivait autrefois comme notre C.(1). Ce lit unique et commun remplace les lits séparés dont on se servait plus anciennement, et sur lesquels, suivant l'usage du temps, les convives étaient couchés.

(1) Maan, Eccl. Tur., p. 17.

Dans le sigma, les deux premières places sont les deux
cornes, la droite d'abord, puis la gauche : les autres places
se comptent à partir de la première de gauche, de manière que le dernier convive se trouve auprès du premier.
Maxime est donc couché à la corne droite et le consul
Evodius à la gauche : le reste des assistants suit, dans
l'ordre où nous les avons nommés; seulement, le saint
évêque, comme ne pouvant être comparé à personne,
n'est pas couché sur le lit avec les autres, mais assis, en
dehors du sigma, sur un petit siége, auprès de l'empereur:
son prêtre est placé, vis-à-vis de lui, entre le frère et
l'oncle de Maxime.

3. — Tout le luxe des césars, toute la somptuosité impériale a été déployée dans ce banquet, en l'honneur de
Martin, qui, pour se rassasier, n'a besoin que d'un seul
mets, et qui aspire surtout à la nourriture spirituelle.
L'air vénérable que lui donne sa sainteté le fait ressembler,
disent nos auteurs, à Moïse descendant de la montagne et
laissant échapper de son visage, comme reflet de son âme,
un éclat impossible à cacher : tous les assistants, qui sont
venus au palais, moins encore pour plaire à l'empereur
que pour admirer les actions du saint prélat, n'ont d'yeux
et d'attentions que pour lui : chacun tâche, avec un res-
pectueux empressement, de le servir en quelque chose :
Martin reçoit plus d'égards que l'empereur lui-même, mais
le prince veut aussi que, même en sa présence, Martin soit
le premier.

4. — Un usage, qui se retrouve encore aujourd'hui en
Flandre et dans quelques autres provinces de l'Europe,
voulait, en ce temps là, qu'on attendît, pour boire, le
milieu du repas : alors un serviteur remplissait une large
coupe, destinée à passer, de main en main, entre tous les
convives : elle était d'abord offerte au maître de la maison,
qui, après y avoir bu, la présentait au plus considérable
des conviés.

Vers le milieu du festin de Maxime, un de ses officiers vient lui apporter la coupe : l'empereur la refuse :

—Donne-la au très-saint évêque, dit-il.

Car d'avance il se fait un plaisir et un honneur de la recevoir lui-même de la main de Martin. L'échanson obéit et présente la coupe au saint, qui l'accepte, y trempe ses lèvres, puis la passe à son prêtre, sans paraître faire attention à l'empereur ni aux dignitaires à table avec lui : c'est qu'à ses yeux, aucun des assistants n'est plus digne que ce prêtre de boire après lui, et il eût cru commettre une injustice, en préférant à un prêtre l'empereur lui-même ou quelqu'un de ceux qui approchent le plus de l'empereur.

Cette action est admirée de Maxime et de tous les convives, qui acceptent avec plaisir le mépris même que le saint évêque a semblé leur témoigner : bientôt on en parle dans tout le palais :

— Martin, à la table de l'empereur, a fait ce qu'aucun évêque n'a encore osé faire à celle des moindres magistrats.

Ce mot vole de bouche en bouche, dans cette demeure où la dignité du sacerdoce, avilie par la lâcheté de ses confrères, avait besoin d'être relevée par cette action d'éclat.

La postérité a partagé cette admiration : « La terreur, dit un écrivain (1), n'a pu abattre son courage ni la complaisance l'emporter sur sa justice : il n'a point été séduit par la bienveillance de l'hôte, il n'a pas redouté la colère du potentat. O vertu voisine de Dieu, qui as vaincu le monde en le fuyant, tu sais vaincre aussi de près ce monde auquel ton cœur est étranger ! »

Il est certain que l'arianisme, d'abord, avait introduit parmi ceux des évêques qui s'y étaient livrés une servilité honteuse à l'égard du pouvoir qui en avait été l'appui, en Occident, et qui l'était encore, en Orient; mais

_____

(1) Paulin, l. 3, v. 131-4.

il s'agit, dans tout ce qui précède, surtout des prélats Ithaciens, dont la bassesse nous est connue. Dans l'Église catholique, il y avait alors un bon nombre d'évêques, tels que les Ambroise, les Basile et les Chrysostôme, dont la fermeté apostolique pouvait se comparer à celle de notre saint; mais nous ne les rencontrons pas parmi les familiers de la cour de Maxime.

5. — Nous avons dit qu'un traité de paix avait été conclu entre Maxime et le jeune Valentinien. En effet, Théodose, associé à l'empire par Gratien, en 379, malgré son envie de venger son bienfaiteur, consentit à reconnaître l'officier breton pour collègue, à la condition que celui-ci laissât régner Valentinien en Italie : Maxime l'a promis ; cependant il a conçu le projet de détrôner ce jeune prince, pour être plus en état de résister à Théodose, qu'il ne peut s'empêcher de craindre.

Pour le récompenser, sans doute, des honneurs qu'il a rendus à notre évêque, Dieu a résolu de l'avertir, par l'organe de Martin lui même, de l'issue que doit avoir cette expédition.

— Si Maxime passe en Italie, pour faire la guerre à Valentinien, il aura l'avantage dans les premières rencontres; mais, peu de temps après, il périra.

Telle est l'annonce faite par l'Esprit d'en haut à l'évêque de Tours, pendant qu'il séjourne encore à Trèves. Avec l'obéissance et l'intrépidité des anciens prophètes, Martin, dans un de ses entretiens avec le prince, lui transmet le message divin : il est à croire qu'au moment même, cette prédiction toucha vivement l'esprit bien disposé de l'empereur, et le détourna, pour un temps, de cette guerre criminelle : heureux s'il eût persévéré dans cette modération.

6. — Une sorte d'intimité pieuse s'est donc établie entre Maxime et Martin, ces deux hommes si différents (1). Le

_____

(1) Sulp., Dial. 2, n. 7.

12

prince fait souvent venir le saint auprès de lui, le reçoit avec toutes sortes d'honneurs, le consulte sur toutes les entreprises qu'il médite, et lui demande des règles pour sa conduite. La vie présente et la vie future, la gloire des fidèles et l'éternité des saints, ce que nous avons à faire en ce monde et ce que nous avons à craindre, à espérer dans l'autre, tels sont les sujets de leurs entretiens.

C'était aussi, vers le même temps, la dernière conversation de saint Augustin avec sa mère. Appuyés ensemble sur une fenêtre qui regardait le jardin de la maison, ils s'entretenaient, avec une douceur extrême, et cherchaient quelle serait la vie éternelle des saints.

CHAPITRE XXXVII.

HONNEURS QUE LUI REND L'IMPÉRATRICE.

1. L'impératrice aux pieds de Martin. — 2. Pieux projet de cette princesse. — 3. Elle sert un repas au saint. — 4. Nouvelle visite au tombeau de S. Mansuet. — 5. La vache furieuse. — 6. La prédiction accomplie. — 7. Ithace condamné.

1. — Pendant les entretiens religieux de l'empereur avec notre évêque, il y a une personne qui passe les jours et les nuits comme suspendue aux lèvres du saint : c'est l'impératrice, femme de Maxime. Rivalisant avec celle dont parle l'Évangile, elle arrose de ses larmes les pieds de Martin et les essuie de ses cheveux, et Martin, que jamais une femme n'a touché, ne peut se soustraire à l'assiduité ou, pour mieux dire, à l'esclavage de celle-ci. Pour elle, en présence du bienheureux, il n'y a plus ni richesse du trône, ni dignité impériale, ni pourpre ni diadème; elle semble, dès qu'il paraît à la cour, avoir

oublié ce qu'elle est : son plus grand bonheur est de se tenir prosternée sur le sol aux pieds de Martin et, dès qu'elle s'est emparée de cette place, il n'est plus possible de l'en arracher.

2. — De si humbles hommages ne suffisent pas encore à son admiration : elle conçoit la pensée de servir elle-même au saint évêque un repas, dont tous les serviteurs du palais seront éloignés, où elle fera seule la fonction de tous ses officiers : elle soumet son projet à son mari et lui demande la permission de l'exécuter. Non-seulement l'empereur y consent, mais il se joint à sa femme, pour solliciter de Martin la faveur qu'elle ambitionne.

Le bienheureux s'y refuse d'abord; car il a pris pour règle de ne jamais laisser aucune femme s'approcher de lui, ni même paraître en sa présence; mais pourrait-il mettre beaucoup de persistance dans son refus? Enfermé, pour ainsi dire, dans le palais, circonvenu par les prières de l'empereur, pressé par la foi de l'impératrice, il est encore forcé à céder par les exigences du moment : toutes ces grâces, qu'il est venu demander de si loin, peuvent dépendre de sa condescendance : pour un évêque, protecteur naturel des malheureux, ce motif est d'une valeur considérable et peut bien lui faire tempérer, un instant, sa sévérité ordinaire. Une seule fois dans sa vie, Martin, déjà septuagénaire, servi à table, non par une veuve libre, non par une vierge folâtre, mais par une impératrice vivant sous la puissance d'un mari et appuyée par son mari lui-même : qui osera jamais abuser d'un tel exemple? Heureux, au contraire, celui qui ne s'en écartera jamais !

3. — Les chastes mains de la princesse disposent donc seules tous les apprêts de cette petite fête : elle couvre elle-même d'un tapis le siège de l'évêque, approche elle-même la table, donne elle-même au saint de l'eau pour se laver les mains, elle-même sert les plats qu'elle a elle-

même préparés. Tandis que l'évêque est assis, elle se tient
debout, à distance, immobile à sa place, comme une ser-
vante bien apprise; dans toutes ses manières, c'est la
modestie, l'humilité d'une esclave. Au milieu du repas,
lorsque l'échanson, s'il était présent, devrait offrir la coupe
à l'évêque, c'est l'impératrice elle-même qui lui verse son
breuvage et elle-même qui le lui présente. Le repas terminé, elle recueille précieusement les morceaux et les
miettes de pain que le saint a laissés, préférant ces restes
bénis aux délices de la table impériale.

« Bienheureuse femme ! dit l'historien (1), digne, pour
ce sentiment d'une si grande piété, d'être comparée à celle
qui vint, des extrémités de la terre, entendre Salomon.
Que dis-je? si l'on met en parallèle la foi des deux reines,
on trouve que l'une a désiré d'entendre la sage et que
l'autre a de plus mérité de le servir. Marthe a servi le
Seigneur, mais elle s'est vue préférée celle qui aimait
mieux l'écouter : quant à cette impératrice, elle a servi
comme Marthe et écouté comme Marie. » — « Cette défé-
rence d'une princesse, dit un autre auteur (2), n'ajoute
rien à ta gloire, ô père vénérable, mais l'impératrice, en te
rendant cet hommage, a beaucoup fait pour la sienne. »

Une autre impératrice, sainte Hélène, mère de Constantin, lors de son pèlerinage à Jérusalem, rendit le
même honneur aux vierges sacrées. Les ayant toutes
assemblées et fait asseoir sur plusieurs nattes, elle les
servit à table, tenant elle-même l'aiguière sur le bassin,
pour leur laver les mains, apportant les viandes, versant
le vin et leur présentant à boire. Ces exemples si propres
à confondre l'orgueil étaient inouïs chez les païens et
n'ont paru dans le monde qu'avec la religion chrétienne.

(1) Sulp., loc. cit.
(2) Fort., l. 3, v. 267.

4. — Pour la troisième fois, Martin revient de Trèves, où il a sans doute obtenu de l'empereur toutes les grâces qu'il s'était chargé de lui demander. Il passe de nouveau par la ville de Toul et se rend au tombeau de saint Mansuet que, du reste, il a visité toutes les fois qu'il est venu dans ce pays (1) : il n'a pas oublié la défunte qui a réclamé le secours de ses prières : il prête attentivement l'oreille et, n'entendant plus rien, rend grâces au Créateur qui a bien voulu ouvrir à cette âme la porte du séjour de la paix.

On conserva longtemps, dans l'église de l'abbaye de saint Mansuet, près de Toul, la pierre sur laquelle saint Martin s'était agenouillé : on la montrait aux pèlerins comme un monument qui attestait, à la fois, la piété de saint Martin et l'antiquité du culte de saint Mansuet : elle portait une inscription exprimant que saint Martin était venu à Toul et avait prié au tombeau de saint Mansuet. La légende, que nous avons reproduite, a été écrite au IXᵉ siècle.

5. — En revenant de Trèves, avec quelques disciples, du nombre desquels est Gallus (2), Martin rencontre, dans son chemin, une vache furieuse qui a quitté son troupeau et se jette sur les personnes, dont elle a déjà blessé un grand nombre : dans sa course désordonnée, elle s'avance droit sur le groupe de nos voyageurs et déjà les gens qui la suivent de loin les avertissent par leurs cris :

— Prenez garde ! prenez garde ! leur disent-ils.

Mais il n'est plus temps, la vache n'est qu'à une faible distance : les regards farouches, les cornes en avant, elle va s'élancer sur la pieuse troupe. Martin élève la main vers elle :

(1) Acta SS., 3 sept.
(2) Sulp., Dial. 2, n. 9.

— Arrête ! je te le commande, lui dit-il ;

Elle obéit aussitôt et reste immobile. Alors, d'un ton plus impérieux :

— Retire-toi, maudit, et cesse de tourmenter cette créature innocente.

En effet, la pauvre génisse paraît tout à coup soulagée, comme si quelque sinistre cavalier venait de quitter ses épaules : elle s'approche tranquillement du saint et se couche à ses pieds : sur un nouvel ordre de Martin, elle se relève, rejoint le troupeau d'où elle s'était échappée et s'y mêle aussi douce qu'une brebis.

6. — Peu de temps après le retour de notre évêque dans son diocèse, la prédiction qu'il avait faite à Maxime s'accomplit. Maxime passa les Alpes, le jeune Valentinien prit la fuite ; mais, au bout d'un an, il rétablit ses forces et Maxime, fait prisonnier, fut tué dans Aquilée. La postérité a vu, dans sa chute, la punition de sa conduite envers Martin, dans l'affaire d'Ithace. « Qu'a fait l'empereur Maxime ? dit l'historien du vi⁰ siècle (1) : il força le bienheureux Martin à communiquer avec un évêque homicide : le saint, pour obtenir la grâce de plusieurs condamnés, céda au désir de ce roi impie ; mais Maxime, poursuivi par le jugement du Roi éternel, n'a-t-il pas été privé de l'empire et condamné à la plus triste mort ? »

7. — Après la mort de Maxime et vers l'an 388, le pape saint Sirice condamna expressément la conduite tenue par l'évêque Ithace, dans la poursuite des Priscillianistes ; un concile tenu à Milan, l'année suivante, et où les évêques des Gaules se trouvèrent, confirma cette condamnation. Bien qu'Ithace rejetât la responsabilité de ses actes sur ceux dont les ordres et les conseils l'avaient fait agir, il fut non-seulement déposé de l'épiscopat et excom-

(1) Grég. Tur., Hist. Fr., 1. 5, c. 19.

munié, mais envoyé en exil, où il mourut, deux ans
après. Ses partisans furent reçus à la communion des
évêques catholiques, en renonçant à celle de la faction
qui le soutenait encore opiniatrément. Quant aux Priscillianistes eux-mêmes, ils exercèrent le zèle et la patience
de l'Église jusqu'au vi[e] siècle, où fut assemblé contre
eux le concile de Prague.

Quatrième Période : 386-397

SES RELATIONS AVEC SULPICE SÉVÈRE.

CHAPITRE XXXVIII.

IL ENSEVELIT SAINT LIBOIRE, ÉVÊQUE DU MANS.

1. Ordre du ciel. — 2. Le vigneron Victor. — 3. Mort de Liboire. —
4. Élection de Victor. — 5. Son sacre. — 6. Maura et son fils
Victure. — 7. La fontaine St-Martin. — 8. Tradition de l'église
du Mans.

1. — Au milieu de ses mystérieux entretiens avec les
anges, Martin reçoit un jour, cet ordre :

— Va, lui est-il dit, à la cité des Cénomans, visiter le
Seigneur malade (1).

Comprenant que, par cette maladie du Seigneur, il faut
entendre celle d'un de ses membres, dont lui-même doit
dire au jugement : *J'étais malade et vous m'avez visité*,
Martin se met aussitôt en route, accompagné, comme de
coutume, de ses disciples, dont la sainteté rehausse encore
la sienne. En chemin, il apprend, soit par une révélation

---

(1) Acta SS., 23 juil., vita s. Liborii.

nouvelle soit par un message, que c'est le saint évêque du
Mans, Liboire, qui se meurt.

Liboire et Martin sont liés ensemble d'une étroite
amitié, et, comme voisins, se visitent fréquemment :
Liboire est le confident des projets de Martin, reçoit
souvent sa bénédiction et profite de ses conseils salutaires.
Après avoir gouverné son diocèse quarante ans, il a été
atteinte d'une fièvre lente qui l'a conduit à l'extrémité.
Martin, tout en cheminant, songe aux devoirs qu'il va
bientôt avoir à remplir, au soin des funérailles de son
confrère et au choix d'un digne successeur : il arrive,
préoccupé de cette pensée, près d'un faubourg de la ville
du Mans.

2. — Là, il voit un homme qui, tout en béchant sa
vigne avec ardeur, égaie son travail par le chant des
psaumes (1).

— Voilà celui qui doit succéder à l'évêque du Mans,
lui dit le Seigneur.

Il s'arrête, descend de dessus son âne et l'envoie chercher. Le vigneron s'avance, sa bêche à la main, la tête couverte de poussière, ayant aux pieds des chaussures tout
usées : cependant cet homme est engagé dans la cléricature et a même reçu l'ordre de sous-diacre.

— Salut à notre pontife, lui dit le saint ; bénis-moi,
seigneur Victor.

— Béni sois-tu, mon seigneur, répond Victor en s'incli-
nant jusqu'à terre, et bénie soit ta parole, toi qui daignes
tenir un pareil langage à un pauvre homme tel que moi.

— Faut-il m'exprimer plus clairement ? poursuit
Martin, eh bien ! tu vas être élevé aux honneurs de l'épiscopat.

— Puisse toujours ton âme se délecter pleinement
dans la joie et la gaieté, répond Victor, qui croit que le

(2) Acta SS., 1er sept., vita s. Victoris.

saint veut plaisanter ; quant à moi, je retourne à mon travail.

Le saint l'arrête, lui ôte sa bêche, et, à la place, lui met en main le bâton pastoral ; ensuite il l'emmène avec lui et ensemble ils franchissent promptement l'espace de cinq cents pas qui les séparent encore de la ville ; puis Martin se rend auprès de saint Liboire.

3. — Il le trouve couché sur la cendre, vêtu d'une haire, chantant les psaumes, enfin tout occupé de la joie du ciel où il est sur le point d'entrer. Martin s'approche de lui et sa vue remplit Liboire d'une joie ineffable. Après l'avoir, un instant, pressé sur son cœur, notre évêque lui administre les derniers sacrements, lui donne le baiser de paix, en signe d'adieu, et sa bénédiction, puis Liboire expire doucement, entre ses bras, le 23 juillet de l'an 386. Saint Martin l'ensevelit, avec l'honneur convenable et les prières accoutumées, dans l'église du Pré, située au bord de la Sarthe, auprès de ses prédécesseurs, saint Thuribe et saint Pavace.

4.. — Les funérailles terminées, Martin se hâte de retourner à la ville, où, le lendemain, Victor trouve moyen de se cacher ; mais il est bientôt découvert et ramené près du saint évêque. Ce même jour, Martin convoque à l'église tout le peuple, console par de saintes instructions cette foule éplorée, et se met en prière, pour implorer, dans cette grave circonstance, les lumières d'en haut. Après une longue oraison, il se retourne vers le peuple.

— Nous ne voulons pas, dit-il, quitter votre ville sans y avoir rétabli l'ordre ; mais auparavant, il nous faut, par votre élection, trouver à votre évêque un successeur qui puisse porter avec éclat la dignité épiscopale.

— Tout ce que tu jugeras à propos de faire, lui répondent les assistants, fais-le, car le Seigneur est avec toi.

— Voilà celui que le Seigneur a choisi pour succéder à Liboire, dit alors Martin, en posant la main sur Victor placé à ses côtés.

— Comment cela pourra-t-il être? répond celui-ci : je suis marié et j'ai un enfant.

En effet, la loi de la continence pour les sous-diacres n'était pas encore promulguée ou observée partout, dans l'Église latine.

5. — Sur-le-champ, on court chercher la femme de Victor, appelée Maura : elle arrive et se prosterne devant le Saint.

— Femme, lui dit-il, veux-tu que ton mari devienne pontife de la ville du Mans?

— Je ne suis pas digne, mon seigneur, répond-elle tout épouvantée, de voir de mes yeux les merveilles du Très-Haut.

— Cependant, si la chose avait lieu, que voudrais-tu faire après ?

— Si j'étais assez heureuse pour être témoin de ce prodige, mon mari deviendrait pour moi un frère, moi, je ne serais plus pour lui qu'une sœur, et notre unique pensée à tous deux serait de servir le Seigneur.

— Voici, dit alors Martin au peuple, en faisant monter Victor dans la chaire épiscopale, voici le souverain pasteur, assis au lieu de sa dignité; c'est là le grand-prêtre que le Seigneur a choisi, aimez-le, chérissez-le, car le Seigneur est avec lui.

Saisi de respect à ces paroles, le peuple se prosterne devant Martin, et rend grâces à la divine Providence. Alors notre évêque bénit Victor et lui confère la dignité pontificale.

6. — Maura, au comble de la joie, lui demande le voile :

— Que ta main sacrée, dit-elle, me lave de mes souillures et me sanctifie.

— Le Seigneur accomplisse ton désir, lui répond Martin.

— Seigneur, dit-elle ensuite prosternée à ses pieds, je demande que mon fils soit baptisé de ta main, qu'il devienne ton fils spirituel et te serve tous les jours de sa vie ; car il touche à sa dixième année.

Sur l'ordre du pontife, rempli de joie, on amène l'enfant au milieu de l'assistance : Martin le baptise et lui donne le baiser.

— Père du ciel et de la terre, dit-il ensuite, prête une longue vie à cet enfant : accorde-lui, Seigneur, l'intelligence, la science, la sagesse, la modération, la charité, la chasteté, la sobriété, la subtilité, l'humilité, parce que tu donnes ta grâce aux humbles et résistes aux superbes : répands sur lui la bénédiction céleste, pour qu'il recueille, après son père, l'honneur de sa dignité et que tu lui permettes de juger le peuple de son père.

— Ainsi soit-il ! répondent les assistants.

Ensuite les deux pontifes communiquent ensemble et se disent adieu ; car le nôtre est pressé de regagner sa ville de Tours : il part donc, emmenant avec lui le jeune Victure, son filleul.

7. — Aujourd'hui, si vous traversez un village du diocèse du Mans, nommé la Fontaine-saint-Martin, entre la Flèche et Pont-Valain, les habitants que vous questionnerez vous diront : « Il est très-certain que saint Martin, à son retour du Mans, est venu dans notre paroisse, qu'il a fait naître, de la pierre où l'on voit encore l'empreinte de ses genoux, la source qui est auprès de notre église et que ce miracle a donné à notre localité le nom qu'elle porte actuellement. » Le bienheureux Démétrius, qu'on prétend avoir été, dans les armées romaines, l'écuyer de saint Martin, est encore maintenant honoré, par la dévotion populaire, comme le premier pasteur de ce village. Il paraît y avoir quelque vérité dans cette tradition ; mais

le manuscrit qui en contient les détails, et que nous avons
eu entre les mains, mérite peu de confiance.

8. — Il n'en est pas de même pour les faits précédents :
la sépulture de Saint Liboire par notre évêque est regardée comme incontestable : elle est rapportée par
quatre légendes différentes et confirmée par la tradition
de l'église du Mans. Quant à l'histoire des saints Victor
et Victure, sauf quelques points, où l'imagination de l'é-
crivain semble avoir suppléé à ses souvenirs, elle a paru
contenir la relation fidèle d'un témoin oculaire ou d'un
contemporain : du moins, si elle a été écrite plus tard, ça
été d'après des données certaines et des documents authentiques, conservés jusque-là dans les archives de l'église du
Mans.

CHAPITRE XXXIX.

IL SE LIE AVEC SULPICE SÉVÈRE.

1. L'enfant et l'aveugle. — 2. L'avocat de Toulouse. — 3. Éloge de
Paulin. — 4. Martin homme illétré. — 5. Sulpice à Primuliac.

1. — Au bout de trois jours, l'évêque et l'enfant arrivent au bord de la Loire. Là le saint aperçoit un mendiant
aveugle qui semble vouloir passer le fleuve, pour aller de
l'autre côté demander l'aumône.

— Mon fils, dit Martin, va trouver cet homme, lave-lui
le visage et les yeux avec l'eau de la Loire, puis dis-lui de
venir ici près de moi.

— Ami, dit l'enfant qui obéit aussitôt, le seigneur père
et pontife Martin t'appelle auprès de lui.

— Comme je suis aveugle, si tu ne me prends par la
main, je ne pourrai te suivre, répond le malheureux.

— Auparavant, reprend Victure, je vais te laver le visage et les yeux avec l'eau de la Loire; après quoi, tu viendras.

Ayant donc trempé ses mains dans l'eau, il lui touche le visage et les yeux : aussitôt les yeux de l'aveugle s'ouvrent, il voit le ciel, la terre, les eaux, enfin tout ce qu'il veut. Rempli de joie, le mendiant rend grâces à Dieu à haute voix, puis, courant à l'évêque, il se prosterne à ses pieds :

— Seigneur, dit-il, si mes yeux, jadis plongés dans les ténèbres, ont le bonheur de voir la lumière, c'est à toi que je le dois; car cet enfant, couronné et vêtu de blanc, qui m'a ordonné de venir vers toi, a lavé mes yeux de sa main sainte et j'ai vu.

En effet, selon l'ancienne coutume de l'Église, Victure, comme nouveau baptisé, porte une couronne et des habits blancs.

Le pauvre se met ensuite à crier immodérément.

— Homme, lui dit le saint évêque, ne parle pas davantage, calme-toi et viens ici : monte dans ce bateau avec moi et nous passerons l'eau ensemble.

Arrivés à l'autre bord, ils se rendent à Tours : le pauvre demeure trois jours auprès de saint Martin et tout ce qu'il désire manger lui est servi par la main empressée de l'enfant : puis, vêtu d'habits convenables à un pauvre, il se remet en route avec joie.

Après la gracieuse et fraîche figure de Victure, en voici une autre plus austère.

2. — Un homme du monde, un lettré, appelé Sulpicius Severus, membre du barreau de Toulouse et ami de l'illustre Paulin, est attiré par la gloire de notre saint aux cabanes de Marmoutier; mais laissons-le raconter lui-même sa première visite à notre évêque (1). « Ayant, dit-

_____

(1) Sulp. Sev., V. b. M., l. 25.

il, entendu parler de la foi, de la vie et des miracles de
Martin, nous brulâmes du désir de le voir et entreprîmes,
dans cette vue, un pèlerinage bien doux à notre cœur. Or
on ne saurait croire avec quelle humilité, quelle bonté il
me reçut, se félicitant beaucoup, et se réjouissant dans le
Seigneur d'avoir été assez estimé de nous, pour que le désir de lui rendre visite nous eût fait entreprendre ce voyage.
Misérable que je suis! J'ose à peine l'avouer, lorsqu'il daigna m'admettre à sa table sainte, il nous offrit lui-même de
l'eau pour nous laver les mains; lui-même aussi, le soir,
il nous lava les pieds, sans que je me sentisse la force de
m'y refuser ou d'y opposer la moindre résistance; car
j'étais tellement accablé sous le poids de son autorité que
j'aurais cru commettre un crime en ne me soumettant pas
à tout. »

3. — Cette visite a lieu vers l'an 390, époque de la conversion éclatante de saint Paulin, qui, renonçant au sénat,
au monde, à sa patrie, à ses biens, à sa maison, pour faire
profession de la vie monastique, a vendu ses domaines
avec ceux de sa femme Thérasia, unie à lui dans le même
sacrifice, en a distribué l'argent aux pauvres, a ouvert
ses greniers et ses celliers à tout venant; puis, non content
des pauvres de son voisinage, en a appelé de toutes parts,
pour les nourrir et les vêtir; enfin a racheté une multitude de captifs et de pauvres débiteurs, réduits à l'esclavage, faute d'avoir de quoi payer leurs dettes. Cette nouvelle a rempli Martin de joie et de consolation; il ne peut
parler de cette action sublime sans une sorte d'enthousiasme. Écoutons son visiteur :

« La nécessité de fuir les délices de ce monde et les
charges du siècle, si nous voulions, libres et dégagés,
suivre le Seigneur Jésus, tel fut l'unique sujet de sa conversation avec nous. A ce propos, il nous citait le magnifique exemple donné à notre temps par cet homme illustre,
par ce Paulin qui, renonçant à des richesses immenses,

suivit le Christ et, presque le seul de nos jours, sut accomplir entièrement les préceptes évangéliques.

— C'est là, nous criait-il, le guide qu'il faut suivre, c'est là le modèle que nous devons imiter : bienheureux le siècle témoin d'une si belle leçon de foi et de courage! Car, conformément à la doctrine du Seigneur, Paulin, qui possédait de grands biens, a vendu et distribué aux pauvres toutes ses propriétés, montrant par son exemple la possibilité de ce qu'auparavant on regardait comme impossible. »

4. — De retour dans son pays, Sulpice se fait un devoir de proclamer les louanges du bienheureux et de raconter longuement ce qu'il a vu et entendu au monastère : ses amis, élèves, comme lui, d'Ausone, de Delphide, d'Arborius et des célèbres professeurs de Toulouse, admettent volontiers ce qu'il leur dit des vertus du saint, mais ils ne peuvent croire ce qu'il leur rapporte des mérites de son élocution. Comprenant qu'un tel préjugé peut nuire à l'influence de Martin sur les esprits cultivés, il ajoute : « Dans les discours, les entretiens du saint évêque, quelle gravité et quelle dignité! que de pénétration! que de force! Avec quelle promptitude et quelle facilité il savait résoudre les questions sur les Écritures. Je sais que beaucoup de gens sont incrédules sur ce point; aussi bien, j'en ai vu qui refusaient de croire à mon propre témoignage : c'est pourquoi, j'en atteste Jésus et l'espérance commune à tous les chrétiens, jamais, d'aucune bouche, je n'ai entendu sortir tant de science, tant de génie, un langage si correct et si pur. Au milieu des mérites de Martin, c'est là un bien faible sujet de louanges, mais n'est-ce pas encore une chose admirable que, chez un homme illétré, cette grâce même n'ait pas fait défaut? »

5. — Chaque année, Sulpice répète son voyage à Tours, pour jouir de la vue, des exemples et des entretiens du saint homme, qui a gagné son cœur et dont il s'étudie à

suivre les leçons; car, devenu veuf, il en a profité pour
se consacrer entièrement à Dieu vers l'an 392. Son changement, qui lui attire la colère de son propre père, le rend
aussi la risée des méchants : il n'en est point ébranlé et se
retire, à l'âge de trente-cinq ans, dans un village d'Aquitaine, nommé Primuliac, où il suit un genre de vie imité
de la règle du monastère de Tours. Sa demeure est une
cabane; ses serviteurs et ses esclaves, devenus ses frères
et ses disciples, se sont consacrés avec lui au service du
Seigneur : tous ensemble, ils couchent sur la paille ou sur
des cilices étendus par terre, et ne se nourrissent que de
pain bis, de légumes et d'herbes bouillies qu'ils assaison-
nent seulement d'un peu de vinaigre.

Dans ses différentes visites à notre évêque, il s'efforce
de se mettre en mesure d'exécuter un autre projet qu'il a
conçu dès le commencement : « Comme je désirais ardemment, dit-il, écrire sa vie, je m'en informai, soit de lui-
même, en l'interrogeant autant qu'on pouvait le faire; soit
de ceux qui avaient assisté aux événements ou qui les con-
naissaient de science certaine. »

CHAPITRE XL.

IL FAIT UNE NOUVELLE VISITE DE SON DIOCÈSE.

1. La brebis tondue et le porcher. — 2. Le pré fleuri. — 3. Danger
du saint dans un incendie. — 4. La tour d'Amboise. — 5. La
colonne abattue. — 6. Le synode de Nimes.

1. — Martin ne nous a point laissé d'écrits et nous ne
pouvons par nous-mêmes, comme Sulpice Sévère, admirer
la beauté de son génie; mais nous connaissons quelques-
unes de ses paroles familières, tout assaisonnées d'un sel
spirituel, et elles nous donnent une idée de sa brillante

imagination. Déjà nous avons entendu ce discours où la vie du moine est comparée à celle du guerrier : c'est toujours ainsi que Martin procède : il aime, à l'exemple du divin Maître, employer les comparaisons et les paraboles, pour faire goûter à ses auditeurs les instructions les plus austères (1).

Un jour, il voit une brebis nouvellement tondue :

— Cette brebis, dit-il, a rempli le précepte évangélique : elle avait deux robes et elle en a cédé une à qui n'en avait point : vous devez agir de même.

Une autre fois, il aperçoit un porcher, transi de froid et presque nu, dans son vêtement de peaux :

— Voilà, dit-il, Adam, chassé du paradis, et qui, sans autre vêtement qu'une peau d'animal, est réduit à garder les pourceaux. Pour nous, dépouillons le vieil Adam, qui demeure encore en cet homme, et revêtons-nous du nouveau.

2. — Dans un pré, se trouvent des bœufs, qui en ont brouté un partie, et des porcs, qui l'ont fouillé en quelques endroits ; le reste, demeuré intact, est émaillé de mille fleurs printanières.

— Vous voyez, dit Martin, la figure du mariage, dans ce côté de la prairie que les animaux ont brouté, et qui n'a pas, à la vérité, perdu entièrement la grâce de sa verdure, mais n'a plus l'agrément de ses fleurs. La partie que les pourceaux, ces animaux immondes, ont fouillée, nous offre la hideuse image de la fornication. Enfin, cette portion qui n'a souffert aucun outrage, c'est le glorieux symbole de la virginité : sa fécondité la couvre d'une herbe luxuriante, les fruits de sa végétation surabondent ; mais ce qui ajoute le dernier charme à sa beauté, ce sont ces fleurs dont elle est toute diaprée, et sous lesquelles elle rayonne, comme ornée de pierreries étincelantes.

(1) Sulp., Dial. 2, n. 11.

Bienheureuse beauté, vraiment digne de Dieu ! car il n'est rien de comparable à la virginité. Ils se trompent donc fortement ceux qui comparent les noces à la fornication ; mais, à coup sûr, malheureux et insensés, ceux qui croient pouvoir égaler le mariage à la virginité. Voici la distinction que doivent garder les sages : le mariage appartient à la classe des choses permises, la virginité a droit à la gloire, et la fornication mérite châtiment, si elle n'est lavée par la satisfaction.

Ceux à qui s'appliquent les dernières paroles de ce discours sont, d'une part, les sectateurs d'Eustathe et ceux de Priscillien, qui condamnaient le mariage, et de l'autre, Helpidius et Jovinien, qui soutenaient que la virginité n'a aucun avantage sur l'état des personnes mariées.

3. — Il n'est pas douteux que, depuis sa première visite épiscopale, notre saint n'ait fréquemment parcouru son diocèse; mais nous ne pouvons, faute de renseignements, fixer l'époque de ces différents voyages : nous savons seulement que plusieurs des traits qui nous restent à raconter se rattachent aux visites qu'il fit depuis sa liaison avec Sulpice Sévère.

Suivant donc la coutume primitive et l'usage, dès lors en vigueur, chez les évêques, de visiter leurs églises, Martin s'est rendu dans certaine paroisse de son diocèse (1). Les clercs de cette localité lui préparent un logement dans la sacristie, et, comme on est au milieu de l'hiver, ils placent un grand amas de feu, dans une espèce de fourneau, pratiqué sous le pavé de la chambre. Ensuite, pour le lit de l'évêque, ils entassent un monceau de paille dans un des coins de la cellule, à peu de distance du brasier. Tout d'abord, Martin s'y étend, pour prendre son repos ; mais bientôt la mollesse inaccoutumée de cette

(1) Sul., Epist. ad Euseb.

couche, qui flatte perfidement la nature, lui inspire une sorte d'horreur ; car sa couche habituelle, c'est la terre nue ou recouverte de cette espèce de casaque tissue de crins, appelée cilice, parce qu'elle a été inventée en Cilicie. Indigné, comme si on lui avait fait injure, il écarte et jette de côté toute cette paille, sans prendre garde qu'il en amoncelle une partie sur le fourneau : puis se couche sur la dure, où, grâce à la fatigue du chemin, il ne tarde pas à s'endormir.

Sur le minuit, la chaleur du feu ayant pénétré à travers le pavé, qui est très-mince, tout usé et même rompu en plusieurs endroits, les pailles desséchées s'enflamment tout à coup, Martin se réveille en sursaut : la surprise, l'imminence du danger lui enlèvent, un moment, sa présence d'esprit et l'empêchent de recourir aussitôt à la prière : il veut se précipiter hors de la cellule et s'épuise en longs efforts sur le verrou qu'il a lui-même mis à la porte : pendant ce temps, l'incendie le gagne et le feu prend à ses habits. Alors enfin, il rentre en lui-même et comprend que ce n'est pas dans la fuite qu'il doit chercher sa sauvegarde. Saisissant le bouclier de la foi et de la prière, mettant toute son espérance dans le Seigneur, il fait le signe de la croix sur lui-même et se place hardiment au milieu des flammes.

O puissance divine ! Les feux qui l'entourent aussitôt s'éloignent de sa personne. Ainsi, environné d'un cercle de flammes, inoffensives pour lui, le saint priait. Accourus au pétillement et au fracas de l'incendie, les moines enfoncent la porte, écartent le feu et enlèvent, du sein des flammes, Martin que déjà l'on croyait entièrement consumé par un si long embrasement.

Racontant plus tard le fait à Sulpice Sévère :

— C'est l'artifice du diable qui m'a trompé, lui avouait-il avec gémissement. C'est lui qui, au moment de mon réveil, m'a ôté la pensée de repousser le péril par la foi et la prière. Tant que, dans mon trouble, j'ai persisté à vouloir m'échapper par la porte, le feu m'a fait sentir ses atteintes; mais à peine ai-je recouru à la protection de la croix et aux armes de la prière, qu'aussitôt les flammes qui m'entouraient se sont retirées, et que leur ardeur s'est changée pour moi en rosée.

4. — La prière va remporter encore deux nouvelles victoires (1). La ville d'Amboise, située au-dessus de Tours, sur les bords de la Loire, n'était autrefois qu'une espèce de vieux camp ou château abandonné. Du temps de notre évêque, il est habité par un grand nombre de frères ou de moines qu'il y a établis. Un édifice consacré à l'idolâtrie y subsiste encore et la beauté de ce monument entretient la superstition dans le pays : en effet, c'est une sorte de tour bâtie dans des proportions grandioses, avec des pierres d'un poli parfait, dont la masse, cimentée avec une solidité merveilleuse, s'élève et se termine en cône. Le bienheureux en a souvent recommandé la destruction à un saint prêtre, nommé Marcellus, qui réside dans le lieu même, où; sans doute, il exerce, sous son autorité, les fonctions pastorales. Quelque temps après sa dernière recommandation, il revient à Amboise et trouve encore debout l'édifice profane. Il ne peut s'empêcher d'en exprimer sa surprise et son mécontentement au prêtre. Le pieux Marcellus, qui a vainement songé aux moyens d'exécuter l'ordre de son évêque, s'excuse et se défend.

— Une troupe de soldats, dit-il, et toutes les forces réunies de la multitude suffiraient à peine pour renverser une pareille masse : peut-on croire l'entreprise facile pour de faibles clercs et des moines exténués?

Martin se retire et passe toute la nuit en prières : au matin, un ouragan s'élève et l'édifice profane est balayé

_____

(1) Sulp.; Dial. 3, n. 9 et 10.

jusque dans ses fondements. C'est Marcellus lui-même qui a raconté le fait à l'historien.

5. — Le miracle suivant, opéré dans une rencontre semblable, n'est pas beaucoup différent. Dans un autre endroit, s'élève une colonne d'une masse énorme, qui sert de piédestal à une idole. Le saint a résolu de l'abattre, mais comment y parvenir ? tous les moyens lui manquent pour cela. Suivant sa coutume, il a recours à la prière. Soudain, une colonne, en quelque façon pareille à l'autre, tombe du haut du ciel, heurté l'idole et la réduit en poudre, avec le formidable massif de pierres qui la soutenait. « C'était donc peu, ajoute l'historien, que notre évêque fît invisiblement usage de la puissance du ciel; il fallait que cette puissance se montrât visiblement et aux yeux des hommes soumise aux volontés de Martin. » Ce dernier trait a eu pour témoin et pour garant le prêtre Refrigerius, l'un des premiers et plus fidèles disciples de notre saint.

6. — Les évêques se sont rassemblés en synode dans la ville de Nîmes (1) : Martin, qui a été appelé à ce concile, n'a pas voulu y aller, selon la résolution qu'il a prise de ne plus assister à aucune de ces réunions. Toutefois, comme les intérêts de la religion lui sont toujours chers, il désire savoir ce qui s'y est passé. Sulpice se trouve par hasard en bateau avec lui, ainsi que Gallus et d'autres moines; mais Martin, à son ordinaire, se tient éloigné de ses compagnons, à l'extrémité de la barque. C'est là qu'un ange vient lui annoncer ce qui est fait au synode. Le saint le communique aussitôt à ses disciples qui, plus tard, s'étant informés du temps où s'est tenu le concile, acquièrent la certitude que c'était ce jour là-même et que les évêques y avaient prononcé les decrets révélés par l'ange à leur maître.

(1) Sulp., Dial. 2, n. 15.

CHAPITRE XLI.

VOYAGE DE SAINT MARTIN A CHARTRES.

1. La vierge solitaire. — 2. Le présent de l'hospitalité. — 3. Éducation de Victure. — 4. L'enfant ressuscité. — 5. La muette de Chartres. — 6. Tradition de Vendôme.

1. — Continuant la visite de son diocèse, accompagné de plusieurs de ses disciples, parmi lesquels Gallus et Sulpice Sévère, le saint vient, un jour, à passer près d'une petite maison de campagne, où, depuis plusieurs années, une vierge solitaire se dérobe entièrement à la vue des hommes (1). Comme il a entendu louer la foi et la vertu de cette pieuse fille, il se détourne de son chemin, afin d'honorer, par une visite religieuse, un mérite si éclatant. Ses disciples le suivent, bien persuadés que cette vierge trouvera un grand motif de joie dans cette démarche d'un pontife si renommé qui, pour rendre témoignage à sa vertu, se départ de sa rigueur habituelle. Les disciples se trompaient : la résolution de cette vierge pudique de ne jamais recevoir chez elle aucun homme ne cède pas même devant Martin : un autre femme se présente, de sa part, au bienheureux pour lui faire agréer une honnête excuse et Martin s'éloigne, tout joyeux, du seuil de cette vierge, qui ne lui a pas permis de la voir ni même de la saluer.

« O vierge glorieuse, dit le narrateur, laquelle n'a pu souffrir d'être vue même par l'évêque Martin ! O bienheureux Martin, qui n'a point regardé ce refus comme une insulte, mais qui, exaltant avec transport la vertu de cette vierge, se félicitait d'un exemple inconnu dans nos contrées ! »

(1) Sulp. Dial. 2, n. 12.

2. — Cependant, l'approche de la nuit oblige le saint et ses compagnons de s'arrêter non loin de la maisonnette habitée par la recluse : celle-ci l'apprend et envoie au bienheureux *le présent de l'hospitalité :* c'était celui qu'on faisait, au moment de leur départ, aux personnes qu'on avait hébergées ; on l'appelait aussi *bénédiction* ou *eulogie,* comme tous les cadeaux que les chrétiens se faisaient entre eux, en signe de charité fraternelle. Martin, dans cette occasion, fait ce qu'il n'a jamais fait encore, car il n'a jamais accepté de personne, pas même des empereurs, ni le présent de l'hospitalité ni aucune espèce de cadeau ; il ne refuse rien de ce que lui envoie cette vierge vénérable :

— Comment, dit-il, un prêtre pourrait-il dédaigner la bénédiction d'une vierge, préférable à beaucoup de prêtres ?

« Que l'univers l'entende, reprend l'historien, une vierge n'a pas permis à Martin de la voir. Et ce n'est pas au premier prêtre venu qu'elle a refusé l'entrée de sa maison, mais à celui dont la vue était le salut de ceux qui le voyaient. » Puis le même auteur termine par ce rapprochement gracieux : » En préconisant la vierge solitaire, je ne prétends point blâmer celles qui viennent souvent des pays les plus éloignés pour voir Martin : les anges eux-mêmes, attirés vers lui par la même affection ne lui rendent-ils pas aussi de fréquentes visites ?

3. — Ainsi, soit dans son monastère, soit au dehors, notre évêque ne néglige aucun moyen d'instruire ses disciples et de les former aux vertus de leur état ; mais il parait prendre un soin particulier de l'éducation des plus jeunes, parmi lesquels est Victure, son filleul (1). Martin le traite avec un amour tout paternel, et ne le laisse jamais s'éloigner de sa présence. Quand il le voit instruit dans les lettres, parfait en toutes choses et s'attachant à Dieu

_____

(1) Acta SS., *ut supra*

de toutes ses forces, il n'hésite pas à lui conférer la dignité de clerc, et lui coupe la chevelure de ses propres mains. Cependant il ne lui ménage pas les leçons; il le catéchise, le reprend, le châtie et l'avertit : il l'excite à la foi la plus vive, même, comme nous l'avons déjà vu, à celle des miracles, et le forme aux œuvres apostoliques. Vient-on demander une grâce à l'évêque? Avec la permission ou sur l'ordre du pontife, Victure se met en chemin et ses prières ne tardent pas à rendre la santé aux malades. Pendant les veilles et les offices, l'enfant se tient attentif devant le saint; il ne manque jamais, toutes les nuits, d'assister à la psalmodie, pour servir ceux qui chantent, et met une grande ardeur à exécuter tout ce qui lui est enjoint par les vieillards. Lorsque, pour réprimer l'hérésie, défendre le nom chrétien ou distribuer des aumônes aux pauvres, le saint monte sur son âne et parcourt diverses contrées, Victure le suit à pied, prêt à lui rendre les services nécessaires.

4. — Pour un des motifs qui viennent d'être énumérés, Martin se dirige vers la cité des Carnotes, aujourd'hui Chartres, avec ses disciples (1). Nos voyageurs passent, en ce moment, dans le voisinage d'un bourg très-peuplé, qui, suivant la tradition, est celui de *Vindocinum*, aujourd'hui Vendôme, petite ville sur la rive droite du Loir, entre Tours et Chartres. A cet endroit, ils sont accueillis par une foule immense, venue à leur rencontre. Cette troupe est tout entière idolâtre, car, dans ce bourg, personne encore ne connaît le Christ; mais, au bruit de la prochaine arrivée d'un si grand homme, ça été un empressement général pour le voir : hommes, femmes, enfants, vieillards sont accourus et leur multitude couvre au loin toute la campagne environnante.

(1) Sulp., Dial. 2, n. 5.

Martin comprend qu'il y a là quelque chose à faire : éclairé par l'Esprit d'en haut, il frémit d'abord de tout son être, puis, d'une voix qui n'a plus rien de mortel, il prêche à ces gentils la parole sainte, exprimant, à plusieurs reprises, sa douleur de voir une telle multitude ignorer le nom de notre Seigneur et Sauveur. Tout à coup, du sein de cette masse de peuple qui entoure l'évêque et ses disciples, une femme s'avance et, les mains tendues vers le bienheureux, lui présente le cadavre d'un enfant :

— Nous savons que tu es l'ami de Dieu, lui dit-elle, rends-moi mon fils, car c'est mon unique enfant.

La foule se joint à elle et appuie par ses cris les prières de cette mère affligée. Martin voit qu'il peut obtenir du Ciel, pour le salut de cette foule en attente, le miracle demandé ; il prend dans ses propres mains le corps inanimé, fléchit les genoux, à la vue de tous, prie quelque temps, se relève, et rend à la mère le petit enfant ressuscité. Toute la multitude ne pousse qu'un cri vers le ciel :

— Le Christ est Dieu !

Puis la troupe entière tombe aux genoux du bienheureux, et avec l'accent d'une foi profonde :

— Fais-nous chrétiens, dit-elle.

Sans plus attendre au milieu de la campagne où il se trouve, le saint, par une imposition des mains générale, les fait tous catéchumènes.

— On peut bien, dit-il en se tournant vers ses disciples, faire des catéchumènes dans la campagne où les martyrs sont ordinairement consacrés.

C'était en effet la coutume d'exécuter les condamnés hors de l'enceinte des villes, et les martyrs avaient été pour la plupart immolés à la campagne. Suivant la tradition constante du pays, ces faits eurent lieu à l'endroit qui est actuellement occupé, à Vendôme, par l'église paroissiale dédiée à saint Martin (1). En mémoire du même fait, on éleva, dans la suite, à Chartres une église qui fut appelée *Ecclesia sancti Martini vitam dantis*, ou église de saint Martin donnant la vie.

Notre saint ne dédaigne pas d'apprendre à ses disciples les sentiments qui l'ont ému, dans les circonstances solennelles de sa vie : c'est lui-même qui a dit à Gallus et à ses autres compagnons de voyage ce qu'il avait senti et espéré au moment de ressusciter l'enfant.

5. — Tout en discourant, nous sommes arrivés avec Martin au terme de son voyage et sommes entrés dans la ville de Chartres, située sur le revers d'une montagne au pied de laquelle coule la petite rivière de l'Eure (2). Selon son habitude, Martin paraît s'être rendu d'abord à l'église où, avec une grande foule de peuple, deux évêques l'attendaient, celui de Chartres nommé Valentin, qui est le troisième de cette ville, et celui de Rouen, saint Victrice que nous avons déjà vu dans sa compagnie. Soudain un homme lui présente une petite fille, de l'âge d'environ douze ans.

—Ma fille est muette de naissance, dit-il ; daigne, ô saint, par tes mérites, rompre les liens qui enchaînent sa langue.

— Une si grande œuvre est au-dessus de mes forces, répond Martin ; mais il n'y a rien d'impossible pour ces deux évêques, qui sont bien plus saints que moi.

Et il montrait les prélats qui se trouvaient à ses côtés. Valentin et Victrice joignent leurs prières amies à celles du père, et, d'une voix suppliante, conjurent Martin d'accorder ce qu'on attend de lui. Le saint ne peut résister à de tels intercesseurs et se couvre ainsi d'une double gloire ; car, en refusant, il a montré son humilité ; il prouve en cédant, la bonté de son cœur.

(1) De Pétigny, *Hist. du Vendômois*, p. 70.
(2) Sul., Dial. 3, n. 2.

— Qu'on fasse retirer la foule, dit-il.

Quand les évêques, le père et la jeune fille sont restés seuls avec lui, il se prosterne, selon sa coutume, et se met en prière; ensuite il bénit un peu d'huile, en récitant dessus un exorcisme, puis verse dans la bouche de l'enfant, dont il tient la langue entre ses doigts, quelques gouttes de la liqueur sanctifiée et le miracle répond à son attente.

—Quel est le nom de ton père? demande-t-il à l'enfant.

Celle-ci le prononce aussitôt. Le père pousse un cri de joie, fond en larmes et embrasse les genoux de Martin.

— C'est la première parole que j'ai entendue sortir de la bouche de ma fille, dit cet homme au milieu de la stupeur générale.

Le prêtre Évagrius, ami de l'historien, fut l'un des témoins de l'événement.

6. · – A son retour de Chartres, le saint, d'après la tradition, passa de nouveau par Vendôme, où il avait laissé, pour instruire les catéchumènes, plusieurs ecclésiastiques, au nombre desquels le jeune Victure, son filleul : les trouvant suffisamment préparés, il leur conféra la grâce du baptême.

CHAPITRE XLII.

SON AMOUR POUR LA CHASTETÉ.

1. Les miracles cachés. — 2. La chute dans l'escalier. — 3. Le cénacle et les quatre cellules. — 4. Le moine qui se chauffe. — 5. Églises fondées par S. Martin.

1. — Martin a fait un aveu bien digne d'être remarqué (1).

(1) Sulp., Dial. 2, n. 5.

— Je n'ai plus, dans l'épiscopat, le don des miracles au même degré où je me souviens de l'avoir eu autrefois.

Voilà ce qu'il a dit souvent à Sulpice, en présence de Gallus. « Si cela est vrai, fait observer l'historien, ou plutôt, cela étant vrai, nous pouvons conjecturer quels miracles il a opérés, lorsqu'il était moine, sans aucun témoin, lui que nous avons vu, durant son épiscopat, et sous les yeux de tout le monde, accomplir tant de prodiges. Un bon nombre de ses œuvres, avant cette époque, n'ont pu demeurer cachées; mais, assure-t-on, il y en a une innombrable quantité d'autres que le saint est parvenu à dérober à la connaissance des hommes. S'élevant au-dessus de la nature humaine, foulant aux pieds, par la conscience de sa vertu, la gloire de ce monde, il ne demandait d'autre témoin de ses actions que le Ciel. Toujours est-il que la vérité de ses paroles à Sulpice reste démontrée par les faits qui nous sont connus : avant d'être évêque, il a ressuscité deux morts, et depuis, un seul. »

2. — Après en avoir guéri et sauvé tant d'autres, ce médecin unique obtient, à son tour, pour lui-même, un bienfait du même genre (2). Il tombe, une fois, par accident, du haut du cénacle, chambre élevée où l'on prenait les repas, et roule le long des degrés d'un escalier très-raboteux. Tout couvert de blessures et presque mourant, après une pareille chute, il était couché dans sa cellule, en proie à d'excessives douleurs. Pendant la nuit, il lui semble voir un ange qui lave ses plaies et applique un baume salutaire à ses contusions. Le lendemain, il se trouve si parfaitement remis, qu'il paraît n'avoir jamais souffert le moindre mal.

La tradition attribue cette chute à la malice du démon et cette opinion est confirmée par la manière dont le fait

_____

(2) Sulp., V. b. M., c. 19.

est représenté sur l'un des vitraux de la cathédrale de
Tours. On gardait encore, au dernier siècle, à Marmoutier, dans un petit reliquaire d'or, une sainte ampoule
pleine d'un baume qu'on prétendait être celui qui fut
apporté par l'ange : la matière qu'elle contenait était figée
et de couleur rougeâtre,

3. — Quant au cénacle, dont il vient d'être question,
nous savons que les disciples du saint prenaient tous leurs
repas ensemble, et ils furent au nombre de quatre-vingts.
Il devait donc y avoir, au monastère, une salle assez spacieuse pour les contenir et, sans doute, elle était creusée
dans le rocher qui dominait les autres cellules : on y montait par un escalier taillé aussi dans le roc et qui serait
celui dont les degrés meurtrirent le corps de notre évêque.
Comme l'unique repas de la communauté n'a lieu qu'après
le coucher du soleil, l'obscurité de cette heure, jointe aux
inégalités de l'escalier, a pu être cause de l'accident.
A cette occasion, jetons un coup d'œil sur les dispositions
extérieures du monastère.

Nous avons vu qu'il y existe une porte secrète, appelée
pseudoforum ou fausse porte, par où l'on introduit les démoniaques qu'on veut présenter à Martin. Non loin de là,
au milieu d'une petite cour, s'élève une cabane en bois,
qui est celle dont nous avons parlé dès le commencement
et où Martin fait son habitation. Suivant la tradition, elle
lui sert seulement pendant la journée : la nuit, il se retire
dans une grotte comme celles qu'habitent la plupart des
frères : elle s'était conservée jusqu'au dernier siècle, où,
communément, on l'appelait le *Repos de saint Martin*. Voici
une inscription qu'on attribue aux disciples du saint et qui
y fut placée dans la suite (1) :

« Oh! quelles armes avait ici ce guerrier! souvent nous
les avons vues, pendant l'absence du héros : de noirs char-

----

(1) D. Martenne, *Hist. de Marm.*, ms. de la biblioth. de Tours. Migne,
Patrolog., tome 74, p. 671.

bons, des cendres, tout y faisait horreur à la nature : des
nuages de poussière y couvraient tout du deuil de la pénitence. Cilice, pierre qu'il mettait sous sa tête, cendre froide,
vous paraissiez ici un lit somptueux à ses membres amaigris ; car cette cellule fut le lieu de son repos, pendant le
silence de la nuit : le sol de cette cellule lui servit à la fois
de siége et de marchepied. »

Martin a encore deux autres cellules, ainsi que nous
l'apprennent d'autres inscriptions, placées, dans le siècle
suivant, pour guider la dévotion des visiteurs, et recueillies par la postérité. De ces quatre cellules, l'une lui sert à
recevoir les étrangers, l'autre est son oratoire particulier ;
dans l'autre, il prend quelquefois ses repas, seul ou avec
les hôtes qu'il admet à sa table ; l'autre, enfin, lui sert de
chambre à coucher et c'est celle dont nous venons de voir
l'effrayante peinture.

4. — Nous sommes en hiver : un des frères, dont l'historien a voulu taire le nom par charité, entre dans l'une
de ces cellules, où, peut-être, il croyait rencontrer son
maître auquel il désirait parler (1) : il n'y trouve pas le
saint homme ; mais, en jetant les yeux sur le fourneau
de la petite chambre, il s'aperçoit qu'on l'a rempli de
charbons allumés. Se voyant seul et sans témoin, il veut
profiter de l'occasion pour se chauffer à son aise : il prend
donc une sellette, la place tout près du brasier, et s'asseoit au-dessus du fourneau, les jambes écartées et les
genoux découverts. A peine a-t-il commis cet oubli des
convenances chrétiennes, qu'une voix forte et sévère
s'élève du dehors :

— Quel est donc celui-là, dit-elle, qui se découvre si in-
décemment et profane ainsi notre habitation.

Entendant ces paroles et reconnaissant, par son fait,
que le reproche est à son adresse, le pauvre frère

(1) Sulp., Dial. 3, n. 19.

déserte la place, à l'instant même, et court de là, tout
hors de lui, raconter aux autres moines sa mésaventure, confessant sa propre honte et la puissance de Martin,
qui a été instruit si promptement de l'outrage fait à sa
demeure.

Martin est un modèle admirable de toutes les vertus
chrétiennes; mais il y en a une qu'il a principalement
recommandée à ses disciples. Avec quelle mâle énergie, il
compare les serviteurs de Dieu à des soldats sur le champ
de bataille, qui ne peuvent, sans se déshonorer, recevoir
des femmes au milieu d'eux! Avec quelle grâce, il montre
la virginité sous l'image d'une prairie toute émaillée de
fleurs qui n'ont point souffert d'atteinte! Avec quelle
effusion, il proclame les mérites de la vierge qui a refusé
de le recevoir lui-même! Avec quelle attention, il évite,
de son côté, de laisser paraître aucune femme en sa présence! Et, comme la modestie extérieure est la gardienne
de la pureté intérieure, avec quelle indignation il apostrophe celui qui s'en éloigne!

5. — Il y avait, au vi⁰ siècle, sur les bords de la Loire,
près de Tours, une retraite qui avait, disait-on, servi d'oratoire à notre saint et qu'il visitait souvent (1). C'est peut-
être le même que celui de son monastère. Le village de
Marigny, à quelque distance de Tours, celui de St-Senoch,
près de la ville de Loches, et celui de Ciran-la-Latte, non
loin de Civray et de Balesme, possédaient, à la même
époque, des oratoires où la tradition rapportait que saint
Martin avait prié (2). Dans le dernier, il avait consacré
l'autel : il consacra aussi un autel, dans un bourg, qui
serait, dit-on, celui de Neuvy.

Outre l'église d'Amboise, dont nous avons parlé, on
compte, comme fondées par lui, celle de Langeais, petite

---

(1) Greg. Tur., Glor. conf, c. 6, 7 et 8. *H. Fr.*, l. 10, c. 30.
(2) Idem., Vitæ P. P., c. 15 Mir. s. M., l. 1, c. 18.

ville sur la rive droite de la Loire; celle de Chisseaux-sur-Cher, village près de Montrichard; celle de Sonnay, autre village près de Châteaurenault, non loin duquel on voit une fontaine appelée encore la Fontaine-des-Druides et où s'est conservée l'opinion du passage de saint Martin ; celle de Tournon, sur la rive droite de la Creuse au confluent du Suin; enfin celle de Cande, que nous avons déjà nommée. Dans tous ces lieux, il éleva des temples au vrai Dieu, après y avoir détruit des édifices profanes et baptisé les gentils. Pour Cande, on y a découvert, il y a peu d'années, à fleur de terre, des ruines de la plus belle époque gallo-romaine, qui paraissent être celles d'un temple jadis complètement rasé (1).

A Neuillé, village du territoire de Tours, un arbre renversé par le vent embarrassait la voie publique (2). Martin, passant par là, eut pitié des voyageurs que cet obstacle incommodait, et, avec un signe de croix, releva cet arbre, qui subsistait encore plusieurs siècles après. Dans une autre course, il lui arriva de s'asseoir sur une pierre pour se reposer : cette pierre fut conservée et plus tard placée dans une église.

CHAPITRE XLIII.

SAINT MARTIN ET SON DISCIPLE BRICTIO.

1. Le saint évêque comparé aux ermites. — 2. Il est traité de radoteur. — 3. Courage Brice ! — 4. Brice demande pardon. — 5. Le Christ a souffert Judas. — 6. Le presbytère. — 7. Où vont les regards et les larmes d'un saint.

1. — « Il ne faut, à mon avis, dit le biographe de Martin, comparer la vertu de personne au mérite de ce grand

---

(1) *Journal d'Indre-et-Loire* du 12 déc. 1855.
(2) Fort. Pict., Misc., l. 5, c. 17.

homme; mais si l'on veut cependant établir une comparaison entre lui et les ermites ou les anachorètes, il convient de remarquer que la partie n'est pas égale (1).
Libres de tout embarras, sans autres témoins que le Ciel
et les anges, ceux-ci opèrent des merveilles, j'en conviens.
Pour lui, il vit dans la société, parmi des clercs en discorde,
au milieu d'évêques qui le persécutent : il est pressé de
tous côtés par des scandales journaliers : voyez-le cependant : il reste ferme, contre tous les assauts, sur le fondement d'une vertu inébranlable, et opère même des choses
telles que n'en a jamais fait aucun de ceux qui sont aujourd'hui ou ont été autrefois dans le désert. Supposons
qu'ils l'aient égalé : quel juge assez injuste pour ne lui
pas donner encore le premier rang? C'est un soldat qui a
combattu dans une position désavantageuse et qui néanmoins est demeuré vainqueur : les autres sont des soldats
aussi, mais qui ont combattu dans une position égale ou
même supérieure : la victoire est la même, la gloire ne saurait l'être. « Voici un exemple de ces scandales journaliers
dont notre évêque est entouré.

2. — Nous n'avons point encore parlé d'un clerc, qui cependant, à l'heure qu'il est, et à l'âge où le saint est arrivé,
lui a déjà causé bien des peines. On l'appelle, en latin,
Brictius ou Brictio, et, en français, Brice ou Bricet. Suivant
un récit populaire (2), il était né à Nevers, d'un comte de
cette ville, et avait été exposé, dans son berceau, par
l'ordre de son père, sur les flots débordés de la Loire :
saint Martin l'aurait recueilli, sur la grève, à Tours, l'aurait nourri, élevé et enfin mis au nombre de ses moines.
D'autres affirment qu'il était de Tours même.

Dès sa première jeunesse, Brictio tendait mille embûches
à saint Martin et se livrait contre lui à des saillies toutes

(1) Sulp., Dial. 1, n. 17.
(2) Maan, Eccl. Tur., p. 2.

plus irrespectueuses les unes que les autres, parce que
l'évêque lui reprochait souvent la légèreté de sa conduite,
ou, suivant l'expression de l'historien, son penchant pour
les choses faciles (1), Un jour, un malade qui cherche Martin, pour lui demander sa guérison, aborde, sur la place
Brictio encore simple diacre.

— J'attends le bienheureux, lui dit cet homme avec
simplicité, et je ne sais où il est ni ce qu'il fait.

— Si c'est ce radoteur que tu cherches, répond le clerc,
tiens, regarde là-bas, le voilà, selon sa coutume, qui contemple le ciel, à la façon des insensés.

Heureux d'avoir trouvé le saint, le pauvre infirme ne
fit pas attention à cette moquerie : sa foi fut récompensée
et il obtint ce qu'il demandait. Se rapprochant alors de
son diacre :

— Brice, lui dit tout-à-coup le bienheureux, je passe
donc dans ton esprit pour un radoteur?

— Je n'ai jamais tenu un pareil propos, dit Brice tout
honteux.

— Est-ce que mon oreille n'était pas auprès de ta bouche, lorsque tu parlais ainsi de moi? reprend le saint; en
vérité, je te le dis, j'ai obtenu de Dieu que tu me succèdes
dans les honneurs du pontificat; mais sache-le, tu auras
bien des contrariétés à y souffrir.

— N'avais-je pas raison de dire qu'il radote? répétait
Brice, un peu plus tard, en parlant de cette prédiction.

3. — Malgré de tels antécédents, découvrant, par une
vue supérieure, un vase d'élection dans ce clerc si peu
édifiant, Martin lui confère la prêtrise; mais le moment
de la miséricorde n'est pas encore venu pour Brictio, qui
ne se montre que plus hardi dans ses outrages envers le
saint et plus insensé dans sa conduite.

(1) Grég. Tur., *Hist. Fr.*, l. 2, c. 1.

Brice n'a jamais rien possédé, avant sa cléricature; car, la chose est certaine, il a été nourri et élevé dans le monastère, par Martin lui-même (1). Cependant aujourd'hui il entretient des chevaux et se procure des esclaves : beaucoup de gens l'accusent même d'avoir acheté, parmi les prisonniers de guerre enlevés sur les terres des Barbares de la Germanie et vendus à l'encan, suivant l'usage de ce temps, non-seulement de jeunes garçons, mais des jeunes filles remarquables par leur beauté. Il faut supposer, en outre, qu'avec un pareil train il occupe, dans la cité, quelque spacieuse habitation ou possède à la campagne un domaine assez étendu.

Martin, un jour, a cru devoir le réprimander à ce sujet : le lendemain, le saint est assis sur sa petite sellette de bois, dans la cour étroite qui entoure sa demeure : soudain, sur le haut de rocher dominant le monastère, il aperçoit deux démons :

— Courage, Brice! courage, Brice! crient de là ces malins esprits, pleins de joie et d'animation.

« Je crois, dit le narrateur, qu'ils voyaient de loin approcher le malheureux et savaient quelle rage ils avaient mise dans son cœur. « En effet, un instant après, Brice arrive furieux; les justes reproches qui lui ont été adressés la veille, et surtout, comme le croit l'historien, l'influence de ces démons l'ont jeté dans une sorte de délire, il vomit contre Martin un torrent d'injures, et semble même prêt à porter les mains sur lui. Le saint, le visage calme et l'âme impassible, s'efforce, par quelques mots tendres et affectueux, d'apaiser le fol emportement de son disciple; mais en vain : Brice, tout léger qu'il est déjà par caractère, n'est plus reconnaissable : les lèvres tremblantes, les traits bouleversés, pâle de fureur, il laisse échapper des flots de paroles criminelles :

(1) Sulp., Dial. 3, n. 20.

— Je suis plus saint que toi, s'écrie-t-il, car moi, j'ai été élevé, dès mes premières années, dans le monastère et j'y ai grandi, sous ta propre direction, au milieu des enseignements sacrés de l'Église : toi, Martin, qui m'accuses, toi, au contraire, et tu ne peux le nier, tu as commencé ta carrière par la vie licencieuse du soldat, et maintenant, livré à de vaines superstitions, à des visions chimériques, tu es tombé, en ta vieillesse, dans des radotages et des extravagances ridicules.

4. — Après avoir proféré contre son maître d'autres propos encore plus acerbes que l'historien a mieux aimé passer sous silence, Brice sent enfin sa fureur assouvie : satisfait comme un homme qui s'est pleinement vengé, il sort de la petite cour et reprend, à toutes jambes, le chemin par où il est venu ; mais tandis qu'il fuit, son cœur, par l'effet sans doute des prières de Martin, est délivré des démons qui l'obsèdent ; revenu à résipiscence, il retourne sur ses pas, se prosterne aux genoux du saint, demande pardon et confesse sa faute.

— Il y a du démon dans mon fait, dit-il revenu enfin à lui-même.

Pardonner à un suppliant est ce qu'il y a de plus facile pour Martin : le coupable a donc bien vite recouvré ses bonnes grâces. Après quoi, pour l'instruction de ses disciples, le saint raconte, devant Brice et tous les moines réunis, comment il a vu les démons agiter ce malheureux.

— Je n'ai eu garde, dit-il en finissant, de me laisser émouvoir par des insultes, qui n'ont fait de tort qu'à celui qui les a proférées.

5. — Toutefois, pour avoir cédé un moment au repentir, Brice n'en reste pas moins le même homme et n'est pas corrigé pour toujours. Aussi la médisance s'exerce-t-elle de nouveau sur son compte. Il ne s'est pas encore passé beaucoup de temps depuis la scène violente dont nous

venons d'être témoins, que déjà il a été bien des fois dénoncé à son évêque et chargé de griefs considérables.

— Un pareil prêtre, lui dit-on, ne peut rester dans le presbytère : c'est le devoir de l'évêque de le retrancher du clergé et de le déposer de ses fonctions.

— Si le Christ a souffert Judas, pourquoi, moi, ne souffrirais-je pas Brictio ?

Ainsi répond souvent Martin aux accusateurs ; car ce prêtre l'a gravement outragé et le saint craindrait de paraître, en le châtiant, venger son offense personnelle.

6. — Le presbytère, remplacé aujourd'hui par le chapitre, était comme un sénat auguste formé de tous les prêtres de la ville et associé par le pontife à l'exercice de son autorité. Brice en faisait partie depuis son élévation à la prêtrise, et il paraît du reste, bien qu'élevé, dans son enfance, au monastère, n'avoir jamais fait profession de la vie monastique. Il n'habitait plus le monastère depuis longtemps, l'ayant quitté, ce semble, aussitôt qu'il fut entré dans le clergé. Son opulence extraordinaire lui venait de quelque négoce, ou de la libéralité des fidèles dont il abusait.

7. — Nous avons appris par lui que l'homme de Dieu, dont il se moquait, élevait souvent ses regards vers le ciel : « C'était, nous dit un autre saint, par mépris pour la terre, car, il le savait, c'est pour cela que nous avons reçu une stature droite ; il savait que là était son trésor, il savait que là était son Christ, assis à la droite du Père ; il savait que jamais, avant d'être arrivé là, il n'obtiendrait la satisfaction de ses désirs. Aussi ne fut-il point ému de s'entendre traiter d'insensé sur la terre, lui dont la conversation était dans les cieux, lui dont les yeux étaient fixé sur son chef. C'était là aussi que montaient sans cesse les larmes qui inondaient son visage avec tant d'abondance. »

(1) S. Bern., *Serm. in fest.*, s. Mart.

CHAPITRE XLIV.

QUELQUES AUTRES DISCIPLES ET AMIS DE SAINT MARTIN.

1. Le préfet Vincent. — 2. L'évêque de Tours métropolitain. — 3. S. Maurilius, évêque d'Angers. — 4. Corentin, évêque de Quimper. — 5. Maxime de Chinon enseveli par son maître. — 6. Maura et ses neuf fils. — 7. Les trois Martin. — 8 Patrice et Ninian.

1. — Le faste et la vanité, reprochés à Brictio ont toujours fait horreur à saint Martin. Ce même homme qui, sans les voir, délivre les possédés, qui commande aux comtes, aux préfets et aux princes mêmes, a su rendre son cœur tellement supérieur à l'orgueil que personne plus que lui n'en est exempt (1). C'est bien peu de chose au milieu de tant d'autres mérites; il est utile néanmoins de le savoir, personne n'a répugné plus fortement non-seulement à la vanité, mais aux causes même et aux occasions de la vanité. Toute sa vie est pleine d'exemples qui le prouvent : en voici un nouveau, peu éclatant sans doute, mais digne pourtant d'être raconté, car il nous fait connaître un des plus illustres amis de Martin, et nous donne occasion de payer un juste tribut d'éloges à un magistrat, qui, investi d'une autorité souveraine, a témoigné un si religieux désir d'honorer le bienheureux,

Le préfet Vincent, homme éminent et recommandable, sous tous les rapports, autant que personne dans les Gaules, a maintes fois, en passant par Tours, prié Martin de le traiter dans son monastère :

— Le bienheureux évêque Ambroise, lui disait-il, reçoit souvent à sa table les consuls et les préfets.

(1) Sulp., Dial. 1, n. 25.

Malgré un exemple si respectable, Martin, dans sa haute sagesse, n'a jamais voulu y consentir; il eût craint de faire naître quelque occasion d'orgueil et de vanité. — Si la conduite du saint de Milan a pu être mise en opposition avec celle du nôtre, c'est qu'en effet leur mission est différente : celle du premier semble avoir été de reprendre et d'instruire les rois, tandis que celle du second a été surtout de prêcher et d'éclairer le peuple des campagnes. Désignons, dès maintenant, cette vocation comme une des causes de la popularité dont jouit encore le nom de saint Martin. Un accroissement d'honneur l'attendait sur la fin de sa vie terrestre.

2. — Nous sommes en l'année 394; notre saint est âgé de 79 ans : à cette époque, par suite d'une nouvelle division de la Gaule, la cité des Turones est érigée en capitale ou métropole civile de la troisième Lyonnaise (1). L'Église adoptant cette division de territoire, la ville de Tours qui, sous le rapport ecclésiastique, relevait de Rouen, reçut désormais le titre d'église métropolitaine et eut pour suffragants les Cénomans, les Andes et les Bretons de l'Armorique. Toute une tradition, consignée dans les écrits et les monuments, donne à saint Martin la qualité d'évêque métropolitain. Les verrières de nos églises le représentent décoré du pallium et les légendes, comme nous allons le voir, lui attribuent de fréquentes ordinations d'évêques.

3. — A la mort de celui d'Angers, nommé Prosper, qui avait succédé à Apothème, successeur lui-même de Défensor, les habitants se réunirent pour en élire un autre; mais l'assemblée ne pouvait s'accorder sur le choix, quand tout à coup, on annonce l'arrivée du pontife de Tours, qui venait lui-même, en toute hâte, à cette

(1) Maan, Eccl. Tur., p. 12.

élection (1). Sauf un bien petit nombre, tous les assistants se décident à attendre l'avis de celui à qui sa sainteté, jointe aux prérogatives de son siége, confère le droit d'élire le nouveau pasteur. Martin paraît, chacun garde le silence :

— Mes frères, dit-il, écoutez-moi : ce qui a été décidé de Dieu doit s'accomplir ; soumettez-vous, de bonne grâce, à sa volonté : Maurilius, prêtre de l'église de Chalonne, sera votre pontife.

Il parlait de son ancien disciple, qui, retiré au bourg de Chalonne, sur le territoire d'Angers, s'était déjà illustré par ses vertus et ses miracles. Après un moment de surprise, les assistants se trouvent subitement d'accord : munis des ordres du métropolitain, ils partent sur-le-champ et bientôt amènent le solitaire devant le saint évêque. Au moment où tous deux entrent dans l'église, une colombe, blanche comme la neige, descend du ciel et se pose sur la tête de l'élu. La foule, saisie alors d'un même sentiment, se prosterne aux genoux de Martin et acclame, tout d'une voix, Maurilius, qui cède aux ordres du pontife et reçoit l'épiscopat. Or voici ce que bon nombre de personnes méritèrent de voir, pendant cette cérémonie : chaque fois que Martin, suivant le rit consacré, étendait la main sur la tête de Maurilius pour le bénir, la colombe s'élevait en l'air pour lui laisser plus de liberté.

— Ce n'est pas seulement le Saint-Esprit, sous forme de colombe, disait plus tard notre évêque, c'est encore toute une armée d'anges qui sont venus bénir le pontife Maurilius.

Ces détails sont tirés d'une vie de saint Maurille, attribuée à un auteur célèbre du vie siècle, mais écrite, dit-on, au xe par l'ordre d'un évêque d'Angers.

_____

(1) Fort. Pict., v. s. Mauril., n. 12. Brev., S. Mart., 13 sept.

4. — Un jour, trois étrangers se présentent devant notre évêque et lui remettent des lettres de recommandation de la part de Grallon, roi ou chef breton de l'Armorique (1). L'un d'eux se nomme Corentin et ses compagnons s'appellent Tugdin et Wuénolé : le premier est envoyé à Martin pour être sacré évêque de Quimper et les deux autres doivent être bénits abbés de deux monastères que le roi se propose d'édifier. Tous trois sont gracieusement reçus par l'illustre métropolitain qui, selon le désir exprimé par les lettres du roi, donne à Corentin la consécration épiscopale.

— C'est désormais, dit-il ensuite, à l'évêque Corentin de bénir les abbés de son diocèse.

Cependant il cède à des instances réitérees et bénit les deux autres. — Ceux qui regardent cette légende comme fabuleuse, accordent néanmoins le titre de disciple de saint Martin à saint Corentin, dont le corps se conservait jadis à Marmoutier. Les deux autres personnages sont saint Guenolé, premier abbé de Landevenech, et Tudy, fondateur de l'abbaye de Loctudy. — Saint Rictisme de Rennes, Arisius de Nantes, et Desiderius, son successeur, furent aussi, dit-on, sacrés par notre saint pontife, qui reçut, vers ce temps-là, un autre message, mais plus douloureux (2).

5. — De retour de son pèlerinage à Rome, le solitaire de Chinon, Maxime, avait achevé de bâtir son monastère et élevé, pour ses religieux, une église que le saint évêque de Tours était venu dédier, avec les cérémonies requises. Enfin, après les longues années de son exil ici-bas, il a pressenti que la mort doit le saisir dans trois jours et il envoie vers le pontife, pour l'en informer.

(1) Acta SS., 5 sept.
(2) Prop. S. Max. Caïnon., p. 91.

— Allons ensevelir notre frère Maxime, dit Martin, en pleurant.

Suivant l'usage des anciens pères, Martin plaça, en priant, le corps du prêtre Maxime dans un sépulcre de pierre et l'ensevelit honorablement dans la basilique de la bienheureuse Marie de l'Assomption, qui prit dès lors le nom de saint Maxime. Ce fait, confirmé jadis par la tradition unanime du clergé et du peuple de Chinon, était consigné dans un manuscrit, d'où l'on a tiré, pour le propre de son église, les leçons de son office. Des difficultés de chronologie ne suffisent pas, à nos yeux, pour détruire un pareil témoignage. — Mais le glorieux pontife ne compte pas seulement, parmi ses fils spirituels, des moines, des abbés, des évêques; il a aussi des martyrs.

6. — Au temps où le bienheureux Martin gouvernait l'église de Tours et éclairait tout l'univers des rayons de ses vertus (1), Maura, veuve de noble famille parmi les Goths, déjà enflammée d'amour pour la religion chrétienne, apprit la réputation du saint, et, abandonnant tout, vint pour être instruite, puis baptisée par lui. Martin lui imposa, ainsi qu'à ses neuf fils, un jeûne de sept jours, pendant lesquels il répandit lui-même des prières avec des larmes continuelles. Ensuite, les ayant instruits et fortifiés dans la foi, il les baptisa. Alors, tandis qu'ils étaient en prières, ils entendirent une voix céleste :

— Suivez toujours les commandements de Martin, leur disait-elle, et, un jour, vous partagerez avec lui, un bonheur éternel.

Cette récompense leur fut bientôt accordée. Athanaric, roi des Goths et arien, qui persécutait les catholiques, envoya des hommes pour les prendre.

(1) Brev. S. Mart., 25 oct. Maan, pars 1ᵃ, p. 18.

— Renonce, disent-ils au premier, nommé Spanus, renonce à la secte dont Martin t'a enseigné la doctrine; sinon, tu vas mourir.

— Je serais heureux, répond-il, d'être dépouillé de ma prison corporelle, pour la foi et la confession de Martin : je jouirais, dans l'éternité, d'une gloire plus grande avec le Christ.

Les bourreaux le tuent cruellement et, après lui, tous ses frères. Leur mère vécut depuis dans la retraite et mourut enfin elle-même par une glorieuse confession. — Cette histoire, sous le titre de vie de saint Épain, se trouvait, au dernier siècle, parmi les manuscrits conservés dans les archives de l'église de Tours. Le culte de sainte Maure et de ses neuf fils est très-ancien en Touraine où il y a encore une petite ville du nom de Saint-Épain.

7. — Un confesseur, à qui tous les savants accordent la qualité de disciple de saint Martin, c'est saint Héros. qui devint archevêque d'Arles et combattit courageusement l'hérésie de Pélage (1). — On donne encore pour disciples à notre évêque trois autres saints du même nom que lui et tous trois abbés, l'un de Saintes, l'autre de Brives-la-Gaillarde, l'autre de l'Isle-Barbe. Ce dernier fut, dit-on, élevé sur le siége de Lyon. En effet la tradition de cette église nous apprend que saint Martin, son quinzième évêque, avait été moine à Marmoutier et disciple du grand saint Martin, évêque de Tours.

8. — Une jeune fille, de race franque, nommée Conchessa, et nièce, dit-on, de notre saint Martin (2), fut faite prisonnière dans les Gaules et emmenée dans le nord de la Bretagne : ses bonnes mœurs, ses attentions, sa beauté captivèrent son maître qui l'épousa et eut

---

(1) Gervaise, p. 232.

(2) Acta SS., 17 Mart. Brev. Rom., *ibid.*

d'elle un fils qu'on nomma Patritius. A l'âge d'environ vingt-cinq ans, celui-ci, désireux d'apprendre la science de Dieu, vint trouver le bienheureux, qui le dirigea, pendant quatre ans, lui donna l'habit monastique avec une règle de vie et le promut à la cléricature : enfin, le saint évêque ayant été averti par un ange que saint Patrice devait partir pour l'Hibernie, aujourd'hui l'Irlande, ils se dirent adieu et se séparèrent. — Un autre saint du même pays, appelé Ninian, était aussi neveu de notre évêque par sa mère (1). Devenu évêque en Écosse, il se rendit auprès de notre saint, en revenant de Rome, et put jouir des salutaires enseignements de son oncle, pour lequel il conserva toujours une merveilleuse vénération et un grand amour.

Mais, parmi les disciples de Martin, nul n'était plus cher à son maître que celui qui avait résolu d'être son biographe. Nous allons assister à leurs derniers entretiens.

CHAPITRE XLV.

SES DERNIERS ENTRETIENS AVEC SULPICE SÉVÈRE.

1. Agnès, Thècle et Marie. — 2. Les démons Mercure et Jupiter. — 3. Néron et l'Antéchrist. — 4. Victor et Clarus. — 5. La fiole réservée.

1. — Un jour, Sulpice et Gallus attendaient à la porte de Martin (2) : depuis quelques heures déjà, ils y étaient assis, n'échangeant pas une parole, pénétrés de respect et tremblants comme des gens qu'on eût obligés à

(1) Acta SS., 16 sept.
(2) Sulp., Dial. 2, n. 14.

veiller devant la demeure d'un ange; car la cellule du saint était fermée et il ne savait pas que ses deux disciples étaient là. Tout à coup le murmure d'une conversation arrive jusqu'à eux : en même temps, ils se sentent comme enveloppés d'une sainte horreur et pris d'un saisissement étrange qui ne leur permet plus de douter qu'il s'est passé près d'eux quelque chose de surnaturel. Environ deux heures après, Martin sort de la cellule. Comme personne, même parmi ses moines, ne parle au saint plus familièrement que Sulpice, c'est lui qui se charge de l'interroger.

— Nous t'en prions, lui dit-il, pour notre édification, apprends-nous ce que signifiait cette horreur divine que, Gallus et moi, nous avons éprouvée tout à l'heure. Avec qui as-tu conversé, il n'y a qu'un instant, dans ta cellule? Car tous les deux, étant devant ta porte, nous avons entendu un bruit faible et à peine sensible, mais reconnaissable néanmoins pour celui de plusieurs personnes s'entretenant ensemble.

Le saint hésite longtemps; mais il n'y a rien que Sulpice ne lui arrache, en quelque sorte malgré lui.

— Je vais vous le dire, répond-il enfin, mais vous, de grâce, ne le dites à personne : Agnès, Thècle et Marie étaient tout à l'heure avec moi.

Ensuite il leur dépeint les traits et l'habillement de chacune de ces trois saintes, dont l'une est la Reine des vierges et les autres les deux vierges les plus célèbres, après elle, dans l'antiquité chrétienne. Son disciple lui demande si c'est la première fois qu'il est honoré de cette apparition : il avoue qu'il a reçu déjà cette visite bien d'autres fois. Sur de nouvelles questions, il convient encore qu'il voit souvent aussi les apôtres Pierre et Paul.

« Ces faits, ajoute le narrateur, sembleront peut-être plus incroyables que tout le reste, mais le Christ m'est témoin que je ne mens pas et personne ne sera, je l'espère, assez sacrilége pour croire que Martin ait menti.»

2. — Les démons continuent à le harceler. Martin est tellement habitué à leurs visites qu'il est parvenu à les distinguer les uns des autres et à remarquer le caractère particulier de chacun d'eux. Il les apostrophe par leurs noms, à mesure qu'ils arrivent en sa présence. C'est de Mercure qu'il a le plus à souffrir. Mercure est en effet la principale divinité des Gaulois idolâtres qui, au rapport de César, lui avaient élevé un nombre considérable de statues et croyaient qu'il avait beaucoup de puissance pour faire réussir dans le négoce : ce démon défend donc son propre domaine, et le fait avec acharnement. Aussi, quand il paraît, le saint se tient sur ses gardes. Pour Jupiter, Martin s'en tourmente fort peu.

— Jupiter n'est qu'un stupide et un hébété, dit-il.

Toutes ces visions de l'enfer et du ciel semblaient incroyables à beaucoup de ceux-mêmes qui vivaient dans le monastère : « Je suis donc loin d'espérer, dit l'historien, qu'elles trouveront créance chez tous ceux qui les entendront raconter. Après tout, si Martin n'avait mené une vie ineffable, merveilleuse, jouirait-il parmi nous d'une si grande célébrité? Il n'est point surprenant que la faiblesse humaine ait éprouvé des doutes sur les œuvres de Martin, puisque, de nos jours encore, nous voyons beaucoup de gens qui refusent de croire à l'Évangile. »

3. — Une autre fois, Sulpice et Gallus interrogent Martin sur la fin du monde (1).

— Néron et l'Antechrist doivent venir auparavant, leur dit-il. Néron, après avoir soumis dix rois, commandera sur la plage occidentale et exercera la persécution, en vue de forcer les hommes d'adorer les idoles. L'Antechrist aura pour empire l'Orient, pour siége et capitale Jérusalem : il rétablira la ville et le temple. Sa persécution aura

(2) Sulp., Dial. 2, n. 16.

pour but de faire renier le Seigneur Christ, en le présentant lui-même pour le Christ, et de contraindre tout le monde à recevoir la circoncision, suivant la loi mosaïque. A la fin, Néron sera tué par l'Antechrist, qui réduira sous son autorité toutes les nations de l'univers, jusqu'à l'avénement du Christ, qui doit mettre à néant la puissance de l'impie. Or il n'est pas douteux que l'Antechrist, conçu par un mauvais esprit, ne soit déjà né et parvenu même à l'adolescence, prêt, quand il sera dans son âge légitime, à s'emparer de son empire.

Dans cette réponse, Martin ne fait qu'exprimer l'opinion d'un grand nombre de ses contemporains, que préoccupait vivement cette question, et, chez lui, l'idée du premier persécuteur des chrétiens se mêlait aux pensées du redoutable avenir. Telle était la terreur attachée à la mémoire de ce prince exécrable, que, disait-on, il devait revenir sur la terre, pour remonter sur le trône et être le précurseur de l'Antechrist, dont l'apparition était peu éloignée. « Qu'on attende bientôt Jésus-Christ, car l'Antechrist domine, » s'était écrié saint Hilaire, parlant de l'empereur Constance. Saint Antoine, patriarche des solitaires, excommuniant les Ariens, à Alexandrie, avait dit que c'était la dernière hérésie et celle qui précédait l'Antechrist.

4. — Le pieux et savant aquitain est reparti pour son pays, peu de temps après cette conversation, emmenant avec lui plusieurs disciples de Martin, tels que le saint prêtre Clarus, Victor, et peut-être Gallus et Refrigerius, qui du moins le rejoignirent plus tard. Victor est cité fréquemment dans les épîtres de saint Paulin à Sévère, car il leur sert à tous deux de messager. Le solitaire de Nole loue la modestie chrétienne qui brille dans sa personne et la mansuétude d'esprit dont ses paroles et son silence sont empreints (1).

(1) Paul Nol., ep. 3, ad sev.

Clarus ne fit pas un long séjour auprès de Sulpice, qui paraît avoir été son ami particulier : il mourut, peu après son arrivée à Primuliac, et fut enterré sous l'autel d'une des deux églises que Sulpice avait fait bâtir dans ses terres. Paulin, qui ne l'avait pas connu personnellement, composa néanmoins, à sa gloire, des vers dans lesquels il lui demande son intercession auprès de Dieu (1).

5. — Sulpice a rapporté chez lui, dans ce voyage ou l'un des précédents, une fiole de verre pleine d'huile bénite par notre saint et l'a déposée sur une fenêtre assez élevée, dans un des somptueux appartements de son habitation séculière, dont il a conservé la jouissance (2). Un valet, ignorant qu'il y a là une fiole, tire brusquement un linge de toile fine dont on l'a recouverte par respect : la fiole tombe sur le pavé de marbre : tous ceux qui sont présents sont saisis de frayeur : c'en est fait, à ce qu'ils croient, de la bénédiction attachée à cette relique ; mais, ô surprise, le vase fragile est resté intact, comme s'il était tombé sur la plume la plus molle. La bénédiction de Martin ne pouvait se perdre, et c'est à la vertu du saint, non au hasard, qu'on attribua cet événement.

C'était l'une des pratiques de dévotion de cette époque d'avoir chez soi de l'huile bénite par quelque personnage en réputation de sainteté. Hilarion, patriarche des solitaires de la Palestine, avait vu des magistrats même accourir à sa demeure, pour recevoir des pains ou de l'huile qu'il eût bénits. N'est-ce pas ce pieux usage qui a été l'occasion de la merveille opérée en faveur de l'épouse d'Avitien ? Suivant l'exemple des anciens, Martin a ainsi bénit de l'huile, à la prière de plusieurs personnes de piété, et l'on en a conservé, pendant des

(1) Idem, Ep. 32.
(2) Sulp. Dial. 3. n. 3.

siècles, qui a toujours eu la même vertu, contre toutes
sortes de maux (1).

CHAPITRE XLVI.

SA VIE EST PUBLIÉE PAR SULPICE SÉVÈRE.

1. Sulpice envoie son livre à Didier. — 2. Félicitations de S. Paulin.
— 3. Préface de l'ouvrage. — 4. Résumé de ce qu'il contient. —
5. Épître à Eusèbe.

1. — Vers l'année 396, un des amis de Sulpice reçoit
une lettre dont voici quelques passages (2) :

« Severus à son très-cher frère Desiderius, salut. J'avais
résolu, frère unanime, de garder en portefeuille et de renfermer entre les murs de ma maison le petit livre écrit par
moi sur la vie de saint Martin... J'appréhendais que tout
le monde ne me blâmât de m'être emparé, sans pudeur,
d'un sujet réservé aux écrivains éloquents; mais il a fallu
céder à tes instances réitérées... Au moins, si tu le vois lu
par quelques personnes, prie-les de considérer les choses
et non les mots... Quant à moi, j'ai conçu la pensée
d'écrire cet ouvrage, parce qu'il me semblait impossible
que les vertus d'un si grand homme fussent condamnées à
l'obscurité ! »

2. — Paulin de Nole, cet autre ami si cher à Sulpice,
reçoit aussi de l'auteur une copie de son ouvrage. « Il ne
t'eût pas été donné, lui répond bientôt l'illustre solitaire(3),
de faire connaître Martin, si la pureté de ton cœur n'eût
rendu ta bouche digne des louanges d'un saint. Tu es donc

---

(1) Gerv., p. 161.
(2) Sulp., epist. ad Desid.
(3) Paul, Nol., ep. 5.

béni du Seigneur, toi qui as retracé, avec un style vraiment convenable et une bien juste affection, l'histoire
d'un si grand pontife et d'un confesseur si fameux. Bienheureux est-il lui-même, lui à qui ses mérites ont valu
un historien digne de sa foi et de sa vie, lui que ses vertus consacrent pour la gloire divine, comme tes écrits
l'immortalisent dans la mémoire des hommes. »

Paulin ne se contente pas d'admirer l'œuvre de Sulpice,
il y cherche des sujets d'imitation : ainsi il s'est mis à
laver les pieds aux hôtes qu'il reçoit : « C'est ton livre,
écrit-il encore à Sulpice (1), qui m'a fait aimer la grâce de
cette servitude, et j'ai voulu au moins goûter cette légère
parcelle des œuvres sacrées de Martin. » Si quelque pieux
personnage vient lui rendre visite, Paulin n'a rien de
plus pressé que de lui donner connaissance du nouvel
écrit, qui ne tardera pas à parcourir le monde ; il le lit
ainsi à Mélanie, « cette femme, dit-il (2), qui combat pour
le Christ par des vertus dignes de Martin, et qui est très-
curieuse de semblables histoires : au très-docte évêque
Nicetas, venu de la Dacie, et à plusieurs autres saints de
Dieu. » Mélanie, illustre dame espagnole, parente de Paulin, petite-fille du consul Marcellin et mère de Publicola,
préteur de Rome, voyagea en Egypte, en Nitrie, où elle
visita les solitaires, en Palestine, en Italie, en Sicile et
mourut à Jérusalem : or bientôt un autre voyageur retrou-
vera, dans toutes ces contrées, entre les mains de tout
le monde, la biographie de Martin.

3. — Cet ouvrage commence par une préface, à la manière de Salluste, où Sulpice parle des vies des hommes
célèbres, écrites par les auteurs profanes, et de l'émulation
frivole qu'elles ont excitée. « Je pense, dit-il ensuite,
faire une chose utile, en écrivant la vie d'un très-saint

(1) Id., ep. 3.
(2) Id. ep. 10.

homme, laquelle bientôt servira d'exemple à d'autres et où certes les lecteurs trouveront de quoi s'animer à la sagesse véritable, à la milice céleste et au courage divin. Dans ce travail, nous avons eu aussi en vue notre propre avantage; mais, au lieu de demander aux hommes un vain souvenir, c'est de Dieu que nous attendons notre récompense, qui sera éternelle. Car, si nous-même, nous n'avons pas vécu de manière à pouvoir servir d'exemple aux autres, nous avons, au moins, travaillé à leur faire connaître un homme digne d'être offert à leur imitation. — Je commencerai donc à écrire la vie de saint Martin et ce qu'il a fait, soit avant soit durant son épiscopat. Je n'ai pu cependant parvenir à connaître toutes ses actions, celles qui n'ont eu d'autre témoin que lui-même étant restées inconnues; car, bien éloigné de rechercher la louange des hommes, il eût voulu, si la chose eût dépendu de lui, cacher tous ses mérites. Parmi celles mêmes que nous connaissons, nous en avons omis plusieurs, parce qu'il fallait ménager les lecteurs et éviter de leur causer de l'ennui par un trop grand amas de faits. Or je supplie ceux qui liront ce livre d'y ajouter foi et d'être persuadés que je n'ai pas écrit une ligne sans une connaissance certaine des choses : j'aurais mieux aimé me taire que de dire des faussetés. »

4. — Sulpice aborde ensuite la vie de son héros, raconte sa ferveur enfantine, son enrôlement militaire, son manteau partagé, son baptême, la manière dont il obtient son congé, sa retraite auprès de saint Hilaire, son voyage dans son pays, son séjour dans l'île Gallinaire, son retour à Poitiers, la résurrection du catéchumène, puis celle du serviteur de Lupicin, enfin son élection comme évêque de Tours. C'est là ce qu'on peut appeler la première partie du livre.

La seconde, qui renferme sa vie épiscopale, commence par la fondation du grand monastère; ensuite notre saint nous est montré dans ses travaux apostoliques : il détruit l'autel du faux martyr, arrête des funérailles païennes avec un signe de croix ; repousse, avec la même arme, le pin qui tombe sur lui ; éloigne l'incendie qui, d'un temple profane, gagnait une maison voisine ; est rassuré par des anges, au bourg de Leprosum, et, deux fois, est soustrait, par un miracle, au fer des assassins.

Viennent, après cela, les guérisons miraculeuses : le saint guérit, à Trèves, la jeune paralytique, puis l'esclave de Tetradius et l'autre énergumène à qui il mit ses doigts dans la bouche : il force le démon à se reconnaître l'auteur d'une fausse alerte, qui avait mis la même ville en émoi. A Paris, il donne un baiser au lépreux ; enfin, après la santé rendue à la fille d'Arborius et la vue à l'illustre Paulin, Martin est guéri lui-même, par des anges, des blessures de sa chute dans un escalier. « Mais, dit ici l'historien (1), il serait trop long de rappeler chaque fait du même genre : j'ai choisi ce petit nombre parmi une grande quantité d'autres; qu'on n'exige pas davantage, car, en racontant les plus remarquables, nous avons assez fait pour la vérité : en nous abstenant d'en trop dire, nous avons épargné l'ennui au lecteur. » — La présence de notre évêque à la table de Maxime occupe, à la suite de ces miracles, une place spéciale.

Ensuite commence une nouvelle série de faits que nous pouvons intituler les visions diaboliques : le démon se présente au saint avec une corne de bœuf ensanglantée, et prend le masque des divinités païennes : après la belle réponse du saint sur la miséricorde du Christ, vient l'histoire de l'hypocrite Anatole et enfin la manière dont Martin confond le démon qui voulait se faire passer pour le Christ. — Le livre se termine par deux chapitres parti-

____

(1) Sulp., V. b. M., c. 19.

culiers; dans l'un, l'auteur rend compte de sa première
entrevue avec le saint; dans l'autre il décrit la vie intérieure de Martin. Ce dernier morceau, que nous reprodui-
rons tout à l'heure, renferme, pour ainsi dire, toute la
substance de l'ouvrage ou plutôt donne le secret de toutes
les grandes œuvres du saint pontife.

5. — Quelque temps après la publication de son ouvrage, plusieurs moines s'étaient réunis chez Sulpice (1) :
au milieu de récits sans fin et d'une causerie intarissable,
la conversation tomba sur le petit livre : c'était pour l'auteur une joie bien vive d'entendre dire qu'il était lu avec
plaisir d'un grand nombre de personnes. Tout-à-coup, on
lui rapporte un propos tenu par un homme qu'il regarda
comme inspiré du mauvais esprit : — « Pourquoi donc
Martin, qui a ressuscité des morts et repoussé les flammes
prêtes à dévorer des maisons, a-t-il lui-même dernièrement éprouvé les atteintes du feu et failli périr, dans un
incendie ? »

Dès le lendemain, Sulpice prend la plume et écrit l'épître
au prêtre Eusèbe, l'un de ses amis. Il lui rend compte de
ce qu'il a entendu. « Quoi donc! s'écrie-t-il, Martin n'est
pas puissant, il n'est pas saint, parce qu'il a été en péril
dans un incendie! O bienheureux homme et, en tout,
même en ces outrages, semblable aux apôtres! Car c'est
précisément ce que pensaient de Paul les Gentils qui le
virent mordu par une vipère. Du moins, à leur exemple,
ô le plus infortuné des mortels, tu aurais dû revenir aussi
de ton erreur. Ç'avait été pour toi un sujet de scandale de
voir Martin touché par la flamme : ce même accident
devait te faire connaître les mérites et la vertu d'un
homme qui, tout entouré de feux, avait néanmoins échappé
à la mort. Le fait cité comme preuve de la faiblesse de
Martin est, au contraire, pour lui, honorable et glorieux,

_____
(1) Sulp., epist. ad Euseb.

puisqu'il est sorti vainqueur d'une si périlleuse épreuve.
— Personne ne doit être étonné que j'aie omis ce fait
dans le petit livre de sa vie : j'ai déclaré, dans cet ouvrage
même, n'avoir point embrassé toutes ses actions, attendu
que si j'eusse voulu les rechercher toutes, j'aurais un
volume démesuré à offrir aux lecteurs. Ce qu'il a fait
n'est pas d'ailleurs si peu de chose qu'on puisse tout
renfermer dans un livre. Quant à l'accident en question,
je ne souffrirai pas qu'il reste caché, mais je le rapporterai tout au long : car je ne veux pas laisser croire que
j'aie omis, à dessein, ce qui pouvait nuire à la gloire du
bienheureux. »

Le reste de la lettre contient le récit de l'incendie où
nous avons vu Martin, avec les armes de la foi et de
la prière, triompher des flammes qui déjà consumaient
son vêtement. Plus tard, l'auteur suppléera encore aux
autres omissions avouées de son premier ouvrage, dont
nous voyons déjà commencer la merveilleuse fortune et
qui, du vivant même de son héros, fut connu de toute la
Gaule.

CHAPITRE XLVII.

VIE INTÉRIEURE DE SAINT MARTIN.

1. Honneurs qu'il rend à S. Gatien. — 2. Le puits du monastère. —
3. Symbole contre les Ariens. — 4. Vie intérieure du saint décrite
par Sulpice. — 5. Ses envieux. — 6. Les quatre périodes de sa vie.

1. — Depuis son dernier voyage de Trèves et sa résolution de ne plus se trouver à aucun concile, Martin s'est
renfermé, presque strictement, dans son diocèse et n'a
plus pensé qu'à y affermir la religion et la piété, déjà si
bien établies par ses soins.

Saint Gatien, apôtre et premier évêque de Tours, avait été enseveli dans le cimetière des chrétiens, au faubourg occidental de cette ville; le lieu de cette sépulture était depuis demeuré inconnu, jusqu'au jour où une révélation divine le découvrit à saint Martin, qui, ne le trouvant pas assez honorable, en fit enlever le corps de son glorieux prédécesseur, qu'on transporta, par ses ordres, dans la basilique de saint Lidoire, située, il paraît, dans ce cimetière même, sur le terrain où s'élève aujourd'hui l'église Notre-Dame-la-Riche. Cette translation se fit avec une extrême vénération, une grande affluence de peuple et beaucoup de miracles. Notre saint ferma, avec sa ceinture, la châsse où il avait placé les ossements sacrés, y imprima son sceau, qui subsistait encore onze siècles après, et la déposa auprès des restes de saint Lidoire (1).

Un jour il s'était rendu, avec quelques-uns de ses clercs, devant cette châsse vénérée (2). Après y avoir répandu des prières et récité le capitule ou office divin :

— Homme de Dieu, dit-il, donne-moi ta bénédiction.

— Serviteur de Dieu, lui répond une voix, accorde-moi aussi la tienne.

Martin fait encore quelques prières et se retire.

— Vraiment, se disaient, pleins d'admiration, les témoins de cette scène, il habite aujourd'hui en Martin, Celui qui a jadis rappelé Lazare du tombeau.

Saint Ambroise, évêque de Milan, avait aussi découvert, en 386, les corps des saints martyrs Gervais et Protais. Martin reçut de leurs reliques qui lui furent apportées d'Italie (3), et en fit part, à son tour, au pontife des Céno-

---

(1) Brev. Tur., 2 mai.
(2) Greg. Tur., Gl. conf., c. 4.
(3) Greg. Tur, Hist., l. 10, c. 30.

mans, saint Victor, qui, par son ordre, les plaça, avec grand honneur, dans l'église-mère de sa capitale.

2. — Bien qu'on n'exerce aucun métier, au monastère, il paraît cependant que le travail manuel n'est pas absolument étranger aux occupations du saint et de ses moines. Sans aucun doute, ils ont construit eux-mêmes leurs cellules de bois et creusé leurs grottes dans le rocher. Martin aussi perça de ses propres mains, dans son monastère, un puits dont l'eau servit plus tard à de nombreuses guérisons, et qui se voit encore aujourd'hui, non loin de l'emplacement de sa cellule, sous la voûte d'une cave pratiquée dans le rocher. Il planta de même quelques ceps de vigne, dont les fruits furent doués d'une vertu miraculeuse (1).

3. — Outre ces souvenirs matériels du grand saint, il nous reste, sous son nom, une sorte de symbole, dirigé surtout contre les Ariens (2). Cette petite pièce assez obscure, mais altérée, dit-on, par la suite du temps, fut imprimée pour la première fois en 1512 et, quelques années après, éditée de nouveau par un érudit qui l'avait rencontrée dans trois manuscrits, dont les caractères semblaient remonter à plus de mille ans : elle s'y trouvait en tête de la vie du saint, écrite par Sulpice Sévère.

4. — « Mais, dit celui-ci, en terminant son ouvrage, ce livre demande une fin : il faut clore ici mon discours (3) : tout ce qu'il y avait à dire de Martin n'est pas épuisé, sans doute, mais, comme les poëtes sans courage, négligents à la fin de leurs œuvres, nous succombons sous le poids énorme du sujet; car, encore que les paroles aient pu, d'une manière quelconque, exposer ce qu'il a fait, jamais,

(1) Idem, Mir. s. M., l. 2, c. 39 et Gl. conf., c. 7.
(2) Maan, pars 1ª, p. 214, Patrol. Migne, t. 18, p. 11.
(3) Sulp., V. b. M., c. 26 et 27.

non jamais, je le déclare avec vérité, aucune bouche ne rendra compte de sa vie intérieure, de sa conduite journalière, de l'application continuelle de son âme aux choses du Ciel.

« Cette persévérance et cette mesure dans l'abstinence et les jeûnes, cette puissance dans les veilles et les prières, ces nuits passées par lui comme les jours, ce temps dont aucun moment n'était vide de l'œuvre de Dieu et dont il n'accordait rien au repos ou aux affaires, ni même à la nourriture et au sommeil, sans y être contraint par le besoin de la nature, tout cela, je l'affirme, Homère lui-même, comme on dit, s'il sortait des enfers, ne pourrait le raconter : tant les paroles sont impuissantes à exprimer tous les mérites de Martin ! — Jamais il ne passa une heure, un moment, sans s'appliquer à l'oraison ou se livrer à la lecture, ou plutôt, même en lisant ou faisant toute autre chose, jamais il ne relâcha son esprit de l'exercice de la prière. Les forgerons, tout en travaillant, trouvent une espèce de soulagement à frapper sur leur enclume ; de même Martin, tout en paraissant faire autre chose, priait toujours.

« O homme vraiment bienheureux, en qui il n'y eut jamais de malice ! Ne jugeant personne, ne condamnant personne, ne rendant à personne le mal pour le mal, il s'était armé d'une telle patience contre toutes les injures, que lui, souverain prêtre, il se laissait outrager, sans les punir, par les derniers de ses clercs : jamais ces insultes ne furent pour lui un motif de leur ôter leur emploi ni même, autant qu'il fut en lui, de leur retirer son amitié. — Personne jamais ne le vit irrité, jamais ému, jamais triste, jamais riant. Toujours un, toujours le même, portant, sur son visage, une sorte de joie céleste, il semblait ne plus appartenir à la nature humaine : jamais, sur ses lèvres, autre chose que le Christ, dans son cœur autre chose que la piété, la paix, la miséricorde. Souvent même il pleurait pour les péchés de ses détracteurs, de ces gens, qui, pendant qu'il vivait paisiblement à l'écart, le déchiraient de leurs langues empoisonnées et de leurs bouches de vipères.

5. — Nous en avons connu quelques-uns de ces hommes envieux de ses vertus et de sa vie : ce qu'ils haïssaient en lui, c'était ce qu'ils ne voyaient pas en eux-mêmes et ce qu'ils ne pouvaient imiter. Ses persécuteurs étaient en bien petit nombre : cependant, ô crime douloureux et lamentable! il n'y en avait presque pas d'autres, on n'en citait pas d'autres que des évêques. Il n'est besoin de nommer personne, bien que plusieurs aboient autour de nous : si l'un d'entre eux lit ces mots, se reconnaît et rougit, notre but est atteint : s'il se fâche, ce sera, de sa part, un aveu que nos paroles s'appliquent à lui, lorsque nous peut-être, nous avions pensé à d'autres. — Du reste, nous n'avons nulle peine à partager avec un tel homme la haine des gens de cette espèce. Cet opuscule, j'en ai la confiance, sera bien reçu de tous les saints; mais si quelqu'un lit ces pages sans y ajouter foi, il péchera : moi, j'ai la conscience d'avoir été poussé à les écrire par la certitude des faits et par l'amour du Christ, d'avoir rapporté des choses notoires, d'avoir dit des choses vraies, et, je l'espère, une récompense est réservée par Dieu, non à quiconque lira, mais à quiconque croira. »

6. — Nous ne pouvons rien ajouter à ces belles paroles, mais sur le point de terminer nous-même la première partie de notre travail entrepris à la gloire de Dieu et de son serviteur saint Martin, nous dirons que sa carrière nous a semblé pouvoir se diviser en plusieurs époques. La première renferme cinquante-six années et embrasse tout le temps qui sépare sa naissance de son épiscopat; la seconde dure huit ans et nous offre les premiers actes de sa vie épiscopale, jusqu'au commencement des troubles excités par les Priscillianistes; la troisième, qui est de six

années, se termine avec son dernier voyage à Trèves ; la quatrième renferme les dix dernières années de sa vie. Dans la première, il a triomphé des obstacles qui s'opposaient à sa vocation et s'est préparé aux œuvres de foi, de zèle et de constance qui devaient faire de lui le modèle des pontifes ; la seconde nous le montre dans l'entier épanouissement de la vie apostolique ; la troisième, qui est la plus courte et aussi la plus agitée, c'est celle où il a été le plus mêlé aux affaires publiques ; enfin la dernière nous semble avoir été un temps de repos spirituel et de recueillement.

CHAPITRE XLVIII ET DERNIER.

SA MORT ET SES FUNÉRAILLES.

1. Il se dispose à partir pour Candes.— 2. Les plongeons.— 3. Martin ne refuse pas le travail. — 4. Ses dernières paroles. — 5. Son visage brillant après sa mort. — 6. On se dispute son corps. — 7. Les Tourangeaux l'enlèvent.— 8. Multitude à ses funérailles.

1. — Martin a connu, longtemps à l'avance, l'époque de sa mort (1).

— La dissolution de mon corps n'est pas éloignée, a-t-il dit aux frères.

Cependant il est informé qu'une querelle s'est élevée entre les clercs de l'église de Candes, située sur les confins de la Touraine et de l'Anjou, au confluent de la Vienne et de la Loire. La certitude qu'il a de sa mort prochaine, ni la saison déjà assez avancée ne peuvent l'empêcher de partir, pour y rétablir la paix : il pense en effet que ce sera dignement couronner ses travaux que de laisser la

(1) Sulp., ep. ad. Bassul.

paix rendue, par ses soins, à une église. — Pressentant,
dit une légende (1), qu'il ne reviendra pas de ce voyage,
il convoque tous les frères, avant son départ, les embrasse
et les bénit, puis met à sa place, pour les conduire, un des
moines nommé Galbert, l'établit abbé, le confirme dans
cette charge par sa bénédiction et lui recommande parti-
culiérement les sept frères, ses cousins.

2. — Il part donc, accompagné, comme toujours, d'un
très-nombreux cortége de disciples. Sur le fleuve de la
Loire, dont il descend le cours en bateau, il aperçoit des
plongeons occupés à poursuivre leur proie, et remplissant
par de continuelles captures leur estomac vorace.

— Voilà, dit-il, la figure des démons : ils tendent des
piéges à ceux qui ne sont pas sur leurs gardes, surpren-
nent ceux qui n'y pensent pas, dévorent ceux qu'ils ont
pris et ne peuvent se rassasier de ceux qu'ils dévorent.

Ensuite, avec l'accent d'une autorité sûre d'elle-même,
il commande aux oiseaux ravisseurs :

— Quittez les eaux de ce fleuve, leur dit-il, et retirez-
vous dans les régions arides et désertes.

Les plongeons entendent cette voix accoutumée à mettre
les démons en fuite, se réunissent en une seule troupe,
quittent le lit du fleuve, puis se dirigent vers les montagnes et les forêts qui bordent la Loire.

— Quelle puissance dans Martin! se disaient les spectateurs étonnés : il commande même aux oiseaux !

3. — Après être demeuré quelques jours soit dans le
bourg, soit dans l'église qui était le but de son voyage et
avoir rétabli la paix entre les clercs de cette paroisse,
Martin songe à reprendre le chemin de son monastère.
Tout à coup il sent que ses forces l'abandonnent et fait
assembler ses disciples.

— Le moment de ma délivrance est arrivé, leur dit-il.

(2) Hist. Sept. Dorm., c. 5.

— Pourquoi, Père, nous abandonner? répondent-ils tous, d'une seule voix entrecoupée de pleurs et de sanglots. A qui laisses-tu tes enfants désolés? Des loups ravissants vont se jeter sur ton troupeau, et qui nous défendra de leurs morsures, quand le pasteur aura été frappé? Nous savons que tu désires posséder le Christ: mais ta récompense est assurée et, pour être différée, elle n'en sera pas moins grande; prends donc pitié de nous que tu abandonnes.

— Seigneur, dit alors Martin en levant au ciel ses yeux baignés de larmes, si je suis encore nécessaire à ton peuple, je ne refuse pas le travail : que ta volonté soit faite.

Ce fut là toute sa réponse, mais elle attestait combien les gémissements de ses disciples avaient profondément ému ses entrailles toujours pleines de miséricorde et de charité.

4. — Cependant, malgré la violence des fièvres qui ne le quittent pas durant plusieurs jours, il n'interrompt pas un moment l'œuvre de Dieu : passant la nuit dans les oraisons et les veilles, il contraint ses membres défaillants à servir encore l'esprit et demeure jusqu'au bout étendu sur sa noble couche, la cendre recouverte de son cilice, avec une pierre pour chevet.

— Permets au moins, lui demandent ses disciples, qu'on glisse sous toi quelques poignées de paille.

— Non, mes enfants, il ne convient pas à un chrétien de mourir autrement que sur la cendre et le cilice ; je pécherais en vous laissant un autre exemple.

Les mains et les yeux toujours élevés vers le ciel, il continue son oraison, sans donner un moment de relâche à son esprit infatigable. Des prêtres s'étaient rendus en grand nombre autour de lui et entouraient sa couche :

— Change de position, lui disent-ils, et donne ainsi quelque soulagement à ton corps fatigué.

— Laissez, mes frères, laissez-moi regarder le ciel plutôt que la terre et mettre d'avance mon âme dans le chemin qu'elle doit suivre pour aller au Seigneur.

En achevant ces mots, il voit le diable près de lui.

— Que fais-tu là, bête cruelle? lui dit-il : tu ne trouveras rien en moi qui t'appartienne, misérable : je serai reçu dans le sein d'Abraham.

Ayant dit ces paroles, il rend au ciel une âme depuis longtemps déjà toute céleste.

5. — Cette mort, célèbre dans le monde entier, eut lieu vers minuit, à l'heure où les prières nocturnes s'achevaient dans les églises (1); c'était un dimanche, le huit novembre de l'année 397, sous le consulat de Césarius et d'Atticus, la seconde année de l'empire d'Arcadius et d'Honorius, le saint étant âgé de quatre-vingt-un an, son épiscopat ayant duré vingt-cinq ans, quatre mois et dix jours. Ceux qui ont été témoins de ses derniers moments ont attesté avoir vu, après sa mort, son visage resplendissant comme celui d'un ange; ses membres avaient la blancheur de la neige et sa chair ressemblait à celle d'un petit enfant (2).

— Qui croirait, disaient-ils, que cet homme a jamais été vêtu d'un cilice? qui penserait qu'il a été couvert de cendres?

On aurait dit qu'il jouissait par avance de la gloire des corps ressuscités.

6. — Lorque la saint était tombé malade, les peuples du Poitou, comme ceux de la Touraine s'étaient rassemblés à Candes, pour assister à son trépas (3). Quand il eut quitté cette vie, une grande querelle s'éleva entre les deux peuples.

---

(1) Grég. Tur., Mir, s. M., l. 1., c. 3. Hist. l. 10, c. 30.
(2) Sulp., *loc. cit.*
(3) Greg. Tur., *Hist. Fr.*, l. 1, c. 43.

— C'est notre moine, disent les Poitevins, il a été abbé chez nous; nous réclamons ce que nous avons prêté : au temps où il était évêque en ce monde, vous avez joui de son entretien et participé à sa table, vous avez été affermis par ses bénédictions et favorisés de ses miracles. Cela doit vous suffire; pour nous, qu'il nous soit au moins permis d'emporter ses restes inanimés.

— Ses actions miraculeuses, répondent les Tourangeaux, doivent, dites-vous, nous suffire; mais sachez donc que, durant son séjour parmi vous, il en a plus opéré qu'ici; car, sans parler de beaucoup d'autres, il vous a ressuscité deux morts, à nous un seul; et, comme il le disait souvent lui-même, il eut plus de puissance avant son épiscopat que depuis. Ce qu'il n'a pas accompli, parmi nous, de son vivant, il doit donc y suppléer au moins après sa mort. C'est Dieu qui vous l'a enlevé, pour nous le donner. D'ailleurs, si l'on observe la coutume ancienne, c'est dans la ville où il a été ordonné que, par la volonté de Dieu, il aura son tombeau. Vous revendiquez un privilége, à cause du monastère qu'il a fondé chez vous, sachez que c'est à Milan qu'il a établi son premier.

7. — Pendant cette dispute, le soleil baisse et la nuit se clôt : placé au milieu de la chambre mortuaire, dont on ferme les portes à clef, le saint corps est gardé par les deux peuples. Les Poitevins se proposaient de l'enlever de force au point du jour; mais le Dieu tout-puissant ne voulut pas frustrer la ville de Tours de son légitime patron : au milieu de la nuit, toute la cohorte poitevine succombe au sommeil, sans que, de cette multitude, un seul reste éveillé. Les Tourangeaux s'en aperçoivent, s'emparent du saint corps, puis, tandis que les uns le sortent par la fenêtre, les autres le reçoivent en dehors : ils le placent ensuite dans un bateau et le descendent, avec tout le peuple, par la rivière de Vienne. Une fois entrés dans le lit de la Loire, ils le dirigent vers la ville de Tours, avec de

grandes louanges et au chant répété des psaumes : leurs voix réveillent les Poitevins qui, se voyant frustrés du trésor qu'ils gardaient, s'en retournent chez eux, couverts de confusion.

8. — Le désir d'honorer les funérailles de Martin a rassemblé dans sa métropole une multitude incroyable (1). Toute la cité se précipite à la rencontre du corps saint : il n'est resté personne dans la campagne et dans les bourgs environnants : beaucoup de gens même sont venus des villes voisines. Oh ! combien est grande la douleur de tous les assistants ! Surtout quels gémissements font entendre les moines désolés, réunis, ce jour là, au nombre d'environ deux mille ; gloire spéciale de Martin, dont l'exemple leur a enseigné la servitude du Seigneur et a produit tant de rejetons !

Le pasteur éteint conduit donc devant lui ses troupeaux orphelins, sainte multitude aux pâles visages, bataillons couverts de longs manteaux, vieillards qui ont fait leur temps de travail ou jeunes recrues qui se sont naguères liées par les serments du Christ. Vient ensuite le chœur des vierges que la pudeur empêche de pleurer, et qui comprennent qu'au sujet d'un homme reçu déjà dans le sein du Seigneur, leur devoir est plutôt de se réjouir.

Le corps du bienheureux, arrivé à Tours le 11 novembre, est donc accompagné, jusqu'au lieu de sa sépulture, par cette foule mélodieuse qui chante les hymnes célestes. Ces pieux cantiques n'étaient, comme nous allons le voir, que l'écho affaibli de ceux dont les anges avaient déjà salué son entrée dans la cité des élus.

FIN DE LA PREMIÈRE PARTIE.

(1) Sulp., *loc. cit.*

DEUXIÈME PARTIE.

CULTE

DE

SAINT MARTIN

Première période : 397-573

DEPUIS SA MORT JUSQU'A L'ÉPISCOPAT DE SAINT GRÉGOIRE DE TOURS

CHAPITRE Iᵉʳ.

LA MORT DE SAINT MARTIN EST RÉVÉLÉE A SAINT SÉVERIN ET A SAINT AMBROISE.

1. Le chant des anges. — 2. Le diable vaincu. — 3. Le sommeil d'un saint. — 4. Tradition de deux églises. — 5. Pieuse effusion.

1. — Le bienheureux Séverin, évêque de Cologne, visitait, un dimanche, selon sa coutume, quelques lieux saints de sa cathédrale, avec ses clercs (1). C'était après les hymnes des matines, à cette même heure où Martin mourait à Candes. Tout à coup, il entend un chœur de voix qui chantent dans les airs. Il appelle son archidiacre et lui demande si ses oreilles ne sont pas frappées du bruit de ces voix.

— Non, je n'entends rien, répond celui-ci.

— Écoute plus attentivement, lui dit l'évêque.

(1) Greg. Tur., Mir. s. M., l. 1, c. 4 et 5.

16

L'archidiacre tend le cou, prête l'oreille, et, s'aidant de son bâton, se dresse sur la pointe des pieds; mais en vain, car, sans doute, moins saint que son évêque, il n'était pas digne d'entendre ces chants.

Alors, prosternés en terre, Séverin et son archidiacre prient ensemble la divine bonté de lui accorder cette grâce: ensuite tous deux se relèvent.

— Qu'est-ce que tu entends? demande de nouveau le saint vieillard.

— J'entends, répond l'archidiacre, comme des voix qui chantent dans le ciel; mais j'ignore absolument ce que cela signifie.

— Je vais te l'apprendre, dit l'évêque. Monseigneur l'évêque Martin a émigré de ce monde, et maintenant les anges le portent en chantant dans les cieux. Pour mettre quelque retard à ces cantiques et nous empêcher de les entendre, le diable, avec ses anges d'iniquité, a essayé de les retenir; mais, ne trouvant rien à lui, dans cette sainte âme, il s'est retiré confondu. Qu'arrivera-t-il de nous, pécheurs que nous sommes, si la partie ennemie a voulu nuire à un prêtre de si grande vertu?

2. — Pendant que le pontife parlait, l'archidiacre notait, avec soin, l'heure et le moment; ensuite, il envoya promptement à Tours prendre d'exactes informations. Là, son messager apprit, avec la dernière certitude, que le bienheureux avait trépassé au jour et à l'heure où Séverin avait entendu le concert céleste.

Saint Séverin qui avait été mis sur le siége de Cologne, à la place d'Éphratas, déposé pour crime d'hérésie, survécut de beaucoup à notre saint.

Le lieu témoin de cette révélation fut appelé, dans la suite, *le champ de saint Martin*, et un autre archevêque de Cologne y bâtit, dix siècles après, un célèbre monastère:

C'en est donc fait : la guerre entre Martin et son adversaire est terminée. Nous venons de voir le dernier acte de ce drame qui se dénoue par là défaite et la confusion définitive de Satan. Il est vaincu, mais sa vengeance n'est pas assouvie et il l'exercera un jour, sur les reliques, sur le temple et sur la famille spirituelle de celui dont l'âme a pour jamais échappé à ses embûches.

3. — A la même époque, Ambroise, dont l'éloquence embaume toute l'Église du parfum de ses fleurs, occupait encore le siége épiscopal de Milan. Lorsqu'il célébrait la solennité du dimanche, c'était la coutume, dans son église, que le lecteur se présentât devant lui, avec le livre, et attendît pour commencer à lire, un signe de l'évêque. Or, on faisait, en ce temps-là, trois lectures de l'Écriture sainte, à la messe, une de l'ancien Testament, une des Épîtres, et l'autre des Évangiles.

Un dimanche, la leçon de la Prophétie avait été lue, et le lecteur, qui devait lire celle des épîtres de saint Paul, se tenait déjà debout devant l'autel. A ce moment, il s'aperçut, comme beaucoup d'autres, que le saint prélat sommeillait, la tête inclinée sur la main et le coude appuyé sur l'autel. Deux ou trois heures s'écoulèrent ainsi, sans que personne osât l'éveiller. A la fin, quelques anciens du clergé, s'approchant de lui avec respect, le poussèrent doucement.

— L'heure est déjà passée, lui disent-ils ; que Monseigneur ordonne au lecteur de lire la leçon, car le peuple s'ennuie d'attendre si longtemps.

— Ne vous troublez pas, répond Ambroise ; il m'a été fort avantageux de m'être ainsi endormi, puisque le Seigneur a daigné me faire voir une telle merveille. Apprenez que mon frère, l'évêque Martin, est sorti de son corps et que moi j'ai prêté mon ministère à ses funérailles. Le service était accompli, selon l'usage ; seulement, comme vous m'avez éveillé, j'ai laissé le capitule inachevé.

Surpris et émerveillés, en entendant ces paroles, les assistants notent le jour et l'heure, puis font des enquêtes pour s'assurer de la vérité. On trouva qu'en effet, Martin avait quitté ce monde, le jour même où Ambroise avait dit avoir officié à ses obsèques.

4. — La tradition des deux églises de Tours et de Milan confirme la vision de saint Ambroise, qui mourut lui-même peu de temps après, le 18 avril 398. Dans les leçons de l'ancien bréviaire ambroisien, qui se lisent à la fête de saint Martin, le fait est rapporté tout entier. Une vie de saint Ambroise, manuscrite, très-ancienne, qui se conserve dans la bibliothèque ambroisienne, raconte la même chose. Au milieu du xviie siècle, on voyait dans le chœur de la basilique ambroisienne, à Milan, un tableau auquel les savants donnaient plus de mille ans d'antiquité, et où toute cette histoire était peinte.

5. — Écrions-nous donc ici, avec l'historien de ces mêmes faits : « O le bienheureux homme ! A son trépas la foule des saints fait entendre ses chants, le chœur des anges tressaille d'allégresse, toute l'armée des vertus célestes accourt au-devant de lui, le diable est confondu dans sa présomption, l'Église est fortifiée dans sa vertu, les prêtres sont glorifiés par la révélation : Michel l'enlève avec ses anges, Marie l'accueille avec les chœurs des vierges, le paradis le retient dans la joie avec les saints. Mais pourquoi entreprendre, à sa louange, plus que nous ne pouvons? Sa louange véritable, n'est-ce pas Celui-là même dont il a toujours eu la louange sur les lèvres? Quant à nous, puissions-nous seulement exposer la simple histoire de ses mérites! »

Il nous est très-doux de voir ici l'historien du vi^e siècle associer le nom de Marie au triomphe de notre saint, qui, pendant sa vie, avait été favorisé de ses entretiens. Puisse le culte de Martin revivre, dans notre siècle, avec celui de Marie, la Vierge immaculée, la Reine de tous les saints!

Le plus cher disciple et le plus intime confident de Martin, Sulpice Sévère, était dans ses terres, aux environs de Toulouse, quand le saint mourut. Voici la lettre qu'il écrivit, quelque temps après, à l'un de ses amis (1).

CHAPITRE II.

SAINT MARTIN APPARAÎT A SULPICE SÉVÈRE.

1. Sommeil du matin. — 2. L'apparition. — 3. Les deux moines de Tours. — 4. Notre évêque a été martyr. — 5. Regrets de son ami. — 6. Pensées consolantes. — 7. Épitre à Bassula. — 8. Les tempêtes ressuscitées.

1. — « Sulpicius Severus au diacre Aurelius, salut.

« Ce matin, après que tu m'eus quitté, je me trouvais seul dans ma cellule, où bientôt se présentèrent à mon esprit les pensées qui font son occupation ordinaire, à savoir, l'espérance des biens futurs, le mépris des biens présents, l'appréhension du jugement, la crainte des peines de l'autre vie. Conséquence et, à la fois, source de toutes ces réflexions, le souvenir de mes péchés ne tarda pas à me jeter dans la tristesse et l'accablement. Comme je reposais sur mon lit, mes membres fatigués par l'angoisse de mon cœur, le sommeil, qui naît souvent d'une grande douleur, vint insensiblement m'y surprendre. C'était ce sommeil du matin, qui, toujours vague et léger, ne verse dans nos sens qu'une somnolence flottante et douteuse, en sorte que, chose qui n'a pas lieu dans un autre sommeil, on est presque éveillé et l'on se sent dormir.

---

(1) Sulp. Sev., epist. ad Aurel.

2. — « Tout à coup, il me semble voir le saint évêque
Martin, vêtu d'une robe blanche, le visage tout radieux,
les yeux brillants comme des étoiles, la chevelure ceinte
de lumière. Il avait conservé cet extérieur et ces traits de
la figure, sous lesquels je l'avais connu, si bien que, ce
qu'il est difficile pour nous d'exprimer, on ne pouvait
l'envisager et néanmoins on pouvait le reconnaître. Il
me souriait doucement et me montrait dans sa main droite
le petit livre que j'ai écrit sur sa vie; moi, embrassant ses
genoux sacrés, je lui demandais, selon ma coutume, sa
bénédiction et je sentais le très-tendre attouchement de sa
main posée sur ma tête, tandis que, dans la formule de
la bénédiction, il répétait, à plusieurs reprises, ce nom
de la croix si familier à sa bouche.

« Après cela, comme, les yeux fixés sur lui, je ne pouvais me rassasier de ses traits et de sa présence, il m'é-
chappe soudain, s'élève dans les airs et, porté sur une
nuée rapide, franchit l'immensité de l'espace. Je le suivais
encore de toute la puissance de mes regards, quand, le
ciel s'étant ouvert pour le recevoir, il y entra et disparut
entièrement. Un moment après, je vois le saint prêtre Clarus, son disciple, décédé depuis quelque temps, monter
par le même chemin que son maître. Dans mon audace,
je veux le suivre, mais, au milieu de mes efforts pour
m'élever avec lui, je me réveille.

3. — « Revenu de mon assoupissement, je me félicitais
de cette vision, lorsque le valet qui me sert entre dans
ma cellule, le visage plus triste qu'à l'ordinaire, parlant
et sanglottant à la fois. — Qu'as-tu donc à m'apprendre,
lui dis-je, qui te cause tant de chagrin? — Deux moines,
répondit-il, arrivent de Tours : ils annoncent que le seigneur Martin est mort.

« Je fus accablé, je l'avoue : mes yeux se mouillèrent
et je fondis en larmes. Tandis même que nous t'écrivons,
mon frère, nos pleurs ne cessent de couler et ma douleur

impatiente refuse tout soulagement. J'ai voulu, dès que
j'ai appris cette nouvelle, te faire partager mon affliction,
à toi qui partageais mon amour. Viens donc, sur-le-
champ, me trouver et pleurons ensemble celui qu'ensemble nous aimons. Ce grand homme, je le sais, n'a pas
besoin d'être pleuré; car, triomphant du siècle qu'il a
vaincu, il reçoit, maintenant enfin, la couronne de justice. Mais, je ne puis assez me commander à moi-même,
pour être sans chagrin. J'ai, en sa personne, envoyé, devant moi, un protecteur, mais j'ai perdu la consolation de
ma vie en ce monde.

4. — « Si ma douleur était susceptible de raison, je de-
vrais, au contraire, me réjouir; car ce saint pontife est
associé aux apôtres et aux prophètes, et, — soit dit sans
offenser aucun des saints, — dans cette foule de justes, il
n'est inférieur à personne. Si même je consulte l'espoir, la
croyance, la conviction de mon cœur, je le vois, de préférence, réuni à ceux qui ont lavé leurs robes dans le sang
et avec lesquels il accompagne, pur de toute tache, l'A-
gneau, son chef. Bien que le temps où il a vécu n'ait pu lui
procurer l'occasion du martyre, il ne sera pas néanmoins
privé de la gloire des martyrs, puisque, par ses vœux et
ses vertus, il a pu, il a voulu être martyr... Toutes ces
peines, tous ces supplices, qui ont tant de fois triomphé
de la faiblesse humaine, n'eussent pu l'empêcher de con-
fesser le nom du Seigneur.

« Il n'a pas enduré ces souffrances, mais, sans répandre
son sang, il a cependant accompli son martyre. Car de
quelles douleurs humaines n'a-t-il pas goûté l'amertume
pour l'espérance de l'éternité? Faim, veilles, nudité,
jeûnes, outrages des envieux, persécutions des méchants,
sollicitude pour les malades, inquiétude pour ceux qui
sont en péril, il a tout éprouvé. Qui a souffert sans qu'il
souffrît aussi? Qui fut scandalisé sans qu'il brûlât de
zèle? Qui s'est perdu sans qu'il ait gémi? Je ne parle pas

de ses combats journaliers contre la malice des hommes
et des esprits. Il est assailli de mille tentations et toujours
on remarque invariablement, en lui, la force pour vaincre,
la patience pour attendre, l'égalité d'âme pour supporter.
O homme vraiment inestimable pour sa piété, sa miséricorde et cette charité qui, dans un siècle froid comme le
nôtre, va, chaque jour, se refroidissant même chez les
hommes les plus saints, et qui, chez lui, ne cessa pas de
croître et de persévérer jusqu'à la fin !

5. — « Je puis parler de cette vertu de son cœur : j'en
ai goûté les fruits d'une façon toute particulière, puisque,
malgré mon indignité et sans aucun mérite de ma part, il
m'aimait uniquement. Et voici que mes larmes coulent de
nouveau et que des gémissements s'échappent du fond de
ma poitrine. En quel homme, désormais, trouverai-je un
pareil appui? Quelle charité me consolera maintenant?
Malheureux, infortuné que je suis! Si je vis plus longtemps, pourrai-je cesser jamais de m'affliger pour avoir
survécu à Martin? La vie, désormais, aura-t-elle pour
moi quelque charme? Passerai-je seulement un jour ou
même une heure sans verser des larmes? Pourrai-je,
frère bien-aimé, te parler de lui sans pleurer? Ou bien,
conversant avec toi, pourrai-je parler d'autre chose que
de lui ?

6. — « Mais pourquoi t'excitai-je aux larmes et aux
pleurs? Je veux te consoler et ne puis me consoler moi-
même. Il ne nous a pas abandonnés, non, crois-moi, il
ne nous a pas abandonnés, il sera encore au milieu de
ceux qui parleront de lui, il se tiendra près de ceux qui
le prieront. La faveur qu'il a daigné nous accorder aujourd'hui, en se montrant à nous dans sa gloire, il la re-
nouvellera souvent, et toujours, comme tout à l'heure,
sa bénédiction descendra sur nous pour nous protéger.
Et puis, dans cette vision, où il a montré le Ciel ouvert à
ceux qui le suivent, il nous a enseigné où il fallait le

suivre, il nous a fait connaître où nous devions porter notre espérance, où nous devions diriger notre cœur.

« Cependant, frère, quel parti prendre? Je connais l'état de ma conscience : je ne pourrai m'élever à cette hauteur, je ne pourrai pénétrer dans un sejour de si difficile accès, tant est lourd le fardeau qui pèse sur moi, tant la masse de mes péchés m'accable! Ils m'empêcheront, ces péchés, de monter à l'empire des astres, ils m'entraineront, malheureux que je suis, à l'affreux séjour des enfers. Toutefois, il me reste une espérance, espérance unique, espérance dernière : Martin priera pour nous et nous méritera ainsi ce que nous ne pouvons obtenir par nous-mêmes. Mais pourquoi, frère, t'arrêter plus longtemps, avec une lettre si diffuse, et retarder ton arrivée? D'ailleurs, la page est pleine et ne peut plus rien recevoir. J'ai eu cependant une raison de prolonger ainsi ce discours. Comme ma lettre t'apportait un message de douleur, j'ai voulu que le même papier t'offrît aussi, dans notre entretien, une espèce de consolation. »

7. — Peu de temps après cette touchante épître, qu'on peut regarder comme l'oraison funèbre de Martin et qui montre tout l'amour qu'il avait excité dans le cœur de ses disciples, Sulpice en écrivait une autre à Bassula, sa belle-mère (1).

« Selon toi, lui dit-il, jaurais dù, dans l'épître où j'ai fait mention de la mort du seigneur Martin, raconter le trépas même du bienheureux. Mais suis-je donc destiné à cette grande mission et tout ce qui doit être connu des actions de Martin est-il uniquement réservé à ma plume? Si tu désires apprendre quelques détails sur le trépas du saint évêque, que ne t'adresses-tu à ceux qui y assistèrent? »

Cependant Sulpice consent à lui communiquer ce qu'il

_____

(1) Sulp. Sev., epist. ad Bassul.

sait de ce grand événement : il raconte le voyage du saint à Candes, sa mort et ses funérailles. .

« Quelle est sainte, dit-il, la joie des personnes qui, dans cette occasion, dissimulent leur chagrin ! Car si c'est l'affection qui arrache des gémissements aux uns, c'est la foi qui arrête les pleurs des autres. C'est chose sainte de tressaillir d'allégresse en songeant à la gloire du bienheureux, comme c'est chose pieuse d'être désolé en pensant à sa mort. On peut pardonner à ceux qni pleurent on doit féliciter ceux qui se réjouissent; car il est pieux de se réjouir au sujet de Martin et pieux aussi de pleurer sur Martin. On s'accorde à soi-même d'être dans la douleur, mais on ne lui doit, à lui, que d'être dans la joie. Que l'on compare, si l'on veut, à ces obsèques, je ne dis pas les funérailles d'un prince, mais le triomphe même d'un guerrier, dans toute sa pompe séculière. Où trouvera-t-on rien de semblable? Que les triomphateurs fassent marcher, devant leurs chars, des captifs, les mains liées derrière le dos : le corps de Martin a pour cortége ceux qui ont vaincu le monde sous sa conduite. Que des peuples en démence honorent les autres par des applaudissements tumulteux ! Martin est applaudi par les psaumes divins, Martin est honoré par les hymnes célestes. Après leurs triomphes, les vainqueurs des nations sont souvent précipités dans les tourments de l'enfer : Martin est reçu joyeux dans le sein d'Abraham ; Martin, cet homme pauvre et modeste, entre riche dans le Ciel. C'est de là que, pour nous protéger, je l'espère, il nous regarde, moi qui écris ces lignes et toi qui les lis »

Presque dans le même temps, Sulpice se rendait à Tours, où, dit-on, il demeura cinq ans, dans la cellule même de Martin.

8. — Du reste, la nature même inanimée se montra sensible à la perte de notre évêque (1). La vie de cet

(1) Sulp. Sev., Dial. 3, n. 7.

homme fidèle avait été pour elle un sujet de joie, sa mort aussi la fit pleurer. Nous avons raconté comment le saint, encore vivant, avait, par sa prière, délivré de grêles annuelles un bourg des Sénonais. Pendant les vingt années qu'il était resté, depuis lors, sur la terre, personne, en ces lieux, n'avait eu à souffrir du fléau dévastateur. On put voir bientôt que ce miracle n'était pas un effet du hasard, mais était dû aux mérites et à l'intercession de Martin. L'année même de sa mort, la tempête ressuscita, pour ainsi dire, et tomba de nouveau sur cette contrée.

CHAPITRE III.

LES DIALOGUES DE SULPICE SÉVÈRE SUR LES MÉRITES DE SAINT MARTIN.

1. Arrivée de Posthumien. — 2. Le livre de Sulpice. — 3. Martin supérieur aux moines d'Orient. — 4. On invite Gallus à parler de Martin. — 5. Ses récits. — 6. Refrigerius.

1. — Cependant huit années environ s'écoulent, depuis la mort du grand saint, et Sulpice Sévère, son biographe, revenu dans les terres qu'il possède près de Toulouse, publie encore trois dialogues, le premier sur les vertus des moines d'Orient, les deux autres sur celles du bienheureux Martin. La scène se passe dans sa cellule.

« Je me trouvais, dit-il (1), avec notre ami Gallus, homme que je chéris extrêmement, tant à cause du souvenir de Martin, dont il était le disciple, que pour son mérite personnel. Tout-à-coup, paraît mon ami Posthumien, revenu pour nous de l'Orient qui, depuis près de trois ans, le retenait éloigné de sa patrie. »

(1) Dial, 1, 22 et seq.

Dès le début de la conversation, Posthumien, qui counait
à peine Gallus, ne laisse pas de dire : « — Assurément
Gallus ne sera pas de trop dans notre compagnie, étant
aussi de l'école de Martin. » Ensuite le voyageur raconte
aux deux amis les miracles et les vertus dont il a été
témoin chez les moines d'Orient.

2. — Ses récits terminés : « J'ai satisfait votre curiosité, dit-il. A toi maintenant, Sulpice, de me payer ta
dette. Parle-nous longuement, selon ton habitude, de ton
cher Martin : il y a si longtemps que je brûle de t'entendre
sur ce sujet ! — Quoi donc ! répond Sulpice, n'as-tu pas
assez du livre que j'ai, comme tu sais, publié sur le cher
Martin et où j'expose sa vie et ses miracles ?— Oui, je
sais, reprend Posthumien, et ce livre ne m'a jamais
quitté ; car si tu le reconnais, — et disant cela, il tire
le volume de dessous son vêtement, — le voici. Ce livre a
été mon compagnon, sur terre et sur mer ; ce livre a été,
dans toutes mes courses, mon ami et mon consolateur.
Mais tu ne sais pas peut-être toi-même jusqu'où il a
pénétré. Non, il n'y a, pour ainsi dire, point d'endroit,
dans le monde, où l'on ne connaisse ce qui fait la matière
de cette heureuse histoire. Paulin, cet homme qui te
porte tant d'amitié, l'introduisit à Rome le premier.
Toute la ville se l'arracha et j'ai vu là des libraires ravis
de joie, car ils n'avaient pas d'ouvrage qui leur procurât
plus de profit, aucun ne s'enlevait plus promptement,
aucun ne se vendait plus cher. Il avait devancé beaucoup
mes courses maritimes, et déjà, lorsque j'arrivai en
Afrique, on le lisait dans tout Carthage. Seul, un prêtre de
Cyrène ne l'avait pas, je le lui ai prêté et il l'a copié.
Parlerai-je d'Alexandrie ? Là, il est connu presque mieux
que de toi-même. Il a traversé l'Égypte, la Nitrie, la
Thébaïde et tous les états de Memphis. J'ai vu un vieillard
le lire au fond du désert. Je dis à ce solitaire que j'étais
ton ami : alors lui et beaucoup d'autres frères me don-

nèrent commission, si je te revoyais vivant en ce pays, de t'engager à suppléer aux lacunes que tu avoues avoir laissées dans ton livre des miracles du bienheureux. Voyons : je ne te demande pas de me répéter ce que tu as écrit; là-dessus, ton livre nous suffit; mais raconte-nous les faits que tu as alors passés sous silence, par crainte, je crois, d'ennuyer les lecteurs. Beaucoup de personnes t'en supplient avec moi.

3. « — Posthumien, répond Sulpice, en t'écoutant, tout à l'heure, raconter les miracles des saints, je ramenais, depuis longtemps, en silence, ma pensée vers Martin, et je reconnais que toutes ces merveilles, opérées par différentes personnes, se trouvent facilement en lui seul. Tu as rapporté des choses sublimes; mais, soit dit sans offenser les saints, tu n'as rien dit où Martin se montre inférieur à eux. Avoue-le donc, Martin avait autant de mérite que chacun de ceux dont tu as parlé, mais eux tous réunis n'en avaient pas autant que Martin.

« — Pourquoi me prendre ainsi à partie, réplique Posthumien, comme si je n'étais pas et n'avais pas toujours été de ton avis? Oui, toujours, tant que je vivrai et que j'aurai ma raison, j'exalterai les moines d'Égypte, je vanterai les anachorètes, j'admirerai les ermites, mais toujours aussi, je mettrai Martin à part et jamais je n'oserai lui comparer ni moine ni évêque. Que Martin l'emporte sur tous, l'Egypte l'avoue, la Syrie le reconnaît, l'Éthiopien le sait, l'Indien en est instruit, le Parthe et le Perse l'ont appris, l'Arménie ne l'ignore pas, le Bosphore lointain l'a entendu. C'est une vérité connue même aux îles Fortunées et sur les bords de l'Océan glacial. Aussi malheur à notre pays qui a possédé un si grand homme et n'a pas mérité de le connaître! Cette accusation ne tombe point cependant sur les gens du peuple : le clergé seul et les évêques l'ont méconnu. »

Pour expliquer cette dure parole de Posthumien et

celles qui suivent, il faut se rappeler l'opposition faite par
quelques prélats à l'élection de Martin et surtout ce qu'il
eut à souffrir du parti d'Ithace, dont les restes troublèrent
encore, pendant plusieurs années, l'Église des Gaules.
Nous savons que le saint avait plus d'un ami dans les rangs
de l'épiscopat. C'est donc aux évêques Ithaciens que
Posthumien fait ici allusion. Ce sont eux encore et leurs
adhérents qu'il indique lorsqu'il parle de ces hommes
envieux qui craignent de reconnaître ses vertus et ses
miracles, où ils eussent vu la condamnation de leurs vices
et de leur lâcheté. Ces hommes aimaient mieux accuser
son biographe de mensonge que de reconnaître dans la
vie de notre évêque des œuvres dont ils se sentaient inca-
pables. « Mais laissons-là ce sujet, reprend le voyageur,
et toi, Sulpice, cède à mes désirs, en me racontant les
autres miracles de Martin. »

4. — Sulpice renvoie l'honneur à Gallus, « qui, dit-il,
en sait plus long que moi et aura bien cette complaisance
pour le nom de Martin. » Gallus trouve aussi le fardeau
bien lourd et s'excuse sur la rusticité de son langage :
« Toutefois, dit-il, si vous m'accordez le titre de disciple
de Martin, accordez-moi aussi la permission de mépriser,
à son exemple, les vains ornements de l'éloquence. —
Parle celte ou gaulois, si tu veux, répond Posthumien,
pourvu que tu parles de Martin. Fusses-tu muet, que, j'en
suis sûr, les paroles ne te manqueraient pas pour parler
de Martin avec abondance : ainsi autrefois le nom de Jean
délia la langue de Zacharie. »

Sous une apparence d'exagération, Posthumien ne dit
ici que la vérité : le nom et la puissance de Martin ont
guéri beaucoup de muets, pendant sa vie et après sa
mort.

Après un moment de silence, Gallus commence ainsi :
« Je laisse de côté les premières actions du saint dans
l'état militaire, que Sulpice a rapportées dans son livre.

Je ne dirai rien non plus de ce qu'il a fait étant laïc et moine. Du reste, je raconterai également ce que j'ai appris des autres et ce que j'ai vu moi-même. »

L'état laïc où vécut Martin, avant d'être moine et lorsqu'il n'était plus soldat, n'est-il pas justement cette période inconnue de son existence, qui s'écoule depuis sa sortie de l'état militaire jusqu'à sa liaison avec saint Hilaire ? Comme nous l'avons dit, les renseignements nous font défaut sur cette partie de sa vie, qui a embarrassé les érudits.

5. — Dans le second dialogue, qui n'est que la continuation du premier, Gallus, selon sa promesse, raconte plusieurs faits omis par Sulpice dans le livre sur la vie de saint Martin tels sont la tunique donnée au pauvre et le globe de feu, les deux miracles opérés chez son oncle Evantius, la rencontre du chariot du fisc, l'enfant ressuscité, la visite à Valentinien, le repas donné par l'épouse de Maxime, l'énergumène guéri à Claudiomachus, la vache agitée par le démon, le lièvre délivré, la brebis tondue, le gardeur de pourceaux, le pré fleuri, le soldat ermite, le vierge qui refuse la visite de l'évêque, les apparitions des trois vierges et des apôtres, celles des démons Mercure et Jupiter, le synode de Nîmes, Néron et l'Antechrist. « Il y a huit ans, ajoute Gallus, que nous avons entendu de la bouche de Martin ce qu'il a dit sur ces derniers (1). »

6. — Comme Gallus achevait ces mots, le valet de Sulpice entre dans la cellule et annonce que le prêtre Refrigerius est à la porte. « Nous hésitons, dit Sulpice, ne sachant si nous devions continuer à écouter Gallus, ou aller au-devant de cet homme si désiré qui venait nous rendre une visite officieuse. » Alors Gallus : « — Quand même, dit-il, l'arrivée de ce saint prêtre ne nous eût

___

(1) Sulp., Dial. e, u. 14.

pas fait un devoir de laisser nos récits, la nuit allait nous y contraindre. Mais puisque nous n'avons pu achever l'exposé des miracles de Martin, contentez-vous, pour aujourd'hui, de ce que vous en avez entendu. Nous dirons le reste demain. » Sur cette assurance, on alla recevoir le nouveau venu.

CHAPITRE IV.

SUITE DES DIALOGUES SUR LES MÉRITES DE SAINT MARTIN.

1. Troupe de moines. — 2. Gallus reprend ses récits. — 3. Avis aux incrédules. — 4. Fin des récits. — 5. Pieuses commissions données au voyageur.

1. — Le troisième dialogue commence ainsi :

« Il fait jour, ô Gallus, il faut se lever ; car, tu le vois, Posthumien est pressé et ce prêtre qui est venu hier augmenter le nombre de tes auditeurs attend, avec impatience, que tu paies ta dette, en racontant les détails de la vie de Martin remis à ce jour. Il connaît, sans doute, tous les faits que tu as à rapporter, car il a suivi Martin dès sa première jeunesse ; mais il lui sera doux et agréable d'entendre de nouveau ce qu'il sait déjà. En effet, je te l'avouerai, Gallus, j'ai souvent ouï raconter les miracles de Martin, sur lesquels j'ai aussi beaucoup écrit; néanmoins mon admiration me fait toujours trouver nouveau ce qu'on m'en dit. Je suis bien aise que Refrigerius soit venu augmenter l'auditoire : Posthumien, à qui il tarde de reporter ces nouvelles en Orient, recevra ainsi la vérité comme signée de plusieurs témoins. »

Sulpice parlait de la sorte et Gallus allait commencer, quand, tout à coup, une troupe de moines entre impétueusement dans la chambre. — Quel motif, dit Sulpice à ces nouveaux venus, vous fait accourir ici d'une manière si inattendue, de points divers et si matin ? — Nous avons appris hier, répondent-ils, que Gallus avait raconté, toute la journée, les miracles de Martin et que, la nuit survenant, il avait remis le reste à ce jour : c'est pourquoi nous nous sommes hâtés de former un nombreux auditoire à un homme qui doit parler d'une matière si importante.

Sur ces entrefaites, on annonce qu'un grand nombre de séculiers sont à la porte, n'osant pas entrer, mais demandant la faveur d'être admis. « — Nullement, dit Aper, l'un des moines : il ne convient pas que ces gens-là se mêlent à nous, car c'est moins la religion que la curiosité qui les attire. » Ce ne fut pas sans peine que Sulpice obtint qu'on introduisît Eucherius, ex-vicaire de l'empire, et Celsus, homme consulaire : les autres furent renvoyés.

2. — Alors on place Gallus au milieu de l'assemblée. Longtemps sa noble modestie lui fait garder le silence. Enfin il commence en ces termes : « Vous vous êtes réunis pour m'entendre, hommes saints et éloquents; mais, je le crois, je parlerai ici à des oreilles religieuses, plus encore qu'à des oreilles savantes. C'est avec la bonne foi d'un témoin et non avec la faconde d'un orateur que vous désirez m'entendre parler. Je ne répéterai point ce que j'ai dit hier : ceux qui ne l'ont pas entendu l'apprendront par les écrits. Posthumien attend de nouveaux faits pour les annoncer à l'Orient et empêcher, grâce au nom de Martin, cette contrée de se préférer à l'Occident. Et d'abord j'ai hâte de rapporter ce que Refrigerius me suggère à l'oreille. »

C'est l'histoire de la muette de Chartres; après quoi

17

viennent celles des deux fioles d'huile bénite par le saint
pour l'épouse d'Avitien et pour Sulpice Sévère, puis c'est
le nom de Martin qui apaise un chien furieux, et ensuite
la visite nocturne au comte de Tours. Pour chacun de
ces faits, le narrateur cite ses autorités. — « Ne vous éton-
nez pas, dit-il, si je fais aujourd'hui ce que je n'ai point
fait hier et si j'accompagne chaque merveille du nom des
témoins et des personnages : j'y suis contraint par l'incré-
dulité de plusieurs personnes à qui, dit-on, quelques-uns
de mes récits font secouer la tête. »

3. — Ces paroles donnent à comprendre qu'un certain
intervalle s'était écoulé depuis la publication du précédent
dialogue, dont les narrations excitèrent la critique de
quelques esprits forts du temps. Le biographe, sous le
nom de Gallus, se crut donc obligé, dans ce nouvel écrit,
de fournir toutes les garanties qui peuvent appuyer une
histoire contemporaine.

« Que ces critiques, dit-il, acceptent des témoins encore
vivants, et, s'ils doutent de notre bonne foi, qu'ils croient
au moins à ce que ceux-ci leur diront ; mais, je l'affirme,
incrédules comme ils sont, ils ne les croiront pas davantage. Or je suis surpris qu'un homme, doué du moindre
sentiment de religion, puisse se rendre coupable jusqu'à
croire le mensonge possible à qui parle de Martin. Loin
de tout serviteur de Dieu un si triste soupçon ! Non,
certes, Martin n'a pas besoin d'être défendu par des men-
songes. Cependant, ô Christ, je te fais garant de ma sin-
cérité qui ne m'a permis et ne me permettra encore de
rien dire que je n'aie vu moi-même ou appris de témoins
irrécusables ou plus souvent encore de la bouche du saint
lui-même. Si nous avons adopté la forme du dialogue, ç'a
été seulement pour prévenir, par la variété, l'ennui du
lecteur : nous déclarons, malgré cela, avoir scrupuleusement conservé la vérité de l'histoire. Voilà ce que l'in-
crédulité de quelques personnes m'a obligé, à mon

regret, d'insérer ici, en dehors de mon sujet. Mais revenons à notre compagnie. L'attention avec laquelle je me
vois écouté me force à l'avouer : oui, Aper a montré une
fermeté louable, en repoussant les infidèles : il a eu raison
de juger que ceux-là étaient seuls dignes d'entendre qui
étaient disposés à croire. Et vraiment je suis tout hors de
moi et la douleur me rend insensé : des chrétiens ne pas
croire aux mérites de Martin que les démons reconnaissent! »

4. — En effet Gallus raconte avec quelle puissance le
saint délivrait les énergumènes. Après avoir rapporté le
miracle opéré en faveur du bourg ravagé, tous les ans,
par la grêle, il ajoute : « Tu te souviens, je crois, prêtre
Refrigerius, qu'il y a peu de temps nous avons eu, à ce
sujet, un entretien avec Romulus, fils de cet Auspicius
qui fut député au saint évêque. Cet homme honorable et
religieux nous racontait la chose, comme si nous l'eussions
ignorée. Des pertes continues le faisaient trembler, comme
tu l'as vu toi-même, pour les récoltes à venir, et il déplo-
rait, avec une grande tristesse, que Martin n'eût pas été
réservé jusqu'à ce temps. »

Ensuite Gallus dit le démon chassé de dessus les épaules
d'Avitien, la pyramide du bourg d'Amboise renversée,
la colonne et son idole foudroyées, l'hémorrhoïsse guérie,
le serpent contraint de repasser le fleuve, le saumon pris
par le diacre Caton, les pierreries vues par Arborius aux
doigts du saint. Il aborde, après cela, la longue histoire
de la communion ithacienne, terminée par l'apparition de
l'ange consolateur. Viennent ensuite le possédé guéri au
seuil du monastère, la prière du marchand égyptien, la
maison de Lycontius délivrée, enfin il clôt ses récits par
la confusion du moine qui se chauffait dans la cellule de
son maître et par la colère de Brictio.

5. — « Le jour a disparu, dit alors Sulpice, Posthumien, il faut lever la séance. Quand il s'agit de Martin,

on ne doit pas s'attendre à voir épuiser la matière, car
l'étendue de ses mérites ne permet pas de les renfermer
dans un discours. Porte toujours de lui ces nouvelles à
l'Orient. En traversant tant de contrées diverses, ne
manque pas de répandre, parmi les peuples, le nom et la
gloire de Martin. N'oublie pas surtout de t'arrêter en
Campanie et d'aller rendre visite à Paulin, cet homme illustre, loué de tout l'univers. Lis lui, je t'en prie, le volume qui renferme nos entretiens d'hier et d'aujourd'hui.
C'est par lui que notre livre s'est d'abord répandu dans
l'Italie et dans toute l'Illyrie; que ce soit lui encore qui
fasse connaître à la sainte ville de Rome les mérites du
grand évêque. Pieux admirateur des saintes merveilles
opérées dans le Christ, il ne refusera pas à notre pontife
l'honneur qu'il rend à son cher saint Félix. Si de là tu
passes en Afrique, tu rediras à Carthage ce que tu as
appris ici. Depuis longtemps, nous as-tu dit, elle connaît
le héros; eh bien! fais-le-lui connaître davantage et que
son martyr Cyprien ne soit pas l'unique objet de son admiration. Apprends à Corinthe, apprends à Athènes que
Platon, dans l'Académie, ne le surpassa pas en sagesse,
ni Socrate, dans la prison, en courage, et que, si la Grèce
est heureuse d'avoir entendu la prédication de l'Apôtre,
le Christ n'a point non plus délaissé les Gaules, auxquelles
il a donné Martin. L'Egypte, cette contrée si fière du
nombre et des miracles de ses saints, ne devra pas dédaigner d'apprendre que l'Europe possède, en Martin seul,
de quoi rivaliser avec elle et avec toute l'Asie.

Sulpice charge enfin le voyageur de visiter, sur le rivage de Ptolémaïs, la tombe d'un de ses amis, nommé
Pomponius, « qui, dit-il, n'aurait jamais été si cruellement éloigné de moi, s'il eût imité Martin plutôt que celui dont je ne veux pas dire le nom. » Ce dernier est peut-
être le même dont Posthumien a dit, un instant auparavant : « J'aimerais mieux l'entendre comparer à l'évêque

Martin qu'au tyran Phalaris. » Les gémissements et les larmes que le souvenir d'un ami arrachait à Sulpice émurent les assistants, qui se retirèrent pleins d'admiration pour Martin et de sympathie pour son biographe.

CHAPITRE V.

SENTIMENTS DE SAINT PAULIN DE NOLE ENVERS SAINT MARTIN.

1. Célébrité de saint Martin. — 2. Épitaphe de saint Clair. — 3. Portraits de Martin et de Paulin. — 4. Mort de Paulin. — 5. Succès du livre de Sulpice.

1. — On a pu accuser Sulpice Sévère d'avoir trop cherché à établir la supériorité de son héros sur les autres saints personnages du même temps ; mais la postérité ne l'a pas démenti : elle a, au contraire, confirmé son jugement. De tous les saints évêques ou moines du IVᵉ siècle, nul n'est resté aussi célèbre et aussi populaire que saint Martin.

Pour ses Dialogues, nous croyons non-seulement que le fond en est véridique et digne de toute créance, mais que la forme même n'en est pas fabuleuse et que l'auteur n'a fait que mettre par écrit, dans son style élégant et pur, les entretiens qui ont eu lieu réellement chez lui. Il y a dans ce délicieux opuscule, des noms propres et des détails qui ne permettent guère d'en douter.

2. — Deux fois, dans ces dialogues, nous avons entendu nommer saint Paulin de Nole. Cet homme illustre nous a laissé, dans ses écrits, des témoignages non équivoques de son admiration pour Martin (1). Parlant de ce moine Vic-

---

(1) Paul. Nol., ep. 3, ad Severum, ep. 32, ep. 12, Poema 30.

tor qui remplissait, entre lui et son ami, la fonction de messager : « J'ai vraiment reconnu en lui, dit-il, la ressemblance des bienheureux saints Martin et Clair, de ce même Clair que nous savons, par toi, avoir suivi de près les traces de son illustre maître. Victor, enfant de la paix, a déclaré que, de l'un, il avait été le fils spirituel, et, de l'autre, le compagnon de voyage. »

Paulin qui n'avait point connu saint Clair, mais qui, sur le témoignage de son ami, l'avait en grande vénération, fit son épitaphe en vers, pour l'envoyer à Sulpice. En voici quelques passages : — « Ci gît un prêtre, illustre de nom et de mérite — Jadis compagnon des travaux de Martin, aujourd'hui associé à sa récompense. — O saint, embrasse à la fois deux frères inséparables. — C'est ainsi que Dieu nous appela, c'est ainsi que Martin nous aima. — Travaille ainsi pour nous deux, d'une égale tendresse, avec Martin, — Pour que vos prières réunies triomphent de nos crimes, — Que je partage le sort de votre cher Sulpice et sois, un jour, en sûreté sous vos ailes. »

3. — Sulpice avait fait bâtir une église avec un baptistère, sur la muraille duquel on avait peint, par ses ordres, le portrait de saint Martin, et, en face, celui de Paulin encore vivant. Il en instruisit ce dernier, dans une lettre où il lui demandait des vers à inscrire au même lieu. Paulin lui répond : « Que Martin, qui a porté l'image de l'homme céleste par une exacte imitation du Christ, soit représenté dans le lieu où l'homme se régénère, c'est justice. De cette sorte, ceux qui dépouillent, dans le bain sacré, la vétusté de l'image terrestre ont devant les yeux les traits d'une âme céleste, digne d'être leur modèle. Mais qu'ai-je à faire là, moi qui n'ai ni l'innocence des enfants, ni la sagesse des hommes ? Quelle alliance peut-il y avoir entre la lumière et les ténèbres, entre les loups et les agneaux, entre les colombes et les serpents, entre

Martin et moi? Toutefois une pensée me console de l'erreur commise par ta charité; c'est que tu n'as fait aucun outrage au bienheureux, mais as plutôt contribué à sa gloire : en effet, peinte à côté d'une figure de misérable, sa face auguste n'en brille qu'avec plus d'avantage par son rapprochement avec les ténèbres, puisque, même dans les splendeurs des saints, il jouit d'un éclat particulier. Et à vrai dire, si je ne savais que ton excessif amour pour moi t'a seul donné l'idée de cette peinture, je t'accuserais de malice et de perfidie d'avoir ainsi placé, vis-à-vis de cette sainte figure, les traits de ma bassesse, obscurcie par la nuit de mes pensées; car, après avoir regardé le visage de Martin, chacun me méprisera et rira de moi, en me comparant à ce grand saint. »

Dans la même lettre, Paulin envoie à son ami les vers demandés et dont voici le sens : « — Vous tous qui lavez et vos âmes et vos corps dans ce bain, — considérez les voies qui vous sont proposées pour bien faire : — Voici Martin, règle de la vie parfaite : — Quant à Paulin, il peut vous apprendre à mériter votre pardon. — Pécheurs, regardez celui-ci; justes, celui-là;—que l'un serve d'exemple aux saints, l'autre aux coupables. »

Paulin qui, dans sa treizième épître, nous apprend que Sévère visitait fréquemment la ville de Tours, pour y honorer saint Martin, lui dit dans la suivante : « On te prône comme un homme en qui Martin revit tout entier, en qui Clair reflorit. »

Enfin, dans l'un de ses poèmes, il s'exprime ainsi :

« Carthage possède son martyr Cyprien, le Latium a son Ambroise, l'Espagne son Vincent : la Gaule a reçu Martin. »

4. — Le grand saint récompensa de si éloquents hommages. C'était en 431. Sulpice Sévère était mort depuis plusieurs années. Son ami, devenu évêque de Nole, sen-

tant lui-même sa fin prochaine, célébra les saints mystères dans son lit, puis, tout à coup, élevant la voix :

— Où sont mes frères? dit-il.

— Tes frères? Les voici, répond un des assistants, en lui montrant les évêques réunis autour de lui.

— Ceux que j'appelle maintenant mes frères, reprend Paulin, ce sont Janvier et Martin, qui m'ont parlé tout à l'heure et m'ont dit qu'ils allaient venir me joindre.

« De ces deux personnages, continue l'historien Uranius qui était présent à cette scène (1), l'un, évêque et martyr, fait la gloire de l'église de Naples : pour Martin, c'est cet homme si éminemment apostolique dont la vie est lue par tout le monde et qui fut évêque des Gaules. »

5. — Ce témoignage confirme ce que Posthumien nous a dit sur le prodigieux succès de l'ouvrage de Sulpice. Ce succès n'avait pas été une vogue passagère, puisqu'au milieu du ve siècle, il était encore dans toute sa vigueur et que, quarante ans après sa publication, la vie de saint Martin était encore lue par tout le monde. Voici un autre témoignage qui prouve que ce livre avait placé son auteur parmi les écrivains les plus célèbres de l'Église d'Orient et d'Occident.

La vie de saint Ambroise, écrite par son secrétaire, nommé Paulin, et adressée à saint Augustin, commence par ces lignes (2) : « Comme le bienheureux Athanase, évêque, et Jérôme, prêtre, ont mis en écrit les vies des saints Paul et Antoine, ermites; comme encore Sévère, serviteur de Dieu, a prêté son style brillant à celle de Martin, vénérable évêque de l'église de Tours, de même aussi tu veux, vénérable père Augustin, que j'expose, à ma manière, celle du bienheureux Ambroise, évêque de l'église de Milan. »

(1) Uranius, de Obitu s. Paulini, n. 2.

(2) Vita s. Amb. a Paulino, ejus notar, conscripta, n. 1.

Ainsi saint Athanase, saint Jérôme, Sulpice Sévère, tels sont les fondateurs de l'hagiographie ou de la biographie chrétienne. Mais l'œuvre de Sulpice a surtout servi de modèle aux légendaires de l'Occident, chez qui l'on rencontre fréquemment des imitations, plus ou moins heureuses, de son style. Maintenant revenons à Tours.

CHAPITRE VI.

ACCOMPLISSEMENT DE LA PROPHÉTIE DE SAINT MARTIN SUR BRICTIO.

1. Brictio évêque de Tours. — 2. Première basilique élevée sur le saint tombeau. — 3. Brictio et Lazare. — 4. Sept ans à Rome. — 5. Brictio et les sept Dormants.

1. — Après la mort de Martin, son siége était demeuré vacant l'espace de vingt jours, au bout desquels, selon qu'il l'avait prédit, son disciple Brictio fut, du consentement des citoyens, promu aux fonctions épiscopales (1). Il se livra dès lors à la prière, avec assiduité; car ce n'était plus déjà ce même Brictio que nous avons vu si attaché aux frivolités mondaines. Suivant les traces de son maître, il se retirait souvent au monastère pour s'y livrer aux exercices de la pénitence : là, dans le secret d'une grotte sombre, creusée au-dessous de celle qu'avait habitée le saint homme, il pleurait avec amertume les dérèglements de sa vie passée. Il voulut aussi compenser par les honneurs rendus à sa mémoire et à ses reliques les outrages dont il avait accablé sa personne.

Le corps de notre évêque, amené de Candes, avait d'abord été déposé, près du rivage de la Loire, en un

(1) Greg. Tur., Hist. l. 2, c. 1. Zozim. papa ep. 4 et 6.

lieu qui, de là, prit le nom de *Station du corps du bien-heureux Martin*, et où, peu après, fut construit un oratoire qu'on a nommé depuis, en français, *le Petit Saint-Martin* (1). Ce saint corps reposa en cet endroit quelques jours sans sépulture, gardé par les moines, les clercs et le peuple qui l'avaient ramené de Candes ; et c'est de là qu'il fut transféré, le dimanche suivant, comme nous l'avons vu, avec des hymnes et des cantiques, au lieu où il fut enseveli et qui était un petit oratoire dédié à saint Etienne, premier martyr.

2. — Là les peuples accoururent de toutes parts, à cause des fréquents miracles qui s'y faisaient, au tombeau du saint confesseur, et l'oratoire trop étroit ne put bientôt plus contenir les pèlerins. C'est pourquoi, onze ans après la mort du bienheureux, c'est-à-dire en 408, Brice bâtit, sur ce tombeau vénéré, une petite basilique où, dit-on, il mit deux cents moines, choisis parmi les deux mille qui avaient assisté aux funérailles de Martin.

Tels furent les commencements de cette église fameuse, dont la gloire devait, en peu de temps, presque égaler celle des sanctuaires les plus renommés de Rome et de Jérusalem. Il y avait, dans la place qu'elle occupait, une heureuse disposition de la Providence.

C'était un bois très-agréable, qui s'étendait entre l'ancien tombeau de saint Gatien et l'église bâtie par saint Lidoire. La nouvelle basilique s'élevait au milieu, à peu près à égale distance de l'un et de l'autre. Il convenait, en effet, qu'un si grand homme, d'un mérite si exceptionnel, fût enseveli dans un lieu à part, loin de ses prédécesseurs et hors de la ville. Cette pierre sépulcrale ne devait-elle pas être, pendant de longs siècles, la consolation des affligés, la santé des malades, la ressource des opprimés, le refuge des rois et des peuples, de l'Occident

_____
(1) Monsnier, Hist. basil. S. Mart., p. 2. Maan, eccl. Tur., p. 19 et 20.

et de l'Orient? La basilique de Saint-Martin ne devait-elle pas, un jour, exciter l'admiration de tout l'univers, enrichir d'une ville nouvelle la cité de Tours et donner, pour la gloire d'un si grand pontife, de l'envie aux nations étrangères? Un tel avenir, de telles destinées demandaient un lieu distinct, libre et isolé.

3. — Pour Brictio, la prophétie de son maître, sur ses tribulations, avait reçu une partie de son accomplissement, dès la première année de son épiscopat, où il fut en butte aux accusations de Lazare, évêque d'Aix en Provence. Ce prélat est regardé lui-même comme un disciple de saint Martin, de même que saint Héros, évêque d'Arles, avec lequel il était étroitement uni. Le fondement de cette opinion est qu'il serait difficile de comprendre comment Lazare a pu attaquer Brice, sinon parce que, moine du grand monastère et témoin de sa conduite envers saint Martin, il pensait avoir assez vu de défauts en lui pour le croire indigne de l'épiscopat. D'ailleurs il y a bien de l'apparence que l'amitié de Lazare et de Héros s'était formée au monastère. Quoi qu'il en soit, Brice sortit vainqueur de cette première épreuve. Mais, la trente-troisième année de son épiscopat, il voit s'élever contre lui une affaire lamentable.

4. — Une femme à qui ses valets portaient ses habits à laver et qui s'était faite religieuse, conçut et enfanta. Cet événement excita la colère du peuple de Tours qui imputait le crime à l'évêque. Tout le monde voulait le lapider.

— La bonté du saint, lui disait-on, a longtemps caché ta luxure; mais Dieu ne veut pas permettre que nous nous salissions davantage en baisant tes mains indignes.

« Le reproche, dit l'historien, était absolument injuste; car, bien que superbe et plein de vanité, Brice, dans sa jeunesse, était néanmoins demeuré chaste. « Voulant satisfaire le peuple, par une épreuve, il met des charbons allumés dans un pan de sa robe, et, les serrant contre sa poitrine, s'avance, suivi de la foule, depuis sa demeure jusqu'au tombeau de saint Martin, où il laisse tomber les charbons et montre son vêtement sans trace de brûlure. Mais la calomnie triomphe : Brice entraîné, puis chassé de la ville, prend le chemin de Rome, où il veut plaider sa cause auprès du souverain pontife. Chemin faisant, il pleurait et gémissait tout haut.

— J'ai mérité ce traitement, disait-il, parce que j'ai péché contre le saint de Dieu, l'appelant fou et insensé : j'ai vu ses miracles et n'ai point cru à ses paroles.

Au bout de sept ans, il quitta Rome, où il avait expié, par ses larmes, toutes les fautes qu'il avait commises contre le saint, revint à Tours et remonta sans obstacle son son siége.

5. — Il était déjà fort âgé, lorsqu'il fut invité par Aichard, troisième abbé de Marmoutier, à présider aux funérailles des sept cousins de son maître (1).

Depuis sa mort, le bienheureux leur était souvent apparu, pour les fortifier et les consoler de son absence. Une année, la fête de son passage étant tombée un samedi, le lendemain, jour de dimanche, après les matines solennelles, et au milieu de la nuit, il leur apparut une dernière fois.

— Demain, leur dit-il, de grand matin, appelez ici, près de vous, l'abbé Aichard. Quand il sera venu, exposez-lui chacun la suite de votre vie et de vos actions en confessant vos péchés. Dites-lui, de ma part, qu'il célèbre une messe en l'honneur de la sainte Trinité, où il fera mémoire de moi et des saints dont les reliques sont renfermées dans cet autel consacré par moi. Qu'il prépare et offre des hosties pour chacun de vous et, quand elles seront consacrées, vous communierez tous. Après avoir reçu le saint viatique du corps et du sang de Jésus-Christ.

(1) Hist. Sept Dorm., c. ultimo.

et la messe finie, vous vous prosternerez en prières, et alors vous passerez de cette vie à l'autre, exempts des douleurs de la mort, comme vous avez été étrangers à la corruption de la chair. Ainsi vous serez reçus par les anges et conduits par moi au ciel, où nous vous présenterons au tribunal du Christ.

Tout s'accomplit selon la promesse du bienheureux.

Le septième jour après le trépas des sept frères, Aichard s'occupa de leurs funérailles auxquelles il invita le très-saint vieillard Brice, pontife de la ville de Tours. Ayant tenu conseil, ils les ensevelirent tout habillés comme ils étaient, dans leur cellule même, près de l'autel consacré par saint Martin.

C'est ainsi que se termine la gracieuse histoire des Sept Dormants de Marmoutier, appelés de ce nom parce que leur mort parut être un paisible sommeil. Leurs sept tombeaux se montraient naguères taillés séparément dans le roc, dans l'enceinte du monastère, mais leurs corps étaient conservés dans des châsses, derrière le maître-autel. Ils étaient honorés comme saints à Marmoutier et leur fête y a été publiquement célébrée. Si donc leur légende n'est pas historique de tout point, elle paraît au moins devoir être crue sur sa donnée principale.

Brice vécut encore sept ans après son retour de Rome, et mourut dans la quarante-septième année de son épiscopat. Il fut inhumé dans la basilique qu'il avait fait bâtir sur le tombeau de saint Martin et qui devint la sépulture de ses successeurs.

CHAPITRE VII.

PREMIERS MIRACLES AU TOMBEAU DE SAINT MARTIN.

1. Gloire durable. — 2. Les énergumènes. — 3. L'ingratitude punie.
— 4. Les soldats Huns. — 5. Les colonnes de la basilique.

1. — En saint Brice, nous quittons le dernier des contemporains et disciples du grand évêque : nous disons
adieu, en sa personne, à tous ceux qui ont connu Martin,
qui ont vécu avec lui et qui ont été les témoins oculaires
de ses miracles et de ses vertus. Souvent l'influence d'un
homme célèbre disparaît avec son siècle. Il n'en fut pas de
même de Martin, dont nous verrons la gloire, non-seulement survivre à lui-même et à ses amis, mais puiser un
nouvel éclat dans la tombe et aller croissant d'âge en
âge.

A saint Brice succéda saint Eustoche, de famille sénato-
riale. Ce fut de son temps qu'eurent lieu, au tombeau du
bienheureux, les premiers miracles dont les écrits nous
aient conservé la mémoire (1).

2. — Souvent les énergumènes qu'on y amenait pour
obtenir leur délivrance étaient emportés en l'air, par
dessus les grilles dont le tombeau était environné, puis
précipités, la tête la première, dans un puits profond,
qui était encore, au dernier siècle, dans l'aile gauche de
l'église. Ces malheureux en furent toujours retirés sains
et saufs, à la vue des peuples, et même délivrés de leur
possession. L'eau de ce puits avait aussi alors une vertu
particulière, pour opérer des guérisons miraculeuses.

Un de ces possédés s'enfuit, un jour, du saint lieu et
courut vers la Loire pour s'y noyer. Ce fleuve qui passe

(1) Paulin Petric. de V. s. M., l. 6, Greg. Tur., Mir., s M, l. 1, c. 6.

entre la cellule et le tombeau de Martin n'était point alors contenu par les digues qui le resserrent aujourd'hui, et s'étendait comme une mer que le nageur le plus robuste n'aurait pu traverser sans fatigue. L'infortuné eût donc infailliblement péri si le bienheureux ne fût venu à son secours. L'eau se durcit, en quelque sorte, sous ses pieds, sa surface devenue solide résiste au poids de ce corps et il la traverse en courant. Quand cet homme parvint à l'autre rive, il n'avait pas souffert le moindre mal et ses vêtements, à la grande surprise de la foule, n'étaient même pas mouillés. Ayant pénétré ensuite dans la cellule du saint, à Marmoutier, il se trouva subitement délivré.

Egidius, alors maître de la milice dans les Gaules, était assiégé, dans la ville d'Arles, par les Visigoths. Il n'avait plus l'espoir de leur échapper lorsqu'il fit résolument une sortie et les mit en fuite. A l'heure même où se passait l'événement, un démoniaque en donna la nouvelle, à Tours, au milieu de la basilique du saint.

— Martin, s'écria-t-il, a fait lever, par ses prières, le siége de la place et Dieu vient d'accorder à Martin le salut du peuple et de son chef.

Cette victoire qui, en effet, rendit la sécurité à l'empereur Majorien et procura la paix à la Gaule, est rapportée à l'an 459.

3. — Une jeune fille, païenne comme sa famille, était atteinte de paralysie. Privée de l'usage de tous ses membres, étendue sans mouvement sur sa couche, elle n'attestait sa vie que par des gémissements. La voyant à l'extrémité, ses parents l'emportent dans leurs bras et viennent la déposer devant le tombeau du saint : ils y versent des torrents de larmes et promettent, si leur fille recouvre la santé, de renoncer aussitôt à leurs erreurs et de subvenir, par des largesses, à l'entretien des pauvres, nourris et vêtus, dès cette époque, aux frais de la basilique. Leurs vœux furent entendus. A peine une légère onction d'huile

bénite eut effleuré les membres de la malade qu'elle reprit
le mouvement et la vigueur. Mais ces idolâtres oublièrent
leurs promesses, retournèrent à leur culte fanatique et
tentèrent de ramener aux pieds des idoles leur fille guérie
par la vertu du saint évêque. Ce fut l'arrêt de mort de l'infortunée, qui, ingrate comme ses parents, ne fit qu'apercevoir de loin les autels de ses fausses divinités et retom-
ba subitement dans son mal, cette fois, sans espérance ni
remède.

4. — Un soldat de l'armée des Huns, que la Gaule avait
imprudemment appelée à son aide, était entré dans notre
sainte basilique et, posant sur l'autel un pied sacrilége,
avait osé enlever une couronne suspendue au-dessus du
tombeau de Martin, comme une image de celle qui brille
sur son front, dans les cieux. Soudain ce misérable est
frappé d'aveuglement. Interrogé par un de ses compagnons d'armes sur la cause de son malheur, il lui fait
l'aveu de sa faute, et bientôt guidé par lui, comme au
sein d'une nuit profonde, il retourne devant l'autel, y
confesse publiquement son crime et reconnaît, avec un
repentir sincère, qu'il a mérité son châtiment. En même
temps, ayant restitué l'objet de son vol, il recouvre l'entier
usage de la vue.

Un autre soldat de la même nation, insulté peut-être
par l'un des démoniaques, n'eut point honte de lui porter
un coup d'épée, dans le parvis même de la basilique.
Tout à coup, retournant sa rage contre lui-même et
frappé d'un soudain jugement de Dieu, il retire son arme
du sein de sa victime et se perce d'outre en outre.

5. — Un jour, le peuple de la ville de Tours se disposait à transporter d'élégantes colonnes à l'entrée de la
sainte basilique. Chacun mettait à cette œuvre une ardeur
pleine de joie, et l'empressement était général. Un seul
homme essaya d'arrêter la marche de l'entreprise. Sa
femme, qui était loin de partager ses mauvais sentiments,

avait tiré d'une maison de campagne, qu'ils avaient près de là, des instruments demandés pour cette opération et les avait prêtés aux ouvriers.

— Tu paieras de tes larmes, lui dit-il, le succès de ce travail.

Après cette menace, il lance en avant son cheval, pour aller sans doute réclamer et reprendre ses outils ; mais, tandis qu'il frappe à coups redoublés sa monture, l'animal se cabre et le jette dans un ruisseau peu profond, où cependant, le malheureux se noie, en se pressant lui-même le visage contre le sable.

En apprenant cette nouvelle, sa femme ne peut s'empêcher de verser des larmes et accomplit ainsi la prédiction de son mari, mais d'une autre manière que celui-ci n'avait entendu. Après cela, les colonnes furent portées jusqu'au temple du bienheureux, sous l'escorte du peuple, dont cet événement avait augmenté la foi et redoublé la ferveur.

CHAPITRE VIII.

CULTE DE SAINT MARTIN AU Ve SIÈCLE.

1. L'huile et la cire. — 2. La cellule de Marmoutier. — 3. Naufrage sur la Loire. — 4. Calme plat sur l'Océan. — 5. Le cierge et l'incendie. — 6. La fête du saint chez les Latins et chez les Grecs.

1. — L'évêque Perpétuus, troisième successeur du grand saint, peut, à juste titre, être appelé son disciple, tant il a eu d'amour pour lui et a suivi de près ses leçons.

De son temps, la dévotion engageait les fidèles à déposer, auprès du saint tombeau, des vases remplis d'huile, qu'ils conservaient ensuite comme un préservatif ou un remède contre toute sorte de maux. On assure qu'à chaque fois, on vit cette liqueur croître et monter par l'effet d'une influence invisible.

Perpetuus lui-même porta, un jour, à la basilique, une fiole pleine d'huile, et eut l'idée d'y mêler un peu de poussière enlevée au marbre qui couvrait le corps saint. Aussitôt l'huile commença de croître et se répandit au dehors, en telle abondance que les vêtements de l'évêque, qui la tenait dans sa main, en furent inondés. Elle coula ainsi très-longtemps, sans que le vase parût diminué et sans qu'elle tachât les étoffes sur lesquelles on la laissait tomber : au contraire, elle leur donnait plus d'éclat et les imprégnait d'un parfum délicieux. Cette huile, comme celle que le saint avait bénite, pendant sa vie, fut l'instrument d'une infinité de guérisons. Souvent même, elle servit à purifier des champs, dont sa vertu éloignait les orages.

C'est aussi l'effet que produisit la cire qui brûlait devant le saint tombeau. — Un dévot, plein de foi dans les mérites du bienheureux et la puissance de son intercession, s'etait rendu à son temple. Désirant ardemment participer à ses faveurs, il cherchait en lui-même ce qu'il pourrait emporter de ce lieu sacré pour sa sauvegarde. Il s'approche du tombeau et supplie le sacristain de lui donner quelques parcelles de la cire qui y brûle. Son désir est satisfait et il se retire plein de joie. Il avait un champ depuis peu ensemencé : il y dépose une partie de cette cire. Survient un orage terrible, comme ceux qui, les années précédentes, ont ravagé tout le canton, mais il ne touche pas au champ sanctifié où, dans la suite, il ne fit plus aucun dégât.

2. — La cellule que le saint avait habitée à Marmoutier attirait aussi la dévotion des fidèles, qui la visitaient surtout solennellement au temps de Pâques. Dès le matin de cette grande fête, le peuple de Tours passait la Loire, à

la suite de son évêque, et se rendait au monastère fondé
par le glorieux thaumaturge. Là ces fervents chrétiens
couvraient de leurs baisers et arrosaient de leurs larmes
les divers lieux où, autrefois, il s'était assis, où il avait
prié, où il avait mangé, où, après de nombreuses fatigues,
il avait accordé à son corps un moment de repos. Ces lieux
étaient distingués les uns des autres par des inscriptions
en vers, que les disciples du saint y avaient placées, peu
de temps après sa mort.

Ces pieux devoirs remplis, les fidèles repassaient le
fleuve, sur les bateaux qui les avaient amenés, afin de
visiter aussi le tombeau sacré, de s'y prosterner comme
devant le bienheureux confesseur lui-même et d'y implorer, avec larmes, la clémence divine. Il resta jusqu'à la
fin quelques vestiges de cette coutume, car, au xviii^e
siècle, le clergé de la basilique allait encore, tous les ans,
visiter Marmoutier, le lundi après Pâques.

Cet usage touchant donna lieu au miracle qui eut, à
l'époque où nous sommes arrivés, le plus de retentissement
dans la province.

3. — Une année, comme à l'ordinaire, le pasteur était
heureux de conduire son peuple vers la cellule vénérée.
De nombreux bateaux avaient reçu la foule, et la Loire
disparaissait sous cette petite flotte. Tout sexe et tout âge
y avaient été admis, les maisons restées vides n'avaient
d'autre gardien que la foi commune. Déjà le plus grand
nombre des pèlerins avaient opéré leur trajet et gagné la
rive opposée. Tout à coup une bourrasque s'élève et un
bateau qui se trouve encore au milieu du fleuve s'abîme
et disparaît. Tout ceux qui le montaient, hommes, femmes,
enfants, emportés par le courant, roulent pêle-mêle dans
les eaux profondes, sans espoir de salut.

A la vue de ce désastre, un seul cri s'élève des deux
rivages.

— Miséricordieux Martin, sauve, dans ce danger pressant, tes serviteurs et tes servantes.

En même temps, la foule se prosterne et arrose de ses larmes le sable de la grève. Aussitôt une brise caressante souffle sur le fleuve et les corps qu'il allait engloutir pour toujours, demeurent suspendus à sa surface. Sans se donner aucun mouvement, les naufragés se sentent soutenus et portés par l'eau qui les ramène au rivage d'où ils sont partis : tous sont sauvés sans qu'il en manque un seul.

Cet accident, loin de décourager leur foi, lui donne une nouvelle ardeur. Après la première émotion passée, après les embrassements mutuels de tant d'amis, de frères, d'époux, de parents, qui ne croyaient plus se revoir, après les actions de grâce rendues au ciel, ils se rembarquent sans même changer leurs vêtements mouillés. Leurs compagnons les reçoivent comme en triomphe, sur l'autre rive, où tous ensemble ils entonnent le cantique de Moïse, après le passage de la mer Rouge. Le démon, auteur de la catastrophe, n'avait-il pas, comme Pharaon, vu retomber sur lui toute la honte et tout le dommage de sa tentative homicide ?

4. — Le nom de Martin était encore invoqué, sur l'Océan, par les voyageurs en péril. — Un navire avait été entraîné, par la tempête, loin de sa route, dans des parages inconnus, où un calme plat vint le surprendre et enchaîner sa course. Ainsi captifs au milieu de la mer, les matelots qui se voient menacés d'y périr d'une mort plus affreuse que celle qu'ils trouveraient dans un naufrage, implorent le vent, dût-il leur apporter de nouveau toutes les fureurs de l'ouragan. L'un d'eux, homme simple, mais éclairé par la foi, lève au ciel ses yeux baignés de larmes et, d'une voix où il met tout son cœur : — Abaisse tes regards sur notre misère, dit-il, ô toi, seul et véritable espoir de salut; Dieu de Martin, aie pitié de

nous, toi qui t'es servi de lui pour répandre, parmi les peuples, les signes de ta faveur ; toi qui as prouvé son mérite par des miracles, délivre-nous aujourd'hui par son intercession.

A peine a-t-il parlé qu'un vent impétueux dégage le vaisseau et le fait voler sur l'abîme. Bientôt les voyageurs touchent au port, après lequel ils soupiraient depuis longtemps. Conduits et ramenés par le nom de Martin, ils ne cessent de proclamer avec foi les bienfaits qu'ils ont obtenus de sa protection.

5. — La puissance de Martin n'est pas moins efficace contre les incendies que contre les périls de la mer. — Un homme ayant demandé avec instance à emporter, de la basilique du bienheureux, quelque objet de bénédiction, reçut un morceau de cierge pris parmi ceux qui brûlaient devant le tombeau sacré. Il le déposa respectueusement, comme un trésor céleste, dans l'intérieur de sa maison. Presque en même temps, le feu prit à cette habitation en grande partie construite en bois. Déjà la flamme l'enveloppait tout entière : on pousse des cris vers le ciel, on implore le secours du bienheureux Martin, dont le nom, joint aux plus tendres supplications, est répété par toutes les bouches. Le maître se souvient alors de son morceau de cire bénite, il le cherche, le trouve, l'allume et le porte, le plus avant qu'il peut, à la rencontre des flammes, dans l'endroit le plus menacé. Alors, avec plus de promptitude que s'il eût été noyé sous des torrents de pluie, l'embrasement s'éteint de toutes parts.

6. — Ces miracles et beaucoup d'autres semblables firent tant d'éclat dans le monde, que l'Église universelle commença presque aussitôt après la mort du saint à lui rendre un culte public et à solenniser sa fête. Il ne fut pas, à vrai dire, partout également honoré dans les Gaules, où sa vertu avait excité, de son vivant, la jalousie de quelques évêques, comme nous en avons vu la preuve dans les

dialogues de son biographe. Sa fète ne tarda pas néanmoins à ètre reçue de toutes les églises et fut mème bientôt
célébrée par les Grecs, qu'on sait n'avoir pas toujours eu
trop de vénération pour les saints de l'Occident. Leurs
Menées lui donnent le nom de Thaumaturge et ils font
encore aujourd'hui sa fète le 12 de novembre. Le Ménologe
de saint Basile fait mention de saint Martin, et Sozomène,
auteur grec du v⁰ siècle, raconte, en abrégé, la vie de
notre évèque, dans son histoire ecclésiastique.

CHAPITRE IX.

LES POÈMES DE PAULIN DE PÉRIGUEUX SUR LA VIE ET LES MIRACLES DE SAINT MARTIN.

1. Paulin et Perpetuus. — 2. Les fiancés. — 3. Vers sur la vie de
S. Martin. — 4. Vers sur les Dialogues. — 5. Derniers chants.

1. — L'histoire, la peinture et l'architecture ont déjà
payé leurs tributs à la gloire de Martin : voici maintenant
la poésie qui vient, à son tour, répandre des fleurs sur
son tombeau.

En ce temps, vivait un chrétien également pieux et
lettré, du nom de Paulin. Il paraît, d'après son propre
témoignage, qu'il était gaulois et l'on suppose qu'il était
fils d'un célèbre rhéteur de Périgueux, nommé aussi
Paulin, dont Sidoine Apollinaire rappelle la mémoire avec
éloge. On pourrait croire qu'il avait, dans sa jeunesse,
sacrifié aux muses profanes; mais, comme beaucoup
d'autres écrivains de cette époque, il se convertit dans un
âge plus avancé.

Ce fut alors, vers 463, qu'il entreprit de mettre en
vers la vie de saint Martin et les dialogues de Sulpice

Sévère. Pendant qu'il s'occupait de ce travail, notre évêque Perpetuus, qui l'encourageait dans ses efforts et lui avait peut-être conseillé l'entreprise, lui envoya, pour compléter son poème, une relation, signée de sa main, des miracles accomplis sous son épiscopat et celui de son prédécesseur, par la vertu du nom et des reliques de saint Martin (1).

2. — Sur ces entrefaites, le petit-fils de Paulin et une jeune fille qu'il était sur le point d'épouser tombèrent dangereusement malades et furent bientôt à l'extrémité.

— Si c'est ton bon plaisir, bienheureux Martin, dit alors le poète, que j'écrive quelque chose à ta louange, fais-le voir sur ce malade.

En même temps, il place sur la poitrine du jeune homme qu'une fièvre ardente dévore le cahier qu'il a reçu de Perpetuus. A l'instant, une sueur salutaire jaillit de tous les membres du moribond. Dès lors celui-ci comprend qu'il est sauvé : il l'annonce à son aïeul et l'invite à joindre ce miracle à tant d'autres.

— Voilà, lui dit-il, à quel défenseur un coupable doit confier le soin de sa cause : la clémence du saint est venue à notre secours et sa faveur tutélaire arrête l'effet de nos péchés.

La santé que réclament ses ferventes prières lui est rendue le même jour et il se hâte d'en donner la nouvelle à sa fiancée, qui, à son tour, pénétrée d'une foi pareille, demande qu'on lui apporte l'écrit doublement miraculeux. Mais le jeune homme, qui, tout à l'heure, se voyait près de mourir, hésite à lui abandonner si tôt son trésor. Pendant qu'ils échangent ainsi, l'un et l'autre, des prières et des refus, la jeune fille obtient elle-même la guérison que lui ont méritée ses pieux désirs.

(1) Paulin, de Visitat. nepotuli sui. — Gr. Tur., Mir. s. M., l. 1, c. 2.

Le poète chrétien vit, dans cet événement, une approbation donnée à ses vers par Martin, qui l'excitait par de
nouveaux prodiges à continuer ses chants et l'en recom-
pensait déjà par ses bienfaits. Il sentit donc se ranimer
se verve, termina son grand poème et raconta séparément,
dans une pièce de quatre-vingts hexamètres, la guérison de
son petit-fils.

3. — Le poème de Paulin est divisé en six livres, dont
les trois premiers comprennent ce que Sulpice a intitulé
Vie de saint Martin; les deux suivants, ses Dialogues, et
le dernier, les miracles récents, accomplis par l'intercession du saint.

Le premier, le plus court de tous, contient trois cent
quatre-vingt cinq vers et s'arrête à l'épiscopat du nouvel
apôtre. Nous remarquons qu'il reproduit, avec une clarté
qui défie toute critique, l'âge auquel Martin, selon Sulpice, reçut le baptême et où quelques modernes ont prétendu voir une erreur de copiste. « Deux années, dit-il,
manquaient à ses quatre lustres. » Le lustre étant un
espace de cinq années, Martin avait donc alors certainement dix-huit ans. De même, il dit qu'il abandonna le
service militaire deux ans après.

La second livre à sept cent dix-neuf vers et se termine
par la guérison du saint, après sa chute dans l'escalier.
Racontant le miracle qui précède, c'est-à-dire celui qui
rendit la vue à Paulin de Nole, il dit : « Plût au Ciel que
les ténèbres de notre cœur cédassent aussi à la lumière
apportée par le saint patron et qu'il renouvelât pour nous
le mystère de cet ancien miracle! Même nom, même médecin, même besoin de guérison. » Ce passage, joint aux
éloges qu'il donne, un peu plus haut, au premier Paulin,
aurait dû empêcher qu'on ne les confondît, comme on l'a
fait, l'un avec l'autre.

Le livre troisième, qui a quatre cent cinquante-six
vers, débute ainsi : « Où appelles-tu encore, ô Martin,

mes stériles pipeaux et les aigres sifflets qui s'échappent avec peine de mon chalumeau rompu? Il faudrait la trompette sonore pour célébrer dignement cette gloire. Mais que le souffle le plus léger de la bénédiction partie d'une bouche sainte me vienne seulement en aide et si ma flûte étroite ne peut faire entendre des sons éclatants, peut-être en produira-t-elle d'agréables. »

4. — Voici comment s'ouvre le quatrième livre : « J'étais à la fin du volume que j'avais entrepris de mettre en vers, quand soudain on m'apporta une relation inconnue, mais non moins glorieuse, qui me piqua du désir de continuer mon travail. Certes, je ne prétends pas que mon pauvre langage ajoute quelque clarté à ce récit, marqué par l'amour d'une empreinte si visible : au contraire, ce style énergique, qui brille d'un vif éclat, perd sa valeur originale et s'amollit sous les lois de la mesure. Mais tout le monde ne va pas chercher, dans la retraite où elle se cache, la source d'une eau limpide; le plus grand nombre boit souvent au ruisseau le plus proche qui coule à découvert et néglige un breuvage plus frais. »

Plus loin, après le récit de la rencontre de Martin avec le chariot du fisc : « O toi, pontife, dit-il, ma route nouvelle et mon génie, seconde les accents de mon cœur et de ma voix. Que ceux dont les discours célèbrent des folies empruntent à de folles muses leur enthousiasme furieux. Pour nous, que Martin nous conduise : c'est une nouveauté qui plaît à mon esprit, c'est la source à laquelle ma soif aspire. Que des imaginations vagabondes réclament les vagues de Castalie : un autre breuvage convient à des hommes régénérés par le Jourdain. » — Ce livre, qui se compose de six cent soixante-treize vers, finit par le trait de la vierge solitaire.

5. — Le livre suivant commence par la guérison de la muette de Chartres. Ainsi Paulin, qui suit le même ordre que Sulpice, a passé sous silence ce que celui-ci rapporte sur

l'apparition des trois vierges, des apôtres Pierre et Paul et des démons Mercure et Jupiter; de même que celle de l'ange, au sujet du concile de Nîmes, et la prédiction sur Néron et l'Antechrist. Peut-être l'exemplaire des Dialogues dont le poète se servait était-il incomplet, ou bien a-t-il trouvé que ces faits prêtaient moins à son inspiration. Ce cinquième livre, le plus long des six, contient huit cent soixante treize vers et renferme les événements racontés par Gallus dans le second dialogue.

Vers le milieu du livre, il revient à un sentiment déjà souvent exprimé : « Depuis trop longtemps, dit-il, mon livre languissant affaiblit les titres et les gestes de l'illustre patron. Mais quoi ! j'ai fait vœu de parcourir en vers toute son histoire. Mes récits craignent d'être jugés et mon silence craint d'être coupable. »

Paulin, qui étend et déblaie tous les autres récits, abrége, au contraire, beaucoup celui de la communion ithacienne : il supprime entièrement les deux derniers traits du dialogue, que Sulpice lui-même trouvait plus dignes d'admiration que faciles à raconter. Il termine en s'adressant au bienheureux : — « Nous ne cesserons, lui dit-il, de vénérer tes membres présents ici-bas, jusqu'au jour où tu reviendras avec ton corps pour la vie éternelle. Ayant, sur la terre, une place parmi les tombeaux des saints, comme tu partages leurs couronnes dans le ciel, c'est à peine si tu as pu seulement nous dérober ton visage : tu es encore avec nous par ta bonté. Les peuples, en foule, te visitent souvent et ta puissance est toujours là pour les guérir. A défaut de paroles, les prodiges éclatent, et si ton corps est soustrait aux regards, ta vertu est présente et visible. Permets, je t'en conjure, qu'elle réside et se manifeste toujours dans le cœur du pauvre poète, afin que, la méditation ayant achevé ces chants, l'écriture conserve à ma parole une gloire immortelle. »

Le sixième et dernier livre contient cinq cent cinq vers

et a été composé, comme le poète le dit, pour l'instruction du peuple fidèle. C'est l'exposé des miracles renfermés dans la note signée de Perpetuus et que nous avons rapportés.

CHAPITRE X.

BASILIQUE ÉLEVÉE PAR SAINT PERPETUUS SUR LE TOMBEAU DE SAINT MARTIN.

1. Seconde basilique. — 2. Translation du corps saint. — 3. Inscriptions en vers. — 4. Psalmodie perpétuelle.

1. — Saint Perpetuus, qui, la soixante-sixième année après le trépas du glorieux Thaumaturge, avait été placé sur son siége, était, comme nous l'avons dit, témoin des miracles journaliers qui s'opéraient à son tombeau (1). Voyant l'exiguïté de la cellule qui renfermait les saintes reliques, il la jugea indigne de si grandes merveilles. Il résolut donc de la faire abattre et d'élever à la place, une basilique dont la grandeur répondît à la célébrité du saint confesseur. On travailla, sans interruption, à cet édifice, pendant plus de sept ans, au bout desquels le zèle intelligent de Perpétuus, aidé du concours des personnes pieuses, fut couronné d'un magnifique résultat.

Nous réservant de compléter ailleurs la description de ce superbe édifice, qui a été l'un des plus beaux ornements de la France, nous dirons seulement que la nouvelle basilique, éloignée de la ville d'environ cinq cent cinquante pas, avait cent soixante pieds de long sur soixante de large. Son élévation, du sol à la voûte, était de qua-

---

(1) Gr. Tur., Mir. s. M., l. 1, c. 6. *Hist. Fr.*, l. 2, c. 14 et 15.

rante-cinq pieds. Elle avait trente-deux fenêtres dans le
chœur et vingt dans la nef, avec quarante-une colonnes. On
comptait, dans tout le bâtiment, cinquante-deux fenêtres,
cent vingt colonnes et huit portes, dont trois s'ouvraient
dans le chœur et cinq dans la nef.

La petite cellule ne fut peut-être démolie qu'après l'a-
chèvement de la grande basilique, qui désormais prit le
nom de saint Martin. Au moins l'œuvre de saint Brice
ne périt pas tout entière. Perpétuus trouva moyen d'en
adapter la voûte élégante à une autre basilique qu'il fit
bâtir en l'honneur des saints apôtres Pierre et Paul.

Quant au corps de saint Martin, il ne fut point, pour
lors, changé de place et resta, durant tout le temps des
travaux, dans la fosse où il avait été primitivement enseveli et qui, au dernier siècle, était indiquée, dans le
préau du cloître, par un autel et une croix en pierre.

2. — Enfin arriva le temps, si désiré du pieux pontife,
où il devait lui être permis de faire la dédicace du nouveau temple et d'y transférer le saint corps au lieu qu'il
lui avait destiné. Perpetuus convoqua, pour cette fête, les
prélats voisins, avec une multitude d'abbés et de clercs
de différents ordres : c'était l'époque des calendes de juillet qu'il avait fixée pour cette cérémonie. Les invités, avec
notre évêque, passèrent dans les veilles saintes, au milieu
de la basilique neuve, toute la nuit qui précède ce jour.

Dès le matin, chacun des prélats s'arma d'un pic et tous
ensemble se mirent à creuser la terre qui cachait le saint
tombeau. L'ayant découvert, ils prirent leurs mesures
pour l'enlever, et, comme on vit qu'ils n'en pouvaient pas
venir à bout, on s'empressa pour les aider; mais tout le
monde eut beau y travailler, la journée se passa en efforts
inutiles et, le soir venu, le cercueil était encore à la même
place.

On ne se rebuta point de cette résistance et, comme on
crut qu'elle venait du Ciel, on convint, pour lui faire une

sainte violence, de passer en prières une seconde nuit. Le lendemain, nouvelle tentative, qui n'est pas plus heureuse que la première. Interdits, épouvantés, les assistants ne savaient plus à quoi se résoudre. Alors un des clercs, élevant la voix :

— Vous savez, dit-il, que c'est dans trois jours l'anniversaire de son ordination à l'épiscopat. Peut-être veut-il vous marquer que vous devez attendre ce jour-là pour opérer sa translation.

Cet avis ayant été adopté, les jeûnes, les prières, la psalmodie incessante furent continués, jour et nuit, pendant tout ce temps. Le quatrième jour, on s'approche encore de la fosse et l'on fait une troisième tentative, qui ne réussit pas mieux que les précédentes. On ne parvient pas même à soulever ou à remuer le cercueil. La consternation était générale et l'on allait rejeter la terre sur la sainte relique, lorsqu'on vit paraître, au milieu de l'assistance, un vieillard vénérable et blanc comme la neige, qui déclara être un abbé.

— Jusques à quand, dit-il ensuite, serez-vous dans l'abattement et le trouble? Que tardez-vous? Ne voyez-vous pas le seigneur Martin tout prêt à vous aider, si vous vous mettez à l'œuvre?

Il dit, quitte son manteau et met la main au sarcophage, avec les autres prêtres. En même temps on apprête les croix et les cierges, on impose l'antienne et toutes les voix réunies font monter dans les airs le chant des psaumes. Alors le cercueil, cédant à l'effort du vieillard, se laisse enlever sans peine et est transporté à l'endroit préparé pour le recevoir, c'est-à-dire dans l'abside de la nouvelle basilique et sous l'unique autel qui s'y trouvait. Après quoi, l'on dut procéder à la consécration du temple et y célébrer les saints mystères.

Toutes les cérémonies terminées, Perpetuus réunit ses hôtes pour le festin qui était d'usage dans ces circon-

stances. On eut beau alors chercher le vieillard qui avait
aidé à l'enlèvement du cercueil, il fut impossible de le
trouver, bien que personne ne l'eût vu sortir de la basilique. « Je crois, dit l'historien, que c'était un ange, puisque, après avoir assuré qu'il avait vu le bienheureux
Martin, il disparut lui-même à tous les yeux. »

3. — Perpetuus demanda au poète Paulin de Périgueux
des vers pour sa nouvelle basilique. Il les reçut avec une
lettre où Paulin témoigne de sa dévotion toujours vive
pour saint Martin. Ces vers furent placés dans l'intérieur,
au-dessus de la porte, du côté de la Loire (1). En voici
quelques traits :

« O toi qui, le visage incliné vers la terre, as plongé
ton front dans la poussière et pressé, de tes paupières
humides, le sol où tu te prosternes, lève les yeux maintenant : des miracles vont s'offrir à tes regards craintifs.....
Tu ne seras qu'un témoin de plus entre tant de milliers
d'autres, lorsqu'après avoir vu ces faits mémorables, tu
raconteras avec zèle ce que tu auras vu...... Réclame son
assistance, ce n'est pas en vain que tu frappes à cette
porte; sa charité prodigue se répand sur le monde entier. »

Un autre poète, qui est resté plus célèbre que Paulin
de Périgueux, fut aussi invité par notre évêque à con-
courir par ses vers à l'ornement de la nouvelle basilique (2).
C'est l'illustre Sidoine Appolinaire de Clermont, dont
l'inscription, en distiques latins, fut gravée dans l'abside,
au-dessus de l'autel. En voici le commencement :

« Le corps de Martin, vénéré de tout l'univers, et dans
lequel, même après son trépas, sa gloire et sa vertu
vivent encore, n'avait eu jusqu'ici pour abri qu'une demeure vulgaire, qui n'était nullement en rapport avec le
culte dû à ce confesseur. C'était, pour les habitants, un

(1) Paulin, Epigram. in basil. S. Mart.
(2) Sidon, ep. 18, ad Luc.

reproche continuel que la grande gloire de l'homme comparée à l'étroite faveur du lieu. Perpetuus a mis un terme
à cette longue injustice. »

N'oublions pas de mentionner l'offrande qu'une dévotion très-vive pour notre saint inspira, dans le même
temps, à un autre illustre personnage. Saint Eufrône,
évêque d'Autun, envoya à Tours une table de marbre
qui, au siècle suivant, couvrait encore le tombeau de
Martin.

4. — L'usage des premiers siècles ne permettant pas de
garder les reliques des saints dans les lieux où il n'y avait
pas un nombre suffisant de clercs pour s'acquitter conti-
nuellement des divins offices, les moines qui avaient des-
servi la première basilique furent établis dans la nouvelle (1). Au commencement, on en compta jusqu'à trois
cents qui, se succédant sans interruption les uns aux
autres, chantaient, jour et nuit, les louanges de Dieu.
L'ordre qu'ils observaient, dans le chant de psaumes et
dans la célébration des saints mystères, fut trouvé si
beau et sidigne, que bientôt on le vit s'introduire dans
les plus célèbres églises de France.

CHAPITRE XI.

CLOVIS ET SAINTE CLOTILDE AU TOMBEAU DE SAINT MARTIN.

1. De l'herbe et de l'eau. — 2. Présage de victoire. — 3. Le cheval
de bataille. — 4. Théodémond le sourd et muet. — 5. Un orage
amène la paix. — 6. La reine Ultrogiothe.

1. — Vers l'an 507, sous l'épiscopat de Licinius, sixième
successeur légitime de saint Martin, la basilique de Per-

----

(1) Déf. des privil. de S. M.

petuus, achevée depuis trente-cinq ans, reçut un illustre
visiteur (1). Clovis, premier roi chrétien de la nation des
Francs, marchait avec son armée vers la ville de Poitiers,
où résidait Alaric, roi des Goths ariens, qu'il avait résolu
de chasser des Gaules. Comme une partie de ses troupes
traversait le territoire de Tours, par respect pour le bienheureux Martin, il fit un édit portant défense à ses soldats
d'y rien prendre que de l'herbe et de l'eau, c'est-à-dire
qu'il leur permettait de laisser paître leurs chevaux dans
les prés, et de les abreuver aux eaux du pays, sans se
livrer, selon la coutume de ces troupes barbares, à aucune sorte de pillage.

Un soldat Franc trouve du foin qui appartenait à un
pauvre homme de la campagne.

— Le roi, dit-il, n'a-t-il pas commandé de prendre de
l'herbe seulement et rien autre chose? Or ceci c'est de
l'herbe, nous ne serons donc pas transgresseurs de ses
ordres en le prenant.

Et il l'enlève de force à ce pauvre. La nouvelle en étant
venue aux oreilles du roi, il fit sur-le-champ mettre à
mort ce soldat.

— Et où sera, dit-il ensuite, l'espérance de la victoire,
si l'on offense le bienheureux Martin?

2. — Après un tel exemple, le reste de l'armée se garda
bien d'enfreindre la défense du roi. Ce prince, désirant
consulter le Ciel sur l'issue de son entreprise, envoya des
ambassadeurs à la basilique du bienheureux.

— Allez, leur dit-il, et peut-être rapporterez-vous du
saint édifice quelque présage de la victoire.

Leur ayant ensuite remis des présents pour le saint
lieu :

— Seigneur, dit-il encore, si tu veux venir à mon aide,
si tu as résolu de livrer entre mes mains cette nation in-

_____

(1) Grég. Tur., Hist. l. 2, c. 37, 38. Mezeray, *Hist. Fr.*, p. 20.

crédule et toujours ton ennemie, daigne dans ta bonté, le révéler à mes envoyés au moment où ils entreront dans la basilique de Saint-Martin, et fais-moi connaître que tu seras favorable à ton serviteur.

Les gens du roi se hâtèrent d'exécuter ses ordres, et, au moment où ils entrèrent dans la basilique, le primicier entonna cette antienne : *Tu m'as ceint de force pour la guerre, Seigneur, tu as mis sous mes pieds ceux qui s'élevaient contre moi ; tu as fait tourner le dos à mes ennemis devant moi, et tu as anéanti ceux qui me haïssaient.*

Entendant ce chant, les messagers de Clovis rendirent grâce au Seigneur, et, après avoir offert au bienheureux les présents dont ils étaient chargés, retournèrent pleins de joie porter ce nouvelle au roi.

Peu de jours après, celui-ci combattait les Goths à Vouillé. Les Ariens prirent la fuite ; Clovis tua leur roi de sa propre main, et échappa, comme par miracle, au danger le plus imminent.

3. — A la suite de cet événement, il fit son entrée à Tours et vint offrir, en personne, à la basilique des présents considérables, au nombre desquels était le cheval qu'il montait pendant la bataille. Il voulut le racheter au prix de cent pièces d'or, qui furent acceptées par le gardien du tombeau. Mais quand on se mit en devoir de l'emmener, le coursier demeura immobile. Le roi, pensant qu'il n'était pas assez payé, doubla la somme et l'animal se laissa conduire où l'on voulut. On rapporte à ce sujet, une saillie du monarque franc :

— Saint Martin est d'un bon secours, dit-il gaiement ; mais il se fait bien payer.

Clovis reçut à Tours, de l'empereur Anastase, des lettres qui lui conféraient le consulat (1). A cette occasion, il se

(1) Greg. Hist. l. 2, c. 35, l. 3, c. 48; l. 4, c. 2. Mir. s. M., l. 1, c. 7 et 12.

revêtit, dans la basilique, de la robe de pourpre et de la chlamyde, et plaça un diadème sur sa tête. Ensuite il monta à cheval et parcourut, au milieu de tout le peuple, l'espace qui s'étendait entre la porte de la basilique et l'église de la cité, répandant, de sa main, l'or et l'argent avec une extrême libéralité. Ce fut à partir de ce jour qu'il reçut les noms de consul et d'Auguste.

4. — Après sa mort, qui eut lieu en 511, la sainte reine Clotilde, sa veuve, se rendit à Tours et s'y consacra au service de la basilique de Saint-Martin, où elle mena dès lors une vie de retraite et de charité. Ce fut pendant son séjour qu'eut lieu, dans le nouveau temple, le premier miracle dont il soit fait mention.

Un jeune homme, nommé Théodémond, était arrivé à Tours, privé de l'ouïe et de la parole. Chaque jour il venait à la basilique, où il se prosternait et priait en remuant seulement les lèvres. On le voyait souvent pleurer au milieu de son oraison silencieuse mais fervente. Il demandait l'aumône par signes, et quand il avait reçu quelques pièces de monnaie, il se hâtait de les partager avec les autres indigents. Après trois ans passés dans ce genre de vie, il se sentit un jour inspiré de se présenter devant l'autel qui couvrait le tombeau sacré. Il s'y tenait debout, les mains et les yeux élevés vers le ciel, lorsque de sa bouche s'échappe tout à coup un ruisseau de sang mêlé d'humeurs corrompues. Il se penche aussitôt vers la terre et, poussant de grandes plaintes, se met à cracher des débris de chair, comme si quelqu'un, avec un fer tranchant, lui eût fait des incisions dans la gorge. Bientôt il se redresse, élève de nouveau ses yeux et ses mains vers le ciel, et, la bouche encore souillée de sang :

— Je te rends grâces de tout mon cœur, dit-il, bienheureux seigneur Martin, qui as ouvert ma bouche et m'as permis, après un temps si long, de faire entendre ma voix pour te louer.

— As-tu égalemement recouvré l'ouïe ? demandent les assistants dans l'admiration.

— J'entends tout sans difficulté, répond le jeune homme.

La reine Clotilde eut connaissance de cette guérison, dont une multitude de personnes avaient été témoins. Pour rendre hommage à la vertu de saint Martin, elle recueillit Théodémond, qui, par ses soins, fut placé à l'école de l'église, où les clercs apprenaient l'art du chant avec les autres sciences et où celui qui avait été sourd-muet fut bientôt en état de réciter de mémoire tout le psautier. Plus tard, Dieu, formant en lui un clerc parfait, lui accorda la grâce de rester un grand nombre d'années au service de l'église.

5. — La sainte reine eut occasion de solliciter elle-même la puissance du bienheureux. Les deux princes Childebert et Theudebert, étant en querelle avec leur frère Clotaire, firent marcher une armée contre lui. A cette nouvelle, Clotilde se rend au tombeau de saint Martin, s'y prosterne en prière et y veille toute une nuit, pour empêcher que la guerre ne se déclare entre ses enfants. Ses vœux furent exaucés : un orage épouvantable éclata au moment où Clotaire allait être saisi et mis à mort. Les assaillants effrayés demandèrent eux-même la paix, et s'en retournèrent. — Sainte Clotilde mourut, dans l'asile de Saint-Martin, au temps de l'évêque Injuriosus.

6. — Une autre reine, la pieuse Ultrogothe, épouse du roi Childebert Ier, successeur de Clovis, ayant appris les miracles qui se faisaient au lieu où reposaient les restes du saint, désira, dans la dévotion de son cœur, en être témoin. Se privant donc de nourriture et de sommeil et envoyant devant elle de très-larges aumônes, elle arriva au lieu saint et entra dans la basilique. Pleine de frayeur et de respect, elle n'osait se présenter devant le sépulcre vénéré.

— J'en suis indigne, s'écriait-elle, et mes péchés ne me permettent pas de m'avancer jusque-là.

Cependant, après une nuit passée dans les veilles, les prières et les larmes, elle offre, le matin, de grands présents à la basilique et demande qu'on célèbre la messe en l'honneur du bienheureux confesseur. Tandis qu'elle y assiste, trois aveugles, qui se tenaient depuis longtemps aux pieds du saint, revoient tout à coup la lumière et poussent ensemble un même cri de reconnaissance vers Dieu. La reine court pour voir le miracle; le peuple y court aussi, et, en admirant la foi de la pieuse princesse, admire la glorieuse puissance du saint confesseur.

CHAPITRE XII.

CLOTAIRE Ier ET SAINTE RADÉGONDE A LA BASILIQUE DE SAINT-MARTIN.

1. L'évêque Injuriosus et le roi Clotaire. — 2 Les deux femmes aveugles. — 3. Le droit d'asile. — 4. Les chaînes de Wiliachaire. — 5. Générosité de Clotaire. — 6. Sainte Radégonde.

1. — Le roi Clotaire Ier, fils de Clovis, montra pour saint Martin le même respect que son père. Il avait fait un édit pour obliger toutes les églises de son royaume à payer au fisc le tiers de leurs revenus (1). Tous les évêques, bien qu'à regret, y avaient souscrit; mais le bienheureux Injuriosus, douzième successeur de saint Martin, s'y refusa nettement.

— Tu veux enlever à Dieu ce qui lui appartient, dit-il au roi : eh bien ! dans peu, le Seigneur t'enlèvera à toi-même ton royaume.

(1) Greg. Tur., Hist. l. 3, c. 17. Mir. s. Mart., l. 1, c. 8 et 19.

Cela dit, l'évêque de Tours se retira tout en colère, sans prendre congé du prince. Clotaire eut peur : il craignit d'exciter contre lui la vertu de saint Martin, envoya après l'évêque avec des présents, demanda pardon, condamna ce qu'il avait fait et pria Injuriosus d'implorer pour lui la vertu du saint pontife.

2. — Vers le même temps, fut guérie devant le saint tombeau une femme nommée Chainemonde, aveugle et couverte d'ulcères, qui, depuis trois ans, se rendait, chaque jour, en tâtonnant, à la basilique.

Une autre femme, nommée Bella, des environs de Tours, était en proie, jour et nuit, à de cruelles souffrances, par suite d'un mal qui lui avait ôté la vue. Elle se rappela, dans son malheur, les miracles anciens et nouveaux du glorieux patron.

— Si l'on m'avait conduite à la basilique du seigneur Martin, dit-elle, j'aurais aussitôt recouvré la santé. Oui, j'en ai la confiance, il peut me rendre la lumière celui qui, par un baiser, a pu guérir un pauvre lépreux.

Conduite et soutenue par un guide, elle arrive au saint lieu, s'y livre à la pratique assidue de la prière, accompagnée de jeûnes fréquents, et recouvre enfin le sens qu'elle a perdu. Dans la suite, devenue mère de famille, elle ne cessa de remercier son libérateur.

Cette guérison eut lieu sous l'épiscopat de saint Eufrône, qui succéda à Injuriosus, après saint Baud et Gonthaire. Saint Baud lui-même s'était distingué par sa confiance en la vertu de saint Martin, qui le secourut dans une tempête (1). De son temps, on vint à Tours demander des reliques du saint pontife pour l'église de Cambrai.

3. — Toutefois, dans ce siècle, les saints n'étaient pas honorés de tous et rencontraient même des contempteurs (2).

(1) Mir. l. 1, c. 9, 10 et 23.
(2) *Hist. Fr.*, l. 4, c. 16, 18, 20, 21.

— Martin et Martial n'ont laissé aucun revenu au trésor, disait un poitevin nommé Léon, affidé du prince Chramne, fils de Clotaire.

A l'instant, il devint sourd et muet. Il se rend à Tours, célèbre des veilles et offre des présents à la basilique; mais c'est en vain, il s'en retourne avec son infirmité et meurt atteint de folie.

Dès cette époque, notre basilique jouissait du droit d'asile et la révolte de Chramne contre son père y jeta plusieurs proscrits. De ce nombre fut le duc Austrapius. Chramne, qui le poursuivait, n'osa l'en arracher, mais donna des ordres pour qu'on l'y laissât mourir de faim et de soif. Un juge qui, en conséquence de ces ordres barbares, lui arracha de la main un vase plein d'eau qu'il répandit à terre dans la basilique, fut, le jour même, saisi par la fièvre et expira la nuit suivante : « Tant fut prompte, dit l'historien, la vengeance de Dieu et la vertu du pontife! » Austrapius, secouru depuis lors abondamment, fut plus tard en grand honneur auprès du roi Clotaire.

4. — Un prêtre, nommé Wiliachaire, avait encouru le ressentiment de Clotaire, par suite de la révolte de Chramne, et s'était enfui à la basilique de Saint-Martin. On l'y gardait enchaîné quand, par la vertu du bienheureux, ses chaînes se rompirent et tombèrent. Plus tard, on ne sait par suite de quelle négligence, il fut pris hors du parvis sacré. Chargé de chaînes une seconde fois, et les mains liées derrière le dos, il est conduit vers le roi.

— Bienheureux Martin, s'écrie-t-il avec force, aie pitié de moi et ne laisse pas emmener captif un de tes dévots qui s'est réfugié dans ton temple.

Tandis qu'il parle et que l'évêque Eufrône prie, de son côté, du haut de la muraille de la ville qui regarde la basilique, ses mains se trouvent déliées et tous les anneaux de ses chaînes tombent en morceaux. Amené devant le roi, il est de nouveau enchaîné, les fers aux pieds et aux mains ; mais il invoque le nom du bienheureux et, pour la troisième fois, tous ses fers se brisent en mille pièces, comme s'ils étaient d'argile.

Le roi eut assez d'intelligence pour voir, dans cette merveille, la puissante intervention de saint Martin : il ne voulut pas faire reprendre ses chaînes au captif et le rendit à la liberté.

« C'est de la bouche même de Wiliachaire, ajoute l'historien, que j'ai appris ces faits qui eurent de nombreux témoins. Ah ! puisse le saint confesseur se manifester à moi par un prodige semblable et délier aussi les entraves de mes péchés ! »

5. — La troisième année de l'épiscopat de saint Eufrône, qui monta sur le siége de Tours en 566, un autre Wiliachaire, duc d'Aquitaine, poursuivi par Clotaire, qui voulait le faire mourir, se réfugia dans la basilique, puis y mit le feu, pour s'en échapper (1). — C'est le premier désastre que ce temple auguste ait eu à souffrir. Il fut réparé avec le secours du même roi dont le ressentiment en avait fourni l'occasion. Grâce à la générosité de ce prince, l'édifice fut recouvert en étain et rétabli dans son ancienne splendeur.

Parmi les nombreux infirmes guéris en ce temps-là, devant le saint tombeau, nous trouvons un référendaire du roi Clotaire, nommé Charigisile, qui, contrefait des mains et des pieds, passa deux ou trois mois à Tours et qui plus tard, devenu domestique du même prince, procura de grands bienfaits au peuple de la ville et aux serviteurs de la basilique (2).

Enfin, la cinquante-unième et dernière année de son règne, Clotaire vint lui-même, avec beaucoup de pré-

(1) Greg., *Hist. Fr.*, l. 10, c. 30.
(2) Mir s. M., l. 1, c. 25.

sents, visiter la basilique (1). Là, devant le tombeau du
saint, il repassa toutes les fautes de sa vie, priant, avec
de grands gémissements, le bienheureux confesseur
d'implorer pour lui la miséricorde divine et le pardon de
ses péchés.

6. — Avant lui, en 544, sa femme, sainte Radégonde,
fuyant la cour et se rendant à Poitiers, était venue à
Tours (2). Elle demeura quelque temps à la basilique et fit
bâtir auprès un célèbre monastère. S'attachant, comme
sainte Clotilde, avec une grande humilité, au service de
saint Martin, elle lui fit présent de ses meubles et de ses
joyaux les plus précieux.

De Tours, elle descendit la Loire et arriva au bourg
de Candes. Là, elle se fit conduire au lieu que le
grand évêque avait sanctifié par sa mort, et donna au
monastère qu'on y avait fondé des gages de sa pieuse
munificence.

Dans la lettre qu'elle adressa plus tard aux évêques,
touchant sa communauté de Poitiers, on lit ces paroles (3) :
« Si quelqu'un essaie de nuire aux biens ou aux personnes
de ce monastère, qu'il encoure le jugement de Dieu, de
la sainte croix et de la bienheureuse Marie; qu'il ait pour
adversaires et persécuteurs les bienheureux confesseurs
Hilaire et Martin, à qui, après Dieu, j'ai confié la défense
de mes sœurs. »

Dans la lettre des évêques, du nombre desquels est
saint Eufrône, on trouve ce magnifique éloge de saint
Martin : « Bien qu'il n'ait pas vécu au temps des apôtres,
il n'a cependant pas été privé de la grâce apostolique. S'il
n'en a pas eu le rang, il en a eu la récompense; il n'a rien
perdu pour être d'un degré au-dessous, car il l'a racheté
par ses mérites. »

(1) *Hist. Fr.*, l. 4, c. 21.
(2) Fort. Pict, Vita Rad., c. 14.
(3) *Hist. Fr.*, l. 9, c. 39, 42.

CHAPITRE XIII.

LES SUÈVES DE LA GALICE CONVERTIS PAR LES MIRACLES DE SAINT MARTIN.

1. Le jeune prince malade. — 2. Ambassade au saint tombeau. — 3. Seconde ambassade. — 4. Les prisonniers délivrés. — 5. Le fils du roi est guéri.— 6. Le nouveau saint Martin.

1. — Chararic, nommé par d'autres Théodemir, était, en l'année 560, roi des Suèves de la Galice (1) : il professait l'hérésie arienne avec tout son peuple, chez lequel aussi la lèpre était plus commune que chez tout autre. Voyant son jeune fils malade à l'extrémité, ce prince se rappela les miracles de saint Martin, dont il avait souvent entendu parler.

— Ce Martin qui, à ce qu'on rapporte, fait tant et de si éclatants prodiges, dans les Gaules, de grâce, de quelle religion était-il ?

— De la religion catholique, lui répondent ses gens ; tant qu'il vécut et gouverna le peuple comme évêque, il assura qu'il fallait vénérer le Fils avec le Père et le Saint-Esprit, comme ayant, avec eux, une même substance et une puissance égale. Maintenant, assis dans la demeure céleste, il ne cesse, par des bienfaits, de pourvoir encore au salut de son peuple.

— Si ce que vous m'affirmez est vrai, dit le roi, que mes fidèles amis se rendent, en toute hâte, à son temple et y portent de riches présents. S'ils obtiennent de lui la guérison de mon fils, je me ferai instruire de la foi catholique, à laquelle il a cru, et j'y croirai aussi.

(1) Greg., Mir. s. Mart., l. 1, c. 11. *Hist. Fr.*, l. 5, c. 38. b. Mart., Dum. ep. Patrol. Migne, t. 72, p. 51.

2. — Le roi des Suèves envoie donc au saint tombeau une somme d'or et d'argent d'un poids égal à celui de son fils. Ses messagers arrivent, offrent leurs présents et prient pour le malade, devant le tombeau du bienheureux. Mais, sans doute, l'hérésie, qui dominait encore dans le cœur de leur maître, empêcha qu'ils n'obtinssent de suite l'entière guérison de son fils, qui cependant ne mourut pas, comme on avait sujet de le craindre, et parut même éprouver quelque soulagement.

À leur retour en Galice, les envoyés du roi lui racontèrent de nombreux miracles qu'ils avaient vus s'opérer au tombeau du saint évêque.

— Pourquoi ton fils n'a-t-il pas été guéri ? ajoutèrent-ils, c'est ce que nous ignorons.

Chararic comprit qu'il ne pourrait obtenir cette grâce, tant qu'il n'embrasserait pas la foi catholique et ne croirait pas le Christ égal à son Père. Sans se décider encore, il fit cependant bâtir, dans son pays, une église en l'honneur de saint Martin. Lorsque cet édifice, d'un travail admirable, fut terminé :

— Si j'obtiens seulement des reliques de cet homme juste, dit-il solennellement, je croirai tous ce que les prêtres m'enseigneront.

3. — Il envoie en conséquence à la basilique une seconde députation avec des présents plus considérables. Arrivés au saint lieu, ses députés demandent des reliques. On donnait alors ce nom à de simples linges ou morceaux d'étoffe qui avaient été déposés et laissés quelque temps sur les tombeaux des saints, dont les corps n'étaient jamais touchés. Les gardiens du tombeau de saint Martin offrirent, suivant la coutume, de ces reliques aux députés galiciens.

— Nous n'agirons pas de la sorte, dirent ceux-ci, mais nous demandons qu'il nous soit permis de placer nous-mêmes sur le tombeau ce que nous voudrons, et pour l'y reprendre ensuite.

Cette permission leur fut accordée et ils déposèrent eux-mêmes sur le tombeau une partie d'un voile de soie qu'ils avaient pesé d'avance.

— Si nous trouvons grâce devant le patron que nous implorons, disaient-ils, ce que nous avons déposé là augmentera de poids et sera plus lourd, quand nous le reprendrons, qu'il n'est en ce moment; ce sera pour nous la bénédiction demandée par le roi.

Ils veillèrent donc une nuit et, au matin, pesèrent le voile de soie qui enleva le bassin de la balance aussi haut qu'il put monter. Un autre miracle vint augmenter la joie des ambassadeurs suèves.

4. — Selon l'usage, ces reliques renfermées dans une châsse recouverte d'une draperie, étaient emportées en grand triomphe et au chant des psaumes. Les prisonniers de la ville entendirent cette douce mélodie et demandèrent aux geôliers ce que c'était.

— On emporte en Galice des reliques du seigneur Martin, et c'est pourquoi l'on chante ainsi.

A cette réponse, les malheureux captifs se sentent touchés : ils se mettent à invoquer avec larmes saint Martin, le priant de les visiter et de les délivrer des entraves qui les retiennent. Soudain, les gardes épouvantés prennent la fuite, toutes les entraves se brisent, la troupe des prisonniers se lève, délivrée de ses fers. A la vue de tout le peuple, ils viennent jusqu'aux saintes reliques, baisent en pleurant la châsse qui les renferme et rendent leurs actions de grâces à leur céleste libérateur. L'évêque de Tours, saint Eufrône, ayant intercédé pour eux auprès du juge, ils obtinrent leur pardon et furent tous renvoyés libres.

Témoins de cet événement, les porteurs des reliques furent remplis d'une nouvelle confiance.

— Maintenant, disaient-ils, nous reconnaissons que le bienheureux pontife daigne se montrer propice à nous, pauvres pécheurs.

5. — Ainsi, rendant grâces au Ciel, ils s'embarquent sous la garde du saint patron, et, après une heureuse traversée, jettent l'ancre dans un port de la Galice. En même temps qu'eux, y arrivait, de son côté, un saint homme, nommé aussi Martin, qui originaire de la Pannonie, comme notre évêque, avait quitté son pays, le jour même où se faisait, à Tours, la levée des saintes reliques, et entra dans le même port.

Ces précieux gages sont reçus des Suèves avec une suprême vénération, et des miracles ne tardent pas à confirmer leur foi. Délivré de tout malaise, le fils du roi accourut au devant du pieux cortège. L'étranger, nommé Martin, qu'une Providence si visible avait amené dans ce pays, fut élevé à la dignité épiscopale, et le roi, après avoir confessé l'unité du Père et du Fils et du Saint-Esprit, reçut l'onction des catéchumènes, avec toute sa maison.

A partir de ce moment, l'affreuse maladie de la lèpre cessa d'affliger ce peuple; tous ceux qui en étaient infectés furent guéris et de longtemps on n'en vit aucun cas dans le pays. Quant aux miracles qui signalèrent le jour de cette solennelle réception, ils furent si nombreux qu'on ne pourrait les raconter.

« Maintenant encore, ajoute l'historien du VIe siècle, les Suèves ont tant d'amour pour le Christ, que tous seraient disposés au martyre, si le temps des persécutions revenait. »

6. — Le nouveau saint Martin fut évêque de Brague et composa, dit-on, des vers, qui furent inscrits au-dessus de la porte méridionale de la basilique de Saint-Martin de Tours, à l'opposé de ceux de Paulin de Périgueux. Toutefois, l'inscription qui nous reste de lui n'a pu être faite

que pour la basilique élevée chez les Suèves. Il y dit :
« Le Suève, ô Martin, admira tes œuvres merveilleuses et
apprit dans quel sentier de la foi il devait marcher. Dévot
à tes mérites, il a construit ces parvis et leurs faîtes brillants. La Gaule est fière d'avoir en toi son élu, son propre
pasteur ; que la Galice tout entière possède en toi son
patron. »

Nous avons aussi l'épitaphe de ce saint homme, composée par lui-même. Elle rend un dernier témoignage à sa
dévotion pour notre apôtre : elle est ainsi conçue :

« Originaire de la Pannonie, traversant de vastes mers,
conduit par la volonté divine dans le sein de la Galice,
consacré évêque dans ce temple qui est à toi, confesseur
Martin, j'ai rétabli le culte et le rite des sacrifices. Enfin,
ô mon patron, moi Martin, ton serviteur, qui, pour avoir
eu le même nom que toi, n'ai pas eu les mêmes mérites,
je repose ici, dans la paix du Christ. »

CHAPITRE XIV.

CULTE DE SAINT MARTIN EN ITALIE, DU TEMPS DE SAINT FORTUNAT DE POITIERS.

1. Églises et oratoires. — 2. Le castel attaqué. — 3. Miracles à
Ravenne.— 4. Trois manières de recourir au saint.— 5. Conduite
des pèlerins.

1. — Nous avons entendu le voyageur Posthumien
raconter de quelle manière le livre de Sulpice Sévère fut
introduit à Rome et quel accueil il y reçut. Or, avant la
fin du même siècle, il y avait, dans cette ville, une fort
belle église, sous le vocable de notre saint. En 490, le
pape Gélase, imité plus tard par saint Grégoire le Grand,

faisait une honorable mémoire de saint Martin, dans son sacramentaire, et le plaçait, dans le canon de la messe, au rang des apôtres et des plus célèbres martyrs.

En 529, saint Benoît, dans sa solitude du mont Cassin, élevait, à la place d'un autel d'Apollon, une chapelle en l'honneur du saint évêque de Tours.

Au milieu de ce même siècle, il y avait, dans toute l'Italie, un grand nombre d'oratoires sous son nom (1). Dans les églises qui ne lui étaient pas dédiées, on lui avait élevé des autels ou consacré des peintures. Ainsi, à Padoue, dans l'église de Sainte-Justine, les principaux faits de la vie de notre saint étaient représentés sur les murailles.

2. — Enfin, l'Italie se distinguait par sa dévotion envers saint Martin jusqu'à égaler ou même surpasser, en ce point, le pays même qui possédait son tombeau. En tous lieux aussi, il y faisait des miracles si fréquents qu'il eût été impossible d'en rassembler, dans un livre, les traits épars. Il y guérissait surtout d'une maladie alors très-répandue et qu'on appelait pustule.

Un homme était atteint de ce mal dangereux et n'avait plus d'espoir d'échapper à la mort. Il s'adresse à ceux qui l'entourent :

— Qui d'entre vous, leur dit-il, est allé au temple du bienheureux Martin ?

— Moi, répond l'un d'eux.

— Qu'as-tu apporté de là, comme bénédiction ?

— Rien, dit cet homme.

— Quel habit avais-tu, reprend le malade, quand tu t'y es présenté ?

— Celui que je porte en ce moment.

Cela suffit à la foi du moribond; il fait couper un petit morceau du vêtement et le place avec confiance sur sa

---

(1) Fort., Vita s. M., 1 4, *in fine*. Gr. Tur., Mir. s. M., l. 1, c. 13, 14, 15, 16.

pustule. A peine touchée par ce morceau d'étoffe, la plaie envenimée est aussitôt guérie.

Contre cette même maladie, il y a, chez les Italiens du viᵉ siècle, un remède en grande faveur. Quelqu'un d'entre eux en est-il frappé, il court se réfugier au plus prochain oratoire du bienheureux Martin. Là, le premier morceau qu'on puisse enlever, soit au voile de la porte, soit aux tentures des murailles, est appliqué sur le mal et assure une prompte guérison. Ce remède a sauvé d'un cas mortel le père même de saint Fortunat de Poitiers.

Au sommet d'un castel d'Italie, appelé *Tertium*, on avait bâti un oratoire du bienheureux. Or, souvent, à cette époque d'incursions, l'ennemi, profitant des ténèbres, s'approchait de la tour voisine de l'oratoire, pour essayer de la surprendre; mais, à chaque fois, un prodige avertissait les gardiens de leur présence. En effet, quiconque de ces gardiens tenait à la main une lance, une épée, un couteau ou un stylet, voyait, pendant plus d'une heure, cette arme briller d'un éclat extraordinaire. Alors les défenseurs, qui avaient remarqué ce signe, se mettaient sur leurs gardes et repoussaient, à coups de pierre, les ennemis, qui se croyaient à couvert dans l'obscurité. On attribuait ce prodige à saint Martin qui, en bon voisin, veillait lui-même à la garde d'un peuple dévoué à son culte.

3. — Fortunat, dont nous venons de parler, était italien de naissance et fut élevé à Ravenne. Pendant qu'il y étudiait la rhétorique, il fut pris d'un mal d'yeux qui lui ôta presque entièrement la vue. Il désespérait de revoir jamais la lumière, lorsque la pensée lui vint de recourir à la vertu du saint pontife.

Outre un monastère sous le titre de Saint-Martin, Ravenne possédait une basilique des saints Jean et Paul sur l'un des murs de laquelle on avait tracé l'image de notre saint. Cette peinture était frappante et l'on se sentait, rien que par la douceur du coloris, attiré vers elle et porté à l'embrasser. Sous les pieds du saint s'ouvrait, dans la muraille, une fenêtre élégante, où pendait une lampe dont la flamme nageait dans une urne de verre.

C'est là que Fortunat s'empresse de courir, tourmenté à la fois par une vive douleur à la partie malade, et par le regret bien naturel de perdre la clarté du jour. Il frotta ses paupières de l'huile de cette lampe et aussitôt il sentit s'éteindre l'irritation brûlante qui lui fatiguait et obscurcissait la vue.

Un ami de Fortunat, nommé Félix, qui fut bientot après évêque de Trévise, atteint de la même incommodité, employa le même remède et en éprouva le même effet.

Dans la même ville, le procureur Placidus, abandonné des médecins, chercha un refuge dans un oratoire de religieuses, voisin de sa demeure. Comme il y était, une nuit, couché dans le parvis, le bienheureux se présenta, dans un songe, devant l'abbesse.

— Que fais-tu là ? lui demanda-t-il.

— Je repose, répondit-elle.

— J'étais sur le point de retourner dans les Gaules, lui dit le saint, mais j'avoue que je suis arrêté par cet homme qui est là dehors, prosterné dans le parvis.

L'abbesse se lève, va trouver le pauvre procureur, lui rapporte la vision et l'assure de sa guérison prochaine. En effet le malade ne tarda pas à se trouver hors de danger.

Tous ces faits concernant l'Italie furent racontés à notre historien par Fortunat, encore simple prêtre, que la dévotion amena au tombeau de saint Martin, sous l'épiscopat de saint Eufrône.

4. — Ainsi, dès le milieu du vie siècle, le nom de saint Martin était honoré d'une façon tout exceptionnelle, non seulement en Gaule, mais en Espagne et en Italie. En Gaule, les rois et les reines venaient prier humblement dans son temple; en Espagne, le bruit des miracles opérés

à son tombeau était arrivé jusqu'aux oreilles d'un prince
hérétique; en Italie, le nombre de ceux qui visitaient sa
basilique était si grand qu'un malade pouvait demander,
à ceux qui l'entouraient, qui d'entre eux y était allé : là
aussi ses oratoires étaient si multipliés que c'était un usage
commun d'y avoir recours, dans une maladie alors très-
fréquente.

Nous avons pu remarquer trois manières dont les
fidèles réclamaient les secours du saint, à savoir, en
visitant son temple et son tombeau , en employant les
gages de reliques ou bénédictions emportés de sa basilique et, dans les dangers pressants, par la seule invocation de son nom (1). — En style écrit ou dans les discours
publics, on l'appelait le saint évêque Martin, le glorieux
pontife, le bienheureux confesseur, le pieux patron. En
langage ordinaire, on l'appelait simplement le seigneur
Martin, *domnus Martinus*, comme du temps de Sulpice
Sévère.

5. — Son temple, auquel on donnait presque toujours
le nom de basilique et rarement celui d'église, était orné
d'un portique, où se réunissaient, pendant le jour, les
pauvres de la matricule, nourris par les aumônes continuelles des dévots et des pèlerins.

Ces pauvres demeuraient ensemble, en divers lieux de
la ville ou des environs : quand ils se retiraient, ils laissaient un gardien pour recevoir les offrandes en leur nom :
ils revenaient à l'heure de sexte ou midi.

La conduite des pèlerins et du peuple, dans la basilique,
est remarquable. Ce sont les infirmes qui demandent à
être conduits à la basilique ou qui s'y rendent de leur
propre mouvement. Quelquefois le désir en était si vif chez
le malade, qu'il aimait mieux mourir en chemin que d'y
renoncer. Si le pèlerin était riche, il faisait porter des pré-

(1) Gr. Tur , Mir. s. M., l. 1, passim.

sents et distribuer des aumônes à la basilique, avant de
s'y rendre : selon sa ferveur ou sa santé, il s'y préparait
par le jeûne et les veilles. Aussitôt qu'ils le pouvaient,
après leur arrivée, les pèlerins veillaient une nuit à la basilique. Au matin, on offrait encore des présents, on assistait à la messe : des malades, surtout des fiévreux, allaient
ensuite enlever un peu de poussière du saint tombeau et
la prenaient dans une potion.

Les infirmes dont la guérison était différée continuaient
souvent, des mois et des années, à venir assidûment,
chaque jour, prier à la basilique, demander ou faire l'aumône, jeûner et se prosterner : quelques-uns restaient
couchés à la porte. Il y en avait qui étaient horribles à
voir et que cependant personne ne songeait à éloigner;
d'autres qui, devant l'autel, poussaient tout haut leurs
plaintes et leurs gémissements, crachaient du sang et des
humeurs corrompues, puis rendaient grâces à haute voix
de leur guérison : le peuple accourait, les interrogeait et
poussait des cris de joie. Plusieurs des infirmes guéris
restaient au service de la basilique avec le titre de clercs.
Enfin c'était un serment terrible que de jurer par la sainte
basilique et les miracles du seigneur Martin.

Deuxième Période : 573-848

CHAPITRE XV.

LA BASILIQUE DE SAINT-MARTIN SOUS L'ÉPISCOPAT DE
SAINT GRÉGOIRE DE TOURS.

1. Dévotion de S. Grégoire. — 2. Trois mois. — 3. Les trois paralytiques. — 4. Nouveaux miracles de l'an 574. — 5. La fête d'été
de l'an 575. — 6. Ursulfe l'aveugle et Landulphe l'épileptique. —
7. Derniers miracles de cette année.

1. — Saint Grégoire fut élu évèque de Tours doüze
ans après un pèlerinage qu'il avait fait lui-même au tombeau de saint Martin, pour obtenir sa guérison d'une
très-grave maladie (1). Un de ses premiers soins fut de recueillir et de mettre en écrit les miracles qui avaient illustré déjà le tombeau du saint pontife et qui, depuis saint
Perpetuus, n'avaient pas trouvé d'historien. C'est à lui
que nous devons la connaissance de tout ce que nous
venons de rapporter. Il fut également attentif à enregis-
trer, à mesure qu'ils se produisirent, chacun de ceux qui
signalèrent la durée de son épiscopat. Nous pouvons donc,
pendant tout ce laps de temps, suivre, pour ainsi dire,
pas à pas, la puissante vertu de saint Martin et compter,
d'année en année, les bienfaits les plus éclatants qu'il
accorda, dans sa basilique, à ses dévots. Nous aurons ainsi
une idée, à peu près exacte, de ce qui s'est passé dans les
autres temps.

(1) Mir. s. M., l. 1, c. 6, 32, l. 2, c. 1, 3, 15 18, 24, 25.

Et d'abord, Grégoire lui-même, le second mois de son ordination, est atteint d'une dyssenterie et d'une fièvre violente qui le réduisent à l'extrémité, malgré tout l'art des médecins. Un matin, à la troisième heure, il envoie un diacre prendre un peu de poussière sur le tombeau du bienheureux, et la boit délayée dans une potion. A l'heure de sexte, il va se mettre à table en parfaite santé.

2. — Peu après, une femme, nommée Maurusa, jadis goutteuse des mains et des pieds, et, de plus, aveugle, mais guérie de la goutte, deux ans auparavant, le jour de la fête du saint, recouvre l'usage de la vue, en visitant, une seconde fois, son tombeau, à la même époque.

Veranus, esclave de Simon, prêtre de Tours, privé, par l'effet des humeurs, de l'usage de ses pieds, remplissait tout le voisinage de ses cris douloureux : son maître le fait porter à la basilique et fait vœu, s'il guérit, de le consacrer au service du saint. L'infirme reste cinq jours couché sans mouvement aux pieds du bienheureux, c'est-à-dire dans un des côtés du temple, proche de son tombeau. Le sixième, il s'endort : quand il se réveille, ses nerfs contractés sont revenus à leur état naturel. L'esclave libéré reçoit donc la tonsure et reste au service de saint Martin.

Ces faits eurent lieu dans les trois derniers mois de l'année 573, car Grégoire fut ordonné vers la fin du mois d'août de cette année.

3. — Un nommé Manlulfe fut déposé devant le saint tombeau. Il avait les pieds contournés et ne pouvait faire un pas; Grégoire le vit se relever et marcher avec facilité.

Un autre, amené sur un chariot, du territoire d'Orléans, était couché à la porte méridionale près du baptistère, où il implorait depuis longtemps le secours du bienheureux. Un jour, après des souffrances plus vives que de coutume, il se lève sur ses pieds et, pleurant de joie, se tient debout, à la vue de tout le peuple. Sur-le-champ il fut fait clerc et, s'étant parfaitement rétabli, s'en retourna dans son pays.

Un troisième, venu de Bourges, se nommait Leubovée, et était déjà clerc. N'ayant personne pour le porter, il gagnait chaque jour, en se traînant sur la terre, le seuil du bienheureux. Une fois, qu'il pleurait aux pieds du saint, en dehors de la basilique, ses genoux et ses pieds se redressèrent et il se leva guéri, aux yeux de tout le peuple.

La guérison de ces trois paralytiques eut lieu en 574, le jour même où le roi Sigebert fit la paix avec ses frères, contre lesquels il était près d'employer la force des armes. Cette paix inattendue fut, en conséquence, regardée aussi comme une victoire du glorieux pontife.

4. — En ce même temps, un aveugle qui vivait des aumônes des fidèles, recouvra subitement la vue, tandis qu'il priait debout devant le saint tombeau.

Gondetrude, femme aveugle, arrive du Vermandois, sert, de longs jours, dans la basilique et recouvre enfin l'usage d'un de ses yeux. Sans plus songer à son mari ni à ses enfants, elle suit l'inspiration du Seigneur et prend l'habit de religieuse.

Une femme, venue, avec son mari, d'un lieu de l'Auvergne, appelé le pays transalien, souffrait d'un flux de sang. Elle avait sa demeure près du parvis de la basilique, car déjà le saint édifice commençait à s'entourer de maisons construites pour l'usage des pèlerins. Chaque jour, n'osant pénétrer dans l'intérieur du temple, elle venait se prosterner sur le seuil. Une fois cependant elle s'enhardit, s'avance jusqu'au saint tombeau et s'y met en prières ; puis, prenant un coin de la *palle* qui le couvre, elle le porte à ses lèvres, en touche ses oreilles et ses yeux : elle est guérie, comme l'hémorrhoïsse de l'Évangile, en touchant la robe du Rédempteur. — Son mari est aussi guéri de la fièvre, après avoir prié avec foi, à la porte de la basilique. Tous deux s'en retournent dans leur pays en glorifiant Dieu. — La palle ou le voile qui couvrait le tombeau vénéré est ce que plus tard on appela la chape de saint Martin.

Mummola, femme du tribun Animus, déposée aux pieds du bienheureux, tient, tout une nuit, un cierge à la main, tandis que Grégoire et ses clercs veillent dans la basilique. Au matin, son vœu accompli, lorsque le signal est donné pour les matines, elle peut s'appuyer sur un de ses pieds jusque-là infirme et s'en retourner librement à sa maison, elle qui auparavant ne pouvait se tenir debout sans être soutenue.

5. — Nous entrons dans l'année 575. La fête d'été du bienheureux est arrivée. Saint Germain, évêque de Paris, y vient avec le diacre Ragnemode, qui doit être son successeur, et qui, pour le moment, souffre de la dyssenterie. Germain veut l'obliger à rester dans une maison de campagne que son église possède sur le territoire de Tours.

— Il est au pouvoir de Dieu, répond le malade, de nous faire souffrir selon nos mérites ; mais je ne suis parti que pour aller à la basilique du bienheureux, car j'ai la confiance que, si je touche son tombeau, je serai guéri.

Il dit, monte à cheval, vient à la basilique et passe, avec les autres, la vigile solennelle. Au matin, une potion où l'on a délayé de la poussière du tombeau le rétablit en santé.

A la même fête, si je ne me trompe, pendant que Grégoire célébrait la messe solennelle et au moment où il disait la *Contestation* ou Préface sur les vertus du bienheureux, une jeune fille nommée Palatina, qui gisait, depuis trois mois, aux pieds de saint Martin, se mit à jeter les hauts cris. La Contestation finie, le peuple entonne le

Sanctus et en même temps cette infirme, dont les talons étaient collés contre ses jambes, se dresse et va sans aide communier avec les autres au saint autel.

Le lendemain, un aveugle du Poitou, appelé Merobaude, se tenait debout aux pieds du bienheureux, lorsqu'il lui sembla tout à coup être environné d'un grand éclat. Il ouvre les yeux et revoit la lumière dont il était privé depuis six ans. Il est aussitôt fait clerc au même lieu et s'en retourne.

6. — Le premier jour de Pâques de la même année, Ursulfe, habitant du faubourg de la ville de Tours situé sur l'autre rive de la Loire, avait perdu la vue en cherchant à clore une haie. Il se rend, en pleurant et en sanglotant, au tombeau de saint Martin. Après deux mois passés au service du temple, dans des oraisons et des jeûnes continuels; il était un dimanche aux pieds du bienheureux et assistait, avec tout le peuple, à la messe solennelle. Soudain, au moment où les fidèles reçoivent le corps du Seigneur; ses yeux s'ouvrent et il va sans guide à l'autel. Dans sa reconnaissance, il renonce au monde et consacre le reste de ses jours au service du saint.

Un homme du territoire de Vienne, nommé Landulphe, était épileptique. Instruit par la renommée des œuvres miraculeuses du glorieux pontife, il se met en route pour la sainte basilique, afin d'y implorer les suffrages d'un bienfaiteur qui se montre secourable à tout le monde. Il y arrive plein de foi, et là, dans le parvis sacré, il n'a plus rien à souffrir de son mal ni de mille fantômes qui le tourmentent; mais s'il le quitte, il voit aussitôt accourir des démons qui font mine de vouloir le percer de leurs traits : il les entend insulter à sa confiance envers le saint.

Enfin ce malheureux, se tenant un jour aux pieds du glorieux pontife, tombe dans une sorte d'extase et voit la basilique toute brillante d'une lumière inconnue. Le bienheureux en sort et s'approche de lui :

— Ta prière est exaucée, lui dit-il, te voilà désormais guéri de ton infirmité.

En même temps, Martin fait le signe de la croix sur l'épileptique et se retire. Revenu à lui-même, celui-ci reconnaît que toutes les vexations dont il était poursuivi ont cessé et qu'il a retrouvé une santé parfaite.

7. — Déposé en dehors de la basilique, devant le tombeau du saint, un infirme, venu du pays de Bourges, y resta couché pendant l'une de ses fêtes : la fête passée, il recouvre la vue et l'ouïe, dont il était privé depuis sa naissance. Il y est ramené cette année-ci, 575, à la fête d'hiver, et, les jours de la solennité écoulés, il reprend l'usage de ses jambes et de ses bras, horriblement contrefaits, car il était venu au monde les genoux serrés contre l'estomac et les talons contre les cuisses : ses mains étaient collées à sa poitrine. Des mendiants le promenaient, dans cet état, sur un chariot, et le montraient au peuple pour de l'argent. — Grégoire le vit, après sa guérison, et en entendit le récit de sa propre bouche.

La guérison d'un paralytique, nommé Bonulfe, termine les miracles de cette année. Elle eut lieu à la fête de Noël. A la dernière fête du bienheureux, Bonulfe avait déjà obtenu une guérison partielle.

Voilà donc, en abrégé, ce qui se passa de plus célèbre au tombeau de saint Martin, pendant les trois premières années de l'épiscopat de saint Grégoire.

CHAPITRE XVI.

SUITE DE L'HISTOIRE DE LA BASILIQUE DE SAINT-MARTIN, SOUS L'ÉPISCOPAT DE SAINT GRÉGOIRE.

1. L'Épiphanie de l'an 576. — 2. Autres faits de la même année. — 3. Commencement de l'année suivante. — 4. Fête du 4 juillet. — 5. Sisulfe le Manceau.

1. — Un clerc de Candes, nommé Piolus, était né avec les mains fermées (1). A l'âge de dix ans, il vint à la sainte basilique de Tours, où ses doigts furent redressés. Cinq ans après, par l'effet d'une grandre fièvre, il devient muet, au point de ne pouvoir même pousser un cri. Il se rend de nouveau à la basilique et se dispose à passer, aux pieds du saint, la nuit qui précède l'Épiphanie. Après minuit, il s'endort et voit, dans un songe, un péril qui l'épouvante :

— Seigneur Martin, s'écrie-t-il, délivre-moi !

En même temps, le sang s'échappe de sa bouche et il recouvre l'ouïe avec la parole.

Quelque temps avant l'Épiphanie de cette même année, Roccolène, envoyé par le roi Chilpéric, était venu s'établir, avec une troupe de Manceaux, sur l'autre rive de la Loire et de là avait envoyé des messagers à Grégoire, pour l'obliger à faire arracher de la basilique par ses clercs des hommes qui s'y étaient réfugiés. Notre évêque se rend en grande tristesse à ce saint temple et y implore le secours du bienheureux. Pendant qu'il y est, une paralytique est redressée, après douze ans d'infirmité. — Arrive cependant le jour de l'Épiphanie : Roccolène, qui

_____

(1) Mir. s. M., l. 2, c. 16, 40.

a été atteint de la jaunisse, passe le fleuve, et rencontrant le clerge, qui se rend en procession de la cathédrale à la basilique, il suit à cheval la croix que précèdent les bannières : mais entré dans la basilique, il perd toute sa fureur et s'en retourne sans avoir exécuté ses mauvais desseins.

2. — Le jeudi-saint suivant, une femme aveugle se lamentait, dans sa maison, de ne pouvoir assister, avec tout le peuple, à cette solennité. Prosternée contre le sol, elle invoque en pleurant le nom du bienheureux confesseur; sa prière finie, elle revoit la lumière et vient à la basilique rendre à Dieu ses actions de grâces. Un des énergumènes y fut aussi guéri, le même jour.

Deux mois environ se passent, et arrive la fête de l'Ordination du saint. Deux aveugles du Berri, assistaient avec le peuple, à l'office de la solennité. Au moment où se faisait la lecture de la vie du bienheureux, leurs paupières collées et desséchées s'ouvrirent et leurs yeux, d'où le sang s'échappait, revirent l'éclat du jour.

Un des dimanches suivants, pendant la messe solennelle et tandis qu'on récitait l'oraison dominicale, une muette ouvrit la bouche et se mit à chanter avec les autres. Cette femme qui, depuis longtemps, résidait dans la basilique, où elle demandait aux fidèles l'aumône et au saint sa guérison, fut rachetée des biens du confesseur et demeura libre, d'esclave qu'elle était auparavant.

Une religieuse, nommée Abra, qui avait les mains et les pieds contractés, ne cessait, jour et nuit, d'invoquer le secours du bienheureux. Une nuit, il lui sembla voir un vieillard qui touchait mollement ses membres infirmes. A son réveil, elle fut fort surprise de voir une de ses mains et ses deux pieds guéris. Sur un avis qu'elle reçoit, une autre fois, dans son sommeil, elle se hâte de partir pour la basilique. C'était la nnit de la vigile du passage du confesseur. Après minuit, elle est saisie, tout en veillant, d'une frayeur étrange et tout à coup sa main se redresse. Elle raconte alors au peuple étonné ce qui lui est arrivé précédemment.

3. — Le fait suivant eut lieu, à la fin de cette année 576 ou au commencement de la suivante.

Grégoire reprochait souvent à l'un de ses diacres, de ce qu'étant malade il ne se rendait pas à la basilique et n'implorait pas , de tout son cœur, la vertu du saint pontife. Touché de ces remontrances, le diacre va enfin se prosterner devant le tombeau vénéré. Sa fièvre s'y calme un peu et il y fait déposer, avant de se retirer, une fiole d'huile de rose dont il a déjà employé la moitié. Quatre jours après, il y retourne, s'y prosterne et y prie très-longtemps. Ensuite il reprend sa fiole et la trouve toute pleine : surpris et admirant la vertu du bienheureux, il la rapporte chez lui, avec crainte et venération, s'en frotte les tempes et le front et, à l'instant même, est débarrassé de cette fièvre.

Pendant le carème de l'année 577, un angevin, nommé Allomeris, ne cessa de prier, dans le temple du saint pontife. Le dimanche des Rameaux, sur le soir, il était couché seul , en dehors, devant le tombeau. Tout à coup, il est saisi d'épouvante, et reste comme mort ; deux heures après, il revient à lui , et se lève, étonné de sentir guéris ses pieds et ses mains auparavant contractés : il veille là toute la nuit et, au matin, raconte lui-même son aventure à Grégoire ; après quoi, il est fait clerc et retourne chez lui.

4. — La même année, à la fête du quatre juillet, un clerc se rend à la basilique, veille une nuit avec les autres, et, au point du jour, en sortant du saint temple, recouvre la vue dont il était privé depuis longtemps.

A la même fête, trois énergumènes, après avoir beaucoup crié, confessé tout haut leurs crimes et prié le saint de les laisser en repos, rejetèrent par la bouche des humeurs corrompues et se trouvèrent délivrés.

Trois jours après, quatre prisonniers, à qui le juge refusait même la nourriture, implorent de tout leur cœur l'assistance du bienheureux. Soudain leurs chaînes se brisent, ils gagnent la porte, et arrivent sans obstacle à l'église du saint. A peine y sont-ils entrés que leurs gardes viennent s'y réfugier avec eux.

Dans le même temps, Léodovald, évêque d'Avranches, envoya chercher, par un de ses prêtres, des reliques du bienheureux et un énergumène fut délivré.

Une femme vint déposer devant le tombeau sa petite fille, muette de naissance, y pria très-longtemps et la reprit. Elle allume ensuite de l'encens et, la retenant au-dessus :

— Trouves-tu cette odeur bonne?

— Bonne, répète l'enfant.

C'était la première parole que cette mère entendait sortir de la bouche de sa fille. Elle lui verse dans la bouche quelques gouttes d'eau bénite des fonts.

— Quel goût lui trouves-tu? dit-elle.

— Bon, répond la petite fille.

La mère remporte, toute joyeuse, chez elle l'enfant qu'elle avait apportée, bien triste, au saint tombeau.

Saint Arédius vint, à cette époque, du Limousin à Tours, uniquement par dévotion, et après avoir baisé le saint tombeau, passa la Loire et visita le saint monastère.

5. — Un pauvre homme, nommé Sisulfe, du pays des Cénomans, s'endort au milieu du jour dans son jardin, et se réveille tout à coup les doigts contractés contre la paume de la main. Il s'endort de nouveau, par l'effet de la douleur, et voit apparaître devant lui un homme aux vêtements noirs, à la tête blanche.

— Qu'as-tu à pleurer ainsi? lui demande ce personnage.

Sisulfe raconte ce qui lui est arrivé.

— Et je ne sais, dit-il ensuite, quel crime j'ai commis pour être traité de la sorte.

— Ton infirmité, répond l'inconnu, annonce la punition qui attend un peuple pécheur. Va donc par les bourgs et les châteaux, avance jusqu'à la ville, prêche à tout homme qu'il s'abstienne de vols, de parjures et d'usures ; que personne, le dimanche, n'ait d'autre occupation que d'assister aux saintes solennités ; car voilà que nous sommes prosternés, avec larmes, devant le Seigneur, demandant grâce pour le peuple et il y a encore de l'espoir, si le peuple se corrige. Les guerres, les infirmités et tant d'autres maux que le peuple supporte sont des effets de l'indignation du Seigneur. Hâte-toi donc d'annoncer la nécessité où l'on est de s'amender, si l'on ne veut périr misérablement dans le crime. Quant à toi, après avoir accompli mes ordres, rends-toi promptement à Tours, à ma basilique; je t'y visiterai et j'obtiendrai du Seigneur ta guérison.

— De grâce, seigneur, dis-moi qui tu es et quel est ton nom?

— Je suis Martin, évêque de Tours.

Le pauvre se réveille sur cette parole, prend son bâton et se met en route, pour obéir à l'ordre qu'il a reçu. Sept mois après, il arrive à la basilique, y reste prosterné pendant trois jours et, le quatrième, est visité par la vertu du saint qui ouvre et guérit ses mains dont la chair s'était corrompue. C'est cet homme lui-même qui raconta toute son histoire.

Nous nous arrêtons là, c'est-à-dire au milieu de l'année 377, pour nous occuper d'une œuvre littéraire composée, vers cette époque, à la gloire de Martin.

CHAPITRE XVII.

LE POEME DE SAINT FORTUNAT SUR LA VIE DE SAINT MARTIN.

1. Le poète et le poème. — 2. Revue des quatre livres. — 3. Prière à saint Martin. — 4. Le poète parle à son livre. — 5. Utilité de l'ouvrage.

1. — Fortunat vint en Gaule vers 565, s'arrêta quelque temps à la cour de Sigebert, roi d'Austrasie, se dirigea ensuite vers Tours, pour acquitter un vœu au tombeau de saint Martin et alla enfin fixer son séjour à Poitiers, où il devint l'aumônier de la reine sainte Radégonde. Il fut bientôt ordonné prêtre de l'église de cette ville et y composa son poème sur la vie de saint Martin, un siècle environ après celui de Paulin de Périgueux.

Ce poème est en quatre livres, dont les deux premiers contiennent la vie de saint Martin, par Sulpice Sévère, et les deux autres ses Dialogues. Il est précédé d'un prologue en vingt-un distiques, où il recommande son entreprise aux prières de sainte Radégonde et d'Agnès, abbesse de Sainte-Croix.

2. — Le livre Ier a 513 vers hexamètres et finit par la guérison du lépreux de Paris, c'est-à-dire qu'il renferme presque toute la matière des deux premiers livres de Paulin, dans un nombre de vers qui juste est moindre de moitié. — « Ne convient-il pas, dit le poète en commençant, que j'acquitte ma dette et que ma langue chante la gloire du pontife qui a été la cause de mon voyage en ces contrées? »

Indiquant seulement la patrie de son héros, il aborde de suite l'histoire de la chlamyde partagée, qui eut lieu, comme il s'exprime, lorsque le saint, « était encore dans ses tendres années et atteignait à peine l'âge de puberté. » Ce nouveau témoignage confirme le texte de Sulpice Sévère sur la durée du service militaire de Martin. Fortunat raconte, après cela, sans transition, le congé obtenu et la rencontre avec les voleurs. Il parcourt donc aussi rapidement que possible son sujet, dont il choisit seulement les traits principaux.

Le IIe livre, qui contient 494 vers, achève la matière que Paulin a traitée dans ses trois premiers. « J'emmène Martin à mon bord, dit-il, sainte cargaison, espoir assuré du navire, marchandise agréable à porter, dût-on la tenir entre ses bras, car la santé jaillit de son attouchement. » Et l'auteur expose les guérisons opérées en effet par l'attouchement des vêtements ou des lettres du saint évêque. — Paulin n'avait fait qu'une allusion à la première visite de Sulpice au grand évêque. Contre son habitude de brièveté, Fortunat s'y arrête assez longuement et commente, non sans grâce et sans génie, les exhortations de Martin sur le mépris des richesses. Il termine ce livre par une prière au saint, pleine de confiance et d'humilité.

Le livre IIIe est de 529 vers. « Jusqu'à présent, dit-il, j'ai vogué sous la conduite de Sulpice.... Maintenant que Gallus prenne les rames, que Martin gouverne les voiles et que le Christ dirige le souffle des vents qui devront nous ramener au port. » — Fortunat passe sous silence le trait de la vierge recluse par lequel Paulin terminait son IVe livre. En revanche, il raconte le synode de Nîmes, puis l'apparition des trois vierges et des deux apôtres dont le poète de Périgueux n'a rien dit. Mais il omet, comme lui, le discours du saint touchant Néron et l'Antechrist. Quant aux deux faits du synode de Nîmes et de l'apparition des visiteurs célestes, il intervertit l'ordre où Sulpice les avait placés; c'est peut-être parce que le dernier lui a paru plus propre pour clore son IIIe livre. Il termine, en effet, par un magnifique éloge de la Vierge Marie et des apôtres Pierre et Paul.

Son IVe livre contient la même matière que le Ve de Paulin, et n'a que 163 vers de moins. Ainsi, dans ces deux derniers livres, sa course est beaucoup moins rapide et sa versification paraît aussi plus soignée. « Cette œuvre sans art, dit-il, a cependant du charme, car elle porte avec elle, comme une pierre précieuse, la grâce même de son sujet. » — L'histoire de la communion ithacienne, que Paulin avait traitée en 20 vers, en a fourni 55 à Fortunat qui, plus hardi aussi, n'a pas craint de reproduire les deux derniers faits du dialogue.

3. — Avant de mettre fin à ses chants, il s'adresse encore à Martin : « Unique salut de tous, lui dit-il, unique amour, unique ami, qui pourrait dignement parler de toi, de toi que l'univers honore? Peut-on te louer assez, héros pieux, quand le monde entier te doit des louanges? Souviens-toi de celui qui t'implore aujourd'hui : daigne exaucer ton serviteur, ce pauvre Fortunat, tout tremblant sous le poids de ses fautes, autour duquel ses crimes aboient avec rage et que les ulcères cruels de ses péchés mordent jusqu'au fond du cœur. Pasteur, sauve ta brebis qui, sans toi, resterait boiteuse ou séparée du troupeau. Pardonne-moi, patron si doux, d'avoir mutilé les fleurs de ton histoire : un récit abrégé ne saurait diminuer ta gloire que Dieu a répandue également sur la terre et dans les cieux. »

4. — Le poète parle ensuite à son propre livre, à peu près comme Sulpice parlait à Posthumien. Il le charge de visiter tous les lieux qui lui sont chers. Il l'envoie d'abord à Tours, « où l'évêque Martin, dit-il, a son tombeau vénéré, du fond duquel il protège son territoire en retour des honneurs qu'il y reçoit. Puisse-t-il m'accorder son aide charitable! Libéral en toute chose, il sait qu'il n'y a

rien de moi dans ces pages; ce sont ses dons qui lui reviennent. »

De Tours, Fortunat envoie son poème à Paris, à Reims, à Soissons, puis en Allemagne et en Italie. « Si tu entres doucement, lui dit-il, dans les murs de ma Trévise, recherche, je t'en conjure, mon illustre compagnon Félix, à qui jadis, ainsi qu'à moi, Martin rendit la lumière. » Padoue et Ravenne achèvent la liste des villes, mais non le pèlerinage du pieux messager.

« De là, poursuit l'auteur, recherche avec une affection empressée mes anciens amis, mes compagnons d'étude. Je leur envoie un sujet où leurs lèvres éloquentes pourront répandre les fleurs de la poésie. Avec l'éclat de ses mérites, le héros, il est vrai, n'a pas besoin de ce service : sa vertu triomphante et sa renommée occupent toutes les voix de l'univers : il embrasse la terre, marche sur l'Océan, resplendit au-dessus des astres, distribuant pour aumônes aux peuples des cures miraculeuses : il emprunte au maître qu'il sert tous les dons qu'il prodigue. Où le Christ est connu, Martin est honoré. »

5. — On s'est étonné que Fortunat ait songé à recommencer, sur la prose de Sulpice Sévère, un travail que Paulin avait déjà fait avant lui et mieux que lui. Mais, outre la dette de reconnaissance qu'il avait contractée envers saint Martin, la langue, depuis Paulin, avait subi des changements considérables et il fallait mettre l'histoire du glorieux pontife à la portée de ses rudes et barbares admirateurs.

D'ailleurs, comme Sulpice, le peuple chrétien trouvait toujours nouveau le récit qu'on lui faisait des miracles de son patron bien-aimé. Ces miracles connus déjà, mais présentés sous une forme différente, excitaient toujours son intérêt et sa curiosité. Aujourd'hui encore, et nous l'avons éprouvé nous-mêmes, les vers de nos poètes, qui cherchent à tout peindre et à tout décrire, peuvent laisser

21

dans l'esprit une impression plus vive que les pages de
l'historien qui sont presque toujours d'une brièveté déses-
pérante. Après lui, ils font connaître et aimer encore saint
Martin. La source, pour me servir de la comparaison de
l'un deux, la source est plus fraîche et plus limpide, mais
les ruisseaux ont des murmures plus doux, des bords plus
riants et des images plus variées.

CHAPITRE XVIII.

TEMPLES ET ORATOIRES ÉLEVÉS A SAINT MARTIN DANS LES GAULES.

1. Basilique à Auch. — 2. Sur le territoire de Bordeaux. — 3. Dans
la ville de Saintes. — 4. Apparition de Ste-Radégonde. — 5. Basilique à Chartres.

1. — Puisque nous sommes avec saint Fortunat, nous
le prendrons pour guide, avec notre Grégoire, dans la
recherche des édifices consacrés au culte de saint Martin,
dans la Gaule du VIe siècle.

Le premier qu'il nous indique est une basilique, qui
sort toute brillante et toute belle des mains de l'architecte
et élève, à une grande hauteur, ses combles imposants (1).
« Elle est, nous dit-il, consacrée à Dieu, sous le nom de
ce Martin à qui les mérites de sa vie ont acquis tant de
puissance et de gloire qu'il peut accorder aux peuples les
grâces sollicitées par leurs pieux désirs. Un pontife, au
cœur dévot, a construit ce monument : c'est Faustus,
qui, par là, rend à son Seigneur les richesses qu'il a
reçues de lui. » Ce Faustus était l'évêque d'Auch qui

(1) Ven. Fort., Miscell., l. 1, c. 4, 6.

assista au deuxième concile de Mâcon, en 585 : il est vraisemblable que le temple élevé à ses frais était dans sa ville épiscopale ou aux environs.

2. — D'Auch nous remontons à Bordeaux, pour y admirer une autre basilique de Saint-Martin, bâtie sur une éminence, dans un site délicieux, par l'évêque Léontius et ornée de draperies par Placidina, autrefois son épouse. Il paraît que la peinture a aussi contribué à sa décoration et qu'on y a représenté l'action célèbre du saint guérissant un lépreux par un baiser, à la porte de Paris.

Sur ce même territoire, il y avait un village appelé Marciac, du domaine de Saint-Martin, et où s'élevait un oratoire consacré à son nom (1). A l'époque d'une maladie très-grave qui s'était répandue sur les chevaux du pays, le peuple courut en foule à cet oratoire. Chacun y faisait des vœux et promettait, si ses chevaux échappaient à la maladie, d'en donner la dime au lieu saint. Comme ces prières produisaient déjà un heureux effet, les Bordelais y joignirent une autre pratique : ce fut de prendre la clef de l'oratoire et de s'en servir pour imprimer des caractères sur leurs chevaux. Grâce à ce remède nouveau, tous ceux qui étaient malades furent guéris et ceux qui n'étaient pas atteints furent préservés.

Lupus, prêtre de la ville de Bordeaux, le jour d'une fête de Saint-Martin, après avoir célébré les veilles avec le reste du clergé, était sorti, dès le matin, avant tous les autres.

— Où vas-tu donc ? lui demande un juif.

— J'ai été atteint de fièvre quarte, répond le prêtre, et je cours à la basilique du saint, afin que sa vertu me délivre.

(1) Greg. Tur., Mir. s. **M.**, l. 3, c. 33, 50, 51, l. 4, c. 8, 47.

— Martin ne pourra t'être d'aucun secours, reprend le juif. La terre qui le couvre l'a lui-même changé en terre et c'est bien inutilement que tu te rends à son temple ; un mort ne saurait être le médecin des vivants.

Lupus, méprisant ces paroles impies, continue sa route, arrive à la basilique, bâtie, je crois, par Léontius, se prosterne devant les saints gages qu'elle renferme et y répand sa prière. Ensuite il se retire, emportant de là deux petites chandelles de cire : entré chez lui, il les allume, enlève la cendre de la mèche faite de papier, la boit dans de l'eau pure et aussitôt recouvre la santé. — Quant au juif, saisi, à son tour, par la même maladie, il en souffrit une année entière, sans que rien pût changer la perversité de son cœur.

Quelques années plus tard, un violent incendie ayant éclaté dans la même ville, toute la foule, comme de concert, se mit à implorer, avec des larmes et des cris, le secours du bienheureux Martin. Cette prière triompha de l'embrasement et ces pleurs éteignirent des flammes contre lesquelles les moyens ordinaires étaient demeurés impuissants.

3. — Dans la ville de Saintes, la mère de Cardégisilus, surnommé Gyso, avait fait bâtir un oratoire qui fut consacré avec des reliques du bienheureux. Quelques temps après, on déposa devant l'autel un petit enfant qui allait expirer. Il y reste jusqu'au soir, tandis que sa mère ne cesse de pleurer dans un coin de l'oratoire.

— Ma bonne petite sœur, où est-tu ? dit-il alors.

— Me voici, mon cher fils, lui répond sa mère, qu'il avait coutume d'appeler de ce nom caressant.

En même temps, elle l'enlève dans ses bras. Aussitôt il prend sa nourriture, comme avant sa maladie, et se rétablit. — Le fait fut raconté à l'historien, près de ce même oratoire, par son hôte, père de l'enfant.

Un peu plus tard, Palladius, évêque de Saintes, fit demander, à Tours, des reliques du bienheureux, en l'honneur duquel il avait construit une basilique. Deux ou trois mois après, Grégoire fut informé par ses lettres que trois paralytiques, deux aveugles et plus de douze fiévreux y avaient été guéris.

4. — « En l'honneur de la basilique de Saint-Martin, bâtie par Basilius et Baudegondis (1), » sous ce titre, Fortunat célèbre la reconstruction d'un beau temple, relevé et agrandi par ces deux époux malgré des eaux dormantes qui leur en disputaient l'emplacement. On conjecture que Basilius était de Poitiers. Au moins paraît-il que c'était un des favoris de Chilpéric, qui le chargea d'une ambassade en Espagne.

Aux noms des apôtres du monde entier, la Gaule chrétienne aimait à joindre ceux de ses apôtres particuliers. Ainsi, un certain Trasaric avait bâti un oratoire en l'honneur des saints Pierre et Paul, Martin de Tours et René de Reims. « C'est ici, dit Fortunat, la demeure de Martin qui vêtit le Christ indigent et couvrit, simple soldat, son roi ; humble mortel, son Dieu. »

Les habitants d'une localité avaient formé le vœu de bâtir un oratoire au bienheureux. Or, le jour même où sainte Radégonde mourut, elle s'y fit voir à un tribun du fisc, nommé Demolène, affligé d'un mal de gorge qui menaçait de l'étouffer. Après l'avoir conduit par la main dans un endroit :

— C'est ici, lui dit-elle, qu'il faudra placer les reliques vénérables du confesseur. Élevez-y un temple qui soit tout à fait digne de lui.

Le tribun fut guéri et le temple bâti au lieu désigné où l'on trouva les fondements et le pavé d'un ancien édifice qui servirent pour le nouveau.

(1) Ven. Fort., Miscel., l. 1, c. 7, l. 2, c. 17, l. 3, c. 6. Vita s. Radeg., n. 38. Vita s. Leob., n. 26.

5. — Dans un faubourg de Chartres, au lieu appelé la Vallée, il existait aussi une basilique de Saint-Martin, où fut enseveli saint Lubin, évêque de cette ville, mort en 556.

Nous pourrions encore citer d'autres noms ; car ce que nous venons de voir pour quelques diocèses existait sur toute la surface de la Gaule. De tous côtés, des basiliques, des oratoires, des autels et même des monastères s'élevaient, aux frais des évêques, des populations, des communautés ou des simples particuliers, en l'honneur de saint Martin et attiraient la foule dévote.

CHAPITRE XIX.

DES DIVERS LIEUX QUE LE SAINT AVAIT ILLUSTRÉS PENDANT SA VIE.

1. La porte d'Amiens. — 2. La porte de Paris. — 3. Ligugé. — 4. Marmoutier. — 5. Neuillé, Martigny, Siran.

1. — La piété des fidèles, qui montrait tant d'empressement, non-seulement autour du tombeau de saint Martin, mais aux simples oratoires où l'on avait déposé quelques linges venant de sa basilique, ne pouvait négliger les lieux que, pendant sa vie, il avait signalés par sa présence, ses miracles, ses vertus, et auxquels son souvenir demeurait attaché d'une manière impérissable (1).

A cette porte d'Amiens, où il avait donné à un pauvre la moitié de son manteau militaire, un oratoire avait été construit en mémoire de ce fait le plus populaire de

_____

(1) Greg. Tur., Mir. s. Mart., l. 1, c. 17.

sa vie. Une communauté de vierges sacrées y avait été établie en son honneur et y servait Dieu sous son patronage.

Ces vierges étaient fort pauvres et vivaient le plus souvent de ce que leur fournissait la dévotion des fidèles. Cependant elles se trouvaient, à une certaine époque, en possession de quelques ruches qui leur avaient été données.

— Si je pouvais enlever quelques-uns de ces vases ! se dit un larron, en les regardant d'un œil d'envie.

La nuit suivante, il exécute son odieux projet, emporte trois de ces ruches et les charge sur un bateau. Au lever du soleil, des gens de la ville se rendant au port, à dessein de passer l'eau, voient au bord de la Somme un bateau amarré, des abeilles qui s'échappent en foule de leurs ruches, et un homme à l'écart étendu par terre. Ils le croient endormi et, comme déjà ils ont appris des religieuses le vol accompli à leur préjudice, ils se précipitent sur lui pour le lier : le malheureux était sans vie. On informe aussitôt les vierges de l'événement et l'on restitue à la pieuse maison les objets dérobés, non sans admirer avec quelle promptitude la vengeance divine avait frappé ce malfaiteur.

2. — On avait aussi construit un oratoire à la porte septentrionale de Paris, où le saint évêque avait guéri un lépreux par un baiser. Cet oratoire était couvert, comme les plus pauvres habitations, avec des claies ou des verges entrelacées. — L'homme qui avait fait cette humble toiture existait encore dans les premières années du règne de Clotaire Iᵉʳ, et demeurait dans le voisinage.

A cet époque, éclata un incendie qui dévora une partie de la ville. Plein de confiance dans la protection du bien-

(1) Greg. Tur, *Hist. Fr.*, le. 8, c. 33.

heureux, notre homme court se renfermer dans l'oratoire
avec sa famille et ses meilleurs effets.

— Je crois, disait-il, et j'ai une ferme foi qu'il repous-
sera l'incendie de ce lieu, celui qui a si souvent commandé aux incendies et qui, en cet endroit même, a purifié, sans autre remède qu'un baiser, les souillures d'un
lépreux.

Cependant l'incendie approche, des tourbillons de
flammes se portent sur l'oratoire, dont ils atteignent la
muraille.

— Fuyez, ô malheureux, criait le peuple; fuyez, ou
vous allez périr. Sortez de l'oratoire, ou vous allez y être
consumés.

Mais tout entiers à la prière, ils restent sourds à ces
avertissements. La femme même ne quitte pas un moment
la fenêtre par où, de temps en temps, les flammes péné-
traient dans l'intérieur. Tant de confiance ne fut point
trompée. L'oratoire fut sauvé avec la maison de cette famille et toutes celles qui l'entouraient.

3. — A Ligugé, on avait conservé, par tradition, le souvenir de l'endroit précis où le catéchumène avait été rappelé à la vie (1). On l'avait entouré d'une balustrade et la
cellule dont il faisait partie était devenue un sanctuaire,
où l'on célébrait le saint sacrifice, où de pieux visiteurs
venaient répandre leurs larmes et leurs prières, où souvent
des aveugles avaient été éclairés et d'autres infirmes délivrés de leurs maux. Des moines habitaient encore cet asile,
où ils vivaient sous la conduite d'un abbé, suivant la
règle tracée par les exemples et les leçons du glorieux
fondateur.

Une femme du voisinage, atteinte de paralysie, allait,
sur un chariot traîné par des bœufs, mendier aux portes
des riches de quoi subvenir à ses besoins. Amenée un jour

(1) Mir. s. M., l. 4, c. 30.

au monastère, elle s'y prosterne sur le pavé de la cellule sainte, puis s'approche, avec un lent effort, de la balustrade et baise dévotement le voile qui la couvre.

— Je crois, dit-elle, bienheureux confesseur, que tu es présent ici. J'atteste qu'ici tu as ressuscité un mort : j'ai confiance aussi que tu pourras, si tu le veux, me rendre la santé comme autrefois tu rompis les liens de l'enfer et ramenas en ce monde l'âme du trépassé.

Cette prière, accompagnée d'un torrent de larmes, fut exaucée sur-le-champ.

Un homme, aussi paralytique, eut à peine touché le voile de la balustrade que son infirmité disparut. — Ces miracles furent racontés à saint Grégoire par l'abbé de Ligugé, en présence des frères du monastère.

4. — Nous avons déjà vu avec quel amour le peuple de Tours allait à Marmoutier, vénérer les traces de son pasteur. Les étrangers imitaient cette touchante pratique (1). Aredius, dont nous avons parlé, se rendit au saint monastère. Là, il visite chaque endroit l'un après l'autre, celui où le bienheureux s'est prosterné en prière, celui qu'il a sanctifié par le chant des psaumes, celui où il a accordé un peu de sommeil à son corps fatigué, celui où il a soulagé, par une légère nourriture, l'épuisement d'un long jeûne. En parcourant ainsi tous les lieux, en inspectant chaque place, il arrive à ce puits que le saint a creusé lui-même. Il y fait sa prière, y puise de l'eau, la met dans une petite bouteille et, à son départ, l'emporte avec lui dans son pays. Il s'en servit pour rendre la santé à un grand nombre d'infirmes, et entre autres à son frère, Renosinde, qui était mourant.

Aredius avait aussi emporté quelques grains de raisin produits par les ceps plantés autrefois par notre évêque. Conservés dans une fiole pleine d'eau, ces grains étaient

(1) Mir. s. M., l. 2, c. 39. Ibid., c. 7, 8.

encore verts au bout de quatre ans. L'eau de cette fiole eut aussi une vertu de guérison.

5. — A Neuillé, on voyait encore debout, sur le bord d'un chemin, l'arbre que le saint avait relevé d'un signe de croix. Mais ce n'était plus qu'un tronc mort et dépouillé; car journellement les fidèles venaient enlever l'écorce de cet arbre pour en faire dissoudre la poussière dans l'eau et la prendre en potion dans leurs maladies.

En passant devant l'oratoire de Martigny, où, d'après la commune tradition, le bienheureux avait souvent prié, Gonthaire, abbé de Saint-Venant, ne manquait jamais de s'arrêter et d'y faire sa prière. Devenu évêque de Tours, il oublia une fois sa station habituelle, mais son cheval refusa d'avancer jusqu'à ce que le prélat eut mis pied à terre et visité l'oratoire.

Enfin, dans cet oratoire de Siran, dont le saint avait consacré l'autel, un grand nombre de personnes obtenaient les grâces qu'elles demandaient par son intercession (1). Un paralytique y veilla, toute une nuit, tenant à la main un cierge de sa hauteur. Au matin, en présence du peuple, il se redressa vivement sur ses pieds, libres de toute entrave.

CHAPITRE XX.

LA BASILIQUE DE SAINT-MARTIN DE CANDES.

1. L'esclave Léoméris. — 2. La matrone Remigia. — 3. L'aveugle Vinaste. — 4. Deux enfants du Poitou. — 5. Le muet d'Angers. — 6. Le bassin de cristal.

1. — Après le lieu où reposait le corps de Martin, nul n'était l'objet d'une dévotion plus grande que celui où il

(1) Mir. s. M.; l. 1, c. 18.

avait expiré. Depuis sa mort, les pèlerins n'avaient cessé
d'y affluer de toutes parts et de nombreux miracles y
éclataient (1).

Nous avons vu déjà une sainte reine honorer, de sa
visite et de ses dons, la basilique et le monastère de
Candes.

Vers le même temps, un esclave de l'Anjou, nommé
Léoméris, guidé par l'inspiration de sa foi, vient veiller à
cette basilique. Là, une de ses mains, qui était contractée,
se redresse et sa langue paralysée redevient libre.

— Voyez, dit-il au peuple, ce que le saint de Dieu a
fait, cette nuit : je vous l'atteste et vous en avez la
preuve.

De retour chez son maître, à qui, depuis longtemps,
il ne pouvait plus rendre aucun service, il lui raconte
tout ce qui lui est arrivé, espérant ainsi obtenir sa liberté,
car la religion défendait alors de traiter comme esclave
une personne qu'un miracle avait guérie ou délivrée. Mais
l'angevin refuse de croire à la vertu miraculeuse du pontife. Léoméris est remis au travail et bientôt retombe dans
son infirmité. Cette rechute ouvre les yeux à son maître.
Renvoyé au lieu saint, l'infirme y passe encore une nuit,
durant laquelle il ne cesse de prier avec une extrême dévotion. Au point du jour, il est guéri pour la seconde fois.

2. — Quelques années après, le diacre Theudoméris
vient à Candes se prosterner, dans la cellule du saint, et
passer toute la nuit en larmes et en prières devant le lit
où il a rendu l'esprit. Immobile dans cette humble posture, il arrose la terre de ses pleurs et tiédit de ses soupirs
le bois de la balustrade qui entoure ce lieu vénérable. Au
lever de l'aurore, une cataracte dont il était affligé s'ouvre
et ses yeux revoient la lumière.

_____

(2) Mir. s. M., l. 1, c. 44, l. 2, c. 19, 20, 21, 22, 23, 45, l. 3, c. 22, 23,
l. 4, c. 10. Hist. Fr., l. 8, c. 40. Prop. s. Max. caïn., p. 112.

Un énergumène, nommé Désidérius, est amené d'Auvergne à la cellule de Candes. Après une nuit passée dans la plus violente agitation, il se met à crier que saint Martin le brûle. Ce disant, il vomit des humeurs mêlées de sang, puis se retire en parfaite santé.

Une nuit passée dans le même lieu obtient aussi la guérison d'un homme qui avait les doigts contractés et les ongles enfoncés dans la paume de la main.

Une infirmité semblable affligeait la matrone Remigia. Elle se rend, en grande dévotion, à la bienheureuse cellule : ainsi l'appelle l'historien qui étend souvent à ce qui appartient au saint les noms dont il salue le saint lui-même. Remigia se livre aux veilles et aux oraisons, nourrit, à ses frais, les pauvres de la matricule, et, en dépit de son bras desséché et de ses doigts perclus, veut les servir elle-même. Son humble foi obtient sa récompense. Son bras est soudainement guéri, au moment où elle essaie de le lever, pour verser le vin dans les coupes. Elle servit ainsi, un jour entier, les pauvres bénis et retourna chez elle, délivrée de toute infirmité.

Chaque année, depuis sa guérison, elle renouvela son pèlerinage et ses largesses. Or, une fois, l'une de ses suivantes souffrait cruellement de la fièvre quarte. Pendant quatre jours, Remigia demeura, prosternée devant la bienheureuse cellule, dans une prière et un jeûne continuels. Au bout de ce temps, la jeune fille était complétement rétablie et la noble dame s'en retournait, avec sa suite, glorifiant Dieu.

3. — Un homme, appelé Vinaste, complétement aveugle depuis plusieurs années, avait coutume de venir, de temps en temps, de son pays à la cellule du saint, y célébrait dévotement des veilles et nourrissait abondammment les pauvres de la matricule, les servant même, autant que le lui permettait son infirmité. — Un jour, son vœu accompli et son service, auprès des pauvres, terminé, il se

prosterne devant la balustrade du lit sacré, y fait des
prières et des adieux, puis se lève.

— Je vois comme un rideau de soie suspendu ici, dit-
il en ouvrant un peu les yeux.

— Tu ne te trompes pas, lui répondent ses gens, c'en
est un.

C'était en effet le voile attaché à la balustrade sacrée.
Vinaste recommence alors à pleurer et à prier le bienheureux d'achever son œuvre. Tandis qu'il prolonge ainsⁱ
sa prière, il s'endort et un homme lui apparaît en songe.

— Va, lui dit ce personnage, à la basilique du seigneur
Martin ; c'est là que tu obtiendras une entière guérison.

Guidé par les mains de ses serviteurs, l'aveugle part
au plus vite pour le temple du bienheureux à Tours, en
touche enfin le seuil et recouvre une vue parfaite.

4. — Dans un village du Poitou, nommé *Vultaconnum*,
deux petits enfants perdirent la vue et l'un d'eux fut encore privé de l'usage de ses pieds. Après une longue suite
d'années, celui qui était seulement aveugle alla dévotement à la basilique de Saint-Martin de Tours et, sa prière
achevée, y recouvra la vue. L'autre y recouvra aussi la
lumière, mais s'en retourna boiteux comme auparavant.

— Il vient à Candes et y visite la cellule où l'on gardait
le lit du bienheureux. Une nuit de dimanche, comme il
y célébrait les veilles saintes avec tout le peuple, il sent,
tout à coup la présence d'une vertu divine. A la vue des
fidèles, il se traîne par terre jusqu'au pied de la fenêtre
par où le corps du bienheureux avait été enlevé aux Poitevins, se dresse contre la muraille, pour y atteindre,
prie avec ferveur dans cette position et bientôt pleure de
joie. Sa guérison fut entière et il n'eut plus, dans la suite,
à souffrir de ses infirmités.

Du village de Craon, situé sur le territoire d'Angers,
un homme appelé Floridus, perclus des mains et des
pieds, est apporté à la sainte cellule de Candes, et s'y ap-

plique, durant quelques jours, aux veilles et à la prière. Ses membres contrefaits se dégagent et il s'en retourne guéri.

On vient même de Tours à la sainte cellule de Candes. Une femme aveugle de cette ville s'est persuadé que, si elle touche la balustrade du saint lit, elle sera guérie. Guidée par son mari, elle part pour ce lieu vénéré, y répand sa prière avec componction, pendant nombre de jours, et y revoit enfin la lumière. Pénétrée de reconnaissance, elle ne voulut plus le quitter et y resta jusqu'à sa mort.

5. — Un muet, venu d'Angers, arrive au bourg de Candes, s'y joint aux autres mendiants et, pendant six années, se nourrit, avec eux, des richesses de la sainte cellule. — Une nuit de dimanche, il était couché dans la maison de son hôte, c'est-à-dire de saint Martin. Tout à coup, une immense clarté remplit le lieu où il se trouve. Frappé de terreur, il se jette à bas de son lit, la face contre terre; peu après, il se retourne et voit apparaître un homme, en habits sacerdotaux, qui le touche de la main et forme sur son front le signe de la croix.

— Le Seigneur t'a guéri, dit-il, lève-toi, cours à l'église et rends grâces à ton Dieu.

Dans l'élan de sa reconnaissance, le muet fait retentir de ses cris tout le voisinage. On accourt et l'on entend, avec surprise, parler celui que, la veille, on avait laissé muet. — Sur ces entrefaites, le signal des matines est donné, le peuple se rassemble, on célèbre les veilles, et toute l'assistance, instruite du miracle, glorifie la vertu du bienheureux. — Le même jour, à Candes, deux énergumènes furent guéris.

6. — On possédait alors, dans cette église un bassin de cristal qui, d'après la tradition, était un présent de saint Martin lui-même. Les fiévreux qui y buvaient un peu d'eau étaient guéris sur-le-champ.

En 586, un homme puissant, mais très-pervers, nommé Pélagius, avait fait mettre son tombeau dans cette basilique; mais, un jour, la pierre qui le fermait se trouva brisée en morceaux. Les gens de Pélagius se contentèrent de l'ensevelir sous le portique.

Saint Maxime de Chinon, qui, du fond de sa tombe, opérait aussi de fréquents prodiges, sembla, un jour vouloir rendre hommage à son ancien maître. — Une femme infirme s'étant adressée à lui, pour obtenir sa guérison, il l'envoya à l'église de Candes, où elle fut exaucée.

CHAPITRE XXI.

SAINT MARTIN LIBÉRATEUR DES PRISONNIERS ET DES CONDAMNÉS.

1. Du temps de S. Eufrône. — 2. En l'année 585. — 3. Le débiteur insolvable. — 4. Deux pendus délivrés. — 5. Prisonniers de Tours.

1. — Lorsqu'il habitait la terre, Martin rachetait les captifs, obtenait la grâce des proscrits et délivrait les condamnés. C'est ce qu'il fait encore après sa mort. Nous en avons déjà vu plusieurs exemples : nous en réunissons ici de nouveaux, comme une preuve aussi de la confiance que son nom excitait dans le cœur de tous les malheureux (1).

Un homme est arrêté pour vol, battu de verges et conduit au gibet. Arrivé au lieu de l'exécution, il demande un instant pour prier, puis dans l'état où il se trouve, les

_____

(1) Mir. s. M., l. 1, c. 21, l. 3, c. 41, 47, 53, l. 4, c. 16, 39, 41.

mains liées derrière le dos, il se jette contre terre et invoque, avec larmes, le nom du bienheureux Martin, le suppliant, s'il ne l'assiste pas, dans cette extrémité, de lui obtenir, au moins, le pardon de ses fautes, dans l'autre monde. — Sa prière achevée, le malheureux est pendu et les soldats se retirent.

Cependant, le supplicié, la bouche à demi ouverte, continue à remuer les lèvres et s'efforce d'implorer le secours de saint Martin. Or à peine les soldats se sont-ils éloignés que ses mains et ses pieds se trouvent tout d'un coup déliés. Il reste néanmoins pendu l'espace de deux jours, au bout desquels une religieuse reçoit, par révélation, ordre d'aller l'enlever : elle vient, le dépose, encore vivant, du gibet, et le conduit à l'église.

— Comment cet homme peut-il être vivant? se demandent ceux qui le voient.

— C'est le bienheureux Martin qui m'a délivré de la mort et amené ici, répond-il lui-même à ceux qui l'interrogent.

« Cet homme, ajoute l'historien, est encore en ce monde où il rend témoignage de la vertu du bienheureux. » — Ce fait eut lieu du temps de saint Eufrône.

2. — Si le saint assistait même les coupables, pouvait-il refuser son secours aux innocents ? — Une jeune fille était née de parents autrefois esclaves, mais affranchis avant sa naissance. Elle était donc libre de droit : néanmoins les fils de l'ancien patron de ses parents voulurent la réduire à l'état de servitude. Comme elle refusait de faire aucun travail pour ses injustes maîtres, elle fut chargée de chaînes et on lui mit les entraves aux pieds. Or cela se passait vers la fête de saint Martin. Tandis que les autres se rendaient à la solennité, l'infortunée captive pleurait et gémissait de ne pouvoir y aller aussi. Soudain ses pieds se dégagent de la poutre qui les comprimait

et qui s'est ouverte d'elle-même. Encore enchaînée, la jeune fille s'échappe et fuit vers la basilique. Sur le seuil, ses chaînes brisées tombent de son cou. — Cet événement arriva en 585.

3. — L'année suivante, un homme ne pouvant acquitter une dette, qu'il avait contractée dans des moments difficiles, fut mis en prison par son créancier.

— Je veux, pour l'instruction de tous, lui disait celui-ci, te faire sécher de faim, jusqu'à ce que tu m'aies tout payé.

En effet, il rend sa captivité de plus en plus étroite, il lui refuse le boire et le manger.

Comme ces choses se passaient, on emportait dans le Soissonnais des reliques du saint évêque et ceux qui en étaient chargés traversaient la place en chantant des psaumes, suivant l'usage. Le pauvre prisonnier, touché de dévotion, en les entendant, prie le bienheureux de le visiter par sa puissance. A l'instant même, il est exaucé, ses liens se rompent, il sort sans obstacle de sa prison et entre dans la basilique. Il fut aussi plus tard racheté de sa dette par les dévots.

4. — Environ un an après, l'esclave d'un nommé Génitor, compatriote de Grégoire, est arrêté pour vol et condamné à la potence.

— Délivre-moi, saint confesseur Martin, dans ce péril imminent, disait ce malheureux, tandis qu'on le menait au supplice.

Lorsqu'il est pendu et laissé seul, une voix se fait entendre à lui.

— Délivrons-le, disait-elle.

En même temps, des quatre coins du ciel, un vent violent frappe le gibet et l'arrache de terre, comme un arbre déraciné : le patient tombe avec lui, se relève et échappe ainsi à la mort.

Un autre homme avait commis un grand nombre de crimes, mais, touché de la crainte de Dieu, il faisait pénitence de ses égarements. Arrêté sans cause nouvelle, il est condamné au même genre de mort que le précédent. Comme lui, il ne cessait d'implorer le secours du saint confesseur. Lorsqu'il fut pendu, ses liens se rompirent et il tomba à terre, sans aucun mal. On l'attacha une seconde fois au gibet. Informé de l'événement, l'abbé d'un monastère voisin part pour aller trouver le gouverneur de la province. La distance à parcourir était d'environ trois milles : l'abbé les franchit, obtient la grâce du criminel, revient et le trouve respirant encore. Il le descend du gibet et l'emmène au monastère.

— Oui, répétait cet homme, j'ai senti la vertu de saint Martin qui m'a sauvé.

5. — Vers l'an 590, un habitant de Tours, s'étant rendu coupable devant la justice humaine, avait été chargé de chaînes et mis en prison. Aux approches de la fête de Pâques, le juge commande qu'il soit transféré de l'autre côté de la Loire. On le conduit donc, les chaînes au cou et les mains attachées derrière le dos. On arrive ainsi sur le bord du fleuve et l'on s'y arrête pour attendre le bateau. Pendant ce temps-là, le prisonnier ne cessait de réclamer le secours de saint Martin. Tout à coup, les gardes tombent comme des gens frappés d'un coup à la tête, les chaînes du prisonnier se brisent, les courroies qui attachent ses mains se dénouent, il s'éloigne avant que les autres se soient relevés, gagne l'église, en franchit le seuil et peu après reçoit sa grâce du magistrat.

Quelques temps après, d'autres coupables de la ville de Tours, emprisonnés par sentence du juge, invoquèrent le saint avec de grandes lamentations. Sa vertu se signala encore en leur faveur, rompit leurs liens et leur permit de se retirer libres dans la basilique. — Le même fait se renouvela, une fois encore, avec des circonstances toutes pareilles. Dans les deux cas, la grâce qu'ils avaient obtenue du bienheureux fut ratifiée par les magistrats ; ce qui montre que les juges eux-mêmes redoutaient cette intervention surnaturelle, qui venait casser leurs arrêts et donnait à tous, dans ces siècles barbares et meurtriers, une leçon de douceur et de miséricorde. — Cette intervention, si secourable envers les opprimés repentants, se montrait, en revanche, d'une sévérité terrible contre les persécuteurs, les impies et les parjures.

CHAPITRE XXII,

SAINT MARTIN VENGEUR DU PARJURE.

1. La lettre de Chilpéric à S. Martin. — 2. Ébérulfe tué dans le parvis de la basilique.— 3. Le traître Audin.— 4. Aux environs de Trèves.

1. — Après la mort de Clotaire Iᵉʳ, que nous avons vu prier au tombeau du bienheureux, le royaume fut partagé entre ses fils. Ceux-ci firent ensemble un traité pour régler la possession de la ville de Paris. Ce traité fut mis sous la garde du martyr Polyeucte et des confesseurs Hilaire et Martin, qui devaient être juges et vengeurs de l'infraction (1).

Chilpéric, l'un des fils de Clotaire, désirait se saisir de Gontran Boson, qui, pour éviter de périr, s'était réfugié dans la basilique. Il eut alors l'idée d'envoyer au tombeau de saint Martin des députés, avec une lettre, où il priait le saint de lui répondre, par écrit, s'il était permis ou non d'arracher Gontran de sa basilique. Le

(1) Greg. Tur , *Hist. Fr.*, l. 7, c. 6.

diacre Baudegile, qui en était chargé, mit cette lettre sur le saint tombeau, avec une feuille de papier blanc, pour la réponse. Mais après trois jours d'attente vaine, il retourna auprès du roi. — Ce fait bizarre prouve la terreur qu'inspirait parfois aux méchants la vertu de saint Martin (1).

2. — En 584, le chambellan Ébérulfe, accusé auprès de Gontran du meurtre de Chilpéric, s'était réfugié aussi dans la basilique. Le roi Gontran, s'adressant à un nommé Claudius :

— Si tu parviens, lui dit-il, à tuer ou à enchaîner Ebérulfe, après l'avoir fait sortir de la basilique, je te comblerai de présents : mais prends garde, je t'en avertis, de manquer au respect qui est dû à ce saint lieu.

Claudius se met en route, disposé à remplir sa commission par tous les moyens, dût-il même violer l'asile sacré de la basilique. Cependant il n'est pas sans inquiétude et, chemin faisant, il interroge ceux qu'il rencontre :

— La vertu du bienheureux Martin se montre-t-elle prompte à punir les parjures? Si quelqu'un fait tort à ceux qui espèrent en lui, en reçoit-il aussitôt le châtiment?

Enfin, il aborde Ébérulfe, lui proteste, par serment, de son amitié, et lui jure, dans la basilique même, par tout ce qu'il y a de plus saint dans le temple et par la vertu du pontife Martin, de le servir fidèlement et de plaider sa cause auprès du roi. Le malheureux Ébérulfe croit à sa parole, appuyée de serments alors si respectés. Claudius profite de sa confiance pour éloigner de lui, l'un après l'autre, tous ses serviteurs, puis, quand il est prêt à le frapper, dans le parvis même du temple :

(1) *Hist. Fr.*, l. 5, c. 26, l. 7, c. 29.

— Bienheureux Martin, dit-il la main levée contre la basilique, fais-moi bientôt revoir ma femme et mes parents.

Car sur le point de commettre son crime et d'outrager, par un meurtre, la sainteté du lieu, il redoutait la vertu du bienheureux pontife et tâchait de l'apaiser d'avance par cette prière.

Ébérulfe immolé, Claudius, saisi d'effroi et blessé dans la lutte, gagne au plus vite, avec ses gens, la cellule de l'abbé du monastère joint à la basilique, pour se mettre à couvert, auprès de celui dont il n'a pas su respecter le patron.

— Un crime énorme a été commis, lui dit-il, et nous sommes perdus, si tu ne viens à notre aide.

Au même instant, arrivent les serviteurs d'Ébérulfe. Trouvant la porte fermée, ils brisent les vitres et lancent des traits par les fenêtres de la cellule : l'un de ces projectiles transperce Claudius déjà à demi mort. Les satellites de ce misérable, qui l'ont aidé dans son crime, se cachent alors derrière les portes et sous les lits. L'abbé qui lui a donné asile est enlevé par deux clercs et échappe avec peine à la mort. Les pauvres de la matricule, auxquels d'autres se sont joints, outrés du crime qui a été commis, s'efforcent d'enlever le toit de la cellule, tandis que les énergumènes et d'autres indigents, armés de pierres et de bâtons, partent pour venger la violence faite à la basilique où un pareil attentat n'avait pas encore été accompli. Les fugitifs sont arrachés de leurs cachettes et cruellement égorgés par les serviteurs d'Ébérulfe, qui sont entrés dans la cellule, après la sortie de l'abbé ; leurs corps et celui de Claudius sont traînés dehors et abandonnés sur la terre nue, jusqu'à ce que leurs familles viennent les enlever pour les ensevelir.

Le roi, à la nouvelle de ces événements, fut d'abord fort irrité, mais quand il sut que Claudius, contre sa recommandation, avait profané la basilique, il se calma.

3. — En l'honneur de saint Martin, la ville de Tours était exempte de tout impôt envers le trésor royal, et cette exemption avait été confirmée par les serments du roi Charibert, qui fut maître de la Touraine après Clotaire (1).

Des officiers du fisc entreprirent d'annuler ce privilége et dressèrent des tableaux où figuraient les noms de tous les habitants de Tours, avec le chiffre des impôts auquel chacun d'eux devait être soumis. Mais ces livres, présentés à Clotaire et plus tard à Charibert, furent jetés au feu par ces deux rois, qui redoutèrent également, dans cette circonstance, la puissance de saint Martin.

Sous Childebert, la même tentative fut renouvelée par Florentanius et Romulfus, l'un maire et l'autre comte du palais, qui s'appuyaient sur l'ancien livre de taxe, dont ils avaient un exemplaire entre les mains. Ce document brûlé autrefois, comme nous l'avons dit, n'était pas sorti du trésor royal où il n'existait plus depuis longtemps, mais avait été conservé, on ne sait comment, dans la maison d'un particulier, nommé Audin, qui, soit pour nuire au peuple de Tours, soit pour faire sa cour au roi, l'avait remis à ses officiers.

— Il est en votre pouvoir, dit Grégoire à ceux-ci, de lever l'impôt ou non; mais prenez garde au mal que vous allez faire, si vous voulez marcher contre le serment du prince.

Le jour même où ces paroles étaient prononcées, le fils du traître Audin fut saisi de la fièvre, et, trois jours après, il expirait.

Bientôt le prince, à qui notre évêque en avait référé, envoya sa réponse où il décidait que, par respect pour saint Martin, le peuple de Tours devait être exempt de tout impôt.

(1) *Hist. Fr.*, l. 9, c. 30.

4. — Des exemples frappants venaient, de temps en temps, réveiller et entretenir ce respect et cette crainte salutaires dans les cœurs, et ces exemples éclataient aussi bien dans les pays étrangers qu'auprès du tombeau de Martin. — Dans un voyage que Grégoire fit aux environs de Trèves, il rencontra le saint solitaire Vulphilaïc, qui avait bâti, dans ce diocèse, une église et un monastère, en l'honneur de saint Martin (1). Parmi les faits merveilleux qui s'étaient passés dans ce temple vénéré, le solitaire raconta celui-ci à notre évêque.

Un homme, qui, plusieurs fois compromis dans des vols et autres crimes, s'en était toujours lavé au moyen du parjure, fut de nouveau accusé de larcin par plusieurs personnes.

— J'irai à la basilique du bienheureux Martin, se dit-il; je m'y purgerai par serment et ferai croire à mon innocence.

Il entre dans le saint édifice, mais aussitôt, la hache qu'il tient à la main lui échappe, il tombe lui-même sur le seuil et, le cœur pénétré de la douleur la plus vive, confesse à haute voix, le crime dont il prétendait se disculper au moyen d'un nouveau parjure.

La perfidie et le parjure étaient les traits des mœurs barbares de ce temps, et les saints, mais saint Martin surtout, suppléaient à ce qui manquait alors de force à l'autorité humaine, pour la répression des désordres.

( ) *Hist. Fr.*, l. 8, c. 15, 16.

CHAPITRE XXIII.

QUELQUES TRAITS TOUCHANTS DE LA PIÉTÉ DES PÈLERINS AU TOMBEAU DE SAINT MARTIN.

1. L'infirme Léodulphe. — 2. La jeune fille de Lisieux. — 3. Une femme du Poitou. — 4. Une petite fille de douze ans. — 5. Je ne me lèverai pas d'ici.

1. — Ne pouvant rapporter dans ce livre tant de faits édifiants qui se sont passés au tombeau de saint Martin, sous l'épiscopat de notre Grégoire, nous en choisirons quelques-uns parmi les plus pathétiques. Le suivant nous montre, aux approches de la fête du saint, les routes qui conduisaient à la basilique se couvrant au loin de pieux voyageurs (1).

Un petit garçon, nommé Léodulfe, infirme du pied gauche, tout en parcourant le pays avec d'autres mendiants, arrive à Tours, un peu avant la fête du patron vénéré; mais, au lieu d'y attendre la solennité, il se remet presque aussitôt en route, pour continuer son voyage, avec ses compagnons. A dix milles ou environ cinq lieues de la ville, la souffrance l'oblige à s'arrêter. Abandonné de son escorte, il pleurait tout seul sur le bord de la rivière et, voyant le concours du peuple qui se rendait à la fête : — Malheur à moi! disait-il. Je n'ai pas voulu assister à cette solennité du glorieux pontife et voilà que sa vertu m'a frappé. C'est pourquoi, je vous en prie, chrétiens très-fidèles, qui craignez Dieu, ayez compassion de mon ignorance, ayez compassion d'un pauvre être souffrant et infirme. Si la crainte de Dieu vous touche, portez-moi jusqu'au saint lieu.

(1) Mir. s. M., l. 2, c. 46, 54, 56, l. 3, c. 2, 39.

Parmi le grand nombre de passants, dont il implore cette grâce, un homme se trouve qui le place sur son chariot et le conduit à la basilique. Là le malheureux ne cesse de prier, pendant trois jours, au bout desquels il se retire sans aucune trace d'infirmité. — Cette guérison eut lieu en 578.

2. — L'année suivante, une jeune fille de Lisieux, déjà grande, qui avait perdu la vue, se rend dévotement au seuil du bienheureux et, prosternée à terre, ne cesse d'y prier, pendant tout le temps de la fête. Le troisième jour après cette fête, ceux qui l'ont accompagnée la pressant de partir, elle demande à être conduite au tombeau du saint. Là, elle se prosterne à plusieurs reprises, applique sur ses yeux le voile qui couvre le sépulcre vénéré, puis enfin elle fait ses adieux et s'éloigne pour retourner dans son pays. Déjà, elle montait en bateau, afin de traverser la Loire.

— Je te rends grâces, bienheureux confesseur, dit-elle, de ce que, n'ayant pas mérité de voir ton seuil sacré, j'ai eu au moins le bonheur de le toucher et de le sentir.

Après ces paroles qu'elle n'a point prononcées sans verser de larmes, elle s'essuie les yeux et recouvre la lumière.

— C'est là peut-être la basilique du bienheureux, dit-elle en se retournant.

— Oui, c'est elle, lui répondent ses voisins.

— Je ne partirai pas sans remercier le patron de la guérison que je lui dois.

Elle dit, reprend le chemin de la basilique, annonce à la multitude, qui la regarde passer, les louanges et les bienfaits du pontife, puis, sa prière achevée dans le saint temple, se relève et s'en retourne pleine de joie.

3. — La même année, une femme du Poitou vint à la fête du saint, qui se célèbre en hiver. Elle avait les

doigts contractés contre la paume de la main et les ongles enfoncés, pour ainsi dire, dans les os mêmes. Elle assiste, selon l'usage, à la solennité, mais n'obtient pas sa guérison.

— Nous sommes venus, dit-elle à ses gens, pour implorer, de tout notre cœur, l'assistance du bienheureux, mais, à cause de nos péchés, nous n'avons pu obtenir ce que nous demandions. Achevons donc maintenant nos prières et retournons dans notre patrie, nous assurant, sur la bonté du saint pontife, que l'oraison de la foi, si elle laisse le corps dans son infirmité, est néanmoins utile à l'âme.

Disant ces mots et autres semblables, elle fait en quelque sorte ses adieux au saint et se retire.

Sur le soir, elle s'arrête sur les bords du Cher, se couche et s'endort. Vers minuit, elle se réveille, rend grâces à Dieu de tous ses bienfaits et particulièrement du bonheur qu'elle a eu de toucher au tombeau du glorieux pontife. Tandis qu'elle exprime, en versant beaucoup de larmes, ces pieux sentiments, elle s'endort de nouveau. Tout à coup, un homme aux cheveux blancs comme le cygne et aux vêtements de pourpre, portant une croix à la main, se place debout devant elle.

— C'est maintenant, lui dit-il, que tu vas être guérie, au nom du Christ notre Rédempteur.

Il dit, prend la main de l'infirme, introduit son doigt sous les doigts scellés contre la paume déjà tout en putréfaction, les soulève doucement et les redresse.

Au même moment, la femme se réveille, son sang coule encore et elle élève, en louant Dieu, sa main guérie vers le ciel. Au point du jour, elle retourne à la basilique, y rend ses actions de grâces, puis reprend toute joyeuse le chemin de son pays.

4. — Environ un an après, une petite fille de douze ans, fut apportée par ses parents au tombeau du bien-

heureux. Elle était infirme de tous ses membres et, depuis six années, restait comme morte sur son lit, sans pouvoir faire un pas, ni travailler de ses mains, ni voir la lumière, ni prononcer une parole, ni entendre un seul mot. Ses parents donc répandent, pour elle, des prières, offrent des présents, font des promesses et des vœux devant le saint tombeau.

Cependant le peuple se rassemble pour la fête du saint et la célèbre avec l'allégresse accoutumée. Le troisième jour, la petite fille appelle son père :

— J'ai soif, lui dit-elle.

Transporté de joie, en entendant la voix de sa fille, pour la première fois depuis qu'elle existe, celui-ci court chercher un peu d'eau et la lui présente.

— Donne-moi la main, dit-elle après avoir bu.

Son père lui prend la main droite et l'aide à se lever. Alors debout sur ses pieds, les mains et les yeux au ciel :

— Je te rends grâces, dit-elle, Dieu tout-puissant, qui as regardé ma bassesse et daigné, par ton saint pontife, me délivrer de mes maux.

En effet complétement guérie de tant d'infirmités, elle retourna toute joyeuse chez ses parents.

5. — Voici un exemple de ces résolutions énergiques qu'inspirait alors une foi profonde. — C'était en 585. Une femme aveugle et ayant, en outre, les mains et les pieds retournés en arrière, souhaita de célébrer à Tours, en compagnie de ses parents, la fête du glorieux pontife. Le troisième jour après cette fête, songeant à s'en retourner, elle se prosterne dans la sainte basilique et se met à prier le Seigneur de vouloir bien montrer, en sa faveur, l'assistance ordinaire de sa miséricorde. Elle demandait cette grâce avec larmes, quand soudain ses mains se redressent et ses pieds se rétablissent. Conduite alors au saint tombeau, elle y offre ses actions de grâces, puis exprime le

désir d'être menée à la porte du temple. De nouveau, elle s'y prosterne :

— Je ne me lèverai pas d'ici, dit-elle à ses parents, avant que celui qui m'a rendu l'usage de mes pieds et de mes mains, ne rende aussi la lumière à mes yeux.

A peine a-t-elle parlé que des énergumènes se plaignent, à grands cris, d'être tourmentés et confessent la présence de Martin. L'événement manifesta mieux encore l'arrivée du bienheureux, qui rendit aussitôt la lumière à cette aveugle.

CHAPITRE XXIV.

LA BASILIQUE DE SAINT-MARTIN, DANS LES DERNIÈRES ANNÉES DE L'ÉPISCOPAT DE SAINT GRÉGOIRE.

1. Miracles de l'année 588. — 2. Donation à la basilique.— 3. L'essaim d'abeilles. — 4. Fête d'été et fête d'hiver de l'an 590. — 5. Le muet de la Biscaye. — 6. L'année 594.

1. — En 588, notre évêque Grégoire, atteint successivement de coliques violentes, d'une tumeur à la langue et de vifs élancements aux lèvres, est guéri de tous ces maux devant le tombeau du saint (1). Peu après, suivant son conseil, on porte à la basilique un petit garçon à l'extrémité, sur lequel on veille toute une nuit et que le père a la joie de ramener en bonne santé.

Cette année, à la fête qui se célèbre le cinquième mois, c'est-à-dire, selon la manière de compter usitée alors, au mois de juillet, un homme dont la main était contractée, une femme aveugle depuis huit ans et trois énergumènes furent guéris à la basilique.

---

(1) M. s. M., l. 4, c. 1, 6, 11, 13, 15, 17, 21, 23, 26, 34. 38, 40, 45.

Cette même année, la treizième du règne de Childebert, à la fête du trépas du bienheureux, l'esclave d'un tourangeau nommé Théodulfe, aveugle depuis six ans, recouvre la lumière.

2. — L'année suivante 589, à la fête d'été, la vertu du saint se manifesta sur douze paralytiques, trois aveugles et cinq énergumènes. A cette fête assistèrent le pieux abbé Aredius, venu de Limoges, Florentianus et Romulfus, maire et comte du palais. Ces deux derniers surtout étaient ravis d'admiration devant la gloire du confesseur.

Un riche habitant du pays chartrain, nommé Blidéric, vint, en ce même temps, à la basilique, et, sa prière faite, invita l'abbé à l'accompagner chez lui. Celui-ci y ayant consenti, Blidéric remit entre ses mains tout ce qu'il possédait.

— Tout cela, lui dit-il, appartient maintenant à saint Martin et je ne m'en réserve que ce qui sera nécessaire à ma subsistance, ma vie durant.

Blidéric, marié depuis trente ans, n'avait point alors d'enfants : il en eut plusieurs depuis cette donation ; mais il trouva moyen de les pourvoir honnêtement, sans rompre l'engagement qu'il avait pris envers la basilique.

A la fête d'hiver de cette année, où fut présent Aunacharius, évêque d'Auxerre, un homme, à la main contractée et desséchée, fut guéri.

Un infirme de l'Anjou, nommé Baudégisile, fils de Baudulfe, demande avec larmes à être conduit au seuil de la basilique : son père l'amène par eau à Tours et le dépose devant les pieds du saint, c'est-à-dire en dehors devant le sépulcre. Après quelques jours de prières, l'infirme s'en retourne sain et sauf.

3. — Un homme d'Azay, nommé Céleste, possédait beaucoup d'abeilles. Un des essaims s'échappe et Céleste,

qui le suit quelques temps, se prosterne bientôt contre le sol.

— Bienheureux confesseur Martin, dit-il, si ta vertu veut bien arrêter cet essaim et le faire rentrer en mon pouvoir, toute la cire qu'il produira dans la suite sera pour les luminaires de ta basilique et j'en garderai seulement le miel pour mon usage.

Il ne s'était pas encore relevé que l'essaim s'était abattu, près de lui, sur un arbuste. Deux ou trois ans se passent et les abeilles, rétablies dans la ruche, ont déjà produit plus de deux cents livres de cire; mais alors un bruit de guerre se répand dans le pays et, par crainte de se voir enlever l'objet de son vœu, Céleste l'enfouit dans la terre. La paix revenue, il mande le diacre de Grégoire pour le lui remettre. Le diacre arrive, entend le récit de cet homme et fait creuser à l'endroit désigné. Un valet, qui souffre d'une très-vive douleur aux reins, prend la pioche.

— Saint Martin, dit-il, si tu as pour agréable l'offrande de cet homme, que ta vertu touche mes reins et me guérisse au moment où je découvrirai la cire.

Au premier coup qu'il donne, après ces mots, il sent que sa prière est exaucée, et va se présenter, avec cette cire, à la bienheureuse basilique.

4. — A la fête d'été de l'an 590, un petit garçon, nommé Leudovald, esclave de Baudeleife, angevin, et une petite fille du même pays, nommée Viliogundis, tous deux aveuglés par un tourbillon de poussière, sont guéris et se présentent à Grégoire, au sortir de la messe. — Un aveugle, nommé Litoveus, déjà guéri d'une autre infirmité, à la fête précédente, recouvre la vue à celle-ci. A cette même fête, Leudard, esclave d'Emnerius, diacre de Nantes, vient à basilique et recouvre la vue dont il est privé depuis six ans.

Motharius, habitant de Tours, avant de commencer un assez long voyage, dépose, pour une nuit, au saint tombeau, un vase plein de vin et un pain, qui, selon son intention, doivent être sa sauvegarde. En route, il s'en sert pour guérir une femme possédée du démon et une autre atteinte de la fièvre.

A la fête d'hiver, Silluvius, habitant de Bayeux, aveugle et infirme depuis quinze ans; Ermegundis, femme d'un angevin, souffrant des mêmes maux; un autre infirme appelé Charimond; Leodémond, aveugle depuis sept ans; trois autres aveugles et plusieurs énergumènes furent l'objet de la bienfaisante vertu du saint.

Léon, l'un des prêtres de Grégoire, monte à cheval, au milieu de la nuit, et part d'une maison de campagne des environs, pour se rendre à la basilique, afin d'y trouver quelque secours, en faveur d'une petite fille, du nombre de ses esclaves, qu'il laisse dans le plus grand danger. Il frappe à la porte de la cellule du sacristain, mais ne peut réussir à l'éveiller. Alors il va prier à l'extérieur devant l'abside du tombeau, puis recueille à terre un peu de poussière et l'emporte avec foi; la malade boit une potion qu'il lui présente et où il a mêlé cette poussière : la fièvre la quitte à l'instant.

La fête suivante vit à la basilique Nonnichius, évêque de Nantes : il amenait un petit garçon, nommé Baudégisile, qui avait les membres difformes. La fête passée, il le ramena guéri.

Vers le même temps, Clotaire, fils du roi Chilpéric et de Frédégonde, tomba malade (1). Sa mère, le voyant dans le plus grand danger, fait vœu d'envoyer beaucoup d'argent à la basilique de Saint-Martin et aussitôt l'enfant se trouve mieux.

Vers 592, Léodulfe, que la commotion d'un trem-

(1) *Hist. Fr.* l. 10, c. 11.

blement de terre a rendu fou et paralysé de tous ses membres, revient à son état naturel, après quelques jours de prières à la basilique.

5. — A la fête d'été de l'an 593, quatre aveugles, deux énergumènes et deux paralytiques sont guéris à la basilique.

Dans cette partie de l'Espagne, qu'on appelait alors la Cantabrie et qui se nomme aujourd'hui la Biscaye, un homme du nom de Mauranus, s'étant levé, un matin, sortait de sa maison, lorsqu'il lui sembla tout-à-coup être frappé à la tête. Il tombe privé de sentiment et, trois jours durant, on le regarde comme mort. Le quatrième, il ouvre les yeux, essaye de parler, mais en vain : il est devenu muet. Instruit par la renommée des miracles du bienheureux Martin, il remet à des matelots une pièce de monnaie appelée *trians*, parce qu'elle valait le tiers du sou d'or, les suppliant, par signes, de la porter au temple du saint évêque. En rentrant chez lui, il voit à ses pieds une pièce d'or ressemblant au trians : il la ramasse, la pèse et reconnaît qu'elle a le poids d'un sou, c'est-à-dire, une valeur triple de celle du *trians* et représentant aujourd'hui un peu plus de quinze francs.

— C'est la vertu du bienheureux Martin, se dit-il en lui-même, qui me rend avec usure le prêt que je viens d'adresser à son temple.

A partir de ce moment, il n'a plus qu'une pensée: c'est de se rendre lui-même au tombeau du saint. En effet, ayant trouvé un navire prêt à mettre à la voile, il tente de s'y embarquer, mais il en est empêché par ses parents. Une seconde fois, il est encore arrêté de la même manière; mais un troisième navire s'étant présenté, il fut impossible de le retenir. A peine est-il à bord et le vaisseau a-t-il gagné la pleine mer que la parole lui revient.

— Je te rends grâces, dit-il, les mains élevées au ciel, Dieu tout-puissant, qui m'as commandé ce voyage, puisque, même avant d'avoir vu le temple de ton saint, je suis déjà comblé de ses bienfaits.

Le navire poursuit sa marche et jette l'ancre à Bordeaux. Notre homme y débarque, continue par terre son pèlerinage, arrive à la sainte basilique, acquitte son vœu et bientôt raconte lui-même à Grégoire toute son aventure.

A la fête d'hiver de la même année, Maurel, de la maison dite de Ponthion, esclave du duc Aginus, vient infirme d'une jambe. Après trois jours de prières, il se retire, le lendemain de la fête, le genou redressé.

Peu après, un petit garçon des environs d'Amboise, vient, les mains et les pieds contractés, à la basilique et s'y mêle aux autres mendiants; il est visité par la vertu du saint. — Euthyme, prêtre de Grégoire, s'approche du saint tombeau, en enlève un peu de poussière et arrache quelques fils au voile qui le couvre. Cette poussière prise en potion et ces fils attachés au cou du malade rendent la santé à l'un de ses valets, en proie aux ardeurs d'une fièvre violente.

6. — Vers le commencement de l'année 594, Principius, habitant de Périgueux, atteint de folie, vient à la basilique, y passe quatre mois dans l'abstinence de la viande et du vin, et retourne chez lui rétabli dans ses facultés. — Léodulfe, habitant de Bourges, aveugle depuis un an, vient dévotement à la fête d'été du bienheureux, et, le troisième jour de cette fête, revoit la lumière.

Dans le même temps un contrefait est encore guéri à la basilique. — Un autre malheureux, nommé Paternien, arrive de la Bretagne, aveugle, muet, sourd et contrefait des mains, n'ayant plus, en un mot, que les pieds pour le soutenir. Il gagne la basilique du puissant patron, y répand sa prière, puis revoit le jour, recouvre l'usage de ses mains, et, plein d'admiration pour la vertu qui l'a

23

guéri, annonce au peuple la grâce qu'il vient de recevoir. Le miracle dont il a été favorisé lui attire un grand nombre de présents dont il se sert pour racheter plusieurs captifs.

Grégoire, historien de tant de miracles, s'en sert comme de réponse à ceux qui eussent douté des prodiges que le saint a opérés durant sa vie (1). « S'il existe encore, dit-il, quelque homme infidèle et jaloux qui refuse de croire à ces faits, qu'il vienne à la basilique et il verra, chaque jour, s'opérer de nouveaux miracles et se renouveler les anciens. »

CHAPITRE XXV.

CULTE DE SAINT MARTIN AU VIIe ET AU VIIIe SIÈCLE.

1. Éloy et Dagobert. — 2. Concession de Crotpert. — 3. Lettres patentes de Charlemagne. — 4. La chape de S. Martin. — 5. Alcuin. — 6. Les plus célèbres pèlerinages.

1. — Vers l'an 640, c'est-à-dire environ quarante-cinq ans après la mort de Grégoire, Éligius ou Éloy, qui n'était pas encore évêque, et Dagobert Ier, roi des Francs, se distinguèrent ensemble par leur dévotion envers saint Martin (2). Entre autres bonnes œuvres auxquelles il se livrait, Éloy fabriquait beaucoup de châsses pour les reliques des saints ; mais ce fut pour notre pontife qu'il déploya toutes les merveilles de son art : l'or et les pierreries dont il revêtit son tombeau lui furent fournis par le roi. Le pieux artiste orna encore avec élégance l'an-

(1) Glor. conf., c. 6.
(2) Audoen, vita s. Eligii, l. 1, c. 32. Patrol. Migne, t. 87, col. 504.

cienne tombe où le corps du bienheureux avait reposé jusqu'au temps de saint Perpetuus. Ce ne fut pas tout.

La capitale de la Touraine était, au sujet de l'impôt, retombée dans le droit commun. Pour honorer le saint confesseur, le roi, à la demande d'Éloy, fit don par écrit à l'église de Tours de tous les impôts payés à l'État par la cité. Depuis lors, cette église se trouva en possession de tous les droits du fisc et le comte de Tours était lui-même établi par lettres de l'évêque.

A cette époque, c'était au tombeau de saint Martin que les rois et les princes venaient prononcer leurs serments les plus solennels (1). Pour marque de l'engagement qu'ils y avaient pris, ils y laissaient leur canne ou bien un de leurs gants. Dans les derniers temps, on conservait encore, dans le trésor de la basilique, un de ces derniers objets, auquel était attachée une inscription qui paraissait être du VIIᵉ ou VIIIᵉ siècle.

2. — La basilique de Saint-Martin, qui était alors des-servie par un monastère de l'ordre de saint Benoît, sous la direction d'un abbé, avait un territoire fort étendu qu'elle tenait de la libéralité des rois (2). Crotpert, qui fut évêque de Tours en 652, se dépouilla de toute la juridiction qu'il avait sur cette église et son territoire. Il consentit qu'elle fût et demeurât démembrée de son diocèse et que toute l'autorité spirituelle ou temporelle en appartînt à la communauté, pour être exercée par l'abbé ou son prieur et, par ceux qui seraient jugés les plus capables. Les évêques des Gaules souscrivirent à cette décision, inspirée par la dévotion envers saint Martin, les rois l'autorisèrent par leurs patentes et le pape Adéodat la confirma.

---

(1) Gervaise, p. 300.

(2) Defense des privil. de S. M., *passim*. Patrol. Migne, t. 87, col. 1141 et seq., t. 88, col 1264.

Cinquante ans après, vers l'an 720, Ibbo, évêque de Tours, pénétré du même esprit que son prédécesseur, voulut avoir part aux mérites d'un acte qui avait un principe si honorable et si saint. Il reconnut l'authenticité du privilége et l'approuva par une charte, en forme de concession nouvelle, qu'il souscrivit et fit souscrire par d'autres prélats.

Cependant le concours des pèlerins attira bientôt des marchands qui s'établirent aux environs du cloître, et il s'y forma une ville, appelée *Martinopole*, où l'on compta jusqu'à vingt-deux édifices religieux, bâtis par les moines de Saint-Martin. C'est pourquoi, vers 775, sous le pape Hadrien, on établit, dans la basilique, un évêque chargé, sous l'autorité de l'abbé, d'y administrer les sacrements et d'y annoncer la parole de Dieu.

3. — Avec le viii⁰ siècle, nous apparaît le grand nom de Charlemagne (1). Les lettres patentes de ce prince, datées de la première année de son empire, nous apprennent qu'il donna à la basilique, aux environs de Pavie, un collége de chanoines et une église avec plusieurs paroisses qui en dépendaient.

D'autres lettres patentes du même prince, datées de la vingt-deuxième année de son empire, font mention des églises qui étaient, en Allemagne, de la dépendance de Saint-Martin de Tours. Il parle aussi, dans ses capitulaires, de la fête du passage de saint Martin et l'appelle la *Messe de saint Martin*. Cette expression prouve que cette fête était observée comme d'obligation; car c'était par le nom de *Missa* qu'on désignait alors les solennités des saints où le peuple devait s'assembler, pour assister à leur messe. — Le premier concile de Mâcon donne à la même fête le nom de Férie, c'est-à-dire de jour où l'on doit s'abstenir de travailler, et Jean, archevêque de Rouen,

(1) Gerv., p. 292, 299.

nous apprend que, dans sa province, la fête de saint Martin tenait le même rang que celle de saint Jean-Baptiste et des apôtres saint Pierre et saint Paul.

Charlemagne qui, par la donation faite à Saint-Martin, d'une église aux environs de Pavie, eut apparemment en vue d'honorer le lieu où le bienheureux avait été élevé, signala, par une fondation, la ville qui lui avait donné la naissance et qui, appelée encore, à cette époque, Sabarie porte aujourd'hui le nom de Szent-Marton (1). Ce prince, ayant vaincu et subjugué les Avares, bâtit, à Sabarie, une église dédiée au saint pontife.

4. — Nos rois et nos reines ont toujours regardé saint Martin comme leur patron principal. Aussi presque tous se sont-ils fait un honneur de visiter, plusieurs fois, son tombeau. Dans leurs plus pressants dangers, ils ont reconnu, par leur propre expérience, combien son intercession est puissante auprès de Dieu. Leurs historiens, ceux de Charlemagne en particulier, nous apprennent qu'ils ne commençaient point de guerre avant de venir, auprès de ses reliques, lui demander sa protection et y prendre son étendard.

On appelait ainsi un grand voile où était peinte l'image du saint et qui servait à couvrir son tombeau. La double destination de ce voile lui a fait donner indifféremment, par d'anciens auteurs, les noms de *cappa*, chape, ou de *vexillum*, étendard. Nos rois faisaient garder respectueusement par des clercs, sous une tente de leur camp, cette chape avec les reliques des saints dont ils aimaient à s'entourer. Ces clercs furent appelés, dans la suite, *capellani*, ou chapelains, c'est-à-dire gardiens de la chape de saint Martin. On nomma aussi *capella*, ou chapelle, l'endroit où elle était gardée. Ces deux noms demeurèrent plus tard

(1) Archiv. monast. s. Mart., Sabar.

aux lieux saints où nos rois allaient prier et aux clercs à qui la garde en était confiée, bien qu'on n'y conservât plus la chape de saint Martin.

5. — Le précepteur de Charlemagne, le bienheureux Alcuin, écrivait en 795, aux moines de Saint-Martin de la ville de Tours (1) : « Dès que j'ai pu connaître votre béatitude, j'ai désiré être l'un d'entre vous.... O heureuse famille qui possède un tel pasteur et qui a un tel guide pour le jour du Seigneur! Heureux celui qui, de tout son cœur, suit ses traces et s'attache à ses préceptes! Il méritera un jour d'être associé à sa gloire... Vous avez pour secours la grâce de Dieu et pour grand intercesseur saint Martin qui prie, chaque jour, pour vous. Car celui dans la maison duquel vous vous tenez, chaque jour, pour le servir, vous l'avez pour défenseur, à toute heure, dans les cieux. »

Le désir de ce saint et savant homme fut accompli : il reçut de Charlemagne l'abbaye de Saint-Martin, dont il rendit l'école très-florissante.

En 800, Charlemagne partit de Rouen pour venir à Tours, prier au tombeau de saint Martin (2). Il y resta quelques jours, à cause de la maladie de sa femme Luitgarde qui y mourut et y fut ensevelie. Avant lui, en 768, son père, Pépin le Bref, étant tombé malade à Saintes, s'était fait porter à Tours pour prier devant le saint tombeau.

6. — Déjà, en 511, le premier concile d'Orléans avait dit : « Le pèlerinage de Gaule, c'est-à-dire celui qui se fait au tombeau de saint Martin, ne le cède pas à ceux de Jérusalem et de Rome.

En 813, le second de Châlon-sur-Saône, auquel assistaient les évêques et les abbés de la Gaule Lyonnaise, sous

(1) B. Flacci Albini, epist. 23.
(2) Eginhard, in Annal. de gestis ejus. Aimon.; de Gestis Franc., l. 4, c. 67.

le pape Léon III et l'empereur Charlemagne, nous fournit
la preuve que les deux plus fameux pèlerinages de cette
époque étaient Saint-Pierre de Rome et Saint-Martin de
Tours. Il dit au canon 44e : « Que les prêtres ne fassent
point de pèlerinage à Rome ou à Tours sans la permission
de leur évêque; » et au 45e : « Il se commet beaucoup
d'abus dans les pèlerinages qui se font à Rome, à Tours
et en d'autres lieux... Les puissants du siècle prétextent
le voyage de Rome ou de Tours pour commettre des exac-
tions. Tout en condamnant ces abus, nous louons la dévotion de ceux qui, pour accomplir la pénitence que le
prêtre leur a conseillée, font ces pèlerinages en les accom-
pagnant de prières, d'aumônes et de correction de leurs
mœurs. »

Charlemagne laissa à la basilique un témoignage de sa
dévotion. Ce fut la coupe où il avait coutume de boire,
elle était d'or et pesait plus de 27 marcs.

Troisième période : 848 - 1000.

DERNIERS DÉSASTRES ET DERNIÈRES GLOIRES DE LA BASILIQUE BATIE PAR S. PERPETUUS.

CHAPITRE XXVI.

LA SUBVENTION DE SAINT MARTIN.

1. L'abbaye sécularisée. — 2. Les Normands assiègent Tours. —
3. Victoire miraculeuse. — 4. Trois monuments. — 5. Rollo. —
6. Le corps saint arrive à Auxerre.

1. — En 848, l'abbaye de Saint-Martin de Tours était
sécularisée et Charles le Chauve y établissait deux cents

chanoines, à la place des moines qui l'avaient desservie jusqu'alors. En cet état de sécularité, la basilique vit encore son privilége d'exemption confirmé par le concile de Toul, que le pape Nicolas Ier, le roi Charles et son frère Lothaire avaient convoqué et où présidait Hérard, archevêque de Tours (1). Malgré ce même état, il paraît que le chef de la nouvelle communauté continua de porter le nom d'abbé. La communauté elle-même fut encore appelée monastère. Ainsi, en 862, Charles le Chauve s'exprime ainsi dans une lettre : « Nous sommes venus pour prier et pour régler les autres affaires de notre royaume, au monastère de notre particulier patron le bienheureux Martin dont le corps vénérable y est enseveli et honoré. »

2. — Ce fut sous le règne de Charles le Chauve, que les barbares du Nord, appelés Normands ou Danois commencèrent, en France, leurs incursions qui continuèrent avec un succès effroyable, sous celui de son fils Louis le Bègue.

Après avoir dévasté les provinces de la Gaule supérieure, Hastings, l'un de leurs chefs, descend vers le pays des Turones, réduit en cendres Amboise, et ravage toute la contrée renfermée entre la Loire et le Cher, puis vient mettre le siége devant Tours (2).

Les malheurs d'autrui, dont la nouvelle leur est parvenue, ajoutent à la terreur des assiégés. Cependant ils restaurent leurs murailles, réparent les tours et les fortifications, et, après avoir lancé une grêle de flèches, font successivement plusieurs sorties. Mais déjà les remparts commencent à céder au choc des machines et menacent de s'écrouler. Sentant leur infériorité, les Tourangeaux

_____

(1) Maan, Eccl. Tur., pars alt. p. 47.
(2) Tract. de Revers., b. Mart., Patrol. Migne, tome 133, col. 819. Brev. s. Mart., in festo Subvent., Gery., p. 312.

perdent bientôt tout espoir dans les forces humaines : ils
rentrent en eux-mêmes et comprennent que leur unique
ressource est dans l'aide de Dieu et l'intervention de saint
Martin.

3. — Au moment même, les clercs de la ville, rassem-
blant toute cette partie de la population à qui sa faiblesse
ne permet pas de combattre, volent avec elle vers l'église
où reposent les reliques de leur patron. Pénétrés d'un
effroi et d'une douleur difficiles à dépeindre, ils entourent
le tombeau de leur défenseur et, au milieu des gémissements des vieillards, des pleurs des enfants, des lamentations des femmes :

— Saint de Dieu, s'écrient-ils, Martin, pourquoi dormir ainsi? Pourquoi ne pas vouloir t'éveiller, quand nous
sommes dans la détresse? Nous allons tomber au pouvoir
des païens, nous allons être emmenés en captivité, si
toutefois quelqu'un de nous échappe au tranchant du
glaive, et tu feins d'ignorer tout cela! De grâce, montre-
nous ta bonté ordinaire, secours-nous, viens en aide à
des infortunés. Toi qui jadis as fait tant de miracles pour
des étrangers, fais-en du moins un pour les tiens : délivre-
nous, autrement nous périrons et ta ville sera réduite en
solitude.

Tout à coup, inspirés par une grâce divine, ils ouvrent
le tombeau du saint, enlèvent la châsse qui renferme ses
précieuses reliques ; puis, avec des larmes et des sanglots
qui, sans doute, émurent de pitié les anges mêmes, ils
courent la placer à une porte qui allait céder aux coups
des ennemis. Aussitôt le combat change de face : la confiance et l'audace reviennent aux assiégés, en même temps
que leurs adversaires sont saisis de stupeur et d'effroi.
Bref, les Danois prennent la fuite, les Tourangeaux les
poursuivent, accompagnés du corps saint. Une partie des
fuyards tombe sous le glaive, une partie est ramenée prisonnière, le reste parvient à s'échapper. Les Tourangeaux

rentrent dans leur ville, au chant des hymmes sacrés, portant le corps de celui qui a triomphé pour eux et à qui revient tout l'honneur de la victoire.

4. — Afin d'en perpétuer le glorieux souvenir, on bâtit, à la sixième pierre hors de la ville, au lieu même ou s'arrêta le corps du saint quand les habitants de Tours cessèrent de poursuivre les Danois, une église qui fut nommée Saint-Martin-de-la-Guerre, *Ecclesia Sancti Martini belli.* Un bourg s'y est formé depuis, sous le nom de Saint-Martin-le-Beau.

Quant à l'endroit où son corps fut posté en sentinelle sur la muraille de la ville, c'était là, disait-on, que s'élevait jadis le palais où Valentinien avait été forcé miraculeusement à se lever devant le saint. L'archevêque de Tours, avec l'aide du peuple fidèle, y restaura une église qui fut dès lors appelée Saint-Martin-de-la-Basilique ou de la Basoche, soit à cause du voisinage de la Basoche, soit parce qu'elle fut construite, selon quelques-uns, sur les ruines d'une ancienne basilique.

Enfin l'archevêque Ursmarus, ayant, à cette occasion, convoqué plusieurs de ses suffragrants, tint un synode, où il fut décidé que désormais, chaque année, on solenniserait dans tout le diocèse, la fête de cette délivrance, le 4 des ides de mai, sous le titre de la *Subvention de saint Martin.* L'événement, dont on célèbre encore aujourd'hui la mémoire, avait eu lieu le 12 mai vers l'an 859.

5. — Quinze années s'écoulent depuis la fuite d'Hastings, et Rollo paraît, pour le remplacer. Guerrier intrépide, ennemi déclaré du nom de chrétien, il défait, en plusieurs rencontres, les habitants de la Flandre, de la Neustrie et de la Bretagne, réduit en cendres leurs villes avec leurs églises et répand des flots de sang humain. Tandis qu'il assiége le Mans, il envoie à Tours des officiers de son armée, avec ordre de ruiner la ville, d'en enlever

toutes les richesses et de lui en amener les habitants enchaînés. Mais le débordement subit du Cher et de la Loire ferma l'abord de la ville aux bataillons ennemis. Toutefois le monastère de Marmoutier, situé sur l'autre rive du fleuve, fut entièrement détruit par les Barbares dont l'épée fit périr cent seize moines. L'abbé, nommé Héberne, et vingt-quatre religieux parvinrent seuls à s'échapper.

Six mois après, les chanoines de Saint-Martin apprennent que Rollo, maître du Mans, se prépare à venir aussi enlever d'assaut la ville de Tours. Ils tiennent donc conseil avec les citoyens et se décident, pour mettre le corps de saint Martin en sureté, de l'envoyer à Orléans. Les porteurs et gardiens auxquels on le confia furent Héberne, avec ses vingt-quatre moines et douze des chanoines de la basilique. Ces gardiens devaient, jour et nuit, servir Dieu et le saint confesseur. Douze bourgeois de la ville de Châteauneuf ou Martinopole furent chargés de les accompagner sans cesse afin de pourvoir à leurs besoins.

6. — Informés plus tard que les Danois se sont avancés vers les parties supérieures de la Gaule, les porteurs se retirent à Saint-Benoît-sur-Loire, village situé à sept lieues de Gien. Peu de jours après, quand la renommée leur annonce que Rollo est arrivé à Orléans, ils se rendent à Chablis, petite ville à quatre lieues d'Auxerre. C'était en 877, comme l'indique une patente de Charles le Chauve, portant confirmation d'un échange de terres fait entre Hugues, abbé de Saint-Martin de Tours, et les moines de Chablis, où il est inséré que le corps de saint Martin reposait alors dans le monastère de ces derniers.

La crainte chassa encore bientôt de cet asile les porteurs de la sainte relique, et ils se dirigèrent vers Auxerre. A la nouvelle de leur approche, l'évèque et toute la ville s'avancent à leur rencontre, accueillent avec honneur le grand saint qui va devenir leur hôte, conduisent le pieux cortége à l'église de Saint-Germain et déposent près du tombeau de leur illustre évêque la châsse de son confrère en sainteté.

CHAPITRE XXVII.

LA BASILIQUE DE SAINT-MARTIN BRULÉE PAR LES NORMANDS.

1. Beauté de l'ancienne basilique.—2. Erith et Bathet, chefs danois, y mettent le feu. — 3. Consternation générale.— 4. Saint Odon.— 5. Les cloitres fortifiés.

1. — Nous avons parlé du premier incendie de la basilique, sous Clotaire Ier. Les toits en avaient été détruits, ainsi qu'une partie des voûtes qui s'écroulèrent : celle du rond-point ne fut qu'endommagée. Le roi fit réparer le saint édifice et y envoya de très-riches présents (1). — La basilique fut en partie brûlée de nouveau en 804, par l'imprudence d'un des sacristains qui laissa une lumière auprès des ornements.

En 853, les Normands pillèrent la ville de Tours, mirent le feu aux églises et particulièrement à celle de Saint-Martin, qu'ils ruinèrent de nouveau, trois ans après.

Trois fois incendiée, dans l'espace d'un demi-siècle, la basilique, malgré le zèle avec lequel on la relevait de ses ruines, n'était plus ce qu'elle avait été dans les temps anciens. Alors, en effet, c'est-à-dire avant les désastres du

---

(1) Gervaise, p. 319. Jacquet-Delahaye, p. 88. S. Odon, Sermo. 4, Patrol. Migne, tom. 133, col. 729 et seq.

ixe siècle, les murailles en étaient incrustées, au dedans, de marbres de différentes couleurs, rouges, blancs et verts, entremêlés, qui offraient un coup d'œil magnifique, tandis qu'au dehors elle étincelait de porphyres, de cristaux et d'autres pierres éclatantes formant des festons et des couronnes relevés en bosses. Ajoutez à cela cette toiture en lames d'étain, dont le roi Clotaire l'avait fait couvrir.

« Il reste encore, dit saint Odon, au commencement du xe siècle, quelques indices de toute cette richesse et nous avons vu des frères, d'entre les plus anciens, qui attestaient la chose, disant que ce temple resplendissait, en face du soleil, comme une montagne d'or et présentait à la vue un spectacle qui semblait proclamer la gloire du bienheureux. Les premiers architectes ont voulu y construire des galeries ou portiques voûtés, parce que cette enceinte, bien que très-spacieuse, est trop étroite, lorsque les foules s'y entassent et renversent sans le vouloir, les barrières du chœur et les jambages des portes. »

Aux vestiges de son ancien éclat et aux restes de son architecture primitive la basilique, réparée, en dernier lieu, par ses chanoines, joignait, toutefois, encore de quoi charmer vivement les regards. Les murailles historiées, les vitres ornées de saphir et les décorations formées de feuilles d'or l'avaient rendue plus belle qu'elle n'était avant le désastre le plus récent.

2.—En 903, quarante-sept ans après cet incendie, tandis que le corps de saint Martin était en sûreté à Auxerre, deux chefs danois, Erith et Bathet, vinrent, encore une fois, piller son église et y mettre le feu. Ce fut le dommage le plus cruel dont la basilique ait jamais eu à souffrir, avant sa ruine actuelle. Toute la ville de Châteauneuf et vingt-huit églises furent la proie des flammes : il ne resta que le cloître, renfermant les habitations du clergé.

Ce malheur fut attribué aux péchés qui s'étaient commis, depuis peu, dans le saint temple. On rapportait, en effet, que, l'avant-veille, la discorde avait éclaté parmi les chanoines et que, la veille, un homme avait injurié et frappé plusieurs d'entr'eux, devant l'autel même. — Saint Martin aussi était apparu à un pauvre et, se plaignant d'avoir été insulté dans sa propre maison, lui avait dit qu'il allait la quitter aussitôt pour se rendre à la ville de Tulle. Quelques fidèles avaient cru voir encore le saint évêque, dans l'église de Tulle, avec saint Michel, priant celui-ci de prendre soin de sa communauté et ajoutant, avec tristesse, que ses serviteurs ne lui laissaient pas de repos à Tours.

3. — Quand la première nouvelle de cette calamité vola tout à coup d'une province à l'autre, un deuil immense étreignit tous les cœurs. Non-seulement les habitants de la campagne, qui avaient dès lors, pour le bienheureux, une dévotion plus particulière, mais les grands et les rois mêmes répandirent des pleurs. Ce qui surtout augmentait l'amertume des regrets, c'était qu'après l'incendie précédent, cet édifice auguste, réparé à grands frais et avec beaucoup d'industrie par son clergé, venait à peine de sortir de ses ruines. — On était justement alors aux approches de la fête solennelle du bienheureux, à laquelle, chaque année, les peuples se rendaient par masses pressées. Ils y vinrent cette fois en foules plus nombreuses, partie pour assister à la solennité, partie pour voir la ruine de l'édifice.

4. — « Nous y vînmes aussi nous-même, dit saint Odon. Nos yeux, en parcourant toute chose, se remplissaient de larmes et, tandis qu'ils cherchaient en pleurant tout ce qu'ils avaient vu autrefois, des gémissements s'échappaient de ma poitrine. Quand nos larmes, ce sang de notre cœur, furent épuisées, nous nous retirâmes dans la salle d'école. Je ne sais ce que j'y dis, mais j'y parlai longuement, selon l'habitude de ceux qui souffrent, de répéter, non ce que la raison demande, mais ce que leur

arrache la douleur. Pour comble de chagrin, on parla
de quelques personnes qui, disait-on, dénigraient le
bienheureux Martin, comme n'ayant pu réprimer l'incendie, auquel il avait permis tant de fois de dévorer sa
demeure. Quelques-uns aussi auraient fait entendre qu'il
avait pris notre âge en haine et n'écoutait plus, comme à
son ordinaire, les prières des suppliants, à qui sa présence
ne se manifestait plus par des miracles.... Ce n'était donc
pas assez que, par l'excès de nos fautes, il eût souffert
que ce second temple fût brûlé : il fallait encore, ô douleur! que ceux qui lui attirèrent cet affront, essayassent
de le calomnier! »

Mais heureusement l'univers entier reconnaît et proclame la puissance de Martin, et l'on pourrait noblement
la venger en retraçant l'état des autres lieux qui lui sont
consacrés et même les miracles qu'il a naguère opérés.
« La gloire de Martin s'étend jusqu'aux extrémités de la
terre, comme l'attestent les dévots, de pays lointains et
de langues inconnues, qui ne cessent d'affluer ici. Ce que
la dévotion des anciens lui a témoigné de respect et d'a-
mour, paraît dans ces églises innombrables placées, en
tous lieux, sous son vocable : car on les rencontre si fréquentes, qu'après la Mère de Dieu et le prince des apôtres,
aucun saint n'en a un aussi grand nombre... Quand bien
même tous les rois et les césars publieraient partout des
édits pour le faire vénérer de tout le monde, jamais ils ne
pourraient obtenir que son culte fût si général et si célèbre qu'il est maintenant. »

5. — « Depuis le dernier embrasement, dit encore saint
Odon s'adressant aux chanoines, vous aviez fortifié, avec
beaucoup de soin, les cloîtres du monastère, afin de soustraire à l'avenir la sainte maison aux insultes des ennemis. Mais, oubliant de quel respect ce lieu sacré avait
toujours été environné, vous avez permis qu'on en fît
comme une auberge banale. Ainsi, les femmes y viennent

puiser de l'eau et s'y promènent à leur gré, sans que les
portiers les empêchent. Cependant nous avons vu jadis
qu'on ne permettait à personne, ou bien rarement, de franchir les portes du monastère. Personne non plus n'eût
osé traverser à cheval, sans s'arrêter, la place du parvis :
maintenant on n'y fait plus attention, comme si ce mur
eût été élevé, non pour repousser l'ennemi, mais pour
mettre dehors le respect dû au lieu saint. Ce mur n'a
donc pu éloigner un incendie qu'il appelait, au contraire,
par l'irrévérence à laquelle il servait d'abri... Ce qui
cause encore un extrême déplaisir, c'est que plusieurs des
clercs nourris ici se déshonorent en portant des habits
laïques ou trop pompeux. Leur conduite cependant avait
mérité que nous l'entendissions louer même à Rome. —
Il n'est pas nécessaire de venir à Rome, nous ont dit des
Romains, lorsqu'on demeure près du temple du bienheureux Martin. — ... Au reste, si chez vous les bonnes
œuvres surabondent, ce n'est que l'ancienne coutume.
Car, de tout temps, les habitants de ce lieu saint, aidés
des mérites du bienheureux Martin et engagés par l'éclat
même de sa renommée, se sont comportés dévotement. Il
serait, en effet, trop impie d'être en la présence de celui
que glorifient toutes les nations, même les plus lointaines,
et de ne pas le vénérer avec respect et piété. »

CHAPITRE XXVIII.

L'EXIL DE SAINT MARTIN A AUXERRE.

1. Miracles de S. Martin à Auxerre. — 2. On refuse de rendre son corps aux Tourangeaux. — 3. Ils s'adressent au comte Ingelger. — 4. Succès de l'entreprise. — 5. L'abbé Héberne et ses compagnons.

1. — Aussitôt que l'église de Saint-Germain d'Auxerre eut reçu la relique sacrée, d'innombrables miracles commencèrent à s'y opérer : les aveugles, les boiteux, les fiévreux, les estropiés, les lépreux, les paralytiques y étaient guéris, comme jadis à la basilique de Tours (1). Le bruit s'en répandit par toute la contrée et attira dans Auxerre une multitude de malades, de jour en jour plus nombreux. Bientôt même la ville, qu'on eût crue envahie par une armée, ne fut plus assez grande pour contenir tant de monde et les pèlerins furent obligés de chercher des asiles dans les bourgs environnants. Or toutes les offrandes des malades, guéris par les mérites de Martin, revenaient à la famille de ce saint pontife, c'est-à-dire à son escorte. La quantité de ces dons finit par produire une somme si considérable que les clercs de la ville en furent jaloux. Pressés, en même temps, par l'aiguillon de la cupidité, ils abordent, un jour, les serviteurs de Martin.

— Comme les miracles qui s'opèrent ici, leur disent-ils, sont dus à notre pontife autant qu'au vôtre, il est juste que le profit qui en résulte soit partagé entre nous.

— Avant que notre Martin vînt chez vous, répondent les Tourangeaux, par une disposition de votre Germain, on ne parlait déjà plus ici d'aucun miracle ; mais à l'arrivée de notre évêque, on vit, grâce à ses pieux mérites,

(1) De Rev, b. Mart., c. 6, 7, 8. Gerv. 313.

éclater dans ce temple une foule de merveilles, qui excitèrent la reconnaissance de ceux qu'ils délivraient de leurs
maux et furent pour nous la source des bénéfices en question. Nous voulons cependant ôter de votre esprit toute
ombre de doute à ce sujet. Voici devant nous un lépreux :
qu'on le place entre les deux pontifes : s'il se trouve guéri
dans la partie qui est du côté de Martin et que la lèpre
reste sur celle qui touche Germain, il faudra regarder
Martin comme l'auteur du miracle. Si, au contraire, il
n'est pas guéri du côté de Martin, et qu'il le soit de celui
de Germain, évidemment ce sera aux mérites de Germain
qu'appartiendra tout l'honneur du miracle.

L'épreuve est acceptée : on passe la nuit en veille, en
prières et en louanges pieuses. Au point du jour, les deux
partis se réunissent. La moitié seule du corps du malade
qui est tournée vers Martin est trouvée parfaitement
saine, l'autre moitié reste à guérir. On la place à son
tour, du côté de Martin, et, le lendemain matin, le lépreux
apparaît aux yeux de tout le monde complétement purifié.
Ce miracle termina le différend, et depuis les serviteurs de
Martin recueillirent en paix toutes les offrandes des
fidèles. « O admirable courtoisie du pontife Germain !
s'écrie ici le narrateur. Il avait eu autrefois le pouvoir de
ressusciter des morts; mais, dans sa maison, Il cède tous
les honneurs à son hôte et consent à lui paraître inférieur.
O mérite sublime de Martin, qui, même dans l'exil, se
montre toujours bienfaisant, large, magnifique! »

2. — Enfin, sous le règne de Charles le Simple, la paix
fut rendue à l'Église par la conversion de Rollon à la foi
chrétienne. Alors les envoyés de la ville de Tours vont demander à l'évêque d'Auxerre de leur laisser ramener chez
eux leur pontife bien-aimé.

— Je ne veux pas, leur répond-il, que mon église soit
frustrée d'un trésor, dont je l'ai trouvée en possession,
ors de mon élévation à l'épiscopat.

Les Tourangeaux s'adressent au roi des Francs : ils le supplient humblement de faire rendre à la ville de Tours son cher Martin, et de changer ainsi en une joie extrême le deuil où la plonge l'absence de son pasteur.

— Nous croirions, répond le prince, faire une injustice en dépouillant violemment Auxerre d'un trésor dont la possession lui est acquise, pour en investir votre ville de Tours, qui en a, depuis longtemps, perdu la propriété.

Déçus de leur espérance, les députés reviennent chez eux.

Alors un concile se réunit à Tours : l'archevêque, nommé Adaland; Raimon, son frère, évêque d'Orléans; Mainold, du Mans, et saint Loup, d'Angers, avec une multitude de clercs et de laïcs, délibèrent sur le parti à prendre. Par acclamation, le concile décide de remettre l'affaire entre les mains du comte Ingelger, neveu de l'archevêque. C'était un vaillant guerrier, célèbre par sa puissance et sa probité. Déjà comte de Gâtinais, seigneur de Loches et d'Amboise, il avait reçu dernièrement du roi le gouvernement de l'Anjou et possédait, précisément à Auxerre, un palais avec des terres dans les environs.

3. — On était sur le point de lui envoyer une députation lorsqu'on le vit lui-même entrer dans l'église de Saint-Martin pour y prier, selon sa coutume, bien qu'elle ne fût pas encore complétement restaurée à cette époque. Accueilli de tous avec une vive joie, à sa sortie du temple, il s'asseoit au milieu de l'assemblée :

— Hommes de Tours, dit-il tout d'abord, hommes opulents, qui jouissez d'une veine d'esprit si riche, qui brillez par la prudence et le courage, je suis profondément surpris que vous délaissiez dans un aussi long exil celui qui était votre joie et la lumière de la patrie, votre pontife Martin, et que, par défaut de zèle, vous ayez jusqu'ici négligé de le ramener.

— Nous te rendons grâces, répondent les assistants émus jusqu'aux larmes, et avant toi, à la Divinité qui t'a mis au cœur la pensée de nous entretenir sur ce sujet et de prévenir ainsi nos désirs les plus ardents.

Et ils lui rendent compte de leurs démarches infructueuses auprès du roi des Francs et de l'évêque d'Auxerre.

— Toi donc, seigneur, disent-ils ensuite, qui as en partage la noblesse et la bravoure, la probité et la puissance, nous t'en conjurons humblement tous ensemble : guidé par le zèle de Dieu et l'amour du bienheureux Martin, charge-toi de cette affaire; rends Martin et, avec lui, rends la joie à ce pays infortuné.

Touché de leurs larmes et de leurs prières, le comte promet de s'employer tout entier à l'entreprise qui lui est confiée. En effet, il ne tarde pas à revenir à Tours avec ses gens qu'il a fait armer. De son côté, l'église de Saint-Martin avait aussi levé des troupes : car elle pouvait, pour défendre ses biens, mettre sur pied une petite armée composée de tous ses vassaux, dont le commandement appartenait d'ordinaire aux comtes d'Anjou et dont le seigneur de Preuilly portait l'étendard. Après la jonction des deux troupes, il s'y trouva environ six mille combattants, soit de cavalerie, soit d'infanterie, avec lesquels le brave Ingelger se mit en route, en compagnie des seigneurs de Puisat, de Beaugency, de Bréhémont, de Sublaines, de Châteaugontier, de Blazon et de Montrésor. Pendant ce temps, les Tourangeaux, par l'ordre de leur pontife, passent une semaine dans le jeûne, accompagné de continuelles et ferventes supplications.

4. — Or, un soir, la ville d'Auxerre fut dans la stupeur, en se voyant tout à coup remplie d'hommes armés. Dès le lendemain, au point du jour, Ingelger se rend à l'église où il prie avec larmes, devant le corps de saint Martin, et acquitte les vœux de son pèlerinage. Ensuite il va trouver l'évêque :

— Comment, lui dit-il, es-tu devenu pour ton troupeau un modèle de tromperie et de fraude? Pourquoi, sous prétexte de dévotion, refuses-tu de rendre un trésor confié à ta bonne foi dans un temps de péril? Choisis donc ou bien de restituer sur-le-champ aux Tourangeaux leur saint patron, ou de répondre nettement que tu ne veux pas le rendre.

L'évêque, à ces paroles, ne put dissimuler son dépit, et cependant promit de s'expliquer le lendemain. Il profita de cette journée pour consulter sur cette affaire plusieurs de ses collègues qui se trouvaient chez lui. Les évêques d'Autun et de Troyes lui firent une réponse uniforme et pleine de sagesse.

— Il n'est pas bienséant à un évêque, lui dirent-ils, de s'attribuer le bien d'autrui. Mais, du reste, si tu ne rends de bonne grâce et promptement ce dépôt, tu vas, pour ta honte et ton déshonneur, te le voir enlever malgré toi.

L'évêque d'Auxerre eut le bon esprit d'obtempérer à leurs conseils. Il apaisa par de douces paroles le courroux du comte angevin, et mit à sa disposition le précieux trésor que celui-ci désirait avant tout recouvrer.

5. — L'abbé Héberne se trouvait avec Ingelger à cette entrevue, mais il n'avait déjà plus ses vingt-quatre compagnons : tous avaient été pourvus, en Bourgogne, les uns d'évêchés, les autres d'abbayes. Venus en ce pays comme exilés avec le saint, ils y avaient été par lui comblés d'honneurs et de richesses. Héberne leur manda, par courriers, de venir à Auxerre, pour lever le corps de leur pontife; car il voulait qu'ils lui fissent ainsi hommage de leurs nouvelles dignités, et que, l'ayant amené, simples moines, sur la terre d'exil, ils le reconduisissent chez lui, abbés et évêques.

CHAPITRE XXIX.

LA RÉVERSION DÉ SAINT MARTIN.

1. L'armée de S. Martin. — 2. Miracles à son entrée dans son diocèse. — 3. Son arrivée à Tours.— 4. Sa reconnaissance envers ses gardiens. — 5. La basilique réparée.

1.— On célébra solennellement la messe propre de saint Martin, puis le comte d'Angers et l'évêque d'Auxerre chargèrent le noble fardeau sur leurs épaules et prirent le chemin de la Touraine (1). Les pontifes présents à cette cérémonie accompagnèrent quelque temps les reliques, en chantant des hymnes et des louanges, répétées en chœur par un clergé plein de dévotion et une foule de peuple accourue de tous côtés. Cette première escorte s'en étant retournée, l'armée de saint Martin continua seule, avec joie, sa marche triomphale.

La châsse, placée au centre de la troupe, était portée alternativement par tous les seigneurs qui avaient suivi Ingelger, tandis que l'abbé, les moines et les clercs s'acquittaient chaque jour très-dévotement de l'office divin. Tous les matins, on célébrait une messe solennelle dans l'église où la relique avait été déposée pendant la nuit. Les soldats y assistaient et, tout le jour, les airs retentissaient des cantiques qu'ils chantaient à la louange de Martin. Dans cette pieuse armée, nul n'osait se rendre coupable du moindre désordre, et chacun y vivait de ce qu'il achetait.

2. — Enfin le corps du saint évêque toucha les frontières de son diocèe. Au milieu des étrangers, il s'était

(1) Tract. de Revers. b. M., c. 9, 10. Gerv., p. 317 et suiv.

illustré par de nombreux miracles ; mais au milieu de son peuple, sa puissance se manifesta plus étendue et sa bienveillance plus affectueuse. A ce moment donc, tous ceux qui souffraient de quelque maladie furent guéris miraculeusement, à droite et à gauche, dans toute la province. Le bruit ne tarda pas à s'en répandre partout.

Or, dans un village appelé *Hedera* ou le Lierre, se trouvaient alors deux mendiants paralytiques.

— Frère, dit l'un d'eux à son compagnon, nous vivons dans une douce oisiveté, sans autre peine que celle de demander ce qui est nécessaire à nos besoins. Si nous étions guéris, il nous faudrait travailler, car alors nous ne pourrions plus demander l'aumône. Mais voici, nous dit-on, que ce Martin, dans le diocèse duquel nous sommes, revient de son exil et ne laisse pas un seul infirme sur tout le territoire de son diocèse. Fuyons donc au plus vite, pour éviter que la puissance de Martin ne nous atteigne.

L'autre infirme entre dans les vues de son confrère et tous deux, plaçant leurs béquilles sous leurs aisselles, commencent à fuir pour gagner les limites du diocèse. Mais tandis qu'ils se traînent, la puissance de Martin les poursuit, les atteint et leur enlève, d'un seul coup, leur infirmité. Revêtus, pour ainsi dire, de ce prodige, ils ne pouvaient le dissimuler et n'osaient pas le taire ; car ils savaient que celui qui les avait secourus, malgré eux, pourrait bien aussi dévoiler et punir leur ingratitude. Ils proclament donc, à haute voix, le miracle et invitent les habitants du lieu à publier les louanges de Martin. Ils vont ensuite porter leurs béquilles à l'église-mère du saint pontife, racontant à tout le monde et leur fuite honteuse et la clémence de Martin à leur égard.

Sur la rive droite de la Loire, non loin des limites de l'Anjou, s'élève aujourd'hui le bourg de la Chapelle-

Blanche, dont l'église fut édifiée alors, sous le patronage du saint thaumaturge, en mémoire de ce prodige, dans le lieu qui en fut témoin. On voit encore, sur la porte de l'église actuelle, une vieille sculpture représentant les deux infirmes dans l'action de leur fuite.

Au reste, les choses même inanimées se montrèrent sensibles au retour du bienheureux et le fêtèrent par de gracieux miracles. Ainsi, en dépit de l'hiver, tous les arbres et arbrisseaux se revêtirent, sur son passage, de feuilles et de fleurs nouvelles, comme au printemps. De même, dans les églises du diocèse, les cloches sonnaient, sans que la main de l'homme les mît en mouvement : les luminaires, cierges et lampes s'allumaient d'eux-mêmes, par ordre de Dieu. Cette merveille eut lieu particulièrement en deux églises dédiées à son nom, celle de Marmoutier et celle qu'on nommait alors Saint-Martin-le-Riche-de-Châteauneuf, d'où il avait été enlevé, quand il s'enfuit devant Rollon.

3. — Dès que la sainte relique, toujours accompagnée de sa nombreuse escorte, est proche de Tours, la ville entière se précipite au devant d'elle : l'archevêque Adaland, les évêques d'Orléans, du Mans et d'Angers, avec tous les évêques suffragants de la province, courent pleins de joie à sa rencontre. Hommes et femmes versent des larmes de bonheur, au retour de leur seigneur si longtemps désiré. Ensuite évêques et abbés, clercs et vierges, gens du peuple et barons, enfants et vieillards, tous forment cortége au glorieux pontife, le reconduisent à son église avec des cierges et des croix, avec des hymnes et des cantiques, puis le replacent dans son ancienne demeure, avec tous les honneurs qui lui sont dus. Nous voudrions pouvoir ajouter comme les chroniques du temps : « C'est là que, toujours vénéré, il exauce encore abondamment, suivant sa coutume, quiconque vient lui adresser des prières. »

Cette réception mémorable eut lieu, vers l'année 907, trente-un ans après que le saint eut été porté en Bourgogne. Adaland et les évêques de la province, réunis en synode, décrétèrent, pour en perpétuer la mémoire, une fête qu'on fixa aux ides de décembre et que la basilique célébrait encore, au dernier siècle, sous le titre de *Réversion de saint Martin*.

4. — Peu de temps après, l'abbé Héberne succéda, sur le siége de Tours, au pieux Adaland. Les douze bourgeois de Châteauneuf qui avaient escorté les gardiens de la châsse se ressentirent aussi de la reconnaissance du saint, par les charges et magistratures dont'ils furent honorés.

Le chapitre de la basilique ne fut pas non plus ingrat à l'égard d'Ingelger et des autres seigneurs qui l'avaient suivi. La Trésorerie se trouvant vacante, elle fut conférée au comte avec tous ses honneurs et émoluments, pour qu'il la possédât toute sa vie, avec le titre de *Défenseur de l'église de monseigneur saint Martin*. On y joignit une prébende, dont devaient jouir à jamais, lui et ses successeurs, les comtes et ducs d'Anjou.

De plus, le chapitre donna au seigneur de Puisat trois terres sises auprès de Puisat;

Au seigneur de Beaugency, les villages de Vouvray-sur-Loire et de Saint-Symphorien;

Au seigneur de l'île de Bréhémont, la paroisse de Rivarennes;

Au seigneur de Sublaines, les vinages ou droits sur les vins d'outre Loire et de Sublaines;

Au seigneur de Châteaugontier, ceux de Saint-Antoine;

Au seigneur de Blazon, la terre de Mettray;

Au seigneur de Montrésor, la seigneurie de la Roche-posay;

Ces donations passèrent, pour la plupart, à leurs héri-
tiers et soutenaient encore, au dernier siècle, plusieurs
illustres familles de Touraine et du Poîtou. Il est à croire
que l'église de Saint-Martin s'était réservé le droit de seigneurie suzeraine sur ces terres qui lui avaient appar-
tenu, car, dans les derniers temps, il y en avait encore
beaucoup qui relevaient d'elle en fief ou arrière-fief, en
tout ou en partie.

5. — Nous avons dit que le dommage causé à la basilique par le dernier embrasement n'était pas encore
réparé. « Cependant, dit saint Odon, un grand nombre de
personnes, affligées du tort fait au saint évêque, montrèrent, pour la restauration de son temple, un zèle pieux
ou une louable générosité et acquirent ainsi des droits à
une récompense céleste, lesquelles, si la basilique fût
demeurée dans son même état, n'eussent rien fait de semblable, mais eussent ri peut-être, en baillant, aux peintures. » Le malheur avait donc eu cet avantage ; mais les
dons particuliers qu'il provoqua , joints aux ressources
du chapitre, furent insuffisants pour en faire disparaître
les traces. A cette occasion, les chanoines sollicitèrent la
libéralité d'Alphonse, roi d'Espagne, qui ne leur répondit
que par des remontrances et des souhaits. La châsse du
saint n'avait point encore été apportée dans son temple.
Sitôt qu'elle le fut, elle y attira de si nombreux et si riches
présents qu'ils suffirent pour en réparer les ruines et le
rétablir dans sa première splendeur. Lorsque la réparation
en fut achevée, on le reconcilia ou même, selon quelques
auteurs, on le consacra de nouveau.

CHAPITRE XXX.

ORIGINE DE L'ÉGLISE DE SAINT-MARTIN DE LIÉGE.

1. L'évêque Hildric au tombeau de S. Martin. — 2. Le saint lui apparaît et le guérit. — 3. Reconnaissance d'Hildric. — 4. Le marquis de Montferrat.

1. — La seconde année depuis le retour du bienheureux Martin, Héraclius ou Hildric, évêque de Liége, entendit parler des miracles qui se faisaient incessamment à son tombeau (1). Or lui-même souffrait étrangement, dans une partie secrète de son corps, de la maladie appelée vulgairement loup ou cancer, et, comme un homme dont la mort est prochaine, s'était vu abandonné des médecins. Touché d'une inspiration intérieure, il espéra, pour ainsi dire, contre toute espérance, dans le suffrage de Martin et se tourna vers lui de tout son cœur, présumant que le saint pourrait ce que l'art humain n'avait pu. Il s'oblige donc par vœu à visiter son tombeau et à lui demander avec foi la santé, qu'après Dieu, il n'attend plus que de lui. Sans plus tarder, il se met en route, accompagné de plusieurs personnes honorables et arrive à Tours, avec une suite de clercs et de soldats, pour la fête principale du saint pontife. Son arrivée fit sensation dans la ville, où l'on connut bientôt et la haute dignité de ce pèlerin et la triste infirmité qui affligeait un personnage si éminent.

Cet évêque moribond assistait donc aux vives louanges et aux fêtes joyeuses de l'évêque Martin ; mais, dans la douloureuse position où il était, les chants et la musique

(1) Heberni, Mir. b. Mart., c. 1 et 2. Patrol. Migne, tom. 129, p. 1035. Relatio Mir. s. M., ab ipso Eraclio facta. Migne, t. 125, p. 947.

ne faisaient que l'importuner. Toutefois sa dévotion triom-
phait de son chagrin et jamais il ne laissait passer les
veilles nocturnes sans y assister. Les chanoines, pénétrés
de compassion pour une telle infortune, rivalisaient de
bienveillance et de bons procédés à son égard. Pour lui,
il restait les nuits entières sans dormir, prosterné la face
contre terre, devant le saint tombeau : c'était, du reste,
l'unique posture que son mal lui permît de tenir. Pendant
toute l'octave de la solennité, qui fut, selon l'usage, un
temps de joie et d'allégresse pour le clergé comme pour le
peuple, le malade ne cessa, jour et nuit, de répandre ses
larmes et ses prières, auxquelles il ajouta le jeûne, implo-
rant ainsi la miséricorde de Dieu et le suffrage du saint
pontife.

2. — Enfin, la septième nuit, fatigué de si longues
veilles et accablé par la souffrance, il s'endort légèrement,
prosterné devant le saint tombeau. Tout à coup, saint
Martin lui apparaît suivi de saint Brice, tous deux le front
paré de la mitre pontificale.

— Eh bien ! frère, dit Martin, te semble-t-il juste que
la santé soit rendue à ce malade qui, pour l'obtenir, est
venu de si loin à notre tombeau, où il a réclamé notre
secours avec tant de ferveur et de persévérance ?

— Oui, Seigneur, répond Brice, s'il plaît à votre piété,
il est à propos qu'il soit guéri, car il est aussi de notre
ordre que sa vie ne déshonore pas.

— Hildric, dit alors Martin, le Seigneur Jésus-Christ
te guérit. Lève-toi sain et sauf, appelle mes clercs et annonce leur que, par mes prières, tu as obtenu ta guérison.

En même temps, le saint trace le signe de la croix sur
le malade et le touche du bout de son bâton pastoral, après
quoi la vision disparaît et l'infirme se réveille. Sa première action est de porter la main à l'endroit de sa plaie,
pour s'assurer de son état. Ses serviteurs qui veillent près

de lui, veulent l'en empêcher, par crainte qu'il n'en irrite les ardeurs.

— Ne craignez rien, leur dit-il, car le seigneur Martin m'a guéri.

Mais ceux-ci pensant qu'il parle de la sorte en rêvant, le poussent pour l'éveiller.

— Allumez des flambeaux, ajoute l'évêque en se levant, et venez voir l'endroit où était le mal.

Ses gens s'empressent de lui obéir et le suivent dans la salle du chapitre. Là on détache les bandes qui couvrent la place du mal et l'on trouve d'abord intacts les deux poulets qu'on y avait, comme à l'ordinaire, appliqués, la veille au soir, pour servir de pâture à cette plaie semblable à une bête toujours affamée. On reconnaît ensuite que la chair y a repoussé au niveau de celle qui l'avoisine et dont elle se distingue seulement par une petite ligne rouge qui la partage en deux, en manière de cicatrice.

Un cri d'étonnement et de joie accueille cette découverte. Les chanoines, qui chantaient les matines, accourent au bruit et s'assurent par leurs yeux de la réalité.

— Non, disaient-ils dans leur enthousiasme, il n'y a pas un saint dont la puissance soit comparable à celle de Martin.

On sonne aussitôt les cloches et l'on chante avec allégresse le *Te Deum*. Le jour venu, tous les chanoines sont convoqués en chapitre. Au nom de Martin, ils font chanoine l'évêque de Liége, qui, le même jour, célèbre la messe dominicale, en présence du clergé et du peuple. C'était le saint lui-même qui l'avait ainsi ordonné au malade, afin que le peuple fidèle, témoin de sa guérison, en rendît gloire à Dieu et prît, à l'avenir, plus de confiance dans l'intercession de Martin.

3. — Toutes ces prescriptions accomplies, Héraclius s'en retourna plein de joie et de santé, dans son pays. De là il envoya à la basilique de précieux vêtements de soie avec

des vases d'or et d'argent, « qui aujourd'hui encore, ajoute Héberne, historien de ces faits, servent dans cette église au culte du Seigneur et du saint pontife. » Il adressa aussi des présents à chacun des membres du chapitre.

Sa reconnaissance envers son céleste médecin ne fut pas encore satisfaite et, plus tard, il construisit, dans son diocèse et à ses frais, en l'honneur du bienheureux, une église à laquelle il fit assez de revenus pour que cinquante chanoines y pussent servir Dieu et saint Martin. Celle qui s'élève encore aujourd'hui, sur une éminence, dans la ville même de Liége, est celle où fut instituée, dans la suite, la fête du Saint-Sacrement.

Héraclius voulut que les nouveaux chanoines fussent semblables à ceux de Tours, dans leurs habits, leur manière de vivre et celle de chanter l'office divin. Quand il les eut formés à tous ces usages, il vint, avec grande dévotion, à Tours, comme il avait pris l'habitude de le faire, tous les ans, depuis sa guérison, et là il crut devoir instruire ses frères, les chanoines de la basilique, de l'établissement qu'il avait fondé.

Or, une nuit de dimanche qu'il veillait en invoquant la divine clémence, le bienheureux Martin lui apparaît de nouveau, accompagné des saints Brice et Eustoche.

— Dis à tes frères, lui ordonne Martin, de recevoir en leur confrérie, à titre perpétuel, les chanoines que tu as établis à Liége et avec eux tous tes successeurs dans cet évêché. Lorsqu'ils le pourront, ils se rendront mutuellement visite. Ils auront, les uns chez les autres, leur stalle au chœur et recevront la paie quotidienne.

C'est ce qui fut solennellement exécuté, la dixième année après la réversion du bienheureux. Depuis cette fondation, les chanoines de Saint-Martin de Tours regardèrent toujours ceux de Saint-Martin de Liége comme leurs frères. — Une médaille d'or représentant saint Mar-

tin à cheval était offerte en présent aux chanoines des
églises qui avaient confraternité avec celle de Saint-Martin, quand ils venaient visiter son tombeau et avaient
assisté aux offices.

4. — A l'époque de la guérison d'Héraclius, qui en a
lui-même fait le récit, dans la charte de fondation de
Saint-Martin de Liége, un autre puissant personnage avait
pris l'habitude de venir, chaque année, à la fête du bienheureux, visiter son tombeau. C'était Boniface, marquis
de Montferrat, qui fonda aussi sur ses domaines, dans les
environ de Suse, une église et une abbaye en l'honneur
de saint Martin. Par une pieuse émulation, un bourgeois
du même pays construisit aussi à ses frais une église et
un monastère sous le vocable du saint.

CHAPITRE XXXI.

PUISSANCE DU SAINT THAUMATURGE MANIFESTÉE DE NOU-
VEAU SUR LES INFIRMES, APRÈS SA RÉVERSION.

1. Description de la châsse et du tombeau. — 2. Guérison de Gimo
l'énergumène.— 3. La possédée Roscelina. — 4. Les nerfs coupés.
— 4. Le pêcheur Hédigunnis et autres.

1. — L'archevêque Héberne fut témoin de la guérison
d'Héraclius et de la dévotion de Boniface, ainsi que de
beaucoup d'autres faits par lesquels il plut au Seigneur
d'instruire le monde entier du retour de son serviteur à
sa demeure privilégiée. C'est pourquoi, environ trois
cents ans après saint Grégoire de Tours, il prit la plume
et, à son tour, raconta les miracles de saint Martin. Voici
d'abord comment il supplée aux descriptions de son de-
vancier (1) :

(1) Hebern., Mir. b. M., præfat., c. 3, 13.

« L'abside qui contenait le corps de saint Martin et qu'on avait rapportée d'Auxerre était faite d'or et d'argent fondus ensemble, ce qu'on appelle *electrum*, d'une épaisseur de deux doigts portant gravés des lettres et des vers qui désignaient le bienheureux Perpetuus auteur de l'ouvrage. Elle n'avait ni fente, ni trou, ni fenêtre, ni porte. Le bienheureux Perpetuus l'avait faite, lorsqu'il leva le corps saint de terre ; après l'avoir enveloppé d'un voile de pourpre et cousu avec soin, il le plaça ainsi dans cette abside.

« Il fit aussi un autel carré et une corniche de pierres plates, puis couvrit cet autel d'une grande table qu'il cimenta avec le reste. Dedans, il fit une autre abside de laiton, de cuivre et d'étain fondus ensemble, ayant un palme d'épaisseur avec une porte de même métal, fermant à quatre clefs, Enfin au-dessus, il fit un petit dôme d'or fin enrichi de pierres précieuses et digne d'un si grand pontife. »

Ainsi, à cette époque, l'abside ou la châsse dans laquelle saint Perpetuus avait renfermé le corps de saint Martin était encore intacte et n'avait point été ouverte. Quant au tombeau, c'est-à-dire l'autel où la châsse était renfermée, il avait été vraisemblablement dépouillé par les Danois des précieux ornements dont il avait été décoré par saint Perpetuus et saint Eloy. Héberne continue :

« Le consul Ingelger mérita, avec les vénérables évêques Adaland de Tours, saint Loup d'Angers, Mainold du Mans et Raimon d'Orléans, de placer le corps du saint confesseur sous l'autel, dans l'autre abside et scellèrent la porte avec l'abside, de sorte qu'il n'y paraissait ni entrée ni sortie. »

C'était un signe qu'on espérait désormais n'avoir plus besoin d'ouvrir ce sépulcre vénéré où le saint corps était rentré d'une manière définitive.

2. — Dans ces jours-là, comme au vi^e siècle, la vertu de ce mort opérait des miracles pour le salut des vivants et personne n'était frustré du bienfait qu'il souhaitait, hormis celui dont la foi trop faible doutait de la puissance de Martin. Cette vertu se manifesta particulièrement sur les énergumènes qu'on amenait de tous pays au tombeau du bienheureux.

L'un d'eux, jeune militaire, nommé Gimo, d'un lieu appelé *Castrum-Prieratum*, fut conduit, chargé de chaînes, à la basilique, où il se mit à reprocher tout haut à chacun ses péchés :

— Tous tant que vous êtes, je ne vous crains pas, disait le démon par sa bouche aux fidèles assemblés, et ce n'est pas vous qui me ferez lâcher prise. Martin seul le pourra, et encore, lorsqu'on aura célébré une messe en son honneur.

Les clercs tinrent conseil entre eux.

— Bien que le diable soit un menteur, dirent-ils, il est cependant contraint quelquefois de dire la vérité. Sans nous en fier à lui, mais nous confiant à celui auquel il est forcé de rendre témoignage, célébrons la messe du glorieux seigneur Martin et croyons à celui qui se sert des méchants mêmes pour le bien.

Le lendemain, on célèbre une messe solennelle, en l'honneur du saint. Lorsque, après la communion, le clergé entonna l'antienne, *Martinus Abrahæ sinu lætus excipitur* : « Martin est reçu plein de joie dans le sein d'Abraham, » le diable jeta un cri farouche, accompagné d'une odeur affreuse, et quitta l'énergumène.

Témoin de ces événements, le sous-doyen de l'église, nommé Frédéric, homme noble et opulent, l'un de ceux à qui le démoniaque avait rappelé le plus durement ses fautes, ne crut plus que ce fût assez pour lui de servir Martin, sous la règle commune du clergé : il embrassa le genre de vie qui plaisait à Martin et prit l'habit monas-

25

tique à Marmoutier, où plus tard sa sainteté le fit choisir
pour gardien de l'ordre.

3. — Dans le même temps, un homme appelé Sanu-
bert, qu'une longue maladie avait rendu impotent, fut
apporté dans son lit au tombeau du bienheureux. D'abord
ses genoux, où il souffrait le plus, commencèrent à s'im-
prégner d'une sueur abondante, puis ses veines se rani-
mèrent, ses nerfs se redressèrent et il put étendre
librement ses jambes naguère contractées et sans vie ;
bientôt, à la vue du peuple, il se leva et retourna sans
aide à sa maison.

Une femme, du nom de Roscelina, possédée, depuis
cinq ans, du malin esprit, qui la tient éloignée de l'église,
pénètre enfin, un jour, dans la basilique. Aussitôt, à la
grande admiration des assistants, elle revient à son état
naturel. Alors elle retourne chez elle, afin d'y préparer un
cierge qu'elle veut offrir avec les autres fidèles, mais elle
s'aperçoit qu'elle n'a rien pour l'acheter. Elle était aux
portes de l'église, lorsqu'un moine, blanc comme un ange,
s'offre à sa rencontre, lui donne une pièce de monnaie
aussi toute blanche et disparaît. Roscelina va trouver les
changeurs, leur présente la pièce, reçoit en retour trois
oboles, achète un cierge et vient l'offrir au tombeau du
saint. Cet événement, raconté par la femme elle-même,
fut connu de toute la ville.

Vers le même temps, une autre femme, nommée Agnès,
de la ville de Faye, privée, depuis deux ans, de l'usage de
ses mains et de ses pieds, arrive, après de longues fatigues,
au tombeau du saint. Là, le moment de sa prière fut celui
de sa guérison.

Or, pour célébrer ces miracles, les clercs sonnaient les
cloches et chantaient joyeusement le *Te Deum*. Un autre
clerc de Saint-Pierre-le-Puellier, qui souffrait au pied d'un
ulcère cancéreux, entendant leurs voix, s'aide comme il
peut et, avec l'assistance de ses compagnons, entre dans la

basilique, pour voir les miracles qui s'y opèrent. A l'instant même, il obtient, à son tour, une guérison qu'il ne demandait pas.

4. — Une jeune fille, nommée Osanna, avait, depuis longtemps, les deux mains enflées et ne pouvait plus travailler. Elle invoque, avec foi et dévotion, le suffrage du saint et ses mains sont rendues à leur état primitif.

Le même jour, l'enfant Godefroy, qui, depuis trois ans, avait les genoux contractés et ne pouvait se soutenir qu'à l'aide d'un bâton, fut guéri par la vertu du bienheureux, suspendit dans la basilique le bâton qui lui servait de pied et reprit tout joyeux, à la vue du peuple, le chemin de sa maison.

Une femme, nommée Marie, à qui, par une méchanceté diabolique, son mari avait coupé, avec un fer, les nerfs des deux jambes, languissait chez elle, depuis trois ans, sans pouvoir marcher. Instruite des miracles si nombreux dont la basilique est, chaque jour, témoin, elle part, en se soutenant, comme elle peut, avec son bâton et arrive au tombeau du saint. Elle y reste longtemps à répandre ses prières accompagnées de larmes. Sa prière finie, ses nerfs se joignent, ses genoux se redressent et elle se lève tout d'un coup, à la vue d'un grand nombre de personnes. A l'instant même, elle retourne, d'un pas pressé, à sa maison, puis, dans la même heure, revient toute joyeuse à la basilique, apportant un tapis qu'elle avait chez elle et qu'elle offre avec dévotion au tombeau de son bienfaiteur.

5. — Hédigunnis, pêcheur, ayant les deux mains courbées et enflées, ne pouvait plus, depuis longtemps, exercer son métier. Il vient à la tombe du saint pontife; et la touche, avec les sentiments d'une foi ferme. Au moment même, sous les yeux du peuple qui l'entoure, l'enflure de ses deux mains disparaît et il fait librement le signe de la

croix, aux acclamations de la multitude qui loue Dieu en versant des larmes de joie.

Ces prodiges eurent un grand retentissement et attirèrent, de tous côtés, une foule de malades au tombeau du saint évêque. Parmi eux, une jeune fille, nommée Théophénie, était connue de beaucoup de personnes pour le mal incurable dont elle était atteinte et qui, desséchant peu à peu son corps, avait fini par lui donner l'apparence d'un cadavre. C'était celui que les médecins appellent fistule. Tout espoir de guérison avait complétement abandonné cette malheureuse; mais les mérites du bienheureux Martin lui rendirent, en un moment, sa santé première.

Vers le même temps, une petite fille, qui avait la plante des pieds retournée contre les jarrets et ne marchait qu'à l'aide de deux morceaux de bois, dont elle se servait comme de pieds, vint, animée d'une foi ferme, au mausolée du bienheureux. Elle l'embrasse dévotement et le baise avec larmes en invoquant le nom du saint confesseur. A l'heure même, cette paralytique, nommée Pétronille, obtient l'objet de ses longs désirs, une entière et parfaite guérison.

CHAPITRE XXXII.

NOUVELLE AFFLUENCE DU PEUPLE ET NOUVEAUX MIRACLES AU TOMBEAU DU SAINT ÉVÊQUE.

1. Deux jours à la basilique. — 2. Un petit garçon et deux hommes. — 3. Un homme et trois enfants. — 4. Trois femmes et une jeune fille. — 5. L'abbesse de Beaumont.

1. — Galliciana, mère de famille, distinguée par sa naissance, connue d'un grand nombre de personnes,

estimée pour l'honnêteté de sa vie, était, depuis longtemps, affligée d'une infirmité qui rendait son existence
malheureuse et devait prochainement lui causer la mort (1).
En effet son gosier, devenu comme insensible, s'était
resserré de manière à lui ôter à la fois et l'appétit et la
faculté de manger. Obéissant à une salutaire pensée,
elle part, à cheval, escortée de ses clients, arrive au
tombeau de saint Martin et s'y prosterne. Peu de moments après, elle se sent renouvelée dans tout son corps,
rend grâces au Ciel, se relève de dessus le pavé du temple
et, au bout de quelques jours, retourne chez elle en joie et
en santé.

Le même jour, une fille nommée Prima, qui avait les
genoux contractés et la main droite desséchée, vit, par les
mérites du bienheureux, la fin d'une infirmité si fâcheuse
qui durait depuis dix-huit ans.

Vers le même temps, Alexandra, femme bien connue
comme ayant, depuis trois ans, un pied desséché, s'approche avec foi du sépulcre devant lequel une multitude
de malades sont, chaque jour, guéris, se prosterne sur
le pavé, verse des larmes et fait des prières. Soudain, à
la vue du peuple, — car c'était un dimanche, — elle obtient une guérison entière et, le lendemain, retourne chez
elle pleine de joie.

Le même jour une autre femme, depuis longtemps per-
cluse de tous ses membres, est apportée, sur son grabat,
par les fidèles devant le tombeau du saint et y reçoit sa
guérison. — Le même jour encore, une jeune fille, d'une
beauté remarquable, est guérie de la même infirmité, en
présence d'une foule d'assistants, qui versent des larmes
de joie.

Vers le même temps, Guiburgis, petite fille aveugle de
naissance, entend parler des miracles du saint confesseur,

_____
(1) Hebern., c. 14, 30.

demande avec foi d'être conduite à son tombeau, y est
amenée et, le lendemain, retourne chez elle, rendant grâces
au Ciel de sa guérison.

2. — Un petit garçon, nommé Orientius, atteint depuis
longtemps de paralysie, est apporté par sa mère à la basilique, touche le tombeau du bienheureux et, le jour même,
s'en retourne librement.

A la même époque, Gonéran Burelli, à qui l'un de ses
bras, cassé et desséché, refuse tout service, depuis sept
ans, vient à la basilique célébrer, avec les autres fidèles,
les veilles du saint confesseur. Tandis qu'il verse des torrents de larmes et pousse de grands gémissements, suppliant le Christ de le guérir, tout à coup il s'aperçoit que
son bras, depuis si longtemps courbé, s'est redressé, en
laissant échapper des flots de sang, qui offrent aux
yeux du peuple, présent à cette guérison, un spectacle
à la fois glorieux et inaccoutumé. La foule, à cette vue,
exalte par ses chants et ses acclamations les mérites du
bienheureux.

Un vieux paysan, nommé Herbet, du bourg de *Novia-
cus* ou Neuvy, s'occupait, un jour d'été, vers midi, à nettoyer du froment dans sa grange. Tout à coup, il écume
et vomit, s'agite et grince des dents, puis, au bout de
trois jours, perd l'usage de la parole. Six jours se passent,
sans qu'il prenne par lui-même aucune nourriture : ses
gens le mènent alors au tombeau de saint Martin. Dès
qu'il l'a touché, il recouvre la parole et revient à son état
ordinaire. Conduit, plus tard, pour l'action de grâces, à
la châsse du saint, il priait les prêtres et les laïcs qui l'entouraient de ne pas laisser venir après lui son ennemi, c'est-
à-dire le démon. Toute la ville de Tours eut connaissance
de ce miracle, raconté par le vieillard lui-même et, longtemps après, il n'y avait pas, dans toute la contrée, un seul
homme qui ne l'eût ou vu ou entendu rapporter et ne
s'en souvînt parfaitement.

3. — A la fête d'été de saint Étienne, patron primitif de la basilique, comme les clercs chantaient l'office nocturne, un paralytique du bourg de *Puteolus*, qui est peut-être aujourd'hui celui de Pouzay, vint, avec beaucoup d'autres, veiller devant le tombeau du pontife et y recouvra la santé, après avoir été, pendant nombre d'années, perclus de tous ses membres. Alerme, de Charentilly ou *Carenciacum*, son seigneur, était présent, avec une foule d'autres personnes de tout sexe et de tout âge. « Combien de larmes la joie leur fit répandre en ce saint lieu, dit l'historien, quelles actions de grâces, bon Jésus, ils t'y rendirent, c'est ce qu'il n'est pas en notre pouvoir d'exprimer. »

Un enfant nommé Pierre, des environs d'Orléans, de parents connus et honnêtes, était, depuis deux ans, par suite de maladie, courbé à ne pouvoir lever les yeux au ciel. « Nous l'avons vu, dit encore l'historien, marcher avec aisance et la taille droite, à la vue des peuples qui accouraient de toutes parts et admiraient la vertu du saint confesseur. »

Un autre enfant qu'Ingelger, comte d'Anjou, avait fait nourrir avec soin et adopté pour son fils, fut apporté, de la ville du Mans, dans le même état que le précédent. Il touche le saint mausolée et se trouve guéri à son tour.

Vers le même temps, un autre enfant, nommé Gouffier, victime d'une longue infirmité qui lui a contracté les membres, est emmené par sa mère, qui veut le conduire à la *mémoire* ou au tombeau du saint pontife. Encore à quatres mille de la ville, il sent l'effet d'une vertu divine, descend de sa monture, s'avance à pas pressés vers la demeure du bienheureux et y arrive parfaitement guéri. Il explique lui-même, dans la salle publique, aux fidèles assemblés ce qu'il devait aux mérites de saint Martin.

4. — Ermengarde, d'un lieu appelé *Barbivium*, depuis longtemps aveugle, se rendait en grande hâte, au tombeau.

de l'homme de Dieu pour y célébrer ses veilles. Encore loin du but de son pèlerinage, elle recouvre la lumière, au grand étonnement de ceux qui l'accompagnent, continue sa marche, désormais sans guide, arrive à la mémoire du saint, y répand sa prière et y fait solennellement son offrande, puis, le lendemain, joyeuse et bien portante, retourne chez elle en rendant grâces à Dieu. C'est de sa bouche même qu'Héberne apprit les circonstances singulières de sa guérison.

À la même époque, deux femmes étaient affligées de la fistule. « Pendant toute une semaine, dit Héberne, elles avaient rempli la basilique de leurs cris et troublé nos entrailles par leurs plaintes lamentables; enfin le Père de miséricorde mit un terme à leur misère et à la nôtre, en leur rendant à toutes deux la santé. »

Vers le même temps, une jeune fille connue de toute la ville pour être aveugle depuis longtemps, passa plusieurs nuits de suite dans les larmes et les prières, devant la tombe du serviteur de Dieu, à qui il ne fallut qu'un moment pour lui rendre la lumière.

5. — Théophanie, abbesse du monastère de Beaumont, avait préparé des cierges qu'elle désirait offrir en l'honneur du saint; mais, distraite, comme cela lui arrivait souvent, par d'autres affaires, elle différa de porter ces présents à la basilique. Un de ses serviteurs, nommé Bosogonus, homme de bon témoignage, eut une vision, pendant la nuit. Le bienheureux Martin lui apparaît et, lui caressant la tête avec la main :

— Allons, mon frère, lui dit-il d'un ton bienveillant, lève-toi et va trouver ta maîtresse. Tu lui diras, de ma part, de ne pas tarder plus longtemps à m'apporter les petits présents qu'elle avait fait vœu de m'offrir.

Bosogonus s'éveille, à ces mots, et ignorant tout à fait ce que sa maîtresse a promis au saint, court néanmoins la trouver et lui révèle ce que Martin lui a dit. La sainte femme, en l'entendant, se rappelle aussitôt sa promesse, avoue sa négligence, se rend en toute hâte à la basilique et là offre dévotement au confesseur les cierges qu'elle lui avait promis depuis longtemps.

Nous n'irons pas plus loin dans cet exposé des miracles du bienheureux, après sa réversion, quoique nous ayons parcouru seulement la moitié des récits du pieux Héberne, qui assure néanmoins en avoir omis un grand nombre. Nous en avons vu assez pour apprécier le renouvellement de la dévotion envers saint Martin, au commencement du xe siècle.

Quatrième Période : 1000 - 1860.

DEPUIS HERVÉ JUSQU'A MONSEIGNEUR GUIBERT.

CHAPITRE XXXIII.

LA BASILIQUE DE SAINT-MARTIN REBATIE PAR HERVÉ.

1. La dévotion du vi^e siècle et celle du xe. — 2. Les rois de France abbés de S. Martin. — 3. Piété généreuse du trésorier de S. Martin. — 4. Sépultures célèbres.

1. — Au vi^e siècle, la dévotion à saint Martin se manifestait par un grand amour, mais aussi par un grand respect pour son tombeau. On se prosternait, on priait, on pleurait devant la balustrade qui l'entourait, mais on n'osait que rarement s'approcher du sépulcre lui-même et le toucher. Au xe siècle, la plupart des malades s'avancent jusqu'au saint mausolée, le touchent, l'embrassent, le couvrent de leurs baisers et de leurs larmes.

Du temps de saint Grégoire, tout ce qui venait du tombeau sacré, poussière, huile, cire, eau, pain, vin, pièce d'étoffe, vêtements même de ceux qui l'avaient visité, tout servait à la dévotion des fidèles, comme gages ou reliques du saint. Sous Héberne, nous ne voyons plus employer ces moyens de guérison. Soit que la foi fût déjà moins simple et la piété moins naïve, soit plutôt que la longue absence du corps vénéré, dont on avait redouté la perte, fît mieux sentir le prix inestimable de sa présence, c'était le tombeau lui-même qu'on voulait aborder, qu'on voulait voir et sentir.

Ce que nous n'avions point remarqué au même degré, chez le peuple fidèle du vi^e siècle, c'est l'enthousiasme, c'est la joie génerale qui accueillent, au xe, la guérison du plus humble malade, regardée alors non comme une grâce particulière, mais comme un bienfait pour tout le monde. On met les cloches en mouvement, on entonne le chant de l'action de grâces, les assistants poussent des cris d'allégresse, les absents se hâtent d'accourir, le prodige qui vient de s'opérer est raconté en public et tous, auditeurs et témoins, versent des larmes d'attendrissement. C'est que ces miracles sont comme une réparation de l'honneur du saint pontife, qui a été obligé de fuir devant Rollon et dont la demeure a été incendiée deux fois, dans l'espace de cinquante ans. C'est qu'ils sont une réponse victorieuse à ceux qui semblaient croire sa puissance amoindrie ou sa charité pour son peuple changée en indifférence.

2. — Ce fut dans ce temps-là que Robert, abbé de Saint-Martin et frère d'Eudes, qui régna en France, pendant la minorité de Charles le Simple, fit fermer de murailles la ville de Châteauneuf, nommée jadis Martinopole (1). Cette ville devint dès lors si considérable qu'elle

(1) Gervaise, 294 et suiv. Jacquet, p. 90 et 99.

surpassa bientôt, en grandeur et en beauté, l'ancienne ville de Tours.

A cette époque aussi, le roi Charles le Simple confirma, par lettres patentes, datées de la deuxième année de son règne, le droit qu'avait déjà l'église de Saint-Martin de faire battre monnaie. Ce droit lui avait été accordé par les rois de France qui en avaient joui seuls, dès la fondation de la monarchie. La monnaie de Saint-Martin portait une marque particulière. D'un côté, on y lisait le nom du roi régnant ; l'autre côté représentait la basilique avec cette inscription : *Turonus civis*. La vénération qu'on avait pour saint Martin fit rechercher cette monnaie, qui fut longtemps d'un usage plus général que toutes les autres.

Dès le IX⁰ siècle, les plus illustres abbayes du royaume étant tombées entre les mains des princes et des seigneurs laïcs, Hugues le Grand avait été pourvu de celle de Saint-Martin qu'il laissa à Hugues Capet. Celui-ci la réunit à la couronne, et la transmit aux rois ses successeurs qui, jusqu'au dernier siècle, conservèrent la qualité d'abbés séculiers, chanoines et protecteurs de l'église de Saint-Martin. De là vient qu'à leur avénement, ils juraient, sur les saints évangiles, de lui donner particulière protection contre tous ceux qui attenteraient à ses biens, honneurs et prérogatives.

3. — Il y avait cinq siècles que la basilique avait été construite par saint Perpetuus et les désastres successifs qui l'avaient atteinte lui avaient enlevé, non-seulement sa splendeur primitive, mais encore sa solidité, surtout depuis le nouvel incendie qu'elle éprouva en 994, lors de la prise de la ville par Foulques Nerra, comte d'Anjou.

Hervé, issu d'une famille des plus considérables du royaume, occupait alors la trésorerie de l'église de Saint-Martin et se comportait dans cette charge avec sagesse et piété. Bien qu'il parût dans le monde avec un habit blanc magnifique, comme le portaient les chanoines de Saint-Martin, sa vie n'en était pas moins très-pénitente et il donnait à la retraite tout le temps que lui laissaient les devoirs de sa fonction.

Voyant tomber de vétusté la vénérable basilique, il résolut de la jeter par terre et d'en élever, à sa place, une autre plus spacieuse. Dans la crainte que, durant ce travail, les ouvriers ne gardassent pas toute la révérence due au corps de saint Martin, il le fit transporter dans l'abbaye de Saint-Venant, renfermée dans le cloître.

Le nouvel édifice fut couvert en étain, comme l'avait été l'ancien, après le premier incendie. Hervé fit une longue retraite pour se préparer à sa dédicace. Dans les prières qu'il adressait, la face contre terre, à saint Martin, il lui demanda, une fois, de vouloir bien lui faire connaître, par un miracle, si son ouvrage lui était agréable. Le saint lui apparut environné de gloire.

— Sache-le, mon fils, dit-il d'un air gracieux, tu peux obtenir de Dieu de plus grandes grâces que celle dont tu lui fais à présent la demande. Le temps d'amasser le grain est proche. Les miracles ne sont point nécessaires, dans le siècle où tu vis, et le souvenir des anciens suffit pour la conversion du peuple. Exhorte-le à la pénitence et sois sûr que je ne cesse pas d'implorer pour lui la miséricorde de Dieu. Je l'implore particulièrement pour ceux qui le servent dans cette église; mais il y en a parmi eux quelques-uns qui s'occupent trop des affaires du siècle; d'autres qui, oubliant leur première profession, se sont engagés dans celle des armes où ils auraient péri misérablement, si je ne leur eusse obtenu la grâce de la pénitence. Pour toi, mon très-cher fils, achève ton ouvrage et sois persuadé qu'il est très-agréable à Dieu.

Ayant dit ces mots, il disparut.

L'édifice achevé, nombre d'évêques et d'abbés furent invités à en venir faire la dédicace. Pour leur consolation et l'utilité commune, Hervé crut devoir leur révéler l'apparition dont il avait été favorisé et ce que le saint lui avait dit. Ensuite, le 4 de juillet, jour auquel la première église avait été consacrée, le corps de saint Martin fut reporté avec pompe dans son tombeau. On avait eu soin de rétablir ce monument de la même manière qu'il avait été construit par saint Perpetuus, avec cette différence que le dôme dont Hervé le fit couvrir n'était que d'argent.

Hervé mourut, plein de bonnes œuvres. Les écrivains de son siècle l'ont honoré du nom de saint et sa fête est marquée, dans les anciens missels de l'église de Saint-Martin, au 17 d'avril. Il fut inhumé dans l'église qu'il avait fait bâtir, au même endroit où saint Martin l'avait été d'abord.

4. — Avant et après lui, la basilique fut, depuis sa fondation, la sépulture, non-seulement de presque tous les évêques de Tours, mais encore des plus célèbres personnages, des comtes d'Anjou et de Touraine, des fils de France, des reines et des impératrices. Là, en effet, outre Hervé, mort en 1024, furent ensevelis Alcuin, précepteur de Charlemagne, mort en 804; l'archidiacre Bérenger, mort en 1088; Geoffroy Grisegonelle, comte de Vendôme; Jean Dupuy, né à Tours, trésorier du roi de Sicile; Ingelger, Foulques Ier, Foulques le Bon, Thibault le Tricheur, Louis Ier, tous les cinq comtes d'Anjou; Luitgarde, femme de Charlemagne, en 800; Judith, femme de Charles le Chauve, en 843; Philippe, fils de Charles VII, en 1427; Jacques, troisième fils de Charles, en 1436; un autre Philippe, second fils de Charles VII, en 1427; enfin, en 1495 et 1496, les enfants de Charles VIII, dont la tombe se trouve aujourd'hui dans l'église de Saint-Gatien.

CHAPITRE XXXIV.

SAINT MARTIN GLORIFIÉ DANS SON MONASTÈRE DE MARMOUTIER.

1. L'abbaye de Marmoutier rétablie.— 2. Les moines en Angleterre. —3. Les priviléges attaqués et défendus.— 4. L'archidiacre de Clermont.— 5. Procession des bienheureux.

1. — L'abbaye de Marmoutier, qui s'était aussi relevée de ses ruines, après les dévastations des Normands, avait vu, comme celle de Saint-Martin de Tours, ses moines remplacés par des chanoines séculiers (1). Mais, en 982, la règle monastique y fut rétablie par saint Mayeul, abbé de Cluny, avec l'aide d'Eudes Ier, comte de Blois et de Touraine, qui y mourut, en 995, sous l'habit religieux. Depuis lors, on ne cita plus un seul monastère qui fût supérieur à Marmoutier par le nombre et la sainteté de ses moines.

Dans les dernières années du xie siècle, une multitude presque innombrable de couvents, sous le nom de prieurés, étaient de sa dépendance et les moines qui les habitaient vivaient sous la juridiction de ses abbés. Il n'y avait, pour ainsi dire, alors pas une province, un diocèse ou une ville de France qui n'ambitionnât, comme autrefois, de posséder des moines de Marmoutier. La réputation de l'abbaye s'étendit même jusque chez les nations étrangères, grâce surtout au souvenir de son glorieux fondateur.

2. — Guillaume le Conquérant, vainqueur d'Harold, qui avait usurpé le trône d'Angleterre, établit, en l'hon-

---

(1) De Restit. Maj. mon., per Od. Chroniq. de Tour., p. cxx et suiv. De rebus gestis in Maj. mon., Patrol. Migne, tom. 149, col. 393 et seq.

neur de saint Martin, sur le lieu même du combat, dans le comté de Sussex, un insigne monastère où il plaça des moines qu'il fit venir tout exprès de Marmoutier. Cette fondation qu'il appelle, dans son diplôme, l'église de Saint-Martin-de-la-Guerre *Ecclesia sancti Martini de Bello*, était l'accomplissement d'un vœu qu'il avait fait avant la bataille.

Vers le même temps, c'est-à-dire en 1067, Radulphe Paganel, noble anglais, fit don à l'abbé et aux moines de Marmoutier d'une église de la Sainte-Trinité qu'il avait dans la ville d'York.

Le culte de saint Martin, dans ce pays, remontait au moins au vᵉ siècle. Car, à cette époque, où les Romains possédaient encore la Bretagne, on avait vu, près de Cantorbery, une église remarquable, dédiée à saint Martin, où plus tard saint Augustin, apôtre de la contrée, commença l'exercice de sa prédication et qui peut, pour cette raison, être considérée comme la mère de toutes les églises d'Angleterre.

3. — Marmoutier, comme la basilique, avait été honoré d'immunités et de priviléges, auxquels Geoffroy le Barbu, comte d'Anjou et de Touraine, voulut porter atteinte, lors de l'élection de l'abbé Barthélemy. Ce seigneur, dont l'avarice et la cupidité n'avaient d'égales que sa cruauté et son arrogance, prétendit soumettre à son autorité le territoire de l'abbaye et en contraindre l'abbé à recevoir de sa main le bâton pastoral. Une exigence aussi inouïe jeta le troupeau de saint Martin dans la stupeur et la confusion.

— Nous avons, disaient les moines, des ordonnances considérables des empereurs et des rois, ainsi que de très-nombreux priviléges des papes, qui, par honneur pour notre pieux père le seigneur Martin, son fondateur, donnent à notre monastère une dignité et une gloire spéciales. Aussi jamais n'a-t-il été soumis à personne qu'au

roi ou à l'abbé propre de Saint-Martin. Il est même soustrait à toute l'autorité des évêques, sauf les cas où les
besoins de l'église forcent d'avoir recours à leur caractère,
comme pour l'ordination des moines. Ces titres sont bien
suffisants pour nous permettre de nous opposer à ce qu'on
demande.

Armés de ces raisons, ils se rendent auprès du comte,
pour l'exhorter à ne pas violer leurs droits et empêcher
que leur vénéré père, dont la gloire va toujours croissant
dans le ciel, ne la voie, en quelque façon, diminuer sur
la terre, où elle a été jusque là respectée par tant de
rois, de pontifes et de princes. Mais leur démarche ne sert
qu'à irriter Geoffroy qui s'emporte, contre le monastère
et les moines, en menaces violentes qu'il ne tarde pas à
exécuter.

Longtemps les moines endurent avec patience toutes
ses vexations; mais, un jour, n'y tenant plus, ils partent
en procession, les pieds nus, avec les infirmes entretenus
par le monastère, se rendent devant le tombeau de saint
Martin et là, tous ensemble, implorent longuement la
miséricorde de Dieu et les mérites du saint patron. Peu de
temps après, le comte, attaqué par son propre frère, nommé
Foulques, est fait prisonnier. Dépouillé de ses honneurs, il
passa de longues années en captivité où il finit par perdre
le sens. Dans cet état, il vécut encore plus de trente ans,
objet de pitié même pour ses ennemis. Quant à l'abbé
Barthélemy, il mourut en 1068, après une vie pleine de
miracles et de vertus.

4. — Une croyance précieuse pour la dévotion et qui
était fort accréditée à cette époque, où elle avait pour elle
des faits nombreux, c'est celle qui persuade au pieux
fidèle que les saints, surtout à l'époque de leur fêtes, visitent personnellement les lieux qui leur sont consacrés et
y célèbrent même avec pompe, dans le silence de la nuit,
les différentes parties de l'office divin.

Le prévôt et archidiacre de l'église de Clermont avait l'habitude de venir, chaque année, à Tours, pour la fête de saint Martin et, en même temps, de visiter Marmoutier. Édifié de la ferveur qui régnait dans cette maison, il se sentit lui-même enflammé d'un religieux désir. Une année donc, se disposant à partir de son pays, pour se trouver, selon sa coutume, à la fête du bienheureux, il fait charger et emmener avec lui tous ses trésors, ses vêtements de soie et sa vaisselle précieuse. Arrivé à Tours, il assiste dévotement, toute la nuit de la vigile et tout le jour de la fête, aux offices solennels, puis se retire, avec sa nombreuse escorte, dans l'hospice des nobles pèlerins.

Le lendemain matin, vêtu comme l'un de ses domestiques, il va trouver Guillaume de Combourg, abbé de Marmoutier, depuis l'an 1104, se jette à ses pieds et le supplie, pour l'amour du Christ et du bienheureux Martin, de le recevoir au nombre de ses moines. Touché de l'ardente prière et de l'humilité de cet inconnu, qu'il prend pour un homme vulgaire, l'abbé accède à sa demande. Le jour suivant, fixé pour celui de son retour, l'opulent archidiacre vient se mettre, avec tout ce qu'il possède, entre les mains de l'abbé.

5. — Longtemps après, devenu moine, avec deux de ses compagnons, et croissant chaque jour en vertu, il se trouvait, une fois, en prière, dans l'église du couvent, après l'office de matines. C'était à l'époque de la Toussaint et sous le gouvernement d'Odon, qui fut abbé en 1137. Soudain, de ce côté du temple où est *le lit du bienheureux*, il entend les voix d'une immense multitude chantant avec une extrême suavité. Il lève la tête et voit trois hommes en ornements pontificaux, dont l'un celui du milieu, paraît l'emporter sur les autres en grâce et en dignité. Après eux, viennent une foule d'abbés et des troupes innombrables de moines, tous rayonnant de joie

et exprimant leur allégresse par des accents de la plus
douce mélodie. Les antiennes et les collectes récitées, cette
glorieuse procession de bienheureux commence à s'en
retourner par où elle est venue. Reconnaissant alors parmi
eux plusieurs des moines décédés de son temps, l'ancien
prévôt s'enhardit à les interroger.

— Ce prélat qui marche au milieu des évêques, lui
disent-ils, c'est Martin, distingué des autres par l'éclat de
son visage comme par ses mérites. Fulgence et Corentin
se tiennent à ses côtés : le reste de la troupe sont les abbés
et les moines de ce monastère, qui, par les mérites de
Martin, jouissent des fruits de leur travail et marchent
dans l'ordre où ils ont émigré vers le Christ. Le bienheureux, avec cette procession et la nombreuse escorte de
disciples qui jadis l'accompagnaient toujours, visite ainsi
fréquemment le monastère.

Sur ces paroles, le noble personnage s'empresse d'éveiller quelques-uns de ses compagnons, entre autres Garnier,
qui fut abbé après Odon. Ceux-ci furent assez heureux
pour entendre les chants de cette procession et voir les
derniers de ceux qui la composaient. « Combien, ajoute
l'historien, devait être pure et céleste la conscience d'un
homme qui, vivant encore sur la terre, obtint la faveur
de contempler la gloire de Martin et des saints qui l'accompagnent ! »

CHAPITRE XXXV.

LES PAPES PROTECTEURS DE LA BASILIQUE DE SAINT-MARTIN.

1. Prédilection de l'Église de Rome pour celle de S. Martin. — 2. Urbain II.— 3. Alexandre III.— 4. Luce III. — 5. Martin IV.

1. — Ce qui montre le mieux la dévotion du monde chrétien pour le glorieux thaumaturge, c'est le soin particulier que l'église de Rome a toujours pris de l'église de Saint-Martin de Tours (1). Les papes ont travaillé, avec un zèle infatigable, à y rétablir l'ordre et la discipline, toutes les fois qu'il s'y est manifesté quelque relâchement. Plusieurs l'ont fait en personne, beaucoup d'autres par leurs légats ou commissaires apostoliques. Souvent aussi ils l'ont assistée de leurs conseils, dans les affaires les plus difficiles, et l'ont soutenue, dans ses plus pressants besoins, par leurs libéralités ou les secours qu'ils lui ont procurés. Du reste, l'église de Saint-Martin ne cessait de se montrer digne de cette auguste prédilection, par sa vigilance à conserver la foi dans toute sa pureté, comme par son obéissance toujours prompte envers le souverain pontife, de qui elle eut l'honneur de dépendre immédiatement pendant plus de mille ans.

2. — Au mois de mars de l'année 1096, le grand pape Urbain II, venant de Clermont où, au mois de novembre précédent, il avait prêché lui-même la première croisade, visita la basilique et s'y fit ceindre la tête d'une couronne de palmes, à l'ancienne manière des pontifes romains. Il y assembla un synode et resta sept jours consécutifs dans le cloître, avec les chanoines, pour établir

(1) Gervaise, p. 293 et suiv. *Défense des privil. de S. M.*, XI° s.

l'ordre qu'il jugea nécessaire dans cette église et en réformer le clergé.

En vertu de leurs priviléges, les chanoines de la basilique étaient dispensés de recevoir processionnellement personne autre que le pape, le roi et l'archevêque de Tours, celui-ci une fois seulement dans sa vie. C'est pourquoi ils avaient refusé naguères cet honneur aux légats de Grégoire VII, prédécesseur d'Urbain. L'un de ces légats, Amat, archevêque de Bordeaux, en avait porté plainte au concile d'Issoudun qui les avait excommuniés : le pape Urbain lui-même était extrèmement irrité contre eux. Mais s'étant fait représenter leurs priviléges, il les examina, en présence de ses cardinaux, de Hugues, prince primat de Lyon et de plusieurs autres évêques ou personnes constituées en dignité. Dans une bulle expédiée à Tours, au Château-de-Saint-Martin, il reconnaît les droits et dispenses du chapitre. La bulle commence par ces mots : « Le Dieu de qui viennent tous les biens a daigné, par sa miséricorde, amener notre dévotion au tombeau du bienheureux Martin. »

Le pape se convainquit aussi, par l'examen des mêmes priviléges, que la basilique était en droit d'avoir son évêque propre ; mais, comme les pèlerinages n'y étaient plus si fréquents, le ministère de cet évêque avait cessé d'être nécessaire. Tout en maintenant la sujétion immédiate de l'église au Saint-Siége, Urbain supprima donc cette dignité, qui avait subsisté pendant près de quatre siècles.

Le même pape termina aussi un différend survenu entre le chapitre de Saint-Martin et l'abbaye de Cormery, en ordonnant que les abbés de ce monastère, pour marque de leur dépendance, viendraient, selon le premier usage, sur l'ordre du doyen et du chapitre, prendre leur crosse sur le tombeau de saint Martin.

Ce fut aussi Urbain II qui fit la dédicace de la nouvelle

église de Marmoutier, en l'honneur de la sainte croix, de
la mère de Dieu, des apôtres saint Pierre et saint Paul et
de saint Martin.

3. — Au siècle suivant, le chapitre de Saint-Martin
renouvela un de ses statuts par lequel il était défendu de
recevoir aucun chanoine qui ne fût de condition libre.
Voulant le faire confirmer par leur supérieur, les chanoines s'adressèrent au pape Alexandre III, qui leur
accorda cette confirmation par la bulle expédiée d'Anagni,
le 2 des ides d'octobre. Il y déclare qu'il l'accorde en
qualité de supérieur immédiat. « Car, dit-il aux chanoines,
bien que nous soyons obligé d'étendre sur toutes les
églises la faveur du siége apostolique, néanmoins, c'est
un plaisir comme un devoir pour nous de prendre un
soin tout particulier de ce qui touche à la dignité ou aux
avantages de votre église, parce qu'elle nous appartient
spécialement et en propriété. » Il dit encore que l'église
de Saint-Martin est illustre et célèbre entre toutes les
églises des Gaules et qu'elle a les plus nobles priviléges
d'exemption et de liberté.

L'histoire nous apprend qu'Alexandre fut un des plus
grands papes qui aient gouverné l'Église. La France ayant
pris son parti contre l'antipape Victor, il vint dans notre
patrie, où il demeura trois ans et fut à Tours, au mois de
mai 1163. Il y tint un concile où il confirma tout ce
qu'Urbain et les autres papes avaient fait en faveur de
l'église de Saint-Martin, dans laquelle il célébra solennellement la messe le jour de la *Subvention.*

Depuis cette dernière visite papale, les chanoines de
Saint-Martin quittèrent l'habit blanc, pour prendre le
rouge et le violet, qu'ils conservèrent pendant plusieurs
siècles. La basilique fut aussi, depuis ce temps, honorée,
du titre d'*Église patriarcale,* que l'Université de Paris et
plusieurs de nos rois lui appliquèrent, dans des lettres
adressées à son chapitre. Une grande croix d'or à

trois croisons que possédait encore, au XVIe siècle, le trésor de la basilique, s'appelait la *Croix patriarcale de Saint-Martin*.

Alexandre III visita aussi Marmoutier où il consacra une chapelle.

4. — Le pape Luce III, successeur d'Alexandre, ne montra pas moins de sollicitude pour la famille de saint Martin. Sous son pontificat, les bourgeois de Châteauneuf se révoltèrent contre le chapitre, dont ils étaient les sujets, firent une commune entre eux, c'est-à-dire qu'ils s'engagèrent tous, par serment, dans cette rébellion, et mirent le feu à la basilique qui fut détruite en partie. Le pape leur fit expédier une bulle, le 5 des calendes de juin. La commune qu'ils avaient faite étant directement contre la juridiction spirituelle et temporelle du chapitre, Luce déclare qu'il la casse et prononce anathème contre ses principaux auteurs et leurs adhérents qui ne voudront pas y renoncer. Il ordonne ensuite qu'une pénitence soit imposée au peuple, pour le crime dont il s'est rendu coupable envers Dieu, en mettant l'église de Saint-Martin en péril de perdre sa dignité avec la liberté.

La sédition fut bientôt apaisée et le saint édifice restauré par ceux-là mêmes qui l'avaient ruiné. La voûte qui était au-dessus du tombeau montrait encore, au dernier siècle, que les rebelles n'avaient rien épargné pour réparer leur faute; car ce morceau d'architecture passait pour un des plus beaux qui fût en France. Cependant cet incendie, allumé par ceux dont la basilique était la gloire et qui devaient en être les gardiens, a quelque chose de plus triste qu'aucun des précédents et semble le prélude des désastres de plus en plus douloureux dont nous serons bientôt les témoins.

5. — En 1281, Martin IV, qui, de chanoine et trésorier de la basilique, avait été fait cardinal, fut élu souverain pontife. Dans la quatrième de ses bulles à ses anciens

collègues, il indique formellement sa dévotion pour saint Martin comme la cause des faveurs qu'il accorde à ses chanoines : « Il veut, dit-il, moins encore par reconnaissance pour les bienfaits dont il y a été gratifié que par révérence pour le saint qui y est surtout honoré et invoqué, décorer d'un noble privilége leur église illustrée par les mérites du bienheureux Martin. Il permet donc au chapitre de procéder par censures ecclésiastiques contre tous ceux qui ont usurpé des biens appartenant à leur église et de les absoudre, en cas de restitution. » Martin IV mourut en 1285 et devint célèbre par les miracles qui s'opérèrent à son tombeau.

Au sujet des biens dont il vient d'être parlé, Nicolas de Clairvaux, secrétaire de saint Bernard, disait, à cette même époque, que les possessions de la basilique s'étendaient d'une mer à l'autre et que sa réputation n'avait d'autres bornes que l'univers.

CHAPITRE XXXVI.

GUIBERT DE GEMBLOUX ÉCRIT LA VIE DE SAINT MARTIN ET VISITE LES LIEUX QUI LUI SONT CONSACRÉS.

1. Vie de S. Martin mise en vers.— 2. Lettres de l'archevêque de Cologne, de l'abbé de Marmoutier et des chanoines de S. Martin. — 3. La nuit du 4 juillet. — 4. Les fêtes de S. Martin. — 5. Ligugé, Rivière, Candes, Marmoutier.

1. — Vers le même temps, Guibert de Gembloux, composa une *Vie de saint Martin* en vers, continuant par là cette chaîne d'œuvres poétiques qui, de siècle en siècle, depuis Paulin de Périgueux, s'essayaient aux louanges

du héros chrétien (1). Avant lui, au xie siècle, Elfrid, archevêque d'York, et, en même temps que lui, au xiie, Richer, abbé de Saint-Martin de Metz, versifièrent aussi en latin rimé la vie du patron de la France. Après lui, au xiiie, fut écrite une *Vie de saint Martin* en vers français, par Péan Gâtineau, chanoine de la basilique, d'une famille noble de Touraine. D'autres sans doute se sont exercés sur ce sujet si longtemps populaire, mais leurs œuvres moins remarquées, sans être moins remarquables, sont ou perdues ou enfouies dans les bibliothèques.

2. — De 1130 à 1133, Guibert fit un voyage en Touraine, au sujet duquel plusieurs lettres, peut-être encore inédites, ont été conservées.

La première, adressée par Philippe, archevêque de Cologne, à l'abbé de Marmoutier et au doyen de Saint-Martin de Tours, recommande à leurs bons offices Guibert, moine de Gembloux, qui, après avoir écrit une vie de saint Martin, désire visiter son tombeau et les lieux habités jadis par le saint évêque de Tours.

Hervé, abbé de Marmoutier, ne répond que quelques mots à la lettre de l'archevêque de Cologne : il dit que trois églises, à Tours, racontent la gloire de saint Martin, la première est l'église cathédrale, consacrée par lui avec le sang des martyrs d'Agaune ; la seconde, située à Châteauneuf, conserve, dans une châsse d'or, le corps vénéré de son illustre patron ; enfin Marmoutier a été fondé par le saint lui-même.

Dans leur réponse à Philippe de Cologne, les chanoines de Saint-Martin de Tours exposent avec détail la légende qui concerne les fioles de sang que saint Martin rapporta d'Agaune et avec lesquelles il consacra les églises cathé-

(1) Mémoire lu par M. Salmon à la Soc. Archéol. de Tours, le 20 janvier 1851. Notice sur les Chroniq. de Tour., par le même.

drales de Tours et d'Angers. Ensuite, après avoir raconté
l'histoire des diverses églises bâties successivement sur le
tombeau de leur patron, ils ajoutent que, dans la nuit
qui précède le 4 juillet, triple fête où l'on célèbre en
même temps son ordination, la translation de son corps
et la dédicace de sa basilique, saint Martin vient lui-même,
assisté d'un grand nombre de saints, officier dans le
temple qui lui est consacré. Voici l'une des trois apparitions qu'ils rapportent à l'appui de ce prodige.

3. — C'était cette nuit même, veille de la fête de l'ordination de saint Martin : toutes les portes de la basilique
étaient fermées et les marguilliers, placés à la porte du
nord, devaient empêcher que personne ne pénétrât dans
l'église. L'un d'eux, Hildebert, surnommé Péan, s'aperçut
qu'il avait oublié le coussin sur lequel il appuyait sa tête
pour dormir. Ne pouvant donc reposer, il ouvre, malgré
les réclamations de ses confrères, la porte de la grande
nef, et se dirige vers la partie orientale de l'église, pour
y chercher son coussin, renfermé dans un coffre. Il le
prend, referme le coffre et se dispose à s'en retourner,
lorsqu'il se voit toute issue fermée par une procession
d'archevêques et d'évêques, en nombre considérable, se
rendant au chœur et au tombeau.

Un personnage, à l'aspect vénérable, se détache de la
procession et lui demande, d'une voix sévère, comment
il a osé pénétrer dans le sanctuaire, pendant cette nuit,
où il savait que saint Martin venait, avec les associés de
sa gloire, visiter son temple et y célébrer le saint sacrifice. — Hildebert, tremblant, lui demande grâce et lui
montre, pour s'excuser, le coussin qu'il tient à la main,
puis s'enhardit à lui demander quel est celui qui, resplendissant et plein de majesté, suit tous les autres évêques,
marchant deux à deux devant lui. — Le saint lui répond
que c'est Martin lui-même et qu'il est précédé des évêques
non-seulement de Tours, mais aussi des villes environ-

nantes. Enfin il lui défend expressément de faire jamais
une autre tentative pour pénétrer dans l'église et va rejoindre ses compagnons.

Le marguillier cependant se sent soulevé par les cheveux et porté dans une autre partie du chœur, au milieu
du chapitre. Il y reste longtemps privé de sentiment et,
revenu à lui-même, raconte à tous la miséricorde de Dieu
à son égard et le prodige dont il a été témoin.

4. — Dans une seconde lettre, les chanoines donnent le
récit de plusieurs miracles contemporains, opérés au
tombeau de saint Martin et exposent ensuite l'institution
des fêtes célébrées, chaque année, dans leur église, en
l'honneur du saint évêque, à savoir celle du 12 mai, où
l'on rappelait à la fois la réception des reliques des martyrs d'Agaune et la délivrance de Tours, lorsque les
Normands furent mis en fuite par la châsse du bienheureux; celle du 11 novembre, où l'église entière honore le
jour où saint Martin échangea les misères de ce monde
contre la gloire du ciel; enfin celle du 13 décembre, où
l'on célébrait le retour des reliques de saint Martin dans
son église, après leur long séjour en Bourgogne.

La dernière lettre est écrite par Guibert à son évêque
Philippe, après son retour à Gembloux, pour lui rendre
compte de ce qu'il a vu, dans le long pèlerinage auquel il
a consacré une année environ.

Il commence par raconter plusieurs miracles auxquels
il rattache l'institution de certains rits de l'église de Saint-
Martin, tels que chanter trois fois le *Te Deum* aux matines
du 11 novembre, de dire, à toutes les messes, les collectes
à voix basse et de chanter toujours ce qui précède la préface. Il raconte aussi ses visites aux principaux lieux
habités par le saint.

5. — A Ligugé, on lui montre le lieu où saint Martin a
ressuscité un mort, et la petite clochette qui servait, de
son temps, à convoquer les frères. Les moines de Ligugé

et les religieux de Saint-Hilaire lui racontent aussi comment un ange remit à saint Martin le livre dont son maître, l'évêque de Poitiers, avait besoin pour célébrer le saint sacrifice.

Guibert visita ensuite l'église de Rivière, dédiée à Notre-Dame et dans laquelle saint Martin vint souvent prier pendant la nuit.

Candes, dernière station de saint Martin sur la terre, avait droit à la visite et à la vénération de Guibert, qui s'y rendit en effet. Après avoir vu une assez grande quantité de cheveux du saint, et le cilice sur lequel il mourut, Guibert interroge les chanoines sur la maison dans laquelle il rendit le dernier soupir.

— Là, répondent-ils, où s'élève cet édifice encore inachevé, là existait la maison sanctifiée par sa mort, et la fenêtre par laquelle on a enlevé son corps.

Et, en parlant ainsi, ils désignaient l'église et l'autel de l'abside. La maison où mourut saint Martin avait été conservée jusqu'à leur temps, mais on avait été obligé de l'abattre, il y avait déja cinq ans, parce qu'on ne pouvait plus y entrer sans courir risque de la vie. C'est en enlevant les fondations de la maison, qu'on trouva, cachées sous une pierre, les reliques dont il a été parlé, avec une fiole de verre à demi remplie du sang desséché des martyrs de la légion thébéenne. — Les chanoines de Candes montrent aussi à Guibert un cep de vigne provenu d'un des sarments sur lesquels saint Martin était mort.

Le pèlerin, qui, par dévotion, joignit le nom du saint évêque au sien, termina son voyage par Marmoutier, d'où, après un séjour de huit mois, il reprit le chemin du monastère de Gembloux.

Les détails que cet humble moine nous a transmis nous paraissent des plus intéressants parmi ceux de notre histoire et ferme la série des faits surnaturels relatifs au culte de saint Martin. Depuis lors, les miracles devinrent de plus en plus rares ou les récits n'en sont pas arrivés jusqu'à nous.

CHAPITRE XXXVII.

LE ROI CHARLES LE BEL DEMANDE ET OBTIENT LA TRANS-LATION DU CHEF DE SAINT MARTIN.

1. Illustres pèlerins du XIIe siècle et du XIIIe. — 2. Bulle du pape Jean XXII. — 3. Ouverture du saint tombeau. — 4. Cérémonie de la translation. — 5. Charles VII et ses successeurs. — 6. Le tombeau, la châsse et le coffret.

1. — Dans les années 1096, 1123, 1137, 1194, 1202 et 1203, de nouveaux désastres et incendies désolèrent l'église de Saint-Martin : toujours elle fut restaurée avec soin (1).

Au commencement du XIIIe siècle, la basilique est visitée par deux délégués du pape Innocent III, Hamélius, évêque du Mans, et Adam, abbé de Perseigne, chargés d'y réformer ce qu'ils jugeraient nécessaire. — Aux papes que nous avons déjà nommés et qui la visitèrent en personne il faut joindre, en 1107, Pascal II, qu'y reçurent solennellement le roi Philippe et son fils Louis; en 1119, Calixte II, qui logea au monastère de Marmoutier, et en 1130, Innocent II, qui détacha Geoffroy le Bel du parti d'Anaclet.

Une foule de princes et de prélats étrangers visitèrent également, dans les XIIe et XIIIe siècles, le tombeau de saint Martin. Les uns y prirent le bâton de pèlerin, tels que Richard Ier, roi d'Angleterre, en 1190, et Jean de Brienne, roi de Jérusalem, en 1223, ou vinrent l'y dépo-

---

(1) Jacquet, p. 90 et 98, Brev. s. Mart., 1 décembre. Gerv., p. 325, et suivantes.

ser, au retour des croisades et des voyages qu'ils avaient entrepris ; les autres y reçurent la couronne de duc ou de comte. En 1225, l'archevêque de Ninive et plusieurs évêques d'Arménie y firent leurs dévotions. — Parmi les Français, on voit, en 1150, l'abbé Suger, qui avait été régent du royaume, sous Louis VII, y demander les biens de *l'èternelle vie*, et Jean Boucicaut le jeune y recevoir, des mains de Charles VI, le bâton de maréchal de France, le jour de Noël 1391.

2. — Cependant il n'y avait eu jusqu'alors, suivant l'usage primitif, aucune distraction des ossements du saint qui, de cette sorte, n'étaient jamais montrés au peuple. Le roi Charles surnommé le Bel, frère de Philippe le Long, la troisième année de son couronnement, eut la pensée de transférer le chef du bienheureux dans un vase d'or préparé pour cette destination. Deux officiers furent aussitôt envoyés vers le souverain pontife, pour lui faire connaître la pieuse intention du roi, mu, dans cette circonstance, par sa propre dévotion pour saint Martin et par le désir d'honorer en lui le patron spécial des rois de France.

Le pape Jean XXII consentit à cette translation et ordonna que le chef sacré serait montré au peuple, dans l'église, deux fois l'année, le 1er de décembre, jour où sa translation devait avoir lieu, et à la fête du 4 juillet.

Aussitôt le retour des envoyés qui rapportaient la bulle du pontife romain, le roi se rendit, accompagné de toute sa cour, à la ville de Martinopole, où il fut reçu par le clergé de Saint-Martin, avec les honneurs dus à son rang. A sa suite, on remarquait les princes Charles de Valois, comte d'Anjou, seigneur de Clermont et chancelier de France ; Philippe, comte du Maine ; Robert, comte d'Artois ; Alphonse d'Espagne, la reine Jeanne et une foule d'autres nobles personnages. On y voyait aussi nombre d'évêques, entre autres ceux de Vienne, de Carcassonne, d'Arras, du Mans, de Mende et de Chartres. La dévotion du monarque et la foi de la reine remplissaient d'admiration tous les assistants, qui exaltaient, de concert, le nom du bienheureux confesseur.

3. — Le jour des calendes de décembre de l'an 1323, choisi pour la cérémonie, le roi, les princes et les prélats étaient, dès avant l'aurore, assemblés à la basilique, dont l'entrée était interdite à la foule. Bientôt, le clergé fait retentir les parvis sacrés de chants mélodieux, en l'honneur du saint patron, et les ouvriers s'approchent de la partie inférieure du tombeau, afin d'en pratiquer l'ouverture; mais, soit émotion naturelle, soit vertu divine, ils ne peuvent y réussir. Ils se rassurent néanmoins et, confiants dans le bienheureux confesseur, s'approchent de la partie antérieure. Les forces leur reviennent avec le courage et le mausolée est enfin ouvert.

Des prêtres y entrent et y trouvent une châsse d'argent, ainsi s'exprime le récit contemporain; d'où il résulte que la châsse ou *abside* dont parle Héberne et qui était faite d'un alliage d'or et d'argent appelé *electrum*, avait été changée, depuis la fin du IXᵉ siècle, époque de la Réversion. Dans cette châsse, on trouva une espèce de coffre, en bois de saule, encore tout neuf et d'une blancheur admirable. C'était celui où, soixante-quatre ans après son décès, le corps du bienheureux avait été déposé par saint Perpetuus et qui, depuis environ huit cent cinquante ans, n'avait jamais été ouvert.

Robert, évêque de Chartres, chargé de cette fonction, ayant ouvert ce vase avec dévotion et respect, y trouva le corps du saint, enveloppé d'une étoffe de pourpre et lié de bandelettes, comme celui d'un enfant. Une cédule, qui y était attachée, portait ces mots : *Hic est corpus beatissimi*

Martini, episcopi Turonensis. « C'est ici le corps du bienheureux Martin, évêque de Tours. »

4. — A la vue de ce précieux trésor, tous les assistants sont remplis d'une sainte joie. L'évêque de Chartres dégage peu à peu le corps sacré de ses bandelettes blanches où l'on reconnaît les sceaux de Perpetuus. Enfin la relique est mise à découvert et l'évêque invite le roi à prendre le chef du bienheureux, pour le déposer dans le vase d'or ; mais le prince, n'osant y toucher, pria l'évêque de le prendre lui-même et d'en faire la translation.

A ce moment, les clercs qui chantaient au chœur, demandent au roi et à l'évêque que le chef de leur glorieux patron leur soit montré. Prenant donc, suivant le désir du roi, le saint chef entre ses mains, l'évêque le donne à baiser au roi et à la reine.

— Souvenez-vous, mes très-chers frères, dit-il ensuite, en le montrant aux chanoines, que je tiens le chef du très-heureux confesseur Martin, votre patron, et que le reste de son corps demeure ici enveloppé.

Tous les cœurs tressaillaient d'allégresse. On entonne sur-le-champ le *Te Deum*, qui est continué par toutes les voix. Pendant ce temps, l'évêque transfère le chef sacré, le roi se tenant près de lui, avec ses barons, et présentant, de sa propre main, les objets nécessaires.

Au lever du jour, le chef précieux, renfermé dans le vase d'or, fut placé sur le grand autel, où il resta jusqu'à l'heure de prime, les cierges allumés et les cloches sonnant à toute volée. A l'heure de prime, le roi très-chrétien, les nobles et les prélats se réunirent de nouveau à la basilique, prirent le saint chef et le portèrent processionnellement dans l'église. La procession fut suivie de l'éloge du saint prononcé devant le peuple ; après quoi, l'on célébra une messe solennelle du bienheureux, à la fin de laquelle furent publiées les indulgences accordées par le pape et la fête fut ainsi terminée.

Le reliquaire, donné par Charles le Bel, était en forme de buste, pesait 51 marcs 10 onces et était enrichi de 42 pierres d'un grand prix. Le soubassement en était de vermeil doré, du poids de 38 marcs 2 onces. Toute la pièce avait été travaillée par les plus habiles ouvriers de Paris.

5. — Le 10 mars 1463, le saint corps fut placé lui-même dans une châsse d'or fort belle, dont le roi Charles VII fit les frais conjointement avec le chapitre. Cette cérémonie s'accomplit par les mains de Louis d'Harcourt, archevêque de Narbonne, assisté des évêques d'Angoulême et de Malzais, en présence de plusieurs autres, du chancelier de France, représentant la personne du roi, du duc d'Orléans, du connétable et de beaucoup d'autres seigneurs.

Quatre mois après, cette châsse fut placée au-dessus du tombeau, sur une estrade d'argent fort large qu'on avait posée sous la coupole. A côté, on mit le chef d'or du saint et autour les châsses d'or et d'argent des saints évêques de Tours Brice, Perpetuus, Grégoire, Eustoche et Eufrône, avec celles de saint Epain, martyr, et de plusieurs autres saints et saintes.

Une lampe d'argent, à cinq branches, du poids de 300 marcs, et plus de vingt autres de différentes grandeurs, suspendues autour du tombeau, y brûlaient nuit et jour.

Les successeurs de Charles VII enrichirent la nouvelle châsse de joyaux de très-grand prix.

6. — Nous avons pu, à l'occasion de la translation du saint chef, remarquer trois choses distinctes : le tombeau, appelé en latin *sepulcrum*, la châsse, en latin *capsa*, et un vase appelé *cistella*, renfermant les reliques enveloppées d'étoffes précieuses. Dans les temps antérieurs, ces trois mots semblent avoir été employés l'un pour l'autre ; car c'est sous ce nom de *cistella* que les historiens désignent

la châsse qui fut portée à la rencontre des Normands, sur les remparts de Tours, quoique le tombeau seul eût été ouvert et que d'ailleurs la châsse proprement dite ou abside n'eût aucune ouverture par où l'on pût tirer promptement le vase qui y était renfermé.

CHAPITRE XXXVIII.

LIBÉRALITÉ DU ROI LOUIS XI ENVERS SAINT-MARTIN.

1. La dévotion et les reliques à quatre époques différentes. — 2. La grille d'argent. — 3. Le pauvre de S. Martin. — 4. Monuments de la ville d'Amiens.

1. — Il est impossible de ne pas remarquer une certaine gradation, dans la manière dont on s'est comporté, durant la suite des siècles, envers les reliques des saints, et particulièrement celles de saint Martin. A mesure qu'on s'éloignait de l'époque où ils avaient vécu, on semblait éprouver le besoin de se rapprocher de leurs restes mortels.

Ainsi le corps de saint Martin est d'abord déposé dans une simple fosse creusée en terre, plus tard il est placé sous un autel, plus tard encore il est exposé, sur l'autel même, à la vénération des fidèles.

Du temps de saint Brice, le souvenir encore tout récent du grand évêque suppléait à l'absence d'un monument sur sa tombe et au peu d'éclat de sa basilique. Sous Perpetuus et ses successeurs, la tradition de sa vie et de ses œuvres, sans cesse ranimée par de nouveaux miracles, conserva sa force et sa jeunesse, de manière à suffire aux vœux des fidèles, pour qui le saint, caché corporellement, était, en quelque sorte, toujours visible par ses bienfaits. Sous Héberne, les nuages des temps et ceux des calamités ont

27

obscurci la splendeur de cette tradition. Le cours des miracles, diminué ou interrompu, a fait douter, un instant, du nom de Martin. Aussi le peuple a-t-il voulu, pour ainsi dire, s'assurer de son bienfaiteur, par une dévotion plus exigeante, plus familière et plus hardie. Lorsque les prodiges furent devenus, de jour en jour, plus rares, lorsque la tradition vivante se tut, pour faire place aux seuls écrits et que le nom de Martin se trouva presque relégué dans l'histoire, il fallut à la dévotion quelque chose que n'avaient point réclamé les âges précédents. Elle voulut, par des honneurs plus directs, se dédommager de ce qu'elle perdait. A défaut des miracles, il lui fallut au moins voir les ossements du Thaumaturge.

2. — Le successeur de Charles VII, Louis XI, montra envers le patron de la France une libéralité plus grande qu'aucun de ses prédécesseurs (1).

En 1446, il fit fondre en argent sa propre statue, de grandeur naturelle, dans une posture de suppliant, et la fit placer devant le saint tombeau, comme un monument éternel de sa reconnaissance, pour les grâces qu'il devait à l'entremise de saint Martin. Cette statue avec tous ses ornements pesait 130 marcs.

La vigile des Rois de l'an 1476, Louis entendait la messe à Tours, dans l'église de Saint-Martin. En lui donnant la paix, l'archevêque de Vienne, son aumônier, lui annonça que le duc de Bourgogne, son ennemi, venait d'être vaincu et tué, à la bataille de Nancy. Le roi, fort surpris, fit vœu, sur-le-champ, à Dieu et à *Monseigneur saint Martin*, si la nouvelle était vraie, de remplacer, par un treillis tout d'argent, le treillis de fer qui entourait la sainte châsse. Peu après on eut la certitude que l'événement était véritable et avait eu lieu à l'heure même où le

(1) Gerv., p. 329 et suiv. Le p. Daire. *Hist. d'Amiens*, t. 2, p. 236. Pagès, ms. de la biblioth. d'Amiens, 1708.

prince en fut averti. En conséquence, l'an 1479, la grille de fer qui renfermait, de tous côtés, le saint tombeau, fut levée, et, à la place, on en posa une toute d'argent du poids de 6,776 marcs 2 onces moins 1 gros, comme le montre le procès-verbal qui en fut dressé, le 20 juillet de la même année.

3. — Voici une charte du même prince, donnée au Plessis-du-Parc-lès-Tours, au mois de mars 1472. « Louis, par la grâce de Dieu, roi de France, savoir faisons à tous présents et à venir que, pour la grande et singulière dévotion et affection que nous avons au glorieux saint Martin, lequel, en toutes nos affaires, nous avons toujours et très-souvent réclamé, et en commémoration de ce que, en l'honneur et révérence de Notre Sauveur Jésus-Christ, le dit glorieux saint Martin, étant en son vivant, donna à un pauvre la moitié de son manteau, ainsi qu'il est figuré à la porte de l'église de mon dit sieur saint Martin étant en notre ville et cité de Tours, de laquelle église nous sommes abbé : nous avons fondé à toujours perpétuellement un pauvre en icelle église de Monsieur saint Martin de Tours, lequel pauvre sera alimenté et nourri, vêtu, chaussé et pourvu d'autres choses à lui nécessaires pour sa vie à jamais perpétuellement aux dépens de la dite église, et sera logé le dit pauvre bien et compétemment par ceux d'icelle église, auprès de la porte de la dite église, au droit des changes d'icelle ville de Tours pour ce que c'est la porte où est figuré mon dit sieur saint Martin qui donne la moitié de son manteau, ainsi que dessus est dit. Et sera faite la robe du dit pauvre mi partie de blanc et de rouge et en manière de demi-manteau, et se tiendra icelui pauvre mésument aux fêtes solennelles près le bénitier qui est à l'entrée de la dite porte et sera assis sur une selle et devant lui aura une petite tablette afin que les passants connaissent que c'est le pauvre de mon dit sieur saint Martin fondé à notre dévotion. » Le roi ajoute que,

pour cette fondation, il abandonne vingt livres de rente
« que nous avons droit, dit-il, de prendre chacun an sur le
petit septier de la terre de Dannemarie, appartenant à
icelle église, avec la somme de huit cents écus d'or que
nous leur avons pareillement donnée. »

La porte dont il est parlé dans cette pièce, et qui était
« au droit des changes de la ville, » s'appelait la Porte-du-
Change, à cause des changeurs qui s'y tenaient assis pour
recevoir les monnaies des pèlerins étrangers. C'était aussi
celle par où les rois de France faisaient leur entrée solennelle dans l'église de Saint-Martin. Au reste, il y a encore,
à Tours, la rue du Change.

4. — En 1475, à la suite de la paix qu'il conclut, à
Amiens, avec Edouard IV, roi d'Angleterre, Louis XI fit
présent à l'abbaye de Saint-Martin-aux-Jumeaux, située
à la porte de cette ville où le saint s'était illustré par sa
charité, d'un reliquaire en vermeil destiné à renfermer
une parcelle de la précieuse chlamyde. Cette relique avait
été donnée à cette maison, en 1270, par Jean de Conty,
prévôt de Liége, chanoine et chancelier de l'église
d'Amiens, qui l'avait reçue lui-même d'Evrard de Lé-
signes, évêque d'Auxerre, lequel, à son tour, la tenait du
chapitre de sa cathédrale, qui possédait une partie considérable du glorieux manteau.

Le reliquaire donné par Louis XI représentait une
porte de ville, haute de deux pieds, accompagnée de
deux grandes tours, avec la figure de saint Martin à cheval, coupant la moitié de son manteau, pour le donner à
un pauvre placé près de lui. La relique d'une partie de ce
manteau était couverte d'un cristal transparent qui laissait la liberté de la voir commodément et de la baiser.
Louis y ajouta un gros diamant, du prix de cinq cents
écus, enchâssé dans une rose d'or émaillée de blanc et de
rouge, attachée à une chaîne d'or et suspendue au cou de
l'image de saint Martin.

Dans cette même ville d'Amiens, et sur l'emplacement de l'hôtellerie, où le saint fut visité par Notre-Seigneur, après son acte de charité, on avait bâti une église paroissiale, sous le nom de Saint-Martin-au-Bourg. Ce n'était d'abord qu'une chapelle qu'on agrandit au xve siècle avec le produit des offrandes que les marchands de la ville avaient coutume de faire à Saint-Martin, avant d'entreprendre de longs voyages.

CHAPITRE XXXIX.

FRANÇOIS Ier ET LA BASILIQUE DE SAINT-MARTIN.

1. La basilique toujours honorée des rois de France. — 2. François Ier fait enlever le treillis d'argent. — 3. Châtiment de cette profanation. — 4. Premières attaques des Huguenots.

1. — Jusqu'ici la basilique n'avait reçu des rois que des honneurs et des bienfaits. Nous allons en rappeler quelques-uns qui nous ont échappé dans nos récits précédents (1).

Childéric Ier, passant à Tours, en 479, avec Basine, son épouse, fait respecter par son armée toute la Martinopole, bien que lui-même ne soit pas chrétien.

En 589, Ingoberge, veuve du roi Charibert, meurt à Tours et lègue une grande partie de ses biens à l'église de Saint-Martin, qu'elle visitait souvent.

Louis le Bègue tombe malade à Tours, en 878, et recouvre la santé par l'intercession de saint Martin. En reconnaissance, il donne au chapitre de cette église trois villages en Anjou, dont les revenus sont destinés à célébrer le 1er novembre, le jour de sa naissance et, le 8 septembre, celui de son sacre.

(1) Jacquet, p. 95, 99. Gervaise, p. 320 et suiv.

En 934, le roi Raoul vient rendre grâces à saint Martin des avantages qu'il a remportés sur les Normands.

Le roi Lothaire et la reine Emma, sa femme, viennent en 972, invoquer saint Martin, avant d'aller combattre l'empereur Othon II.

Charlemagne, qui nomme saint Martin son patron, assure son clergé dans la possession d'un grand nombre de terres, lui donne de beaux et spacieux domaines, lui remet le profit de son fisc et ordonne de lui restituer les biens qu'il avait eus dans le duché d'Allemagne.

Les empereurs Louis le Débonnaire, Othon et Charles le Chauve confirment le chapitre dans ses domaines et priviléges, en Lombardie, Austrasie, Neustrie, Bourgogne et autres parties de l'empire et lui donnent plusieurs grands fiefs.

Carloman, Charles le Gros, Bérenger, roi des Romains et des Lombards, les rois Eudes, Charles le Simple, Charles IV, Raoul, Louis IV, Hugues Capet, Louis VI, Louis VII, Philippe-Auguste, saint Louis et ses successeurs lui font de nouveaux dons ou ratifient les anciens.

Souvent aussi cette église, reconnaissante des libéralités de nos rois, vint au secours de l'État, lui avança des sommes assez considérables, pour les guerres qu'il eut à soutenir, ou dans des temps de disette. Ainsi, en 765, les vassaux de Saint-Martin avaient pris les armes et repoussé le comte de Poitiers et, le 17 avril 1513, Louis XII rendit au chapitre de la basilique les sommes qu'il lui avait empruntées, pour se faciliter les moyens de repousser les attaques des Anglais.

2. — François Ier, comme ses prédécesseurs, lorsqu'il fut reçu chanoine et abbé de cette église, avait fait serment d'en être le protecteur. Il la vénérait, en effet, et, dans ses lettres, lui donnait le titre glorieux d'église patriarcale. Toutefois, quelques officiers de ses finances, abusant de sa facilité, lui persuadèrent que, dans les

besoins pressants de l'État, il pouvait légitimement se servir du treillis d'argent qui renfermait le tombeau sacré.

Un des jours du mois de juillet 1522, ces officiers vinrent à Tours et signifièrent aux chanoines l'ordre qu'ils avaient d'enlever la grille précieuse que Louis XI avait fait poser moins de cinquante ans auparavant. On a conservé, dans les registres de l'église, la réponse que le chapitre leur fit ; elle est conçue en ces termes : « Les chanoines disent qu'ils sont très-humbles et très-obéissants chapelains et orateurs dudit seigneur roi et qu'à eux n'est de quereller, arguer et contester avec sa Majesté ; mais que, craignant d'offenser Dieu le Créateur et Monsieur saint Martin, ils n'osent et ne doivent consentir le dit treillis être pris ou enlevé. »

Les officiers royaux passèrent outre à cette déclaration et le treillis fut mis en pièces, le 8 du mois suivant. Cette action, si peu attendue d'un prince catholique, jeta tous les gens de bien dans la consternation. Ceux mêmes qui s'étaient chargés de cette entreprise en eurent honte et ne voulurent jamais permettre qu'on en dressât procès-verbal. Le fabricier de l'église et quelques chanoines s'étant opiniâtrés à le vouloir faire, furent chassés avec leurs notaires. La chose alla plus loin et ces mêmes chanoines ayant paru à l'une des fenêtres de la basilique, pour voir ce qui s'y passait, on tira sur eux plusieurs coups d'arquebuse.

Le treillis ainsi brisé fut chargé, à la porte de l'église, dans des chariots escortés de plusieurs compagnies de soldats, qui les conduisirent à la Monnaie. On en fit des testons, où, d'un côté, était empreinte l'effigie du roi, et, de l'autre, l'image du treillis de Saint-Martin.

3.— Peu de temps après cette profanation, François Ier, abandonné de ses troupes, au siége de Pavie, eut, dans sa retraite, son cheval tué sous lui, et lui-même, dange-

reusement blessé, fut fait prisonnier, sur les terres données jadis par Charlemagne à l'église de Saint-Martin. Il
reconnut alors, mais trop tard, la vérité de cette parole
de Clovis : « Où sera l'espérance de la victoire, si nous
offensons le grand saint Martin? » Plusieurs historiens
ont, en effet, cru que ses malheurs étaient le châtiment
de son sacrilége.

La reine Éléonore d'Autriche et la reine-mère Louise
de Savoie parurent être dans ce sentiment : car sitôt
qu'elles eurent appris la captivité du roi, elles vinrent,
en 1525, avec les princes, au saint tombeau et tâchèrent
par des présents de réparer l'injure faite au bienheureux.

Le roi lui-même, à la rançon duquel le chapitre de
Saint-Martin contribua, vint, dès qu'il fut en liberté et
avant même de se rendre à Paris, faire une espèce d'a-
mende honorable, à la basilique.

Jacques Fournier, seigneur de Semblançay, avait été
l'instigateur de la spoliation. Cinq ans après, le même
jour que le treillis avait été enlevé, c'est-à-dire, le 8 août,
il fut, sur une fausse accusation, condamné à mort et,
quelques jours après, pendu à Montfaucon, dans le fief
du prieuré de Saint-Martin-des-Champs.

Malgré ces expiations, il sembla que l'outrage fait au
tombeau sacré ne pût être réparé. Le saint, depuis lors,
ne rendit plus sa présence si sensible dans son temple ;
les miracles y devinrent plus rares et ce lieu, jadis vénéré
de tout l'univers, perdit bientôt une partie de son éclat.

4. — Pour comble de malheur, les disciples de Calvin et
de Luther vinrent répandre secrètement, à Tours, le venin
de leur doctrine. La présence du roi François II, qui, au
mois d'avril 1560, s'y fit recevoir abbé de Saint-Martin,
suspendit, pour un temps, l'exécution de leurs mauvais
desseins; mais la mort de ce jeune prince, en décembre
suivant, les rendit plus audacieux.

Leurs désordres, autorisés en cachette par la plupart

des magistrats, obligèrent les communautés, qui occu-
paient les lieux les plus forts de la ville, à prendre les
armes. C'est ce qu'on fit dans le cloître de Saint-Martin.
Après avoir envoyé un des chanoines à la cour, pour l'informer de ce qui se passait, on mit sur pied, aux dépens
de l'église, un certain nombre de soldats sur la foi desquels
on pouvait compter. On les introduisit dans le cloître et
l'on ferma les principales avenues de la basilique, laissant
ouverts seulement les guichets de quelques portes, pour
satisfaire à la dévotion des catholiques, dont l'unique
consolation, dans leurs maux, était le témoignage de leur
conscience et la présence de leur saint patron. Plusieurs
fois, pendant la nuit, les hérétiques tentèrent de forcer le
cloître et l'on en vint aux mains.

CHAPITRE XL.

LE CORPS DE SAINT MARTIN EST BRULÉ EN PARTIE PAR LES HUGUENOTS.

1. Les Huguenots s'emparent de la basilique. — 2. La lettre du
prince de Condé. — 3. L'inventaire. — 4. Fanatisme et cupidité.
— 5. Le marguillier Saugeron. — 6. Les Huguenots chassés.

1. — L'histoire que nous écrivons et qui, au premier
coup d'œil, semblerait peut-être devoir suivre un cours
tranquille et monotone, a cependant ses douleurs comme
ses joies, ses orages comme ses jours sereins, ses ca-
tastrophes comme ses triomphes. Le culte de saint Martin,
sa gloire terrestre, a subi les accidents auxquels sont
soumises les choses de la terre. Ce culte a eu ses commencements, il s'est accru ; il a brillé de tout son éclat pendant des siècles, puis il a éprouvé des échecs ; il s'en est

relevé ; de nouveaux revers l'ont atteint ; dans les derniers temps, il se trouve comme anéanti, mais il peut renaître encore dans toute sa force : nous·espérons qu'il renaîtra et pourra revoir de beaux jours.

Le samedi 29 novembre 1561, le clergé de Saint-Martin assemblé statue que tous les bénéficiers, dignitaires, prévôts, chanoines, officiers, vicaires, chapelains, choristes, habitués et généralement tous ceux de sa dépendance reçus ou à recevoir, feront chacun, outre le serment ordinaire qu'ils prêtaient à leur réception, la profession de foi dressée par les députés du corps, conformément aux décisions du concile de Trente et de la maison de Sorbonne.

Les hérétiques l'ayant appris en deviennent plus furieux, reprennent aussitôt les armes et recommencent leurs brigandages. Enfin, après avoir pillé la cathédrale, une partie d'entre eux se détacha, pour venir fondre sur le cloître de Saint-Martin. L'entrée ne leur en fut pas disputée longtemps, car, par suite d'un ordre des magistrats, ceux qui la devaient défendre étaient sans armes. De là, ils furent à l'église dont ils s'emparèrent aussi aisément.

2. — Voulant couvrir leurs actes d'une apparence légale, ils s'étaient fait donner, du prince de Condé, qui était alors dans Orléans, à la tête des rebelles, un ordre exprès d'enlever le trésor de la basilique, sous prétexte d'en empêcher le pillage. Le chevalier de la Rochefoucault, le marquis de Genlis et le sieur du Vigent, chargés de cette lettre, étaient venus à Tours, la présenter aux magistrats à qui elle était adressée. Eux-mêmes, escortés de troupes suffisantes pour en assurer l'exécution, se firent accompagner, à l'église de Saint-Martin, par quelques officiers du présidial, assistés du procureur du roi.

Lecture faite de la lettre et de la commission, il fut ordonné, nonobstant toutes les oppositions du chapitre, qu'on procèderait, à l'heure même, à la confection de l'inventaire et à l'estimation de l'argenterie, des joyaux et des ornements qui se trouvaient dans la basilique. Toutes ces richesses devaient ensuite être renfermées dans le trésor du prince, pour y être gardées jusqu'à nouvel ordre.

Cependant les spoliateurs consentirent à ce que le trésor de l'église fût fermé à deux clefs, dont l'une demeurerait entre leurs mains et l'autre serait laissée au chambrier, à qui la garde du trésor appartenait, à raison de son office. Ils voulaient ainsi faire croire à leur bonne foi, mais ils savaient bien qu'ils disposeraient à leur gré du chambrier; car déjà cet homme avait eu la lâcheté de leur découvrir le lieu où l'on avait caché la châsse de saint Martin, pendant les troubles antérieurs. Depuis, ils avaient achevé de le corrompre par promesses et par argent.

3. — L'inventaire n'était destiné qu'à pallier leurs mauvais desseins et à les mettre en état de rendre leurs comptes au prince de Condé. Aussi les ornements des autels, non plus que les habits sacerdotaux, n'y furent point comptés et ils étaient sans nombre et sans prix. Il paraît, d'après d'anciens mémoires, que les hérétiques, n'ayant pu trouver à les vendre, brûlèrent, pour en tirer le métal, jusqu'à trois cents chapes, chasubles ou parements d'autels de drap d'or et d'argent, relevés en broderies. Il y eut aussi des vases d'or et plusieurs autres pièces considérables qu'ils enlevèrent sans aucune formalité. Toutefois, l'inventaire leur demanda plus de vingt jours. Commencé le 16 mai, il ne put être terminé que le 7 juin, tant était grand le nombre des vases d'or et d'argent ainsi que des pierres précieuses entassés dans ce lieu par la piété de douze siècles !

Ce fut une chose digne de larmes de voir cette église, qui si longtemps avait retenti des louanges de Dieu, abandonnée alors de ses ministres, servir de retraite à des voleurs et devenir un lieu d'abomination. Ces impies détachèrent toutes les lampes qui brûlaient devant le tombeau, enlevèrent les châsses qui l'entouraient, brisèrent le grand crucifix de la nef, lequel était tout d'argent, et n'épargnèrent pas même le saint des saints.

4. — Le jour où ils ont résolu de consommer leur crime est enfin arrivé : ils reviennent en foule aux portes de la basilique et la forcent de nouveau. Par la connivence du chambrier, ils se rendent maîtres du trésor, où ils établissent des fourneaux, pour faire fondre tout l'or et l'argent qu'ils y ont renfermé. La perte de l'église, en cette occasion, fut estimée à plus de douze mille livres.

Cette perte, eût-elle été plus grande, n'avait rien d'irréparable. La basilique en avait plusieurs fois déjà subi de semblables et s'en était toujours relevée. Quand même les hérétiques l'eussent incendiée, comme les Danois, ce n'était encore qu'un malheur ordinaire. On aurait pu s'en consoler facilement, s'ils eussent au moins épargné les reliques sacrées du patron de la France; mais, chez eux, le fanatisme se joignait à la cupidité. Le corps du bien-heureux confesseur Martin, que les siècles barbares, que les invasions étrangères, que les guerres intestines avaient jusque-là laissé intact, fut jeté dans les fourneaux embrasés avec ceux des autres saints que possédait la basilique. Ce forfait odieux et à jamais déplorable eut lieu le lundi 25 mai 1562, après midi, en présence des officiers de justice, du sous-doyen du chapitre et de l'indigne chambrier, qui, dans cette Passion nouvelle, joue le personnage de Judas.

5. — Toutefois, rendons grâces à Dieu qui ne permit pas que la perte de ces gages précieux fût entière. Le nommé Saugeron, l'un des prêtres marguilliers préposés à la garde du tombeau, s'était mêlé à la foule, pour tâcher de sauver quelque partie des saintes reliques : il y réussit.

Au moment où l'on jetait le corps de saint Martin dans le fourneau, il fut assez heureux pour surprendre une portion de son crâne et le rayon de l'un de ses bras : il y joignit le drap de soie dans lequel avait été enveloppé ce saint corps et que les huguenots avaient jeté à l'écart. Chargé de ces pieuses dépouilles, il vint les présenter à ceux du chapitre qui étaient restés dans la ville et se tenaient rassemblés dans la maison de la Psallette. Ils les reconnurent et attestèrent ces tristes événements par un acte capitulaire, daté du mardi 26 mai 1562.

Les hérétiques, afin de marquer davantage leur mépris pour les restes sacrés qu'ils avaient livrés au feu, en jetèrent les cendres derrière la porte du cadran. Ce lieu fut plus tard entouré d'une grille de fer et orné d'une inscription en vers latins, dont la pensée principale était qu'après avoir, pendant douze siècles, été honoré comme confesseur, Martin avait acquis la palme du martyre.

6. — Indignés de tant d'outrages faits à Dieu et à leur saint patron, les catholiques s'assemblèrent enfin et fondirent à main armée sur les sacriléges qu'ils chassèrent de la basilique. Un mois après, le 10 juillet de la même année, les Huguenots sortirent de la ville, au nombre de quinze cents. Le lendemain, de Beauvais, gouverneur de Tours, y fut reçu au milieu de la joie des catholiques.

Le clergé de Saint-Martin, qui s'était dispersé, n'eut pas plus tôt appris cette heureuse nouvelle qu'il se rendit, en tout hâte, auprès du gouverneur et s'occupa de rétablir les offices divins dans son église. Pour cet effet, on la réconcilia, le 14 du même mois. Le gouverneur voulut assister à cette cérémonie et, avec lui, toutes les personnes qualifiées de la province qui n'avaient point abandonné la religion de leurs pères. Cette église, naguère si opulente, se trouva manquer alors des choses nécessaires à la célébration du saint sacrifice. Quand on s'en fut procuré d'ailleurs, une messe du Saint-Esprit y fut chantée, après laquelle on entonna le *Te Deum*, en action de grâces pour la réduction de la ville.

CHAPITRE XLI.

LOUIS XIV SE FAIT RECEVOIR ABBÉ DE SAINT-MARTIN.

1. Restauration morale. — 2. Restauration matérielle. — 3. Cent ans après. — 4. Les chanoines d'honneur. — 5. Les officiers de la basilique.

1. — L'attentat sacrilége que nous venons de rapporter n'aurait été possible ni du temps de saint Grégoire, où un prince, même rebelle, n'osait faire arracher par violence un proscrit de la basilique; ni du temps d'Héberne, où un comte mettait sur pied une armée, pour aller réclamer le corps saint; ni du temps d'Hervé, ni plus tard, lorsque, la foi catholique régnant toujours en souveraine sur la France, saint Martin y était regardé comme le protecteur de tous. Il fallait que l'hérésie vînt y altérer l'unité de la foi, pour que l'on vît une poignée de sectaires imposer la loi à toute une ville et outrager impunément ce qui, durant tant de siècles, avait fait la gloire et presque les destinées d'une nation.

Le clergé de la basilique comprit où le mal avait pris sa source. Le mercredi 15 de juillet, cinq jours après la sortie des Calvinistes, il tint une assemblée où tous ses membres firent une profession solennelle de vivre et de mourir dans la croyance de l'Église catholique, comme aussi d'en garder religieusement tous les usages. Trois ou quatre de ses bénéficiers, qui s'étaient laissé corrompre, abjurèrent l'hérésie. Un chanoine, conseiller au présidial, refusa seul de réparer sa faute et fut publiquement excommunié; mais plus tard, il se soumit et demanda en public l'abso· lution de son crime.

Quant au chambrier de l'église, convaincu d'avoir trahi son ministère et livré les clefs du trésor au seigneur de la Rochefoucault, il fut arrêté et mis dans les prisons de la Trésorerie.

2. — Il s'agit ensuite de rétablir, dans son ancienne forme, le saint tombeau, renversé et brisé, ainsi que les autres, par les hérétiques. Les cendres du corps de saint Martin et des autres saints brûlés avec lui furent soi- gneusement recueillies et renfermées dans une caisse qu'on plaça dans le caveau où ses reliques avaient au- trefois reposé. On ramassa aussi les fragments du marbre envoyés jadis à saint Perpetuus par saint Eufrône d'Autun et dont une partie servit au rétablissement du tombeau : l'autre fut consacrée et posée sur le grand autel.

Les restes du saint patron, sauvés par le prêtre mar- guillier, furent, avec ceux de saint Brice et de saint Gré- goire, déposés dans un coffre de bois doré, où l'on mit aussi le drap de soie qui avait enveloppé le saint corps. Ces reliques furent toutes distinguées par des écriteaux signés du notaire du chapitre. Les actes capitulaires, qui nous apprennent ces particularités, ordonnent aussi que le prédicateur, dans le premier sermon fait au peuple, lui exposera de quelle manière toutes ces reliques ont été conservées.

Quelques temps après, on éleva les quatre colonnes de cuivre, la coupole et le chapiteau qui, au dernier siècle, couvraient encore le tombeau sacré. On renferma dans ce petit dôme les reliques de saint Martin et des autres saints.

3. — Près de cent ans depuis ces événements, le 17 juillet 1650, vers onze heures du matin, Louis XIV se présentait devant la basilique et était reçu, à la porte,

par le chapitre en corps avec la croix (1). Le chantre, tenant le bâton, insigne de sa dignité, offrit au roi un surplis
que le prince mit sur le dos d'un des siens et une aumusse
qu'il prit sur son bras. Ayant ensuite baisé la vraie croix,
le monarque se rendit à la première chaise du chœur,
placée à l'entrée, à gauche, où le chantre l'installa et d'où
il se dirigea vers la place qui lui était préparée, devant le
grand autel. Il ne fit point alors le serment d'usage, mais
le remit au premier voyage qu'il entreprendrait, après sa
majorité.

En effet, deux ans après, le mardi 12 mars 1652, à
midi, Louis XIV se transporta dans l'église de Saint-Martin. Là, en qualité d'abbé séculier, chanoine et protecteur
de cette église, il fut reçu processionnellement par le
clergé de la basilique, à la porte du Change. Il était accompagné, comme dans les circonstances les plus solennelles, de la reine sa mère, du duc d'Anjou, son frère
unique, des princes et grands seigneurs de la cour. Une
multitude de peuple de toute condition se trouvait aussi à
cette fête.

De la porte du Change, Louis fut conduit au chœur,
devant le grand autel, où il entendit la messe, célébrée
par le prêtre Gaudin, chapelain ordinaire de son oratoire,
chanoine et chambrier de Saint-Martin. Durant cette messe,
et après l'évangile, le trésorier et chantre, en aube et en
chape, tenant son bâton cantorial, vint, assisté de ses
deux sous-chantres, aussi revêtus de chapes, présenter
au roi un gros livre couvert de velours rouge. Ce volume,
que la bibliothèque de Tonrs possède encore, contient les
saints évangiles écrits sur velin en lettres d'or, et à la fin
le serment que les rois de France avaient coutume de
prêter dans la basilique. Louis le Grand fit ce serment en
ces termes :

_____

(1) Gervaise, p. 397 et suiv., p. 301-5-6. Jacquet, p. 87.

« Nous Louis, par la grâce de Dieu, roi de France, abbé et chanoine de cette église de Saint-Martin de Tours, jurons et promettons à Dieu et à saint Martin d'être, à l'avenir, le protecteur de cette église, de la défendre et soutenir, dans tous ses besoins, en lui conservant ses droits, ses biens, ses honneurs, ses priviléges, ses franchises et immunités. Ce que je promets de faire, avec l'aide de Dieu, sincèrement et de bonne foi, selon mon pouvoir. Ainsi Dieu veuille m'aider et ses saintes paroles. »

Ainsi, au xvɪɪᵉ siècle, les traces des malheurs du siécle précédent étaient, pour ainsi dire, effacées. La basilique avait repris une partie de son antique majesté. On parlait encore de ses honneurs et de ses franchises : les rois de France se faisaient encore gloire d'en être les abbés, elle était encore leur protégée.

4. — A l'exemple de nos rois, les princes de leur sang et les plus grands seigneurs de France se sont fait un honneur d'être reçus chanoines de Saint-Martin. Ce privilége, autrefois personnel à ceux qui avaient rendu des services considérables à cette église, fut, depuis, la récompense de la dévotion particulière qu'on avait au saint patron et demeura attaché aux siéges des évêques et aux domaines des seigneurs.

Le 4 juillet 1697, le cardinal et prince de Furstenberg, évêque de Strasbourg, vint visiter le tombeau de saint Martin et prendre possession de la place de chanoine qu'il avait demandée pour lui et ses successeurs. Il fut reçu et installé avec les honneurs dus à son rang ; puis, après l'office, on lui présenta la pièce d'or qu'on avait coutume de remettre aux nouveaux chanoines honoraires.

On vit encore, dans ce temps, Michel Lepelletier, évêque d'Angers, Antoine Girard, évêque de Poitiers, Louis Milon, évêque de Condom, et plusieurs autres venir implorer à son tombeau le secours du saint pontife et

28

prendre, parmi ses chanoines d'honneur, les places attachées à leur siége ou celles qu'avant leur promotion à
l'épiscopat, ils avaient eues, en qualité de chanoines
prébendés.

L'antique fraternité établie, depuis près de huit cents
ans, entre les deux églises de Saint-Martin de Tours et de
Saint Martin de Liége fut aussi renouvelée, - à cette
époque. Malgré la guerre qui, sous Louis XIV, affligea
toute l'Europe, on envoya encore, de Tours à Liége, les
modèles d'habits de chœur tels que les portaient nos chanoines de Saint-Martin et que leurs confrères avaient demandés pour s'y conformer. La cour apprit avec plaisir
que des étrangers, qui étaient alors nos ennemis, venaient
encore, comme ils avaient fait autrefois, chercher en
France des règles de vie et de conduite.

5. — Le nombre des moines ou clercs desservant la basilique avait été réduit de trois cents à deux cents, sous le
règne de Charles le Chauve, en 846; puis à cent cinquante, sous le pontificat de Grégoire IX, vers 1240, et
enfin à cinquante. En 1699, on y comptait onze dignités,
quinze prévôtés, cinquante-un canonicats, dont huit
avaient été affectés à divers emplois, huit offices inférieurs,
cinquante-six vicariats, dix petits offices et environ cent
chapellenies.

CHAPITRE XLII.

LA HONGRIE ET LA POLOGNE DÉVOTES A SAINT MARTIN.

1. Église èt monastère à Sabarie.— 2. Au xvie siècle et de nos jours. — 3. Les Turcs vaincus à Choeim. — 4. S. Martin patron des guerriers.

1. — Le berceau de saint Martin n'était pas non plus resté sans honneurs (1). Déjà Charlemagne avait bâti une église à Sabarie. Au onzième siècle, Geysa, quatrième duc des Hongrois et le premier chef chrétien de ce peuple, commença la reconstruction de cet édifice, dédié au glorieux fils du tribun pannonien.

Après sa mort, saint Etienne, premier roi de Hongrie, acheva son œuvre. Ce prince avait une vénération particulière pour saint Martin, qu'il regardait comme le patron de la Hongrie. Tandis qu'il s'occupait d'achever la conversion de son peuple, ses sujets païens, avec les seigneurs à leur tète, se révoltèrent, pillèrent ses villes.et ses terres, tuèrent ses officiers et lui insultèrent à lui-même. Etienne assembla ses troupes, et, portant à ses enseignes saint Martin et saint Georges, il marcha contre les rebelles qui assiégeaient Vesprim. Les ayant vaincus, il consacra à Dieu leurs terres et en fonda un monastère en l'honneur de saint Martin de Tours, au lieu nommé le Mont-Sacré, où l'on tenait que le saint, étant encore dans le pays, allait faire ses prières. C'est cette montagne, dont nous avons parlé ailleurs et au pied de laquelle s'étend la ville actuelle de Szent-Marton, que domine encore aujourd'hui le monastère.

(1) Carthuitius de Vita s. Steph., regis. Istvanf., Histor. l. xi. Hist. de la Pologne, par M. de Salvandy.

Ce monastère, contigu à l'église fondée par Charle-magne, fut soumis immédiatement, avec toutes ses dépendances, au Siége Apostolique, et l'église elle-même eut en partage à perpétuité toutes les dîmes du pays vaincu. Etienne exempta désormais les peuples vivant sur les terres de cette église de la juridiction ordinaire et les réserva au tribunal du roi.

Grand nombre de rois de Hongrie, animés de la même dévotion, reconnurent ces priviléges, dans les siècles suivants. On a, entre autres, de saint Ladislas, un diplôme dans lequel il énumère et confirme les possessions du monastère de Saint-Martin de Sabarie. Ce prince, huitième roi de Hongrie, introduisit aussi dans ce pays l'usage, emprunté du rit mozarabe, de jeûner trois jours, en préparation de la fête de saint Martin, comme on le faisait pour celle de l'Épiphanie.

2. — En 1532, les Turcs assiégeaient une ville de Hongrie, appelée Güns, défendue par une poignée d'hommes sans expérience de la guerre et qui allaient être obligés de céder. Tout à coup un cavalier, d'une apparence surhumaine et d'un visage auguste, s'élance de la citadelle, revêtu d'armes brillantes et amenant avec lui une troupe nombreuse de soldats au secours des assiégés. Les Turcs, frappés d'épouvante, abandonnent aussitôt les murailles, dont ils étaient près de s'emparer, et prennent la fuite, sans que les reproches ni les coups puissent les ramener à l'assaut. La plupart des habitants virent ce cavalier et pensèrent que c'était saint Martin qui était venu à leur aide.

Quoi qu'il en soit de cet événement, le seul récit que nous en fait Nicolas Istvanffy, historien de l'époque, prouve quelle était encore, au xvie siècle, la confiance toute particulière de la nation hongroise dans saint Martin.

De nos jours, il y a, dans le royaume de Hongrie, une

multitude d'églises et de chapelles sous le vocable de saint Martin. L'une d'entre elles est cathédrale et une autre collégiale. C'est dans cette dernière que les rois de Hongrie se font solennellement couronner. En outre, on compte environ soixante endroits, soit villes, bourgs ou villages de Hongrie, qui portent le nom de notre saint, et, parmi eux, une ville libre et royale. Ses images et ses statues ornent aussi, en quantités innombrables, dans ce pays, les églises, les autels, les maisons particulières, jusqu'aux rues et aux places publiques. Enfin son nom, surtout chez le peuple, y est fréquemment donné au baptème. Ces renseignements nous ont été adressés du pays même.

3. — La Pologne, cette sœur infortunée de la Hongrie, a aussi une dévotion spéciale pour saint Martin et lui attribue l'une des plus belles pages de son histoire.

En 1673, les Turcs étaient campés à Chocim, sur la rive droite du Dniester. Sobieski commandait les Polonais avec lesquels il devait refouler ce torrent dévastateur qui menaçait la chrétienté. Or c'était le 11 novembre, jour de la fête de saint Martin. Les chefs fondaient un grand espoir sur sa puissance; les religieux, qu'ils avaient amenés, parcouraient la ligne, rappelant les grandes actions de cet illustre apôtre et tout ce qu'on devait attendre de son zèle connu pour la foi. Il était slave de naissance. Comment douter du triomphe, quand sa gloire était plus que jamais intéressée, dans un tel jour, à faire des miracles?

Sobieski avait poussé une dernière reconnaissance le long des retranchements ennemis : il revint portant sur ses traits l'assurance de la victoire. Il avait reconnu que le point sur lequel il comptait frapper les coups décisifs n'était défendu que par quelques troupes à moitié assoupies. Ordonnant donc plusieurs fausses attaques, pour

distraire l'attention de l'ennemi, il pointa sur les palis-
sades qu'il voulait franchir une batterie déjà dressée.
Tous les soldats se souvinrent alors qu'on avait essayé de
traîner ces pièces ailleurs et qu'une puissance surhumaine
les avait clouées au lieu d'où maintenant elles foudroyaient
heureusement les obstacles. Qui pouvait, pensaient-ils
méconnaître, dans ce fait, la main de saint Martin de
Tours?

La déroute des Turcs fut complète. Parmi les combattants, s'était signalé, aux côtés de Sobieski, son jeune
beau-frère, le comte de Maligny. Les Polonais entouraient
le frère de Mme Sobieska, en le félicitant de la gloire que
saint Martin de Tours et Jean Sobieski s'étaient acquise.
Modestes dans la victoire, tous en rapportaient l'honneur
à l'apôtre de la France. C'était cependant la plus mémorable bataille qui se fût gagnée sur les infidèles, depuis
trois cents ans, et la chrétienté s'en émut tout entière de
joie et d'admiration, comme si elle échappait tout entière
à l'ignominie du tribut et à des chaînes de servitude. C'est
à la suite de cette victoire que le grand maréchal Jean
Sobieski fut élu roi de Pologne et régna sous le nom de
Jean III.

4. — Il est remarquable que le nom de saint Martin ait
présidé aux deux grands événements dont l'un commence
et l'autre finit pour ainsi dire le moyen âge : je veux
parler de la bataille de Vouillé, qui porta le coup mortel
à l'hérésie arienne, et celle de Chocim, qui sauva la chrétienté du joug de l'islamisme. Nous voyons aussi, jusqu'au
xviie siècle, son intervention spécialemunt invoquée en
temps de guerre. Clovis, Charlemagne, saint Étienne et
Sobieski offrent en abrégé le témoignage de cette confiance belliqueuse. En effet les hymnes chantées jadis en
l'honneur de Martin lui donnent le nom de guerrier puissant et nous possédons une petite monnaie de 1624, à son
nom, où il est représenté en habits pontificaux, mais

l'épée à la main droite et, à la gauche, le bâton pastoral.

S'il faut rattacher cette dévotion particulière à quelque trait de sa vie, nous croyons que c'est moins à ses hauts faits militaires qu'à cette victoire pacifique qu'il obtint au césar Jules par ses prières, avant de quitter le métier des armes.

CHAPITRE XLIII.

ASSOCIATIONS DE PRIÈRES ACCORDÉES PAR LE CHAPITRE -DE SAINT-MARTIN.

1. L'abbé Ollier. — 2. Le séminaire des missions étrangères. — 3. Les chanoines François Pallu, Étienne Pallu et de Galliczon. — 4. Le séminaire de Québec.— 5. Les évêques de Québec, chanoines de S. Martin.

1. — Au mois de novembre 1653, l'abbé Ollier, fondateur du séminaire de Saint-Sulpice à Paris, venait à Tours et demandait pour sa communauté des lettres d'association de prières (1). Elles lui furent accordées le 20 décembre suivant et nous y lisons : « Nous avons mûrement considéré ce que vous nous avez remontré étant à Tours, que vous aviez désiré que la communauté et compagnie que Dieu vous a inspiré d'établir fût sous la protection du bienheureux saint Martin notre patron ; et que, depuis que vous aviez formé cette résolution, vous en aviez reçu tant d'assistance que vous ne doutez point qu'elle ne prospère et que votre dessein ne réussisse, si nous voulons joindre nos vœux aux vôtres et vous associer aux prières, saints sacrifices et bonnes œuvres qui se font en notre église journellement. — Nous, désirant, de notre

---

(1) Gervaise, p. 307 et 400.

part, contribuer à une si bonne œuvre et faire ce que nous pourrons pour l'honneur et la gloire de Dieu et réputation de notre bienheureux patron, nous avons octroyé votre demande »

2. — Le 5 décembre 1688, les directeurs du séminaire des Missions étrangères demandèrent la même faveur pour leur maison de Paris et pour toutes leurs missions du Canada, de Siam, du Tonquin, de la Chine, de la Perse et des Indes Orientales.

« Si la grâce que nous avons dessein de vous demander, écrivaient-ils aux chanoines, avait quelque ombre de nouveauté, nous avons trop de respect pour votre illustre Corps et pour vos anciens usages, dont vous êtes si religieux observateurs, pour oser vous en faire la proposition. Mais, depuis douze cents ans, on est si accoutumé à implorer la puissante protection de saint Martin, votre patron, à son tombeau, et votre église a toujours été si célèbre et si vénérable à toutes sortes de personnes, par toute la terre, que, depuis les papes et les évêques, les empereurs et les rois, qui ont voulu avoir une étroite union avec vous, Messieurs, jusqu'aux moindres fidèles de tous les états et de toutes les sociétés, on en trouve que vous avez comme adoptés dans votre auguste compagnie, ou que vous avez, du moins honorés et secourus par une communication spéciale du mérite de vos ferventes prières.

« On sait que le roi très-chrétien est votre abbé et le premier de vos chanoines laïcs et que les ducs de Bourgogne et d'Anjou, aussi bien que les archevêques de Bourges et de Sens et beaucoup d'autres évêques et puissants seigneurs ont rang de chanoines parmi vous.

« On sait que vous avez, en France, confraternité avec les églises de Tours et d'Auxerre; en Allemagne, avec celles de Mayence, d'Utrecht et de Saint-Martin de Liége; en Espagne, avec celles de Compostelle et d'Orenza ; en

Asie, avec celle de Jérusalem. On sait enfin que plusieurs abbayes et ordres fameux ont été associés, en divers temps, aux saints sacrifices, prières et bonnes œuvres qui se font, tous les jours. dans votre église, et nous avons appris que dans ce siècle, en l'année 1653, le séminaire de Saint-Sulpice de Paris a demandé et obtenu cette faveur, dont il conserve une extrême reconnaissance....

3. — « L'ouvrage qui nous a été confié par la divine Providence est si étendu, si important et si pénible que, pour y réussir, nous avons un extrême besoin de participer aux secours et aux bénédictions que Dieu verse, depuis si longtemps, sur votre compagnie et sur tous ceux qui, étant unis avec elle, s'approchent avec humilité et confiance du tombeau de votre bienheureux patron. Ces bénédictions ont déjà commencé de se répandre sur les travaux de nos ouvriers, par le canal de Messire François Pallu, ci-devant chanoine de votre église, depuis évêque d'Héliopolis, vicaire apostolique du Tonquin, et enfin vicaire apostolique du Fokien, province de Chine, et administrateur général de ce grand royaume, qui, après vingt-quatre années de courses apostotiques, chargé de mérites, mourut à Mongang, dans la province de Fokien, sur la fin de l'année 1684.

« Messire Étienne Pallu, son neveu et son successeur, tant à son canonicat et prébende de Saint-Martin qu'à son zèle pour nos missions, directeur de notre séminaire de Paris, a porté aussi en personne ces mêmes bénédictions jusqu'à Siam, avec un courage héroïque et il y fut enlevé par une mort précipitée, le vingt-un décembre 1686, regretté universellement de tout le monde.

« Ces deux grandes pertes, suivies de plusieurs autres de nos meilleurs sujets de Paris et des autres lieux, nous pressent d'aller promptement au tombeau de saint Martin, comme à une source de grâce, et de vous demander,

Messieurs, comme nous le faisons par ces présentes, une association perpétuelle à toutes les prières, saints sacrifices et bonnes œuvres qui se font, tous les jours, dans votre église. Vous avez témoigné à M. de Galliczon, docteur de la maison et société de Sorbonne, chanoine et chantre de votre même église, que notre très-humble prière ne vous serait pas désagréable. Ainsi nous espérons que vous voudrez bien nous accorder des lettres en forme d'une si sainte association, dont nous puissions envoyer des copies authentiques en Canada, en Perse et jusqu'aux extrémités de l'Orient, afin d'étendre par tout l'univers le culte de saint Martin, dans tous les endroits où il n'est pas encore connu, »

4. — Les lettres d'association furent envoyées le 12 février 1689, au séminaire des Missions étrangères qui, le vingt-un avril suivant, donna aussi des lettres d'association mutuelle « à Messieurs du chapitre de la noble et insigne église de Saint-Martin de Tours. » Ces deux actes furent envoyés à Québec, où ils furent acceptés avec joie par les évêques et les directeurs de leur séminaire. Dans leurs lettres, ils s'engagent à remplir les clauses et conditions de l'association. « Pour cet effet, disent-ils, nous avons commencé de réciter en commun, en nos prières du soir, l'antienne, le verset et l'oraison de saint Martin, qui nous ont été envoyés, cette année, par nos Messieurs du séminaire de Paris, en la même façon qu'ils les ont reçues de Messieurs du chapitre de Tours, laquelle pratique nous continuerons à perpétuité, à l'honneur du grand saint Martin, que nous voulons honorer à l'avenir comme l'un de nos plus grands protecteurs et intercesseurs auprès de Dieu... Fait à Québec, l'an de grâce 1689, le onzième jour du mois de novembre, consacré à la mémoire et célébrité du grand saint Martin. »

5. — Deux ans après, le chapitre accordait encore le rang de chanoine honoraire aux évêques de Québec, en la

personne de J. B. de la Croix de Saint-Vallier, qui l'en remercia par la lettre suivante :

« Messieurs,

« Il faut que je vous avoue que j'ai été agréablement surpris en recevant la lettre que m'a fait l'honneur de m'écrire M. de Galliczon et en lisant la patente qu'il m'a envoyée de votre part. Connaissant comme je le fais quelle est la dignité du Corps dans lequel vous voulez bien faire l'honneur d'admettre tous les évêques de Québec, je ne puis que je n'entre dans de grands sentiments de reconnaissance de la place que voulez bien leur accorder. Je m'estimais déjà très-heureux d'être entré, avec tout le clergé de Canada, dans l'association de prières, de sacrifices et autres bonnes œuvres, avec un chapitre aussi saint et aussi célèbre, me persuadant que, si le grand saint Martin, qui a été autrefois l'apôtre de l'ancienne France, voulait bien l'être de la nouvelle, nous trouverions plus de facilité à la conversion d'une infinité de nations différentes de sauvages qui ne connaissent point encore Jésus-Christ. Présentement je n'ai plus lieu d'en douter, puisqu'admettant l'évêque de l'église naissante de Canada dans votre illustre Corps, vous établissez et mettez l'un et l'autre dans le cœur de saint Martin. Aussi voulons-nous être entièrement dévoués à ce grand saint et chercher par toutes sortes de voies à prouver sa gloire et publier partout que vous êtes les dignes enfants d'un tel père, par la charité que vous avez... Je ne manquerai pas d'aller moi-même vous remercier de l'honneur que vous me faites, avant mon départ pour Québec.» La lettre est datée de Paris, 12 septembre 1691.

N'est-ce pas l'effet d'une providence singulière que des contrées inconnues du temps de saint Martin aient été évangélisées par des membres de son clergé? Comme si son nom glorieux devait se rencontrer désormais où le christianisme commence et où le christianisme renaît.

CHAPITRE XLIV.

LA VIE DE SAINT MARTIN ÉCRITE PAR L'ABBÉ GERVAISE.

1. Gervaise conçoit l'idée de son livre.— 2. Préface de l'ouvrage. — 3. Ses divisions et son plan. — 4. Les miracles conservés. — 5. Animosité de l'auteur contre les moines. — 6. Anecdote à ce sujet. — 7. Mort de Gervaise.

1. — Comme il nous l'apprend lui-même, Nicolas Gervaise, étant à peine sorti de l'enfance, alla, aux extrémités du monde, dans la compagnie des missionnaires apostoliques, travailler à l'instruction des nations qui vivaient encore dans les ténèbres du paganisme (1). A son retour des Indes, il publia l'histoire du royaume de Siam. Appelé alors au service de l'église de Saint-Martin de Tours, il repassait souvent en sa mémoire, sous les voûtes du temple qui lui était consacré, les actions merveilleuses de cet homme incomparable, et crut enfin ne pouvoir faire un meilleur usage du temps qui lui restait que de rassembler ce que divers auteurs avaient écrit sur ce sujet.

Il publia ce travail en 1699, à l'âge de 36 ans. C'est croyons-nous, la première *Vie de saint Martin* qui ait été imprimée en français. La préface commence ainsi :

2. — « Il y a lieu de s'étonner qu'entre tant de célèbres écrivains qui, de nos jours, ont essayé de ranimer la piété des chrétiens par l'exemple des grands hommes dont les vertus ont édifié l'Église, aucun n'ait entrepris de nous retracer le portrait de saint Martin. Il semble néanmoins que des Français ne pouvaient choisir un sujet qui fît plus d'honneur à leur plume et qui fût plus utile à leur

(1) Épit. dédicat.

nation. Car, pour illustres que soient ces grands hommes
dont on vient d'écrire la vie, j'ose dire qu'on n'y trouvera
rien de plus surprenant, rien de plus édifiant ni de plus
instructif, rien de plus propre à confondre notre mollesse,
rien même de plus capable de relever notre espérance et
d'affermir notre foi, que dans celle de saint Martin.

« Je ne vois point d'autre excuse à cette espèce d'ingratitude que la crainte de ne pas réussir ou de ne pouvoir pas engager si aisément leurs lecteurs à la créance
de ce grand nombre de miracles dont ils auraient été
obligés de remplir son histoire. Cette même crainte a
suspendu, quelque temps, le dessein que j'avais pris de
suppléer à leur défaut. Cent fois je me suis dit à moi-
même qu'il n'appartenait pas à une main aussi faible que
la mienne de travailler à un tableau, qui, selon la pensée
du grand saint Paulin, devait être celui d'un homme céleste. Ce qui m'a enfin déterminé, ça été la résolution de
n'y employer d'autres couleurs et de n'y ajouter d'autres
traits que ceux que je trouverais dans les conciles, dans
les écrits des saints pères et dans ceux des plus fidèles
historiens des douze ou treize siècles qui se sont écoulés
depuis la mort de saint Martin.

« L'avantage d'être né dans un royaume dont il a été
considéré comme l'apôtre et la place que je tiens dans son
église ont paru m'imposer l'obligation de ne pas céder à
un étranger l'honneur de relever la gloire de son nom et
de fortifier, dans le cœur de tous les Français, particulièrement dans celui de ses enfants, la confiance qu'ils
ont toujours eue en la protection d'un si bon père, d'un
si puissant intercesseur auprès de Dieu. J'espère que des
vues si légitimes et si pures rendront le lecteur plus
indulgent pour cet ouvrage et que l'autorité de tant de savants et saints personnages, qui m'en ont fourni la matière,
ne permettra pas de douter de la vérité des faits qui le
composent. »

3. — Cet ouvrage est divisé en quatre livres, dont le premier contient la vie du saint jusqu'à son épiscopat, le second va jusqu'au règne de Maxime, le troisième achève la vie du saint évêque et raconte les premiers honneurs qu'on lui a rendus dans l'Église; enfin le quatrième est une suite des honneurs qu'on lui a rendus dans les différents siècles.

« J'ai consulté, dit encore l'auteur dans la préface au sujet du IVe livre, les personnes de notre siècle les plus éclairées et les plus versées dans l'histoire : entr'autres feu M. de Tillemont, à qui l'Église et les lettres ont tant d'obligation; je ne craindrai point d'avouer même que je lui suis redevable de quelques découvertes, ainsi qu'à M. de Galliczon, chantre et chanoine de cette célèbre église, qui, depuis plusieurs années, fait une étude particulière de ses antiquités. En un mot, je crois n'avoir rien omis de ce qui pouvait contribuer à contenter le public, surtout plusieurs personnes de distinction, qui m'ont témoigné souhaiter avec beaucoup d'empressement d'avoir une histoire complète de la vie de saint Martin. »

Gervaise dit ensuite qu'il a supprimé plusieurs faits remarquables qui n'avaient de rapport qu'à l'église du saint et non pas à sa personne, parce qu'il espérait les placer, quelque jour, plus à propos dans les vies des saints et des hommes illustres de cette église. Enfin il a travaillé à son ouvrage sur les extraits qu'il avait faits, dans les plus fameuses bibliothèques de Paris.

4. — Les miracles de saint Martin, qui avaient rencontré quelques incrédules aux Ve et VIe siècles, n'en trouvaient plus, depuis longtemps, parmi les générations chrétiennes; mais l'époque de Gervaise était trop voisine du XVIIIe siècle pour ne pas ressentir les premiers symptômes de la maladie dont ce siècle allait être atteint. Gervaise, dans son livre a fait des concessions à l'esprit

de son temps. Non-seulement il a rejeté presque tous les faits conservés par la tradition des siècles qui ont suivi Sulpice Sévère, mais il a atténué ou supprimé ce que les récits du premier biographe lui ont paru présenter de trop extraordinaire. Cependant il en a conservé assez pour que son ouvrage, eu égard à la disposition de ses contemporains, fût un acte de courage digne d'être loué et admiré.

5. — Ce qui le mérite moins ce sont certaines opinions qu'il y professe et qui, sous apparence de système purement historique, cachent les sentiments d'une véritable animosité contre les moines et les religieux. Sans rechercher où Gervaise a pris le sujet de cette animosité, disons qu'il y fait servir même la chronologie adoptée par lui pour la vie du saint. Ainsi, en dépit de ce que disent Sulpice et, d'après lui, les poètes Paulin et Fortunat, sur le temps de son service militaire, qui fut en tout de cinq ans, Gervaise lui en attribue vingt-quatre années (1). Pourquoi? Apparemment pour diminuer celui que le saint a consacré à Dieu, dans les exercices de la vie solitaire et monastique.

Mais où sa bonne foi paraît le plus en défaut, c'est dans les efforts qu'il fait et les peines qu'il se donne pour enlever à saint Martin et à ses disciples le titre et la qualité de moines. Il ne veut pas même, malgré le témoignage de Grégoire de Tours et de beaucoup d'autres, que la basilique de Saint-Martin ait été primitivement une abbaye, desservie par des moines (2).

6. — Au reste, Gervaise a lui-même fait l'aveu du sentiment qui l'a poussé dans cette voie. Un jour, peu de temps après l'apparition de son livre, il se trouvait dans une compagnie de personnes graves et pieuses.

(1) Préf. 1ᵉʳ éclaircissement.
(2) 1ᵉʳ livre, p. 39 et suiv. 4ᵉ livre, p. 285 et suiv.

— Pourquoi, Monsieur le prévôt, lui demanda-t-on, avez-vous donc refusé à saint Martin la qualité de moine, contrairement à toute la tradition et au sentiment général ?

— C'est, répondit-il franchement, que je trouve l'état monastique trop peu honorable pour l'attribuer au grand saint Martin.

Le froid silence qui accueillit cette déclaration put faire sentir à l'écrivain le pénible étonnement qu'elle produisait. — Cette anecdote est racontée dans la préface d'un petit livre intitulé *La sainteté de l'état monastique* et écrit par le bénédictin Dom Badier, précisément pour réfuter les opinions de Gervaise, alors prévôt de Suèvres, l'une des prévôtés de la basilique.

7. — Malgré ce travers, excusable peut-être jusqu'à un certain point, à cause de circonstances que nous ne voyons pas et de la jeunesse de l'auteur, la mémoire de Gervaise a droit à nos respects; car il couronna par une mort héroïque une vie d'étude, de zèle et de piété. Fait évêque d'Horren, il retourna dans les missions lointaines et périt sous les coups des Caraïbes, le lendemain de la fête de saint Martin, le 12 novembre 1729.

CHAPITRE XLV.

L'ÉGLISE DE SAINT-MARTIN DE TOURS EST DÉPOUILLÉE DE SES PRIVILÉGES.

1. Les gloires de la basilique. — 2. Relique accordée à l'église de Lucques. — 3. Lettre de remerciement. — 4. Arrêt du parlement. — 5. Dernières faveurs accordées par le chapitre de S. Martin.

1. — Sans doute on était loin alors des siècles de Grégoire et d'Héberne. Cependant, selon la mesure de leur

foi, les malades étaient encore guéris à la basilique, les affligés y recevaient encore la consolation, les justes la grâce de la persévérance, les pécheurs celle de leur conversion (1). Des lampes y brûlaient jour et nuit, en témoignage de la reconnaissance de personnages distingués par leur famille ou leur rang dans l'Église. Le 11 novembre était encore un jour solennel. Il n'y avait même point, dans toute l'Église, de fête qui se célébrât avec plus de pompe et d'édification. Tout le jour et toute la nuit, la basilique y retentissait des chants des communautés qui s'y succédaient sans interruption.

Aucun genre d'honneur n'avait manqué à cette insigne basilique (2). Elle avait donné à l'Etat de grands ministres, et à l'Église de saints pontifes, de pieux docteurs, les prélats les plus distingués par une noble origine, leur génie ou leurs vertus : elle avait fondé un grand nombre de monastères ou autres maisons religieuses, non-seulement en Touraine et en France, mais encore au-delà des mers : elle comptait parmi ses associés les hommes les plus éminents, les corps les plus illustres, une dynastie tout entière de nos rois. Elle devait succomber avec cette dynastie dont elle avait été, pour ainsi dire, le joyau. Nous allons noter, année par année, les dernières pulsations de cette grande existence prête à s'éteindre.

2. — Le 13 février 1609, le pape Paul V renouvelle le témoignage de l'affection du Saint-Siége pour la basilique, en y confirmant l'établissement d'une *confrérie de Saint-Martin*.

Le 10 novembre 1639, les reliques de saint Martin sont retirées du petit dôme dont nous avons parlé, pour être

(1) Gervaise, p. 270.
(2) Gervaise, p. 352. Jacquet, p. 100. Procès-verbaux conservés à l'archev. de Tours.

placées dans des reliquaires d'or et d'argent qu'on prit
l'habitude d'exposer, les jours de ses fêtes, sur le grand
autel.

En 1661, on fait part de ce précieux trésor à l'église
métropolitaine de Lucques, dont saint Martin est le
patron. Cette faveur, la première dont il soit fait mention,
fut accordée à la sollicitation du roi et aux instances du
cardinal Bonvisi, archevêque de Lucques. Portées à
Paris, dans une boîte d'argent aux armes du chapitre,
par le sous-doyen et remise entre les mains d'un ecclésiastique, agent du cardinal, la relique fut reçue à Lucques avec un honneur et une joie extraordinaires. Le
cardinal et son chapitre en écrivirent, peu de temps
après, leurs lettres de remerciement au chapitre de Saint-
Martin. Le cardinal, qui accorde à nos chanoines le titre
de très-illustres et très-révérends seigneurs, se félicite,
dans la sienne, de l'éclat que sa cathédrale recevra d'un
si précieux trésor et de l'accroissement du culte de Dieu
qu'il y fortifiera.

3. — Voici quelques passages de la lettre des chanoines
de Saint-Martin de Lucques.

« Les Bethsamites n'eurent pas plus de joie, Messieurs
les Illustrissimes et Reverendissimes, quand ils reçurent
l'arche du Seigneur, que nous en avons tous ressenti
lorsqu'on nous a mis entre les mains les sacrées reliques
de saint Martin... Le partage que vous en avez fait avec
nous, afin que notre église eût l'avantage d'être enrichie
et ornée de ce précieux gage de la France, marque assez
que vous n'avez point dégénéré de la vertu de votre père,
qui, n'ayant qu'un manteau, eut assez de charité pour en
donner la moitié... Certainement il était bien raisonnable
que ce saint Pontife qui, pendant sa vie, avait paru brillant comme un soleil, dans la célébration des saints
mystères, reçût encore, après sa mort, cet avantage de
se faire respecter en tous lieux et de porter la lumière

jusque dans les climats les plus reculés de ce monde...
Plaise au Tout-puissant que notre saint patron, non-seulement rende inviolable entre nous l'alliance qu'il nous a fait contracter, mais qu'il la fasse passer, avec la même fidélité, à tous ceux qui nous succéderont, le priant avec instances de défendre notre cause commune, lorsque nous comparaîtrons devant le tribunal de notre souverain juge. »

François Marie Florentini, noble Lucquois, dans une des notes dont il a illustré le Martyrologe de l'église d'Occident imprimé par ses soins, fait mention de la réception de ces reliques, au 4 juillet, sous l'annonce de la fête de l'Ordination de saint Martin.

4. — Le 27 novembre 1715, le chapitre de Saint-Martin, fidèle à retracer la charité de son patron, fait acheter mille tonneaux de blés pour les besoins du peuple. Le 1ᵉʳ décembre de la même année, il consent à une imposition de 22,000 francs, pour secourir les pauvres, indépendamment des aumônes considérables qu'il fait pendant cette année malheureuse. Ne semble-t-il pas voir saint Martin lui-même distribuant ses largesses, pendant le rigoureux hiver qu'il passa dans Amiens ?

Le 25 janvier 1727, on sépara une petite portion de ses précieuses reliques, qui fut envoyée au pape Benoît XIII, pour satisfaire à la dévotion et aux vives instances de ce pieux pontife. Ce fut comme un présent d'adieu fait par la basilique au Saint-Siége qui l'avait si longtemps protégée et qui allait la voir arrachée à l'autorité immédiate qu'il avait sur elle depuis dix siècles.

Poussé par cet esprit d'opposition qui régnait alors, en France, contre la cour de Rome, Mathieu Isoré d'Hervault, qui était encore archevêque de Tours en 1717, avait entrepris de faire révoquer les priviléges d'indépendance de l'église et du chapitre de Saint-Martin. Cependant ce ne fut qu'en 1735 qu'un arrêt du parlement, abolissant

tous priviléges contraires, soumit cette église à la juridiction archiépiscopale. Les chanoines ne se résignèrent
jamais, de bon gré, à cette déchéance contre laquelle ils
ne cessèrent de protester jusqu'à la fin. De nos jours, on
voit encore l'énorme volume in-folio que l'insigne église
fit imprimer pour défendre et sa liturgie et ses immunités
également attaquées.

Elle sauva au moins la première, dans ce siècle où les
diocèses de France s'empressaient de remplacer leurs
anciennes liturgies par de nouvelles : « Il n'y eut, dit un
auteur moderne (1), que l'insigne collégiale de Saint-Martin de Tours qui, donnant en cela la leçon à nos cathédrales les plus fameuses, osa réimprimer, en 1748, son
beau bréviaire romain-français et qui, seule, au jour du
désastre, succomba avec la gloire de n'avoir pas renié ses
traditions. Nous rendons ici, avec effusion de cœur, cet
hommage à cette sanite et vénérable église et à son illustre
chapitre. »

5. — Le 25 novembre 1738, une séparation des précieuses reliques fut faite « en faveur, dit le procès-verbal,
de nos très-chers confrères et fils les vénérables doyen,
chanoines et chapitre de l'église de Saint-Martin de la ville
de Liége, auxquels nous les avons accordées comme
dépôt, sans qu'ils puissent s'en dessaisir ni les partager,
avec d'autres qu'avec nous, en cas que, par quelque
accident, nous vinssions à perdre ce que nous possédons
d'un si grand trésor. »

Le 28 avril 1764, une parcelle des mêmes reliques fut
déposée dans un petit cœur d'or pour être donnée à Marie
Leczinska, reine de France, qui en avait exprimé le désir.

Par commission de l'archevêque de Tours, Monseigneur
de Conzié, M. le chanoine Dufrementel, vérifia et constata
les saintes reliques, le 2 septembre 1789.

(1) Guéranger, *Instit. lit.*, t. 2, p. 583.

Enfin le 20 février 1790, le même prélat écrivait une requête ayant pour but d'obtenir un fragment des os du bienheureux, en faveur de l'église paroissiale de Villeneuve-Solar, province de Saluces, en Piémont, fondée, de temps immémorial, sous le titre de Saint-Martin de Tours, où ces reliques devaient être exposées à la vénération des fidèles. En conséquence, le 13 avril suivant, M. Dufrementel, chanoine prébendé et prévôt d'Anjou, en l'église Saint-Martin, vicaire général et official du diocèse, fit l'ouverture de la chàsse. La relique demandée fut renfermée dans un petit reliquaire d'argent en forme de tombeau et remise entre les mains de M. Hervé, chanoine prébendé, commissaire du chapitre, pour être envoyée au marquis de Villeneuve-Solar. Singulière et triste coïncidence que ce nom d'Hervé, à pareille époque !

CHAPITRE XLVI.

DESTRUCTION DE LA BASILIQUE DE SAINT-MARTIN.

1. Le roi Louis XVI. — 2. Reliques du chef de S. Martin. — 3. Relique de l'avant-bras. — 4. Le chanoine Bizol. — 5. La basilique abandonnée de son clergé. — 6. Arrêté de l'administration départementale.

1. — Un vieillard m'a raconté, comme en ayant été témoin, une réception qui vraisemblablement fut la dernière de ce genre. Ce fut celle du duc de Penthièvre, reçu chanoine laïc de Saint-Martin. — Messieurs, aurait dit le noble personnage dans sa réponse au chapitre, j'accepte avec plaisir l'honneur que vous me faites ; mais il appartenait d'antiquité à mes ancêtres.

Cette parole hautaine laisse percer néanmoins l'estime où les plus grands seigneurs tenaient encore les distinctions accordées par l'insigne église. Cependant elle choqua le sentiment populaire qui ne trouva pas un tel remerciement convenable pour une telle dignité.

Le roi Louis XVI, héritier de l'affection particulière de ses prédécesseurs pour l'église de Saint-Martin, venait de lui accorder un don annuel, destiné à l'embellissement du chœur (1). Les travaux commençaient lorsque les premiers troubles de la révolution les firent suspendre.

Au dire de la personne que nous citions tout à l'heure, l'un des derniers offices de la basilique aurait été marqué par un scandale venant du fait de l'un de ses employés. L'organiste aurait joué, en pleine célébration du service divin, l'air révolutionnaire du *Ça ira*, en dépit des coups de sonnette donnés pour l'interrompre. C'était le sifflement de l'orage qui allait s'abattre sur le lieu saint.

2. — Le 21 novembre 1793, le citoyen André Fournier, orfèvre de la ville, le même qui, trois ans auparavant, avait aidé à l'extraction de la relique pour Villeneuve-Solar, fut chargé par la municipalité, avec le citoyen Carreau, aussi orfèvre municipal, de retirer de la basilique toutes les matières d'or et d'argent qui pourraient s'y rencontrer. En conséquence, il se fit ouvrir le trésor de cette église par Martin Lhommais, qui en était clerc d'œuvre et maître sonneur. Celui-ci, forcé d'obéir aux ordres de la municipalité, vit avec douleur qu'on se disposait à enlever les châsses qui contenaient les saintes reliques. De concert avec sa cousine, la femme Carré, appelée en même temps que lui, pour assister à l'ouverture du trésor, il résolut de sauver au moins les restes vénérés du patron de la France.

Ayant trouvé la châsse de vermeil doré, en forme de buste d'évêque, contenant les reliques du chef de saint Martin, l'orfèvre Fournier en brisa les sceaux dont il

(1) Jacquet, p. 91 et suiv. Procès-verbaux etc.

avait reconnu l'intégrité, l'ouvrit et en retira trois ossements de crâne, posés, sur du coton et sur un morceau d'étoffe de soie couleur orange, dans une coquille d'argent. Au même moment, Martin Lhommais s'en saisit et abandon lui en fut fait par l'orfèvre municipal, qui emporta seulement la châsse avec la coquille d'argent ainsi que les authentiques et procès-verbaux joints aux reliques. Le maître sonneur déposa aussitôt ces restes sacrés dans une boite appartenant à la basilique.

3. — De son côté, Marie-Madeleine Brault, femme de François-Toussaint Carré, grand bâtonnier de l'insigne église, s'était attachée particulièrement à observer l'instant où l'on romprait les sceaux du reliquaire qui contenait l'avant-bras de saint Martin. Ce reliquaire était de cristal en forme de pyramide, garni de vermeil, ou, comme s'expriment d'autres documents, en forme de colonne à jour, ciselée en grappe de raisin et surmontée d'un cristal, au travers duquel on apercevait le taffetas vert qui enveloppait l'os. Le citoyen Carreau ouvrit ce reliquaire, dont il avait aussi trouvé les sceaux entiers, en enleva la relique de saint Martin appelée le *radius*, tira, de dessous le taffetas qui la couvrait, un limbe de papier ou de parchemin écrit et abandonna le précieux ossement à la femme Carré. Celle-ci la déposa immédiatement dans une petite boite de bois qu'elle se procura dans la sacristie, et demanda qu'on lui fît lecture de l'écrit qui contenait sans doute l'authentique : cela lui fut accordé, mais elle n'en put retenir que le mot *Martinus*, dont plus tard elle se souvenait clairement.

Lhommais et sa cousine, témoins de la remise, qui leur fut faite à l'un et à l'autre, des saintes reliques par les deux commissaires de la municipalité, les emportèrent chez eux et ils les conservèrent secrètement, sans les communiquer à qui que ce fût, ni en distraire la moindre partie.

4. — Environ deux ans après, le 1er mai 1795, Martin Lhommais et la femme Carré parurent devant M. Bizot, prêtre chanoine de Saint-Martin, et lui présentèrent les boîtes où ils avaient déposé les reliques sauvées. Le chanoine qui avait assisté à la cérémonie d'extraction du 13 avril 1790, reconnut parfaitement ces reliques, et ayant appris des dépositaires par quel moyen elles leur étaient parvenues, dressa de leur déclaration un procès-verbal qu'ils signèrent tous trois. Ensuite les reliques furent par lui religieusement renfermées en deux boîtes, dont l'une, en bois rembruni et sculpté sur un des côtés, reçut le crâne de saint Martin, et demeura entre les mains de Lhommais, et l'autre, en bois commun, sans couverture, enveloppée d'un serviette de toile blanche, fut confiée à la femme Carré. Ces deux boîtes, les mêmes apparemment qui avaient été prises à la basilique, furent scellées, pour être représentées à la première réquisition de l'autorité ecclésiastique.

Ce dépôt fait ainsi séparément, pour plus de sûreté, le chanoine Bizot en rédigea le procès-verbal, où il déclare, sous serment, avoir apporté toute la diligence dont il était capable, afin de procurer aux saintes reliques de l'auguste patron la vénération qui leur est due, en contribuant, de tout son pouvoir, au rétablissement de leur culte public. Que devenait cependant la basilique?

5. — Abandonnée de son clergé, qui avait été obligé de fuir devant la proscription, dépouillée de ses richesses et de ses ornements, mais encore très-solide, malgré son ancienneté, elle ne pouvait être facilement détruite. D'ailleurs, il n'eût pas été sans danger de tenter l'entreprise, au milieu d'une grande population, attachée par le respect et la reconnaissance à son saint protecteur. Pour arriver à cette fin, les impies crurent prudent de recourir à des voies détournées.

On employa d'abord cet édifice vénérable aux usages les plus indignes. Ainsi elle fut convertie en bivouac pour les troupes, puis en écurie pour un régiment de cavalerie. A cette occasion, voici ce qu'on rapporte : A peine les chevaux y eurent-ils été amenés qu'une lumière étrange en éclaira les voûtes. Durant plusieurs nuits, ces animaux épouvantés ne cessèrent d'inquiéter leurs gardiens. Ensuite le monument fut secrètement dégradé.

6.— Enfin, le 5 octobre 1797, un arrêté de l'administration départementale ordonna la vente d'une partie de l'église de Saint-Martin : cet arrêté annonçait que les réparations à faire, pour la rendre au culte, s'élevaient à 30,000 francs, mais il ne disait pas que les habitants de Tours offraient de les fournir. Le 2 novembre suivant, une partie des voûtes s'en écroulait. Le 5 du même mois, un autre arrêté de la même administration déclarant que, vu l'urgence, il n'était pas besoin d'attendre l'autorisation du ministre des finances, ordonnait la destruction de la basilique et la vente des matériaux. Le 13, un troisième arrêté adjugeait la démolition d'une partie de l'enceinte à un ouvrier couvreur et prête-nom.

Un an après, les démolitions intérieures venaient d'être accomplies, lorsque le bruit se répandit que l'un des adjudicataires se proposait, disait-il, d'offrir un bouquet à saint Martin. En effet, le 10 novembre 1798, veille de la fête du saint pontife, sur les dix heures du matin le feu fut mis aux mines. Le bouquet coûta cher à celui qui le donnait, car non-seulement une portion de l'édifice entraîna dans sa chute plusieurs maisons voisines, mais le malheureux dont le nom avait été emprunté lors de l'adjudication et qui le premier avait osé porter la main sur ces murs sacrés demeura écrasé subitement sous les ruines.

Ce que la mine avait épargné fut démoli, et, des matériaux, ainsi que d'une partie de l'emplacement, les administrateurs formèrent seize lots qu'ils vendirent à vil prix.

CHAPITRE XLVII.

LES RELIQUES DE SAINT MARTIN SONT EXPOSÉES DE NOUVEAU A LA VÉNÉRATION DES FIDÈLES.

1. Le préfet Pommereul.— 2. Vérification des reliques.— 3. Déclaration des commissaires.— 4. Ordonnance du cardinal de Boisgelin.

1. — Ainsi tomba la troisième basilique élevée sur le tombeau de saint Martin, et celle des trois qui subsista le plus longtemps. C'est celle que les papes favorisèrent, qu'Urbain II et Alexandre III visitèrent et qui vit deux autres souverains pontifes sortir des rangs de son clergé. Charles le Bel et Louis XI l'enrichirent, François Ier y vint demander pardon de l'atteinte qu'il lui avait portée, et Louis le Grand s'y fit recevoir abbé, dans le temps où les missions lointaines y trouvaient un puissant patronage. Sa chute fut d'autant plus douloureuse, qu'après huit cents ans d'existence, elle périt dans des circonstances où l'on aurait pu espérer de lui rendre son premier éclat. Sa destruction fut accomplie froidement, après les plus mauvais jours et pendant trois années de calme, en dépit de la volonté de toute une population chrétienne, odieusement trahie par ses administrateurs.

Il existe seize procès-verbaux d'adjudication du 1er août 1802, signés du préfet Pommereul et du directeur des domaines. Il est à remarquer que ce dernier figure comme acquéreur du seizième lot, moyennant 1,200 francs, sans autre enchère que la sienne. Ce lot touchait sa maison.

De la vaste basilique il ne resta plus que la tour dite de Charlemagne, au nord, et une au couchant, dite du Trésor, où l'on a transféré l'horloge.

Un des démolisseurs, comme pour immortaliser son crime, voulut donner son nom à la nouvelle rue ouverte entre les ruines, et ce nom malheureux fut en effet inscrit, en lettres d'or, sur les murs de l'enceinte sacrée. Mais la conscience publique protesta contre cet orgueil satanique. On rendit solennellement à ce quartier le nom de saint Martin et, sur l'un des piliers mutilés, la sculpture vint représenter l'action du charitable catéchumène envers le pauvre d'Amiens.

2. — Le 7 novembre 1805, Jean-de-Dieu Raymond de Boisgelin, cardinal archevêque de Tours, commit Georges-Pierre Raboteau, son vicaire général, et Nicolas Simon, curé de la nouvelle paroisse de Saint-Martin, établie dans la cathédrale, à l'effet de vérifier les reliques de Saint-Martin de Tours et généralement à faire tout ce que leur prudence et leur piété leur suggèrerait pour la gloire de Dieu, l'édification des fidèles et l'accroissement du culte de saint Martin.

En conséquence, le vendredi 11 du même mois, ces deux ecclésiastiques se transportèrent, avec les témoins, dans un des appartements de la maison occupée par le cardinal. Ce fut alors un spectacle touchant de voir l'ancien maître sonneur de la basilique et sa cousine se présenter avec les précieuses boîtes dont ils étaient les dépositaires depuis dix ans; le chanoine Bizot apporter aux commissaires les procès-verbaux dressés par lui en 1795; l'orfèvre Fournier venir attester tous les faits qui lui étaient personnels, au sujet des saintes reliques; puis comparaître les anciens chanoines de Saint-Martin, Geslin, Dumond, Bodineau, Moreau, Dunoyer, Letaillandier, Papin, Cabarat, chanoine secrétaire, et Beaufils, ancien célerier en dignité, avec Jacques-Émile Formy, ancien maître de latin en la psallette de la noble église, tous reconnaissant les ossements sacrés du patron, pour les avoir vus et remarqués, soit lorsqu'ils furent extraits de leur châsse en 1790, soit lorsqu'on les exposait à la vénération des fidèles.

L'ancien prévôt d'Anjou, Dufrementel, convoqué à cette séance, n'ayant pu s'y rendre, à cause de ses infirmités, les commissaires se transportèrent chez lui, le lendemain. Ce vénérable chanoine attesta, sous serment, qu'il reconnaissait les reliques pour être les mêmes qu'il avait vérifiées et constatées à deux fois différentes, le 2 septembre 1789 et le 13 avril 1790.

Le vendredi suivant, 17 novembre, les commissaires se transportèrent de nouveau à la demeure archiépiscopale, avec le chanoine Cabarat, secrétaire *ad hoc*. Celui-ci leur présenta le registre des délibérations du chapitre de Saint-Martin de l'année 1790, où ils trouvèrent la copie des procès-verbaux de l'extraction des reliques faite pour l'église de Saint-Martin de Villeneuve-Solar. Cette pièce, qui s'accordait parfaitement avec les témoignages reçus les 11 et 12 du même mois, confirmait puissamment la vérité des saintes reliques.

3. — Enfin les commissaires déclarèrent que la preuve étant suffisante pour en constater, sans aucun doute, l'identité, il y avait lieu de permettre de les exposer publiquement à la vénération des fidèles. Aussitôt ils rendirent eux-mêmes leurs hommages religieux à ces saintes et précieuses dépouilles, en les baisant respectueusement et les présentant à baiser à tous les assistants.

Les reliques furent ensuite placées dans un reliquaire doublé de velours cramoisi, sculpé et doré dans ses deux montants et surmonté d'une petite statue d'évêque en bois doré, ayant une vitre sur toute sa face antérieure. Les cordonnets d'or qui tenaient la relique attachée et dont les extrémités étaient passées derrière le reliquaire furent scellés en cire rouge du sceau du cardinal.

De tous ces faits les commissaires dressèrent procès-verbal, en présence de Joseph *Geslin*, sous-diacre, Guillaume *Beaufils*, François *Dumond*, Louis-Auguste *Bouault*, prêtres; Abel-Philippe-Guillaume *Denis*, diacre; Toussaint-Joachim *Jahan*, Pierre-Henri *Dunoyer*, Toussaint-Charles-François *Bodineau*, Joseph *Moulin*, Joseph-Jacques-Martin *Moreau*, Pierre *Letaillandier*, prêtres, tous anciens chanoines prébendés de Saint-Martin; Mathurin *Papin*, prêtre, ancien chanoine sémi-prébendé de la même église; André Fournier, orfèvre; Martin Lhommais, ancien clerc de l'œuvre de Saint-Martin; François Carré, ancien bâtonnier; Marie-Madeleine Brault, sa femme, et plusieurs autres témoins, qui signèrent avec les commissaires.

4. — A cet instant, parut le cardinal, et les anciens chanoines prébendés de Saint-Martin lui manifestèrent le désir ardent dont ils étaient pénétrés et l'espérance qu'ils ne pouvaient perdre que Dieu, dans sa grande miséricorde, en consolidant le rétablissement de la religion en France, permît l'érection, en cette ville de Tours, d'un nouveau temple dédié spécialement à l'honneur de saint Martin, et l'établissement d'un clergé appliqué à son culte. Ils le supplièrent donc que, dans ce cas, il consentit que la relique, dont l'authenticité venait d'être heureusement reconnue, fût rendue à cette église et à son clergé.

Le cardinal donna son consentement à cette demande, à condition que la moyenne des trois portions du chef sacré, déposées dans le reliquaire qui venait d'être scellé, serait alors laissée à l'église cathédrale, où il allait être placé et conservé.

Le lendemain 19 novembre, une ordonnance du cardinal déclarait l'authenticité des reliques du bienheureux pontife et en permettait l'exposition publique. «Nous ordonnons, disait-il, en terminant, qu'aujourd'hui samedi, veille de la fête solennelle qui doit être célébrée en son honneur, elles seront portées processionnellement devant nous et déposées dans notre église cathédrale. sur l'autel que nous avons permis d'y élever provisoirement sous l'invocation de saint Martin. »

Cette fête solennelle du 20 novembre 1805, qui rendit à la ville de Tours son patron vénéré, c'était comme une seconde fête de sa Réversion.

CHAPITRE XLVIII ET DERNIER.

DERNIERS FAITS RELATIFS AU CULTE DE SAINT MARTIN.

1. Projet d'un pieux fidèle.— 2. Ouvrage publié par l'avocat Jacquet. — 3. Nouvelle reconnaissance des saintes reliques.— 4. L'église de Marcolès.— 5. S. Martin en Crimée. — 6. S. Martin de Ligugé. — 7. Le tombeau retrouvé.

1. — Au sortir de la révolution qui termina le xviiie siècle, comme aux premiers temps du christianisme, la piété avait transformé, à Tours, une simple maison en chapelle, où les fidèles invoquaient saint Martin.

Prosterné aux pieds des autels, l'un d'eux crut y recevoir l'ordre de relever son temple. Il fit part, en 1817, de cette pensée qui le poursuivait fortement, à Monseigneur du Chilleau, archevêque de Tours. Le prélat s'empressa d'accueillir ses vœux, et, dès qu'un premier registre eut été ouvert, s'y inscrivit pour une somme très-importante. Un grand nombre d'habitants imitèrent cet exemple : des ouvriers de tous états offrirent les uns leurs épargnes, les autres le concours de leurs bras.

2. — Les choses en étaient là en 1822, époque où Jacquet-Delahaye-Avrouin, avocat, dédia au roi son ouvrage *du Rétablissement des églises en France à l'occasion de la*

réédification projetée de celle de Saint-Martin de Tours.
C'est une brochure in-4° de 124 pages.

« En ce moment, dit l'auteur dans son avant-propos,
les peuples de la belle Touraine, province qui ne dut
tant d'illustration qu'aux vertus et aux travaux de saint
Martin, s'unissent, par une association religieuse, pour
reconstruire le temple célèbre qui, le premier et durant
quinze siècles, fut placé sous l'invocation de ce saint
confesseur. — De si glorieux souvenirs se rattachent au
nom de saint Martin, l'histoire de son église tient si essentiellement à l'histoire des Gaules et de France, qu'en de
telles circonstances, les fidèles ne pourront voir sans intérêt, nous osons l'espérer, un ouvrage qui doit réunir
les principaux événements de la vie du saint et tout ce
qui se rapporte à la noble basilique dont l'origine à précédé le berceau de la monarchie. »

Ce sujet ne remplit cependant que la deuxième partie
de l'ouvrage. Dans la première, on a recherché les causes
qui ont amené, en France, la ruine des églises et l'on
parle de la nécessité de les rétablir. Un chapitre particulier
y traite du diocèse de Tours, dont tous les prélats y sont
mentionnés, par ordre chronologique, avec les faits principaux de leur gouvernement. Des notices sur les abbayes
de Marmoutier, de Saint-Julien et de Beaumont complètent
cette sorte d'histoire ecclésiastique de Touraine. On y a
joint des gravures, dont la plus précieuse est un plan de
la basilique, tel qu'il fut dressé par les ordres du chapitre
en 1779.

Les souvenirs de plusieurs anciens chanoines encore
vivants, l'inventaire manuscrit des chartes de l'église de
Saint-Martin, les registres capitulaires et un grand nombre
de pièces authentiques ont fourni à l'auteur de précieux
documents. Tout son écrit est, du reste, plein d'érudition
et contient une foule de notes intéressantes qu'on regrette
de ne pas voir disposées avec plus d'ordre.

Dans son épitre dédicatoire, il dit au roi :

« Les fastes de cette église rappellent que vous l'avez visitée. Votre Majesté en a conservé la mémoire. » En effet, le 12 juin 1777, le frère de Louis XVI, qui fut le roi Louis XVIII, était venu en personne se faire installer à la basilique de Saint-Martin et y prêter les serments d'usage.

3. — Malgré cet auguste patronage et l'empressement généreux de la population, le lieu saint resta livré à la voie publique, où les amis de la religion allaient, la nuit, répandre des larmes. Ne soyons pas surpris de ce résultat. Il y avait alors tant de ruines matérielles et morales à réparer que le personnel ecclésiastique et les ressources suffisaient à peine aux besoins les plus urgents de la religion.

Le 31 octobre 1828, Monseigneur de Montblanc, archevêque de Tours, voulut extraire les glorieuses reliques de la châsse où elles avaient été renfermées et les fit placer dans le socle d'un buste de saint Martin. Le procès-verbal de cette cérémonie porte, entr'autres signatures, celle de François Dumond, chanoine de l'ancien chapitre de Saint-Martin.

En 1833, le même prélat fit don à l'église de Candes d'une parcelle des reliques de son patron. La translation en fut faite par l'un des vicaires généraux, au milieu d'un nombreux clergé et des flots d'une population accourue des paroisses voisines.

Enfin, le 12 août 1843, eut lieu une nouvelle et dernière reconnaissance des saints ossements. Quelques légers fragments du chef furent alors distraits et l'on mit en réserve la poussière que la scie fit tomber, pour en enrichir à l'occasion d'autres églises. En même temps, on jugea préférable de ne plus exposer ces reliques enveloppées d'aucune étoffe. On plaça donc à découvert sur un coussin en drap d'or, posé dans la châsse, l'os du bras avec le grand morceau du crâne et les autres sous celui-ci. C'est dans cet état que nous les vénérons encore aujourd'hui.

4. — Nous arrivons à ces dernières années et nous y recueillons des faits déjà plus consolants qu'aucun de ceux qui précèdent. Nous ne ferons que citer, en passant, la société militaire fondée à Versailles, sous l'invocation de saint Martin, pour venir en aide aux anciens soldats, à leurs veuves et à leurs enfants orphelins; l'œuvre de Saint-Martin, pour l'habillement des pauvres, qui a pris naissance à Tours; et l'église nouvellement dédiée à saint Martin, dans le faubourg Saint-Martin, à Paris.

Nous nous proposons de parler ailleurs d'un fait découvert, il y a quelques années, et que nous avons omis, dans cette histoire, faute de détails. C'est celui d'une partie notable des reliques de saint Martin envoyée jadis, avant les désastres du xvi⁰ siècle, à la petite ville de Marcolès, au diocèse de Saint-Flour. L'église de Marcolès s'est dessaisie, en 1855, non sans quelque regret, d'une portion de cet inappréciable trésor, en faveur de notre métropole. M. J.-B. Grimald, curé de Marcolès, a été, à cette occasion, nommé chanoine honoraire de Tours.

5. — Aujourd'hui saint Martin est encore invoqué dans les combats.

Après Dieu, la Vierge Marie et saint Maurice, patron spécial de la maison de Savoie, c'est lui que l'armée piémontaise a choisi pour protecteur dans la dernière guerre de Crimée. Pourquoi faut-il que des mains étrangères aient enlevé aux soldats de la France l'honneur d'inscrire sur ce champ de bataille le nom glorieux qui avait protégé Clovis? D'après une lettre de Crimée publiée par l'*Armonia*, les aumôniers du corps expéditionnaire piémontais ont sollicité et obtenu de M. de La Marmora l'autorisation de construire une chapelle en pierre, au milieu du camp.

30

Elle a dû être consacrée le 8 septembre 1855 par le plus ancien des aumôniers. L'inscription suivante en décore le fronton :

D. O. M.

V. MARIÆ IMMACULATÆ

SS. MAURITIO ET MARTINO

SARDINIÆ LEGIONES

IV ID. SEPT. DICABANT.

Ce qui veut dire en français : « Au Dieu Très-Bon et Très-Grand, à la Vierge Marie Immaculée, aux saints Maurice et *Martin*, les légions de Sardaigne ont dédié ce monument le 4 des ides de septembre. »

6. — Le dimanche 2 novembre 1856, on a lu au prône, dans toutes les églises de la ville et de l'archiprêtré de Poitiers, le mandement promulguant les indulgences accordées à l'église de Saint-Martin de Ligugé. Voici un passage de ce mandement : « L'illustre cardinal Baronius a consigné dans ses *Annales ecclésiastiques* cet oracle que nous aimons à répéter : — L'empire des Francs, fondé et agrandi par le culte des saints, durera aussi longtemps que ses fondements resteront posés sur ce même culte et il ne périra qu'autant que ces mêmes fondements seraient arrachés par la perversité hérétique. — Or, de tous les saints dont le nom est mêlé à notre histoire nationale, vous savez, nos très-chers frères, qu'il n'en est pas d'aussi populaire que le glorieux saint Martin, le plus illustre des confesseurs et des thaumaturges, le patron et le défenseur de notre patrie. Aussi est-ce contre le culte de cet éminent serviteur de Dieu que l'impiété s'est acharnée avec le plus de rage et, ce me semble, avec le plus de succès. »

Nous ajouterons : N'est-ce pas un motif pour nous de le soutenir avec plus de zèle. — Mais revenons au foyer même d'où ce culte pieux rayonnait jadis sur le monde entier, c'est-à-dire au tombeau de notre saint, qui avait disparu avec les ruines de la basilique.

7. — « On gémissait(1) à la pensée que cette destruction pût être irréparable. On regrettait amèrement surtout de voir le tombeau de notre grand évêque profané et à jamais perdu pour la piété des fidèles. Une fausse tradition prétendait que l'emplacement du sépulcre se trouvait au milieu de la voie publique. Après plus d'un demi-siècle, l'erreur fut reconnue, à l'aide d'un plan enfoui jusque-là dans la poussière des archives du département d'Indre-et-Loire. C'était une véritable découverte, et les dévots serviteurs de saint Martin en furent ravis de joie. Grâce à un dévouement généreux, qui n'a pas tardé à obtenir sa récompense, le 11 novembre 1860, on retrouva le tombeau de saint Martin, conservé, comme par miracle, au milieu des décombres de l'antique église. Cette *Invention* a été un jour de fête. Les pèlerins pourront donc venir encore s'agenouiller autour de cette tombe et le sanctuaire de saint Martin redeviendra la terre des miracles. »

Cet heureux événement ouvre à l'histoire du culte de saint Martin une période nouvelle, réservée aux écrivains de l'avenir, qui, espérons-le, raconteront un jour, à la gloire de notre vénéré pontife, Monseigneur Guibert, le rétablissement du saint tombeau, et la reconstruction, au moins commencée, de l'insigne basilique.

FIN DE LA DEUXIÈME PARTIE.

_____

(1) **M.** Richard Viot, Vie de s. Martin, traduite de Sulpice Sévère. Préface, p. 7.

S. MARTIN ET SES PANÉGYRISTES FRANÇAIS

SERMON POUR LA FÊTE DE S. MARTIN

Par le P. Séraphin de Paris.

Claude-Robert Hurtault, gardien du couvent de Meudon, connu sous le nom de P. Séraphin de Paris, célèbre capucin du XVIIᵉ siècle, né avec de grandes dispositions pour l'éloquence, déploya son talent dans les principales églises de Paris et prêcha devant le roi les carêmes de 1696 et 1698 : il mourut quelque temps après.

Exorde. Saint Martin est une lampe.— Division. Lumière extérieure, lumière intérieure. — 1ʳᵉ Partie : 1° C'est Dieu qui l'allume. — L'état militaire ne peut le corrompre.— Saint Hilaire est son maître. 2° C'est Dieu qui le met sur le chandelier. 3° C'est Dieu qui s'en sert. — 2ᵉ Partie : 1° Saint Martin a été éclairé.— Sa conduite avec les princes. — Sa gloire terrestre. — 2° Il a eu de bons yeux.

> *Nemo lucernam accendit, et in abscondito ponit neque sub modio, sed supra candelabrum, etc. (Luc, 11-33).*
>
> Personne n'allume une lampe pour la mettre dans un lieu caché ou sous un boisseau; mais on la met sur le chandelier.

L'Église applique cet évangile aux saints pontifes et particulièrement à saint Martin, à cause qu'il a été une lampe que Dieu avait allumée pour éclairer son Église, non-seulement dans la ville et le diocèse de Tours, mais dans la France et dans une grande partie de l'Europe. Rien ne lui convient donc mieux que ce que le Seigneur nous dit dans son Évangile…. Saint Martin est une lampe qui éclaire si parfaitement, que pas un de ceux qui voudront la

regarder et la suivre ne marchera dans les ténèbres ,
parce qu'il n'a pas seulement une lumière extérieure, il
en a de plus une intérieure..... *Il est la lumière de son
peuple ; il l'éclaire et il le conduit ; il est sa propre lumière,
il est éclairé et il marche dans la voie de Dieu.*

1ʳᵉ PARTIE. — Saint Martin est une lampe, c'est Dieu qui
l'allume, c'est Dieu qui la met sur le chandelier, c'est
Dieu qui s'en sert pour éclairer ceux qui demeureront
dans sa maison ou ceux qui y entrent.

1° L'Église regarde aujourd'hui S. Martin comme une
des lampes que son divin Époux lui a laissées pour l'éclairer ;... il l'avait destiné à cela dès sa plus grande jeunesse,
il l'avait prévenu de ses bénédictions ; il n'avait pas permis
qu'il se corrompît dans le commerce du monde, quoiqu'il
eût consenti qu'il s'engageât dans un emploi où il semble
que le libertinage, que l'impiété, que la débauche règnent
insolemment. Mais Dieu nous voulait faire connaître qu'on
peut être soldat et honnête homme ; soldat et avoir compassion
de la misère du prochain ; être soldat et être charitable ; être
soldat, et non-seulement ne rien prendre à personne, mais
de plus donner aux pauvres une partie de ce que l'on a et
même de ce qui est nécessaire ; enfin qu'on peut être soldat et vrai chrétien. Mais le Seigneur, qui avait destiné
saint Martin pour être la lampe de son Église, l'obligea de
quitter cet emploi. Le monde n'a aucune part aux emplois
dans lesquels il s'engage, à ceux qu'il quitte et aux nouveaux qu'il prend ; Dieu seul le conduit, et il peut dire
avec le prophète royal : C'est vous, Seigneur, qui faites
luire ma lampe.

... Est-ce que les hommes ne nous éclairent pas ? Oui,
quand ils nous communiquent les lumières qu'ils ont reçues
de Dieu... Où saint Martin va-t-il allumer sa lampe ?... Saint
Martin s'approche de saint Hilaire, cette lampe de Poitiers,
et c'est de lui qu'il reçoit les lumières qu'il communique
ensuite aux autres. Ce qui nous fait connaître combien

il est avantageux de communiquer avec ceux qui ont la science des saints, qui peuvent avoir pour vous une condescendance de charité, mais qui n'auront jamais la lâche complaisance de vous flatter dans vos désordres, de vous entretenir dans vos défauts; mais qui vous donneront toujours les lumières pour vous conduire dans la voie étroite du ciel. Chacun sait combien le fameux saint Hilaire était austère, combien il était ennemi de tout ce qui flatte les sens et les passions, combien il était opposé aux maximes du monde. Martin, devenu disciple d'un maître si fameux, si saint, si éclairé, ne pouvait recevoir que des lumières très-avantageuses. Tous ceux qui ne voudront point imiter notre saint et qui ne s'adresseront point à Dieu ni à ses plus fidèles serviteurs, pour être éclairés, mais qui croiront avoir assez de lumières pour conduire les autres et pour se conduire eux-mêmes, n'auront jamais que des ténèbres dans l'esprit, et se trouveront dans une nuit perpétuelle.

2° Combien de fois saint Martin a-t-il souhaité d'être dans la plus affreuse de toutes les solitudes, dans le plus caché de tous les déserts, pour être absolument inconnu aux hommes et n'être connu que de Dieu seul !... Que saint Martin a peu d'imitateurs! il ne pense qu'à se cacher : Saint Hilaire le met au nombre des acolytes; cet ordre qui est méprisé par un si grand nombre d'ecclésiastiques qui ne peuvent demeurer dans ce degré, était regardé de notre saint comme étant beaucoup au-dessus de son mérite, et il se croyait très honoré de ce que son maître avait voulu l'y élever. Mais Dieu qui voulait qu'il fût une des plus éclatantes lumières de l'Église l'éleva à l'épiscopat, afin qu'élevé de la sorte il pût être vu de chacun.

3° Notre saint évêque est sur le chandelier; il y est pour ceux qui sont dans la maison, pour les domestiques de la foi;... car nous devons être persuadés que personne n'est sur le chandelier pour soi-même.... Saint Martin n'a

pas seulement été la lumière des fidèles, il a voulu l'être
encore des infidèles ; il les a cherchés, il a ruiné ce qui
les entretenait dans l'idolâtrie ; enfin il n'épargna rien par
ses visites, par ses exhortations et par ses prières, pour
fortifier et perfectionner ceux qui étaient dans la maison
et pour y attirer ceux qui étaient dehors. Faisons la même
chose ; que tous ceux qui sont des lampes allumées, qui,
par leurs charges, se trouvent sur le chandelier, qu'ils
aient de la charité et pour ceux du dedans et pour ceux
qui sont encore dehors ;... mais souvenons-nous que le
plus sûr moyen pour gagner les autres, c'est que nous
vivions en bons chrétiens, c'est qu'en montrant le chemin,
nous marchions par la voie que nous enseignons aux
autres.   ̄

2ᵉ PARTIE.— Saint Martin a été éclairé pour conduire les
autres ; mais il a encore été éclairé pour se conduire soi-
même, ayant de bons yeux, les ayant ouverts, les ayant
éclairés, selon que nous l'apprend notre évangile.

1º S. Martin aurait cru dérober quelque chose à la
gloire de son Dieu, s'il avait eu d'autre vue que de l'honorer par ses pensées, par ses paroles et par ses actions ; il
se serait regardé comme un serviteur infidèle qui ne rend
rien à son maître pour le talent qu'il en a reçu. Cependant
il y en a peu qui soient les imitateurs des saints, de ces
fidèles serviteurs qui ne se regardaient jamais et qui
n'avaient, comme l'apôtre, aucune pensée de plaire aux
hommes.

Il faut voir notre saint avec les princes du monde,
avec les grands de la terre, et considérer s'il les flatte,
s'il avilit sa dignité épiscopale, s'il rabaisse son caractère
ou celui du clerc qui l'accompagne. Il sait que son ordre,
que son caractère, que celui des prêtres est divin ; et il
veut faire connaître combien il l'estime, pour rendre
honneur à son Dieu qui lui a communiqué son pouvoir.

... Tous ceux qui, sans orgueil et sans fierté, dans le dessein de plaire à Dieu et de faire leur devoir, soutiendront le caractère de leur charge, de leur ministère, de leur ordre, se feront honorer et estimer de leurs plus grands ennemis mêmes, parce que, ne recherchant que la gloire de Dieu, Dieu aura soin de leur propre gloire, comme le Seigneur nous le dit de sa propre personne... Y a-t-il jamais eu un homme, un prélat plus simple dans ses manières, dans ses habits, dans sa table, que saint Martin?

... Cependant ce saint a été honoré des souverains, Dieu lui a procuré une gloire, sur la terre, plus éclatante qu'à pas un autre. Que de cathédrales, que d'abbayes, que de monastères, que de paroisses, que de chapelles consacrées à Dieu sous l'invocation de saint Martin! C'est la récompense d'un serviteur qui n'a recherché que la gloire de son maître, sans penser jamais à la sienne; au contraire de ceux qui ont voulu plaire aux hommes, et ont cessé, dès ce moment, d'être les serviteurs de Jésus-Christ. Ils sont tombés dans la honte et dans la confusion, et ils seront obligés de dire pendant toute l'éternité : *Quel avantage avons-nous retiré de notre orgueil?*

2° Nous aimons mieux (disait saint Paul), souffrir plusieurs incommodités que d'être cause que l'Évangile du Seigneur soit blâmé. Tous les saints ont eu cette délicatesse, ils n'ont regardé ni leur intérêt ni leur plaisir, mais ils ont eu les yeux ouverts pour observer toutes leurs actions, afin qu'il n'y en eût pas une qui ne fût capable d'édifier le prochain. C'est pour cela que saint Martin souffre toutes les injures qu'on lui dit, toutes les médisances qu'on fait de lui, toutes les calomnies qu'on lui impose, sans en témoigner aucun ressentiment; au contraire, il prie pour ses persécuteurs, et il obtient de Dieu pour eux des grâces toutes singulières. (MIGNE, *Orateurs sacrés*, t. XXXIII, p. 267).

PANÉGYRIQUE DE SAINT MARTIN

Prononcé par l'abbé Anselme, dans l'église de Meudon, devant
le Dauphin, le 11 novembre 1708.

Antoine Anselme, abbé de Saint-Sever, en Gascogne,
prédicateur ordinaire du Roi, de l'Académie des Belles-
Lettres, mourut en 1737, à 86 ans.

Exorde. 1. Saint Martin comparé à Moïse. 2. Il est honoré par toute la
terre. 3. Les rois de France dévots à saint Martin. 4. Division du discours : Foi et douceur de saint Martin. 1re Partie : 1. Son amour pour
le vrai Dieu. 2. Sa vie militaire. 3. Impénitence de son père. 4. Sa
vie épiscopale. 5. Saint Martin apôtre et accusateur des Français.
2e Partie : 1. Sa douceur intérieure et extérieure. 2. Sa charité.
3. Son humilité n'est pas faiblesse. 4. Sa conduite envers les puissances. 5. Sa faute. 6. Sa patience. 7. Imitons sa foi et sa douceur.

> *In fide et lenitate ipsius sanctum fecit illum.*
> (*Eccli.* , 45 - 4).
> Dieu l'a sanctifié dans sa foi et sa douceur.

1. Monseigneur, c'est ce que le Saint-Esprit a dit de
Moïse, et ce que l'on peut dire du grand saint dont la
solennité nous assemble. Comme ce célèbre conducteur du
peuple de Dieu, il se rendit illustre par des prodiges extraordinaires, il *fut élevé en honneur devant les rois et reçut
la loi de vie et de science pour apprendre son alliance à son
peuple.* Mais il fut principalement sanctifié par sa foi et
par sa douceur et quelque miraculeuse que fût la puissance qu'il avait reçue sur les démons et sur la nature,
elle ne fit que donner plus de mérite à son humilité et à
sa douceur.

2. C'est sous cette idée que je viens vous représenter
cet homme apostolique qui fut l'ornement et le protecteur
de la France et dont la mémoire y sera toujours en vénération. Mais sa gloire ne s'est pas renfermée dans des

limites si étroites. Autant qu'il s'était rabaissé devant les
hommes, autant Dieu a-t-il voulu le relever. La sainteté
de sa vie et l'éclat de ses miracles ont jeté tant de surprise
et d'admiration dans les esprits que le bruit s'en est répandu par toute la terre.

L'histoire ecclésiastique... ne nous parle pas avec moins
d'admiration de saint Martin que des Ambroise et des Augustin, des Basile et des Chrysostome. Elle nous le représente orné de tous les dons et de tous les talents qui font
les grands hommes, d'un esprit éclairé de la lumière divine,
d'un cœur dégagé de l'amour des biens de ce monde, d'un
courage ferme pour soutenir la gloire de Dieu, d'un zèle
ardent pour défendre les intérêts de la religion, d'une vigilance laborieuse et d'une charité paternelle pour son troupeau...

3. Les Rois de France portaient autrefois, durant la
guerre, la chape de saint Martin dans leur chapelle, comme
l'oriflamme de saint Denis sur leurs étendards,.. et vous,
Monseigneur, qui êtes le digne héritier de la couronne,
renouvelez aujourd'hui la piété des rois vos ancêtres en
prenant part à cette solennité et vous la rendez plus
auguste en vous intéressant avec tant de zèle aux honneurs
que vous lui attirez.

Comme le lieu que votre palais rend si célèbre se trouve
sous la protection d'un saint si favorable à ce royaume,
vous venez lui en témoigner une reconnaissance publique,
et en lui adressant vos vœux et vos prières, nous faire
admirer la grandeur humaine humiliée devant la sainteté ..

4. *La foi le sanctifia, en le retirant des ombres du
paganisme pour en faire, avant et après son épiscopat, un
des plus illustres défenseurs de l'Église.* Vous l'allez voir
dans la première partie de son éloge.

*La douceur le sanctifia, en le rendant, parmi ses travaux
apostoliques, humble et pauvre pour lui-même, généreux et*

compatissant pour le prochain. Vous le verrez dans la deuxième partie.

1ʳᵉ. PARTIE. — Il porta les fruits les plus abondants de
la piété chrétienne, parce que la foi lui en avait mis la
racine dans le cœur. La foi fut la règle de ses œuvres et
ses œuvres firent la perfection de sa foi.

... Il conçut un si grand amour pour le vrai Dieu qu'il
venait de connaître, que dès lors il prit une secrète résolution de s'éloigner de la corruption du monde. Sa contenance fut plus modeste, son entretien devint plus sérieux,
ses mœurs parurent plus austères, et par des exercices
continuels de piété il se disposait à la sainteté éminente où
Dieu voulait le faire monter.

2. Contraint, selon les lois romaines, de suivre son
père dans les armées des Gaules, il y pratiqua des
vertus peu connues dans cette profession. On ne vit en lui
ni emportement ni violence ni fraude ni usurpation;.. et
durant les cinq années qu'il y demeura, combien n'y mon-
tra-t-il pas de sobriété, de patience, de désintéressement
et de charité? il fit voir par la régularité de sa vie, que
l'on peut être vaillant et chrétien.

3. Dieu qui, dans la suite, lui accorda la grâce de tant
de conversions, par un secret jugement, lui refuse celle
de son père : soit pour le tenir lui-même dans l'humilité,
en lui faisant voir par cet exemple que *le Saint-Esprit
souffle où il veut,* soit pour nous apprendre que nous aurions
tout à craindre pour notre dernière fin, si, comme les
païens et les hérétiques, nous opposions une prévention
aveugle et opiniâtre aux lumières de la vérité.

...Mais quand on voit un jeune homme, à peine sorti des
ténèbres de l'idolâtrie, marcher à pas de géant dans la
carrière de la vertu dès que la lumière de la foi s'est levée
sur lui, qui peut assez déplorer la tiédeur et la nonchia-
lance des chrétiens sur les vérités et les pratiques que
saint Martin a prêchée?...

4. Saint Martin est ferme et constant dans les occasions les plus périlleuses, par ce qu'il ne tient par le cœur à aucun des biens de ce monde, et qu'il puise sa force en secret dans la prière et dans la mortification.

... La consécration épiscopale, le trouvant déjà rempli de la grâce chrétienne, le remplit de la grâce éminente qui convient à l'état où il entrait, et son ordination fut pour lui comme une seconde naissance.

J'avoue, Messieurs, que le christianisme avait été prêché dans les Gaules, dès les premiers temps de l'Église... Mais le nombre des idolâtres surpassait infiniment ceux qui avaient le bonheur de connaître la vérité...

5. —Voilà, Messieurs, la foi que nous avons héritée de cet apôtre de notre nation, qui, au jugement de Dieu s'élèvera contre nous si elle ne nous a pas sanctifiés. Craignons donc qu'au lieu de l'avoir pour intercesseur, nous ne le rendions notre accusateur et que Jésus-Christ ne dise aux Français à l'occasion de saint Martin, ce qu'il disait aux Juifs, en les condamnant par Moïse : *Nolite putare quia ego accusaturus sum vos apud Patrem : est qui accusat vos Moyses in quo speratis* (Joan., 5, 45).

... Ce grand saint qui a été donné à la France pour l'éclairer par sa foi, pour l'édifier par son exemple, pour la protéger par ses mérites, si le contraire est arrivé par notre faute, au jugement de Dieu, deviendra notre plus fort accusateur. La pureté de la doctrine qu'il y a prêchée condamnera les incrédules, ou ceux qui vivent comme s'il ne croyaient pas. L'austérité de sa vie condamnera ceux qui, bien loin d'effacer leurs dérèglements par la pénitence, les multiplient par une vie toute sensuelle ; son extérieur simple et pauvre, joint à sa modestie, dans une condition si relevée et une réputation si générale, condamnera ceux qui abusent des grandeurs humaines et des dons de Dieu...

2e PARTIE. — 1. Doux, égal, paisible dans tous les événements, on ne remarquait ni chagrin dans son humeur, ni élévation dans sa voix, ni aigreur dans ses paroles ; et le calme qu'on lui voyait était comme un écueil où venait échouer toute sorte d'emportement. Par sa douceur intérieure il se rendait maître de son cœur, et par l'extérieure il le devenait du cœur des autres. Il savait que le Fils de Dieu a réduit tous ses préceptes à cette seule instruction : *Apprenez de moi que je suis doux et humble de cœur.*

2. Combien y a-t-il de chrétiens parmi nous qui ne font pas ce qu'il fit avant son baptême, et qui, bien loin d'exercer la charité dans un degré si éminent, ne font pas même la charité la plus commune ! Les soldats, qui en furent témoins, soupiraient en eux-mêmes de n'avoir rien donné aux pauvres, le pouvant sans s'incommoder, lorsque leur collègue avait donné son nécessaire. Et nous, mes frères, si nous pensons comme ces soldats, nous nous contentons de le penser et nous n'en sommes pas plus charitables.

3. Mais quand je vous représente saint Martin si doux et si humble, ne vous figurez pas, Messieurs, un homme faible et timide qui s'avilit par scrupule ou par ignorance, et qui, n'osant agir pour le prochain par une fausse crainte d'offenser Dieu, l'offense en effet par une négligence criminelle. Il a fait voir, dans des événements célèbres, que la douceur chrétienne n'inspire rien que de grand, et que, bien loin que l'humilité ait rien de bas, c'est plutôt une vertu héroïque qui élève l'âme et qui la soutient dans les occasions les plus périlleuses.

4. Il honorait sans doute les puissances que Dieu a établies, mais il honorait encore davantage l'instituteur de ces puissances, et, se souvenant que son sacerdoce était royal, il considérait principalement ce qu'il devait au Roi des rois, dont le royaume, qui est l'Église, est au-dessus des autres royaumes et doit durer autant que l'éternité.

En cela il ne péchait pas contre la prudence évangélique, mais il détestait les maximes de la prudence séculière...; et qui sait s'il ne voulut pas condamner les lâches complaisances que l'on n'a que trop pour les grands, ou par la crainte de leur puissance, ou par le désir d'en retirer des avantages temporels?

... Toujours plein de douceur et de paix, il souffre la calomnie avec patience, et s'estime heureux de marcher sur les traces de Jésus-Christ que les Juifs voulaient faire passer pour le destructeur de la loi, lui qui en était la fin et la perfection.

5. Les grands hommes ne sont pas exempts de défauts, et Dieu le permet pour les humilier. Saint Martin pécha aussi bien que Moïse, mais l'Église a tiré de leur faute une salutaire instruction. Son humilité était si sincère et si profonde qu'elle paraissait inébranlable; mais l'éclat de ses miracles lui était une dangereuse tentation, et l'applaudissement qu'il avait reçu d'abord à la cour demandait peut-être pour son salut une humiliation qui lui servît de contre-poids. Du moins, voyons-nous, dans cette rencontre, que les saints ayant été des hommes comme nous, nous devons rougir de n'être pas saints comme eux, ou de ne pas imiter leur pénitence, quand nous avons commis des péchés plus grands que les leurs...

6. On le voyait plus doux et plus humble, et s'il faisait moins de miracles, ces deux vertus étaient en lui des miracles continuels...

Celui qui signala le plus ses injustices et ses violences fut celui-là même qu'il avait élevé avec plus de soin dans la célèbre école de son monastère ; et l'on ne savait ce qui devait surprendre le plus ou l'insolence excessive du prêtre, ou la patience incompréhensible de l'évêque...

7. Quel honneur ne fait donc pas à la France un saint d'un mérite si éminent, et que ne doit-il pas pouvoir auprès de Dieu!...

Sa foi a triomphé du paganisme et de l'hérésie, il faut que la nôtre triomphe des erreurs de l'esprit et des idoles du cœur ; sa douceur a fait de son âme un sanctuaire de paix et de charité, et a réduit les naturels les plus durs et les plus opiniâtres, il faut que la nôtre calme nos divisions et nos haines et nous attire la patience dans les adversités. Ainsi, les prières que nous ferons par l'intercession de ce grand saint seront écoutées de Dieu, et après que nous l'aurons imité durant la vie, une mort pareille à la sienne nous conduira comme lui à la bienheureuse immortalité. (MIGNE, *Orateurs sacrés*, t. xx, p. 1190 et suiv.).

PANÉGYRIQUE DE SAINT MARTIN
ÉVÊQUE DE TOURS

PRONONCÉ PAR LA TOUR DUPIN, DANS L'ÉGLISE PAROISSIALE DE SAINT-MARTIN, FAUBOURG SAINT-MARCEL, LE 11 NOVEMBRE 1745.

La Tour-du-Pin-Jacques-François-René de la Tour-du-Pin, abbé commandataire de l'abbaye de N.-D. d'Ambournay, vicaire général de Riez, prédicateur ordinaire du roi, mourut en 1765, âgé de quarante-cinq ans.

EXORDE. DIVISION : Saint Martin ornement de la religion, puis défenseur de la religion. 1re PARTIE : 1° Ses vertus sont des prodiges. 2° Son humilité. 3° Il est fait évêque malgré lui. 2e PARTIE : 1° Il combat le paganisme, l'hérésie, la superstition, le faux zèle. — La foi dans les Gaules. — Le père de saint Martin. — L'autel du faux martyr — Le saint devant les grands. 2° Il communique avec les Ithaciens. 3° Il ne craint pas la mort et ne refuse pas la vie. — Péroraison : Prière à saint Martin.

> *Signa faciam quæ nunquam visa sunt super terram.* (Exod., XXXIV, 10).
>
> Je ferai des signes qui n'ont jamais été vus sur la terre.

... Un nouveau Paul se présente, un apôtre digne successeur des apôtres, un prélat la gloire des prélats; un homme dont les actions heroïques, dont les miracles avérés ont été comme une preuve vivante de la religion. Je n'avais qu'à nommer saint Martin, j'avais fait un éloge au-dessus de son éloge...

Mais ces prodiges inouïs, qui sont comme le garant de sa parole, ne sont que la récompense de ses vertus, de son zèle. Saint Martin ne devient le thaumaturge de son siècle qu'après avoir égalé les premiers fondateurs de la religion par la sainteté de ses exemples, par la grandeur de ses travaux.

Telle est la double idée que je saisis. *Saint Martin se forme à la religion, il en devient l'ornement*, première partie; *saint Martin se consacre à la religion, il en devient le défenseur*, seconde partie. C'est ainsi que dans sa personne je vois un miracle plus grand que tous les miracles qu'il opère.

1re PARTIE. — 1. Dans lui, se réunissent toutes les vertus, dans lui toutes les vertus sont des prodiges. Sa foi est héroïque, sa pénitence inouïe, sa patience inébranlable, son humilité toujours elle-même; et par l'heureux accord de tant de vertus, il triomphe également du monde, de lui-même, de ses ennemis, de ses admirateurs. Il triomphe du monde par l'héroïsme de sa foi; de lui-même par la rigueur de sa pénitence; de ses ennemis par sa patience invincible; de ses admirateurs, par son humilité toujours constante...

O prodige digne d'être admiré dans tous les siècles! Un militaire, un catéchumène exercer la plénitude de la perfection chrétienne : c'est là, Messieurs, de ces traits dont on sent, mais dont on ne peut rendre la grandeur, l'héroïsme!

... Il était réservé à ce grand homme (saint Hilaire) de conduire saint Martin dans les routes mystérieuses de la foi. Que ne puis-je vous dire avec quelle avidité le disciple étudie l'esprit du maître! Que ne puis-je rendre ici ces

31

entretiens secrets qui font passer les sentiments de celui-ci dans le cœur de celui-là !...

2. Être l'objet de l'admiration publique et savoir se refuser à un encens si flatteur, c'est vouloir se dérober aux honneurs qui viennent vous chercher. Il appartenait à saint Martin de donner un tel spectacle à l'univers étonné ; son exemple sera dans tous les siècles la confusion de ces vils esclaves de la fortune, dont l'élévation est moins l'effet du mérite que l'ouvrage de l'intrigue.

3. Il croit voler au secours de l'indigence infirme, et vole remplir les vœux de tout un peuple qui l'attend, d'un peuple que bientôt il voit prosterné à ses pieds... Ah ! s'écrie-t-il, rendez-moi ma solitude ; la solitude doit être mon partage. Un préjugé trop favorable a fixé votre choix sur moi. Incapable de répondre aux idées que vous vous êtes formées, je tremble, je frémis, à la vue du redoutable ministère où vous voulez m'engager. Déjà prêt à se dérober, par une fuite précipitée, à la gloire qui l'appelle, il cherche à pouvoir s'échapper à des yeux qui ne peuvent assez l'admirer... Vaines larmes, vaines protestations. Malgré la constance de ses refus, saint Martin est placé sur le trône de l'église.

2e PARTIE. 1. — Saint Martin soutient la religion contre l'impiété du paganisme ; c'est le triomphe de son intrépidité. Saint Martin soutient la religion contre l'opiniâtreté de l'hérésie ; c'est le triomphe de sa science. Saint Martin soutient la religion contre les erreurs de la superstition ; c'est le triomphe de son discernement. Saint Martin soutient la religion contre les excès du faux zèle ; c'est le triomphe de sa constance.

... Dès la naissance du christianisme, en Occident, la foi avait été plantée dans les Gaules. Faibles commencements ! son triomphe n'avait été qu'imparfait. La croix n'avait qu'un petit nombre d'adorateurs. Il était réservé à saint

Martin d'étendre les conquêtes de l'Évangile dans ces vastes contrées.

Mais par quelle cruelle épreuve saint Martin doit-il entrer dans cette carrière? La première conquête qu'il médite, il la voit échapper. Son cœur en est d'autant plus attendri, touché, pénétré, que l'objet lui est plus cher. C'est dans un père qu'il trouve le seul ennemi qui lui résiste.

... Quelle prudence! quel discernement! Témoin de la dévotion populaire, il ne sait pas d'abord l'abolir, il cherche à la justifier. S'il ne peut démêler dans une obscure tradition le mensonge d'avec la vérité, il évite quelque temps un éclat indiscret. C'est au ciel qu'il s'adresse pour régler les démarches de son zèle.

... La postérité la plus reculée apprendra toujours avec une nouvelle surprise que, comblé d'honneurs, par les maîtres de la terre, saint Martin n'a pu se prêter à leur rendre des honneurs qu'il ne croyait pas leur devoir.

2. Le plus redoutable ennemi des ithaciens communique avec eux. — J'adore vos jugements, grand Dieu! La vertu de saint Martin eût été trop éclatante, si elle n'eût pas eu ses éclipses; on eût cessé de le prendre pour un homme, s'il n'eût pas laissé voir quelques faiblesses de l'humanité! Mais, que ce moment de faiblesse devient pour saint Martin le sujet d'une longue pénitence! que ce moment critique est pour nous une puissante instruction!

Cet homme dont les éléments reconnaissent, annoncent la puissance, cet homme que la mort même respecte, ce thaumaturge dont tous les pas étaient marqués par quelques prodiges, il ne fut donc pas exempt de défaut. Il fut le dépositaire de la puissance divine, mais il fut aussi un triste exemple de la fragilité humaine. Admirons ses vertus, sa gloire; instruisons-nous par sa chute, sa pénitence. Je pourrais vous représenter saint Martin, dans ces jours d'humiliations, de larmes, plus grand que lorsqu'il réduit en poudre le temple des idoles, plus grand que

lorsqu'il rend la vue aux aveugles, l'ouïe aux sourds, la
vie aux morts.

3. O prodige de la vertu la plus héroïque! Ne point
craindre la mort; ne point refuser la vie; être également
combattu et par le désir d'aller jouir de la récompense de
ses travaux et par l'ardeur de s'engager dans des travaux
encore plus pénibles; n'est-ce pas là, Messieurs, un martyr
plus généreux, si j'ose le dire, que les martyrs mêmes?
Non, son cœur n'est plus à lui, le ciel et la terre le partagent, son Dieu, son peuple.... Partout heureux, parce
qu'il ne veut vivre, il ne veut mourir que pour vous,
Seigneur...

Grand saint, si l'Église universelle vous a des obligations,
que ne vous doit pas en particulier l'Église gallicane! La
France, théâtre de votre apostolat, vous est en quelque
sorte redevable de la religion qu'elle professe. Puisse cette
religion ne jamais s'altérer! Puisse ce royaume se souvenir
toujours qu'il a reçu la foi de vous, et qu'il est responsable
de la foi, telle qu'il l'a reçue de vous! Protégez ce peuple
fidèle, il est spécialement jaloux de votre gloire. Puissions-
nous tous, après avoir marché sur vos traces dans cette
vallée de larmes, arriver à la récompense dont vous jouissez dans l'éternité bienheureuse! Ainsi-soit-il. (MIGNE,
Orateurs sacrés, t. LIII, p. 778).

PANÉGYRIQUE DE SAINT MARTIN

PAR DE LA TOUR.

De la Tour, mort en 1780, âgé de 80 ans, fut hnoine
et official de Tours, et enfin doyen du chapitre de Montau-
ban).

EXORDE. DIVISION : Un évêque religieux , un évêque soldat. — 1ʳᵉ PARTIE.
1° Son austérité. — Sa cellule à Marmoutier. 2° Sa pauvreté. — Le
globe de feu sur sa tête. — Son manteau donné au pauvre. 3° Son
humilité. — Culte rendu à saint Martin. 2ᵉ PARTIE : Conquérant, courageux et intrépide. 1° Sa faute avec les Ithaciens. 2° Sa confiance à
l'heure de la mort. 3° Causes de cette confiance.

> *Militia est vita hominis super terram.*(Job, vii, 1).
> La vie de l'homme sur la terre est une milice.

.... Pourquoi pensez-vous que Dieu ait fait passer saint
Martin, un des plus grands évêques qui fut jamais, par les
deux états en apparence les plus éloignés de l'épiscopat :
l'état de soldat et celui de religieux? C'est pour préparer
en lui cet assemblage admirable de grandeur et d'humilité,
de force et de charité, de zèle et de prudence, supérieur à
tous les prodiges dont sa vie fut pleine, et pour nous apprendre que le caractère d'un évêque doit réunir l'esprit
de religion et celui de la guerre, l'un lui donne l'intrépidité
et la bravoure, l'autre la douceur et la régularité.....

Voilà deux points de vue sous lesquels nous allons vous
présenter saint Martin, *un évêque religieux, un évêque soldat,*
et grand évêque, parce qu'il avait su réunir les qualités
de l'un et de l'autre et les faire servir au bien de ses
brebis....

Iʳᵉ PARTIE. — Convainquons-nous de cette vérité par
l'exemple du grand religieux dont l'Église honore l'épiscopat.

1. *L'éloignement des plaisirs*, ou plutôt l'austérité de
saint Martin est incroyable. Les déserts de la Thébaïde
n'ont rien vu de plus surprenant... Il fut le plus pauvre, le
plus humble, le plus mortifié, le plus régulier de tous....
Malgré ses voyages, ses travaux, ses fatigues immenses, il
ne diminua jamais ses austérités; du pain, de l'eau et quelques racines, tels étaient ses somptueux repas.... Le palais
de saint Martin n'était qu'une petite cellule creusée dans

le roc... Cette cellule subsiste encore, on en a fait une chapelle dans l'église de l'abbaye; l'autel l'occupe presque
entière, à peine est-elle assez grande pour y dire la messe
commodément.

2. *Le détachement* ou plutôt la pauvreté de saint Martin.
... La milice romaine était alors la grande route de l'honneur et de la fortune, elle menait à l'empire du monde;
c'est de là que se tiraient ces fameux consuls, ces préteurs,
ces gouverneurs de province, ces empereurs, ces dieux de
la terre. ...Les avenues étaient favorables, et le fils pouvait tout attendre du crédit de son père. Mais bien loin
d'être flatté de ces espérances, il fallut des ordres absolus
pour l'y faire entrer ; il se retire dès qu'il le peut, au hasard d'encourir l'indignation de son père et de perdre son
patrimoine. Mais que dis-je? patrimoine! en voulait-il
d'autre que celui de l'éternité?... Dépouillé jusqu'à l'indigence, il est libéral jusqu'à la profusion ; détaché jusqu'à
l'anéantissement, il est sensible jusqu'à la tendresse; séparé du monde jusqu'à s'ensevelir dans la solitude, il est
zélé jusqu'à se livrer à tous les travaux; nous admirons le
religieux dans le prélat, admirons d'avance le prélat dans
le religieux ; il en a l'esprit, il en fait les fonctions, il en
pratique les vertus.

Il exerce la charité jusqu'au pied des autels... Qu'il dut
être agréable à Dieu ce sacrifice précédé de l'aumône et de
la patience-! Que c'est s'ouvrir au sanctuaire des avenues
bien favorables, que d'en faire ouvrir les portes par les
mains des pauvres ! Un globe de feu parut sur sa tête,
comme pour apposer à sa charité le sceau de l'approbation
divine et peindre les flammes qui brûlaient son cœur.

Il l'exerce n'étant encore que catéchumène... Martin,
dans le pauvre pour qui il se dépouille, ne voit qu'un inconnu à qui il ne doit rien et de qui il n'a rien à attendre ;
je me trompe, il y voit Jésus-Christ sous les apparences
les plus rebutantes... Cet événement, plus célèbre que tous

les miracles de sa vie, fait la plus brillante partie de sa réputation. Action plus glorieuse que s'il eût forcé des armées et remporté des victoires. Comment en faire un digne éloge, puisque Jésus-Christ s'en déclare le panégyriste? Cet arbitre équitable n'attendit pas la fin des siècles pour rendre justice à sa charité et lui dire comme aux autres justes : *J'étais nu et vous m'avez habillé*... N'est-ce pas comme une récompense de sa charité et un supplément de sa pauvreté, que Dieu lui accorda avec tant de profusion le don des miracles.

3. *L'humilité* met le comble à sa vertu. ...Ce religieux pauvre, grossier, méprisable aux yeux des hommes, eut toute l'autorité d'un grand évêque, tout le crédit d'un courtisan, tout le succès d'un orateur éloquent, tout l'éclat qu'auraient donné les talents, la fortune et la naissance. Rien n'honore, rien n'accrédite plus que la vertu, aux yeux même des hommes.

La vénération pour ce saint a été si grande que, de toutes parts, on l'a pris pour patron et on lui a consacré des temples. Celui de Tours était un asile inviolable; on a célébré ses fêtes avec la plus grande solennité; on jurait par son nom dans les tribunaux, et l'année de sa mort a longtemps été l'époque civile qui servit à compter les années. Dans le concile de Florence, les deux Églises grecque et latine réunies, se proposant mutuellement leurs deux plus grands saints, se fixèrent d'un commun accord à saint Nicolas et à saint Martin.

Après avoir admiré le religieux dans l'évêque, admirons-y maintenant le soldat.

2e PARTIE. — Un esprit guerrier est un esprit *conquérant*, un esprit *courageux*, un esprit *intrépide*. Tel fut le caractère de Martin. ....Près du port, il veut se livrer à l'orage; à la veille des délices, il veut prolonger sa pénitence; au moment du repos, il veut se surcharger de travail; touchant à la couronne, il s'offre de retourner au combat.

1. Il faut toute la délicatesse du saint, pour s'affliger d'une faute si légère et la punir jusqu'à se bannir de la société. Les Ithaciens n'avaient pas été condamnés, ils avaient raison dans le fond et défendaient les intérêts de la vérité. L'excès d'un zèlé amer, qui demandait la mort des hérétiques, n'était qu'une faute personnelle, qui ne touchait point à la foi et qu'on pouvait dissimuler sans conséquence; cependant Martin verse un torrent de larmes et se condamne à une austère pénitence; il faut un ange pour l'en consoler.

2. Quelle divine confiance d'oser sans présomption, comme Martin, se croire sûr de tout, ne craindre ni la mort, ni l'enfer, ni sa conscience, ni sa faiblesse! La charité souffre-t-elle la crainte? C'est un homme élevé dans l'idolâtrie qui, sans être idolâtre, a pourtant passé plusieurs années sans se faire chrétien; c'est un homme qui a vécu dans le tumulte des armes, dans les embarras du monde, dans la dissipation des voyages, dans les orages de la cour, dans les agitations de l'hérésie, dans les tentations de la solitude, dans la sublimité du sacerdoce, dans les sollicitudes de l'épiscopat, dans l'amertume des revers, dans l'ivresse des succès, dans l'obscurité des mépris, dans le brillant des applaudissements, dans l'éclat des miracles; et, après 80 ans d'une vie si exposée, si traversée, si combattue, au milieu de tant de devoirs, d'occasions, de difficultés, il ose se croire irréprochable, à l'abri des accusations du démon; il mérite d'être cru.

3. Ce sentiment serait dans un autre une témérité condamnable. Il est dans ce grand saint un effet de sa droiture et de son courage; c'était un héros fort supérieur à tous les autres. Il ne craint pas la mort: cent fois il s'y est exposé; il ne craint pas la vie, il s'offre à en courir tous les dangers, à en essuyer toutes les traverses pour le salut de ses brebis. Il ne craint pas l'enfer, l'amour est plus fort que l'enfer; il voit le fond de sa conscience, il y trouve

des dispositions héroïques, une foi vive, une confiance ferme, une charité ardente, un zèle infatigable, une humilité profonde ; il parle avec une simplicité divine de ce qu'il voit, sans surprise et sans amour-propre, et entraîné par la force de la vérité, il dit sans réflexion ce qu'il aperçoit en lui, comme il le dirait de tout autre dont il connaîtrait les dispositions... Comme il est un mérite supérieur à l'envie, il en est un aussi supérieur à la défiance. (MIGNE Orateurs sacrés, t. LII, p. 666).

PANÉGYRIQUE DE SAINT MARTIN.

PRONONCÉ LE JOUR DE SA FÊTE DANS L'ÉGLISE DE SAINT-MARTIN DE CHEVREUSE, DIOCÈSE DE PARIS, EN 1744, PAR BALLET.

François Ballet, ancien curé de Gif, prédicateur de la reine, naquit à Paris en 1702 ; il y est mort peu de temps avant la révolution.

DIVISION : Homme de prodiges : 1. pendant sa vie ; 2. à sa mort. — 1re PARTIE : 1. Toutes ses actions sont des merveilles, toutes ses vertus des victoires. 2. Il échappe aux préjugés de famille. 3. Saint Martin soldat. 4. Saint Martin ennemi du schisme. 5. Nécessité des miracles au IVe siècle. — 2e PARTIE : 1. Alexandre et Martin mourants. 2. Saint Martin apôtre même à la mort. 3. Saint Martin pénitent même à la mort. 4. Saint Martin contemplatif jusqu'à la mort. 5. Il triomphe du démon. 6. Motifs de sa confiance. 7. Gloire de son tombeau.

> In vita sua fecit monstra et in morte mirabilia operatus est. (Eccli., XLVIII).
>
> Il a fait des prodiges pendant sa vie, il a opéré des miracles après sa mort.

Saint Martin homme de prodiges pendant sa vie. Saint Martin homme de prodiges à sa mort.

1re PARTIE. — Vous verrez des vertus héroïques dans l'homme privé, des travaux apostoliques dans l'homme public, des miracles du premier ordre dans le thaumaturge...

1. Faites-y attention, Messieurs, ce merveilleux que vous admirerez sans doute dans cet éloge est le caractère de saint Martin. Il est répandu dans toute sa vie; raconter ses actions, c'est raconter des merveilles...

Toutes les vertus de sa vie privée sont autant de victoires qu'il a remportées sur les ténèbres de sa naissance, sur la licence des troupes, sur les excès de la jalousie, sur les prétextes de la cupidité, sur les écueils du monde; sa foi, sa valeur, sa charité, sa douceur, son innocence, sont des vertus qui ont édifié dans les autres saints et qui étonnent dans Martin.

... Jamais homme ne trouva de plus grands obstacles à la sainteté que notre héros et jamais homme ne parvint à une sainteté plus éminente...

2. Martin, semblable à ces belles fleurs qui croissent dans les épines, s'élève avec le goût de la religion chrétienne au milieu de ces hommes charnels. Déjà c'est une lumière qui brille dans les épaisses ténèbres de l'idolâtrie; déjà les grandes vérités de la doctrine du Sauveur se dévelopent à ses yeux; il en admire la grandeur, la sainteté. Les conquêtes que Jésus-Christ a remportées sur la croix lui paraissent préférables à toutes ces victoires si vantées des Romains : les glorieux succès des apôtres, les vains complots des tyrans conjurés contre ces hommes divins; la force invincible des premiers héros chrétiens, qui bravaient leur jalouse fureur sur les échafauds et sous les glaives; la fécondité merveilleuse du sang des martyrs, qui multipliait les disciples de Jésus-Christ et en remplissait les empires; la chute honteuse du paganisme dans sa plus grande puissance, et le triomphe du christianisme devenu riche par ses propres vertus : tous ces grands traits de divinité frappent Martin. Déjà il répand des larmes sur les malheurs de ses pères. Il ne les voit qu'avec horreur courir aux autels sacriléges et se prosterner devant des dieux qui ont sali l'histoire du

détail de leurs honteuses débauches ; et, soutenu par cette main puissante qui conduit avec gloire et avec succès les hommes choisis, il se dérobe à sa famille et va seul adorer le Seigneur.

Échapper ainsi, Messieurs, aux préjugés de la naissance et de l'éducation ; passer des ténèbres à la lumière, du culte des idoles au culte du vrai Dieu, sans apôtre, sans exemple dans sa famille, c'est là un des traits qui annoncent la puissance et les miséricordes de notre Dieu. Il écarte tous les obstacles qui s'opposent au salut de ses élus, et fait servir à leur sanctification les dangers qui devaient en apparence les perdre pour toujours.

3. L'ordre du prince l'oblige de vivre quelque temps dans le bruit des armes et la licence des troupes. Mais la main de Dieu le soutiendra dans cette dangereuse situation... il obtient la permission de se retirer, et une innocence conservée dans la licence des troupes le suit dans la solitude... Ce qui m'étonne c'est de voir le jeune Martin conserver dans la dissipation des armes le recueillement d'un contemplatif, et dans la licence des troupes l'innocence qui fait quelquefois naufrage dans les asiles les plus sacrés... Jésus-Christ est comme sorti hors de son secret et s'est montré revêtu des dépouilles d'un catéchumène...

4. Il fut l'ennemi du schisme ; et si ce grand évêque prouve à tous ses successeurs l'horreur qu'on en doit avoir par son exemple, il leur prouve en même temps, par sa propre expérience, combien il est dangereux d'avoir des complaisances pour les schismatiques... De combien de larmes n'a-t-il pas arrosé cette démarche charitable ? Quelle austère pénitence n'en a-t-il point faite ? Avec quelle délicatesse n'a-t-il pas évité toute sa vie la fréquentation de ceux qui auraient rompu les liens de l'unité ? Et, pour dire quelque chose de plus, Dieu, du haut du ciel, n'a-t-il pas fait sentir combien il avait en horreur le schisme, en cessant quelque temps d'opérer des

miracles? Notre grand pontife le comprit; il en gémit et a transmis à la postérité cette circonstance mémorable, pour nous prouver que Dieu n'opéra jamais de vrais miracles dans les parties séparées de son Église...

5. Nous pouvons dire que les miracles furent nécessaires, selon la sagesse de Dieu, dans le siècle de Martin, où l'arianisme n'affligeait pas moins l'Église que l'idolâtrie qui régnait sous les Dioclétien et les autres tyrans des premiers siècles. Il se servit de lui : il en fit un thaumaturge qui prouva, par les prodiges qu'il opérait, la divinité de Jésus-Christ.

2e PARTIE. — C'est, Messieurs, à un héros tel que saint Martin qu'il était réservé de remporter des triomphes dans ces moments redoutables, de monter sur le lit de la mort comme sur un théâtre de gloire, de paraître grand où les monarques mêmes paraissent si petits...

La mort perd pour lui toutes ses amertumes, le démon toute sa force, le tombeau toutes ses horreurs. Jamais il n'a été si grand que dans ces moments, si humiliants pour les autres...

1. Permettez-moi, Messieurs, un parallèle. Je vais vous représenter, au moment de la mort, un des plus fameux héros de la terre, et un des plus grands héros de la religion : Alexandre qui cesse de régner et de vaincre; Martin qui règne et triomphe; l'un que les approches de la mort déconcertent ; l'autre que l'éternité console; l'un qui voit avec douleur les liens de son corps se briser; l'autre qui en attend avec joie la dissolution...

Au moment de la mort, Alexandre cesse d'être brave et intrépide : il est abattu, insensible à la gloire de ses conquêtes. Au moment de la mort, Martin est encore un apôtre zélé, pénitent austère, parfait contemplatif. Voilà des merveilles, Messieurs, réservées à saint Martin, et auxquelles je vous prie de faire attention.

2. Si c'est le travail, Messieurs, qui fait l'apôtre, qui le

fut jamais à plus juste titre que saint Martin? Les idolâtres convertis, les hérétiques humiliés, les abus réprimés, les campagnes évangélisées sont des preuves de son zèle... Mais la merveille que j'expose présentement à vos yeux est plus surprenante, parce qu'elle est singulière. Il est apôtre dans l'épuisement de ses forces, dans les ombres de la mort, sur le bord du tombeau, lorsque les autres cessent de l'être... Je désire ardemment, mon Dieu, de vous posséder, mais je désire aussi le salut du peuple que vous m'avez confié... La mort a pour moi des délices, l'apostolat ne me rebute point.

O paroles toutes de feu! O discours dignes d'un homme rempli de l'Esprit saint! O charité immense! O homme admirable! Digne d'être mis à côté du grand Paul, puisqu'il imite cet homme divin. Je ne refuse point le travail : O paroles apostoliques! paroles que tous les ministres des autels devraient prendre pour leur devise...

3. Oui, Messieurs, ses forces diminuent; il sent qu'il approche du terme et il continue ses austérités. Son corps faible, chancelant, prêt à descendre dans le tombeau, est serré par un rude cilice.

Quel édifiant spectacle ne donna-t-il pas à ceux qui l'environnaient, quand ils le virent amasser lui-même la cendre sur laquelle il veut expirer. O lit précieux! O trône de gloire! Que les héros de la pénitence sont admirables! O âme bienheureuse qui va quitter une chair immolée pour Jésus-Christ! O saintes cruautés qui détruisent la victime!

Quelle confusion pour nous! Un saint qui méprise assez la mort pour ajouter aux douleurs de la maladie de nouvelles austérités; et nous, nous écartons jusqu'aux seules apparences de mortification; nous idolâtrons nos corps dans la jeunesse; nous les ménageons dans la vieillesse; nous les plaignons dans la maladie. Nous sommes toujours pécheurs et jamais pénitents, que ferons-nous au moment de la mort?

4. Ah! il s'en faudra bien que nous soyons, comme saint Martin, de parfaits contemplatifs! La terre nous occupe présentement; elle nous occupera jusqu'au tombeau. Cette occupation fera notre supplice.

C'est sur cet amas de cendre, sur ce lit de pénitence, que Martin, qui a connu la volonté de Dieu, se dispose à passer dans l'éternité bienheureuse. C'est de là qu'il regarde le ciel, qu'il contemple la gloire qui lui est destinée, ses yeux sont fixés vers ces montagnes éternelles. On dirait qu'il habite déjà ce céleste séjour.

Ne dites pas, chrétiens, qu'il n'est pas étonnant qu'on regarde le ciel au moment de la mort, qu'on s'en occupe, puisque les objets sensibles échappent pour toujours, et qu'il n'y a plus de ressources dans les créatures. Car je vous répondrai que, si vous n'y prenez garde, le ciel sera ce qui nous occupera le moins au moment de la mort. Les mondains ne jettent-ils pas dans ce moment des regards sur la terre qu'ils quittent ; sur une famille qui se désole; sur des amis qui paraissent inconsolables, sur des intérêts de succession, de partage? Et, pour tout dire, combien qui ne pensent au ciel, qui ne portent leurs regards vers cette céleste patrie, que lorsqu'ils sont dans les tourments de l'enfer, comme le mauvais riche, et qu'ils l'ont perdue pour toute l'éternité!... Ce contemplatif ne laisse échapper aucun regard sur la terre, pas même sur ses tendres enfants... Il trace, pour ainsi dire, dans les airs la route par laquelle son âme bienheureuse doit s'envoler vers son Dieu...

5. C'est dans ce moment critique que l'ennemi du salut redouble ses efforts. Mais que les vrais disciples de Jésus-Christ ont de force et de puissance!... Jamais, Messieurs, le démon ne fut plus humilié qu'aux pieds de Martin mourant, il perd devant lui toutes ses forces, comme la mort avait perdu toutes ses amertumes; il est aussi consterné, abattu par les dernières paroles que Martin pro-

nonça, que lorsqu'il détruisait ses temples, abattait ses autels, brisait ses idoles, renversait ses trophées et lui enlevait ses plus belles conquêtes. Martin lui porte le dernier coup en mourant, et le triomphe qu'il remporte sur lui est sa dernière victoire. Ceux qui ont aimé Jésus-Christ pendant leur vie, qui ont marché sur ses traces, qui l'ont copié, peuvent tenir son langage avec confiance. Le divin Sauveur avait dit : Le prince du monde ne trouvera rien en moi qui lui appartienne.

... Pourquoi environnes-tu un pénitent couché sur la cendre, un pontife qui a terminé sa course heureusement, comblé des grâces de son Dieu, et qui attend avec confiance qu'il consomme ses propres dons? Tu te plais (bête cruelle) dans la perte des âmes et Jésus-Christ a répandu son sang pour les racheter. Tu ne trouveras rien en moi qui t'appartienne, tout y est l'ouvrage de la grâce; mes vertus, mes travaux, mes souffrances, mes pénitences, mon innocence et les péchés même que j'ai évités.

Alors, Messieurs, on voit toute la puissance d'un homme consommé dans la sainteté; on voit le démon qui était sorti tant de fois des corps qu'il possédait, par l'ordre de Martin, se retirer couvert de confusion, pour faire place aux esprits célestes. Ne craignons pas, Messieurs, de rapprocher ce triomphe de Martin mourant, de celui de Jésus-Christ dans le désert... On vit... les anges, chantant les victoires de ce grand pontife, porter son âme bienheureuse dans le sein d'Abraham...

6. Si saint Martin expirant vous étonne, Messieurs, parce qu'il dit au démon : Tu ne trouveras rien en moi qui t'appartienne, pensez, je vous prie, aux principes de sa tranquillité. Il avait un cœur pur, une innocence conservée dans tout son éclat. Il s'était accoutumé dès son enfance à vaincre cet ennemi de son salut; il l'avait défait toutes les fois qu'il l'avait attaqué, et les jours de sa jeunesse, ces temps orageux et bouillants, avaient été des jours purs

et sereins. Il n'est pas étonnant qu'il le méprise et le brave
à la mort...

Il ne se rappelle pas, pour se tranquilliser, ses travaux
apostoliques, ses courses, ses voyages, les ennuis de l'exil,
les tourments qu'il a soufferts pour la foi, les conquêtes
qu'il a faites, les miracles qu'il a opérés ; il sait avec saint
Paul qu'on peut prêcher les peuples, les toucher, les convertir et se perdre soi-même ; mais le bonheur qu'il a eu
de conserver son cœur pur.

Il ne dit pas, remarquez-le, Messieurs, que le Seigneur
ne trouvera rien en lui de répréhensible. Il sait qu'il
trouve des taches dans les anges mêmes ; qu'il juge les
justices, et que la vie la plus sainte a besoin de ses infinies
miséricordes. Mais il parle à celui qui n'a de pouvoir que
sur ceux qui lui ont livré leur âme, en violant la loi du
Très-Haut, et en se souillant volontairement dans les
coupables satisfactions des sens... Il brave la malice du
démon et sa puissance, mais il implore les miséricordes de
son Dieu.

... Cette victoire qu'il remporte sur le démon en expirant est une puissance que Dieu lui avait communiquée
pendant sa vie et qu'il doit perpétuer même dans son
tombeau...

7. Ah ! Seigneur, vous l'aviez rendu fameux sur
toute la terre par ses vertus et ses miracles, et vous ne
voulez pas que toute la terre ignore le moment qui nous
l'a enlevé pour le mettre en possession de votre gloire. Il
sera précieux et fameux, ce moment qui l'a arraché au
monde et donné au ciel.

La France n'en perdra pas sitôt le souvenir, il sera
marqué avec respect dans les annales de ce royaume; il
sera une brillante époque pour les Français, et nos rois
mêmes se feront honneur, pendant plusieurs siècles, de
dater leurs édits de la mort de saint Martin...

Vous dirai-je... que nos monarques, pénétrés de

respect pour ce sacré dépôt, ont voulu pendant longtemps être inhumés dans le lieu où elles reposent; qu'il est paré de sceptres et de couronnes, et que c'est là qu'on recevait les serments les plus solennels?

Vous dirai-je qu'on a défait de nombreuses armées, humilié plusieurs fois nos ennemis et remporté d'éclatantes victoires, avec le seul vêtement de Martin qu'on portait respectueusement à la tête de nos troupes?...

Dieu choisit qui lui plaît pour opérer ses merveilles. Mais l'hommé d'innocence, l'homme de miséricorde, l'homme de douceur, l'homme de foi, l'homme d'obéissance, l'homme de zèle doit vous servir de modèle... Séparez de saint Martin, votre illustre patron, ces voies extraordinaires, ces prodiges qui en ont fait un homme admirable, un thaumaturge, vous trouverez toutes les vertus chrétiennes qui en ont fait un saint. (MIGNE, *Orateurs sacrés*, t. L, p. 214 et suiv.).

TABLE

–○○●○○–

PREMIÈRE PARTIE.

VIE DE SAINT MARTIN.

PREMIÈRE PÉRIODE.

DEUXIÈME PÉRIODE.

DEUXIEME PARTIE.

CULTE DE SAINT MARTIN.

PREMIÈRE PÉRIODE.

DEUXIÈME PÉRIODE.

Tours. — Imprimerie LADEVÈZE.

www.ingramcontent.com/pod-product-compliance
Lightning Source LLC
Chambersburg PA
CBHW070626270326
41926CB00011B/1823